本书获得以下项目出版基金资助：

国家社会科学基金一般项目（16BGL026）

河南省高校人文社科重点研究基地——物流研究中心项目（32220057）

中国粮食物流研究培训中心项目（24200007）

河南工业大学"技术创新与知识管理"团队项目（32410000）

基于社会网络演化的创业投资风险缓解

实证分析与多维策略

Venture Capital
Risk Mitigation Based on
Social Network Evolution

Empirical Analysis and Multidimensional Strategies

杨艳萍 ◇ 著

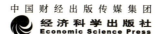

中国财经出版传媒集团

经济科学出版社
Economic Science Press

前　言

我国始终将提高自主创新能力放在国家发展战略的核心地位，特别是党的十八大以来，把科技自立自强作为国家发展的战略支撑。国内外实践证明，创业投资对技术创新具有重大的推动作用，创业投资网络有利于创业投资机构利用网络社会资本收集投资信息、同享资源、筛选优质项目、服务创业企业成长，从而降低投资风险。创业投资网络中网络主体（创业投资机构）因自身网络位置、网络关系、网络能力的差异表现出对资本筹集、信息收集、资源获取的不同结果，进而表现为网络主体不同的投资绩效，最终体现为网络主体不同的风险缓解能力。那么，风险缓解的深层次作用的机制是什么，基于我国背景的网络位置、网络关系、网络能力的动态演化规律如何，其演化对风险缓解作用的大小有何影响？这些问题都需要理论上的阐释和实证上的支持。本书综合运用相关理论分析、多案例定性研究和数理定量研究相结合的方法，针对上述问题进行探究，主要包括以下研究内容。

（1）创业投资网络的基本范畴及其风险缓解机制研究。一是在梳理国内外相关文献的基础上，界定创业投资网络、创业投资风险等相关基本范畴。二是运用博弈论和社会网络理论分析创业投资网络的形成和演化机制。三是结合案例分析风险的传导效应，构建依附于资金、信息和人员等载体的创业投资网络主体间的风险传导路径；基于马科维茨投资组合理论、非系统风险的特性及金融市场"高风险、高收益"的特性，揭示联合投资分散、分摊风险的运行机制。四是构建创业投资网络的风险缓解分析理论框架，剖析创业投资网络的资源获取机制、信息流动机制、学习机制、信任机制和网络治理机制的交互作用及其对创业投资风险缓解的作用机制。

（2）运用多案例研究方法建立创业投资风险缓解理论模型并提出研究命题。通过对两案例企业进行深入调研，采用 NVivo 软件及扎根理论方法进行分析，并得出以下结论：位于创投网络中心位置的创业投资机构对创业投资的技术风险、信息不对称风险和环境风险等起到缓解作用；位于中介位置的创业投资机构可以更好地规避信息不对称风险；良好的网络关系可帮助创业投资机构缓解市场风险和决策风险；关系广度可以帮助创业投资机构缓解信息不对称风险；位于中心位置和中介位置的创业投资机构能更好地应对创业投资风险等。

（3）构建创业投资网络并揭示我国创业投资网络特征的演化规律。选取 Wind 数据库 2005 年 1 月 1 日至 2019 年 12 月 31 日时间范围内联合投资项目的数据，借助 Ucinet、Gephi 等软件，从创业投资网络的拓扑图演化、网络结构演化、网络位置演化、网络关系演化以及网络资源整合能力——异质性特征演化探究创业投资网络演化规律。第一，创业投资网络的规模和范围逐渐扩大、网络密度逐渐降低，一方面，加深了创业投资机构间的合作关系；另一方面，创业投资网络更趋于稳定，网络扩张较为迟缓，且网络内的创业投资机构大多集中于网络的边缘区，仅有少数机构居于中心地位，整个网络的核心—边缘结构分区现象较明显，网络具有低分裂性。第二，IDG 资本、君联资本、深创投和红杉资本中国在创业投资网络内始终占据着中心位置和中介位置，保持着较大的影响力和凝聚力，并且在很大程度上掌握着网络关系的联结和传递。核心位置的创业投资机构经历了由外商为主到国有企业为主的转变，且多位于京津、长三角和珠三角地区，总体上看，网络的差异性在增大，网络权力并未集中，这对整个创业投资领域的发展是有利的。第三，随着创业投资的发展，创业投资机构愈加重视联合投资，但不同创业投资机构之间的发展不平衡，创业投资网络的合作效率先后呈现从高到低再到近几年逐渐提高。第四，创业投资项目主要集中在信息技术、工业、医疗保健等行业，且对不同行业有着不同的投资区域及投资阶段偏好；创业投资机构的投资项目主要集中在京津和长三角区域，且更加注重对信息技术行业的投资及种子期、初创期和扩张期的投资。

（4）实证验证创业投资网络特征对风险缓解的影响。为探究网络位置、网络关系及网络能力对创业投资风险缓解的影响，本书提出了创业投资网络特征对风险缓解影响的 32 个假设，筛选出 2005—2019 年 124 家创业投资机构的数据，沿用"3 年时间窗"将时间范围划分为三个阶段，分别构建线性回归模型和生存分析模型进行实证检验。结果表明，第一，三个阶段网络位置中的中心位置和中介位置基本与创业投资风险缓解呈显著正向关系，且正向影响程度随着阶段的发展逐渐减弱。第二，三个阶段网络关系中的关系广度和关系深度基本与创业投资风险缓解呈显著正向关系，且正向影响程度随着阶段的发展呈减弱趋势。第三，三个阶段网络能力中的行业专业化基本显著负向调节网络位置/网络关系与创业投资风险缓解之间的关系。第四，三个阶段网络能力中的区域专业化基本显著负向调节网络位置/网络关系与创业投资风险缓解之间的关系。第五，网络能力中的阶段专业化对网络位置/网络关系与创业投资风险缓解的调节作用在三个阶段有所差异。基于三个阶段探究创业投资网络位置、网络关系对缓解创业投资风险的作用以及创业投资网络资源获取能力——专业化特征对网络位置、网络关系与创业投资风险缓解关系的区别性调节作用，揭示了内外部创业投资网络特征演化对风险缓解的影响过程。

（5）提出创业投资风险缓解策略与政策建议。依据研究结论，分别从政府、创业投资机构和创业企业三个层面提出创业投资风险缓解策略与政策建议。第一，创业投资机构需要优化创业投资网络结构，提高创业投资机构网络位置，深化和规范创业投资网络关系，拓展创业投资网络能力。第二，创业企业需要优选创业投资机构，利用创业投资拓展自身的网络关系，健全知识产权保护制度并注重自身建设，提高对创业投资机构的吸引力，为创业投资机构合理选择联合投资伙伴，高效运行创业投资网络，从而为缓解创业投资风险提供了可操作建议。第三，政府应该着力完善法律供给机制，建立创投征信制度，强化信息交流和信息披露平台，提供税收优惠和财政支持并完善多层次资本市场结构。

本书在国家社会科学基金项目"基于社会网络演化的创业投资风险缓解动态机制及多维策略研究"的研究成果基础上，经过多次补充、修改和完善而成。本书由杨艳萍设计、制定大纲并承担主要内容的撰写和修改任务。博士研究生刘窈君、硕士研究生曹静飞参与了大纲的研讨制定。穆庆榜、李智峰、顾翠玲三位老师参与了部分内容的研讨，提出很多宝贵意见。博士研生刘窈君和硕士研究生曹静飞、李清莹、范秀秀等参与了资料的收集、整理和部分数据分析工作。徐雯雪、王家正、程飞燕等硕士研究生参与了校对工作。在此向他们表示最衷心的感谢！

　　由于水平所限，书中不当之处在所难免，敬请读者批评指正！

杨艳萍

2022 年 6 月

目　录

1

第1章 绪 论

1.1 研究背景

1.1.1 现实背景

技术创新作为一种推动国家经济发展的重要力量，日益成为决定一个国家国际地位的重要标志。国内外实践证明，创业投资与技术创新存在着稳定的正相关关系。创业投资（Venture Capital）简称创投或风投，是一种集融资与投资于一体、科技与金融相交互的新型投融资方式，通过加速科技成果向生产力转化，推动高新技术企业从小到大、从弱到强的发展，进而带动整体经济结构升级。自 1946 年美国成立第一家创业投资机构至今，创业投资成为美国高科技发展与经济增长的动力和源泉，被称为经济增长的"发动机"和"助推器"。据美国创业投资协会（National Venture Capital Association，NVCA）的统计，2019 年美国高达 9000 家初创公司获得创业投资基金提供的资金，平均每天有 25 家初创公司获得大约 3.87 亿美元创业投资资金的支持。正是由于创业投资的迅猛发展，近 5 年美国"独角兽"公司的数量独占鳌头，截至 2020 年底，美国"独角兽"公司的数量达到了 510 家，居全球首位，总市值超过 9000 亿美元，占全球近一半。技术创新导向的创业活动，增加了美国就业市场岗位，统计数据显示，美国在过去的 10 年中高科技领域的就业人数增长了 20%，而且高科技行业的工资水平明显高于其他行业。

Pitchbook 统计数据显示，截至 2020 年，美国创业融资金额高达 1300 亿美元，增长了 14%，处于历史高位。创业投资总额达到 1479 亿美元，涉及交易 10379 笔，创近 10 年来新高，见图 1.1。

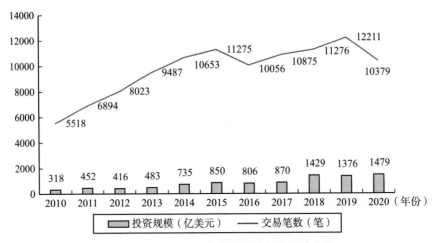

图1.1 2010—2020年美国风险投资规模变化

资料来源：根据Pitchbook统计数据整理。

美国创业投资融资金额常年居全球首位，究其原因：一是美国政府建立了一系列风险投资补偿机制；二是美国现在实行的低利率和无限量化宽松政策，让市场上流动的资金规模快速扩大，都在寻找更好的投资机会。同时，新冠肺炎疫情这一突发事件一定程度上帮助了投资人筛选项目，更能考验项目团队的管理能力和公司的现金流，头部项目的优势更加凸显。

我国始终将提高自主创新能力放在国家发展战略的核心地位，"十四五"规划及中央经济工作会议都明确提出，把科技自立自强作为国家发展的战略支撑，要把科技兴国、科技强国放在突出位置。为了促进技术创新，国家制定了一系列政策。《国务院关于大力推进大众创业万众创新若干政策措施的意见》提出要促进"大众创业、万众创新"的发展，为市场主体释放更大空间。科创板正式开板，恢复重组上市配套融资政策，多层次资本市场体系建设迈出重要的一步。创业板注册制改革驶入正轨，相关配套政策陆续颁布，"新三板"转板制度进一步打通，逐步放宽了创投基金股东减持的限制，资本市场对外开放程度进一步提高，国家制定的种种优惠政策有效地推进了创业投资的发展，为高新技术创新注入了新的活力。

我国的创业投资起步较晚，其发展经历了五个阶段。（1）萌芽阶段（1985—1997年）。1985年，在政府支持下成立了我国内地第一家创业投资机构，随后诞生了大量政府主导的创业投资机构，国家出台了相关系列政策文件，为本土创业投资发展奠定了基础。（2）初期发展阶段（1998—2005 年）。科技部联合七部委颁布《关于建立风险投资机制的若干意见》，进一步推动了我国创业投资市场的发展。（3）扩张发展阶段（2006—2011 年）。在《创业投资企业管理暂行办法》中，国家发改委首次明确了创业投资公司的设立和运营条件；2009 年中国创业板正式开通，丰富了创投资本退出的渠道。国务院发布的《外国企业或者个人在中国境内设立合伙企业管理办法》，鼓励外资进入中国市场开办企业，为中国创业投资行业的发展提供了新的契机。（4）规范发展阶段（2012—2018 年）。2013 年，中央编办印发了《关于私募股权基金管理职责分工的通知》，旨在保护投资者合法权益，对私募股权投资基金适度监管；中国证券基金业协会 AMBERS 系统于 2016 年上线，规范了私募基金管理人的登记；随着《关于规范金融机构资产管理业务的指导意见》的实施，我国创投市场回归理性投资。（5）再起航阶段（2019 年至今）。2019 年科创板正式开板，进一步打通了创投与资本市场；国家发改委等六部委发布了《关于进一步明确规范金融机构资产管理产品投资创业投资基金和政府出资产业投资基金有关事项的通知》，放宽了创投基金的监管限制，缓解了创投基金的募集压力，有望激起创投再起航。

国家相关政策、法规的不断完善，有力地推动了我国创业投资的发展。

第一，创业投资行业持续活跃，创投机构数和管理的资金总额不断攀高。创投机构数持续增加，由 2010 年的 867 家增加到 2019 年的 2994 家，其中 VC 基金由 2010 年的 720 家增加到 2019 年的 1916 家，VC 管理机构由 2010 年的 147 家增加到 2019 年的 1078 家，增加的幅度更加明显（见图 1.2）。中国创业投资募集资金的管理规模也在增长，但增速缓慢，2018 年和 2019 年，全国创投管理资本总额分别比上年增长 3.50% 和 2.98%（见图 1.3）。

第二，注册制的逐渐放开，为创业投资机构提供了优质退出通道。2020 年，在中国、中国香港及美国上市的 565 家企业中，有 386 家上市公司受到创投机构的支持，渗透率达 68%，证明了创业投资已经成为企业直接融资的重要渠道，是创新资本形成的主要力量。但 2018 年资管新规实施以来，创投市场募资更加困难。创投机构在激烈的竞争环境中，由于经济运行中政策环境、创业投资人员素质经验、为创业企业提供增值服务的能力、投资项目本身的技术难度及前景的不确定性等导致创业投资的风险很大。时代数据创业公司的统计显示，截至 2020 年 12 月 27 日，中国创投公司新增 3126 家，关闭

932 家，关闭家数占新增家数的比例接近 1/3。2019 年有多达 710 家创投公司关闭，占新增公司的比例超过一成。特别是投资还处在研发当中，有的甚至只是一个点子的早期项目风险更大。但一旦项目投资成功，对于创投机构而言，将会获得巨额回报，同时，在高收益的另一面蕴含着项目失败而带来的高风险，因而，风险投资不能忽视风险（立青，2020）。

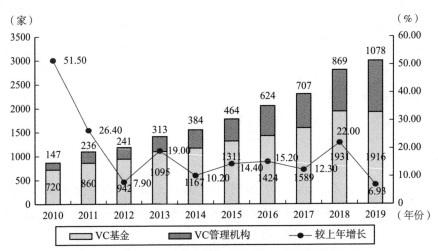

图 1.2 2010—2019 年中国创业投资机构数量及增长情况

资料来源：根据《中国创业投资发展报告 2019》等资料整理。

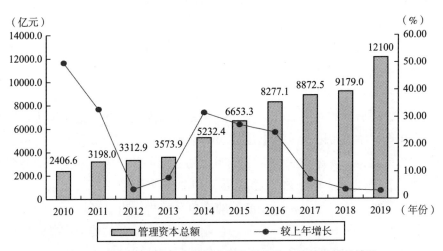

图 1.3 2010—2019 年中国创业投资管理资本总额及增长情况

资料来源：根据《中国创业投资发展报告 2019》等资料整理。

第三，联合投资现象普遍呈上升趋势。表 1.1 及图 1.4 为我国 2005—2019 年联合投资项目数及其占创业投资项目总数的比例。从图表中可以看出，联合投资项目数在迅速增加，联合投资项目数占创业投资项目总数的比例大都在 60.00% 左右，2018 年达到了 79.01%，2019 年由于新冠肺炎疫情的影响，联合投资项目数占创业投资项目总数的比例总体略有下降。

表 1.1　　2005—2019 年联合投资项目数及其占创业投资项目总数的比例

指标	2005 年	2006 年	2007 年	2008 年	2009 年	2010 年	2011 年	2012 年
总投资项目数/个	418	708	1223	1216	1324	3129	3425	3450
联合投资项目数/个	271	455	770	726	829	2057	2486	2135
联合投资占比/(%)	64.83	64.27	62.96	59.70	62.61	65.74	72.58	61.88
指标	2013 年	2014 年	2015 年	2016 年	2017 年	2018 年	2019 年	—
总投资项目数/个	3427	6035	11822	14401	13682	14448	12501	—
联合投资项目数/个	2027	4021	8303	10430	10362	11416	9870	—
联合投资占比/(%)	59.15	66.63	70.23	72.43	75.73	79.01	78.95	—

资料来源：根据 Wind 数据库整理。

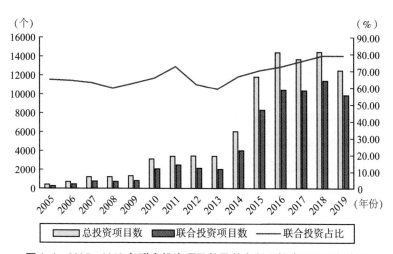

图 1.4　2005—2019 年联合投资项目数及其占创业投资项目总数变化

资料来源：根据 Wind 数据库整理。

创业投资领域的联合投资是社会网络研究领域中一种特殊的网络结构，

在创业投资实践中，联合投资的广泛运用使创业投资网络化成为主要形态。创业投资网络有利于创业投资机构利用网络社会资本收集投资信息、筛选项目，监督被投资企业，降低投资风险，并帮助企业成功上市等，从而加速创新创业成果的转化，优化资源的配置，带动社会创业就业，促进了区域经济的发展。创业投资网络中创业投资机构因自身网络位置、网络关系、网络能力的差异表现出对资本筹集、信息收集、资源获取的不同结果，进而表现为创投机构不同的投资绩效，最终体现在创投机构拥有不同的风险缓解能力。那么创投机构的网络位置、网络关系、网络能力如何影响其风险缓解能力，网络位置、网络关系、网络能力随着网络的动态演化对其风险缓解能力有何影响，深层次影响因素及其作用机制又是什么？需要对这些问题进一步进行理论上的探讨和实证上的支持。

创业投资被公认为高风险、高收益的行业。2020 年 12 月 27 日，有"中国创投第一股"之称的上市公司鲁信创投发布公告，旗下全资子公司通过开曼 SPV 投资的美国公司 Intarcia，由于经营出现了重大变化，已进入资产处置和清算程序，预计产生公允价值变动损失 1.4 亿元①。在经济社会进入新时代的背景下，中国经济已转向高质量发展阶段，发展动力由要素驱动转变为创新驱动，要实现结构转型、产业升级离不开创新。特别是进入 2020 年，突如其来的新冠肺炎疫情，使世界经济下行风险加剧，不稳定性、不确定性因素增多。面对复杂的政治经济形势，各国间的科技竞争更加激烈，创业投资行业内的竞争正在加大，投资机构为了规避风险，采取保守的投资策略，减少对早期项目的投资，增加价值投资的比重，建立严格的项目筛选和风险管控体系，采取多样化的投资策略分散风险，降低创业投资的风险。与此同时，国内外学者研究发现，创业投资网络对资源的传递和利用，在资源配置方面起到了积极的作用，通过网络化运行实现信息共享、人力资源共享、风险分散、最大限度地降低投资风险，使创业企业的创新能力得以提升，从而带动区域经济的创新发展。在我国的国情和市场环境下，创业投资网络如何演化，如何缓解创业投资风险，其缓解的机制是什么？这些问题还缺乏理论上的阐

---

① 爆雷！中国上市公司投资美国企业，1.4 亿打水漂［EB/OL］.（2020 - 12 - 28）［2021 - 09 - 28］. https：//fina nce. sina. comcn/roll/ 2020 - 12 - 28/doc - iiznctke9017524. shtml.

释和实证上的支持。本书旨在剖析创业投资网络演化过程及其动态演化对投资风险的动态缓解机制，并运用我国创业投资网络数据对创业投资网络演化特征及投资风险缓解进行实证分析，以期为我国政府、创投机构和创业企业构建高效的创业投资网络、缓解创业投资风险提供策略与建议。

1.1.2 理论背景

成功的创业投资项目能够给创投机构带来丰厚的回报，但投资项目也面临失败和亏损的巨大风险，因此，如何提高风投项目的成功率，降低创业投资风险成为学术界研究的热点。随着国内创业投资由稚嫩走向成熟，创业投资网络的作用需要被充分关注。特别是 2007 年霍克伯格等（Hochberg et al.）在 *Journal of Finace* 发表关于创业投资网络绩效效应的论文以来，创业投资网络的研究迅速成为国内外学者的研究热点。由于社会网络资本对创业投资机构的风险缓解能力具有重要的影响，因而，对创业投资网络风险缓解的研究成为目前学术界研究的热点问题之一。

创业投资网络能够缓解投资风险。威尔逊（Wilson，1968）最早提出创投机构能够利用投资网络实现分散风险的功能。他认为，创投机构通过采取联合投资的形式，能吸引更多的投资机构参与投资的过程，实现优势互补、资源共享，提高创投机构投资项目的多样化，达到分散风险的目的。后来的学者被该研究所吸引，分别进行了相关的理论研究和实证研究。

创业投资网络缓解创业投资风险从多个角度在各国得到了验证。洛基特和赖特（Lockett & Wright，2001）以英国的创业投资市场为研究对象，从英国风险投资协会（The British Private Equity & Venture Capital Association，BVCA）中选择 60 家创投机构，采取访谈与问卷调查相结合的方式获取有效数据，得出实证结果。研究表明，在英国的创业投资市场中，创投机构存在通过联合投资分散风险的动机。布兰德等（2002）选取加拿大的创投机构为样本进行研究，认为创业投资网络能够为被投资企业或者被投资项目提升价值增值，创投机构通过专业化管理和资源共享，降低被投资企业的非系统性风险。德克莱尔克和迪莫夫（De Clercq & Dimov，2004）选取 1990—2001 年美国联合风险投资的数据进行研究，通过对联合风险投资的阶段性特征的实证分析发现，联合投资对创业投资中的非系统性风险缓解起到了积极的作用。埃里克·莱曼（Erik E Lehmann，2006）通过对德国首次公开募股 IPO 市场的实证研究，得出创业投资网络比独立投资带来更高的增长率的结论。霍克伯格等（2007）以 1980—2003 年美国的创业投资数据为研究对象，证实了在投资网络中具有影响力的创业投资机构往往能够通过 IPO 或者资产出让实现成功退出，并且这些位于网络中心地位的创业投资机构所支持的创业企业更有可能存活到新一轮的融资中。克里斯蒂安（Christian，2010）以 1995—2005 年德国的 437 个创业投资机构和 961 个创业企业的多轮投资数据为研究对象，通过实证研究发现，创业投资机构是否选择联合投资与其在投资中面临的风险和资金需求量呈显著正相关关系，同时发现，创业投资机构的投资行业种类越多，其在投资中越倾向联合投资。

不少学者对创业投资网络缓解创业投资风险进行了理论探讨。从资源理论视角来看，创业投资机构能够利用联合投资形成的合作关系，获得合作方的经验和判断，通过资源共享和互补能够在投资项目筛选过程中控制投资风险（Bygrave，1987）。赖特和洛基特（Wright & Locheet，2003）认为，创业投资机构能从创业投资网络中获得更多的投资和交易机会，通过维持行业内关系，可以获得一定数量的投资项目。创业投资网络能否带来绩效改善与创业投资机构能否在联合投资网络中实施有效的联盟管理和建立相应治理机制有关。常（Chang S J，2004）认为，创业投资的战略联盟通过风险资本的筹资、获得必要资源能力而影响创业企业的发展。乌米特等（Umit et al.，2009）认为，创业投资网络能借助其各自资源优势，为创业企业在产业链上提供更多的增值服务。阿德玛蒂等（Admati et al.，1994）指出，创业投资机构通过联合投资网络在进行投资决策时，可以发挥成员的投资经验和管理能力，实现资源整合，减少决策失误，进而提高投资成功率，降低项目投资风险。

基于社会网络理论，耶斯凯莱宁（Jääskeläinen，2009）研究发现，创业投资机构在选择投资网络时，会根据自身实际情况和被投项目的质地，综合权衡，有选择地进行投资。创业投资机构参与联合投资的动机很大一部分是希望通过跟投，以少量的资金和精力参与更多的投资项目，实现投资组合目标的最优。当创业投资机构涉足新的投资行业时，尤其是在对该行业缺乏经验和认知时，更偏向选择联合投资，通过投资合作伙伴的经验和资源，以弥补其自身的缺陷，降低新进入行业的投资风险（Dimo & Hana，2010）。贝拉维蒂斯等（Bellavitis et al.，2017）从资源依赖的角度出发，研究了资源的成熟度和状态两个变量对网络内聚力和创业投资绩效之间关系的影响。申相允（Shin S Y，2019）探讨了维持网络地位所带来的整体优势，即网络优势。马卡列维奇（Makarevich，2018）旨在探讨美国风险投资业中，企业网络关系如何与其专业化程度互动以影响其失败的风险。网络弱关系和非正式关系的研究以及风险管理策略的作用是推动创业投资网络研究前沿的重要领域（Polizzi，2020）。

拉杜等（Lado et al.，2008）、卡明和麦金托什（Cumming & MacIntosh，2003）、凯泽和雷纳（Kaiser & Rainer，2007）认为，创业投资家通过采取联合投资网络，有助于共担风险，多个创业投资家通过信息传递，能够提高对创业企业的深入全面了解，降低由于信息不对称所产生的道德风险和逆向选择风险。针对优质的项目，创业投资机构往往会选择单独投资；对于风险不确定的中等投资项目，采用联合投资的形式，分散投资风险；对于质量较差的投资项目，拒绝为其进行投资。

由于我国创业投资起步较晚，对创业投资的研究相对落后。但一些学者对创业投资网络特征，包括创业投资网络位置（罗家德等，2014；王曦等，2015；罗吉等，2016；周伶等，2014；金永红等，2021）、网络关系（胡刘芬和周泽将，2018；王育晓，2018）、网络能力（詹正华等，2016；罗吉等，2016；王育晓等，2018）对创投绩效的影响研究取得了较为丰富的实证研究结果。由于网络具有动态性，目前研究创业投资网络动态形成和演化机制的虽有零星报道，但关于创业投资网络影响创业投资风险的内在机制的研究还比较匮乏，进行实证研究的更是寥寥无几。

1.2　研究意义

创业投资行业的一个显著特征就是网络化发展（Hochberg et al.，2007，2010），由于创业投资机构所从事事业的特殊性，决定了其竞争优势体现在因种种原因所形成的关系网络及其产生的积累优势。创业投资机构为了借助网络寻求投资机会、缓解投资风险、最大限度地实现创业企业的增值、提高创业投资绩效都会主动或被动地置身于网络化发展的环境之中。因此，创业投资机构如何更好地运用社会资本，获取信息、知识经验和投资机会，共享资源，缓解投资风险，不仅是学术界研究的热点问题，而且是实践中要着力解决的问题。

近年来，国内外学者对创业投资网络的研究不断增多，但由于兴起的时间较短，学者对创业投资网络的研究无论是在方法上还是在内容上，都存在很多不足。目前，我国针对创业投资网络的绩效实证研究较多，但是关于创业投资网络对风险缓解理论的研究乏善可陈；较多文献以创业投资网络对创业投资绩效影响为视角开展研究，但将创业投资整体网络特征纳入一个研究框架进行研究的较少；研究创业投资网络动态演化的较多，但创业投资网络动态变动对创业投资风险缓解的影响研究鲜有涉及。在我国转换增长动力和推动"创新、创业、创意"纵深发展的关键时期，利用复杂网络的基本原理和博弈理论对创业投资网络的动态演化机制进行深入分析，研究创业投资的风险缓解原理，创业投资动态网络的风险缓解机制，从创业投资的网络结构、网络关系及自身网络能力的角度来实证我国创业投资网络动态风险缓解绩效，不仅有学术价值，而且还具有实践应用价值。

1.2.1 理论意义

（1）丰富了创业投资理论。本研究对创业投资的风险缓解问题寻求社会网络视角的解释，进一步细化社会网络各维度对创业投资绩效研究内容，丰富创业投资理论。社会网络是一个综合性的概念，是多个学科和研究领域的交叉，社会网络包括多个研究视角和分析层面，既包括组织间的社会网络，也包括个体间的社会网络，还包括跨网络社群。从国内创业投资网络的风险缓解的研究分析视角和研究层面来看，目前，从网络整体结构特征、关系特征的不同角度分别展开研究较多，对网络主体网络能力作用机制的研究涉及较少。考虑到创业投资家在创业投资网络中的重要地位，创业投资网络的风险缓解实际上可以看作创业投资网络主体的网络能力能否合理运用的外在表现。因此，系统性地研究创业投资网络的网络结构、网络关系及其创业投资机构的网络能力特征对创业投资风险缓解的动态影响机理并加以实证检验，拓展了创业投资理论。

（2）揭示创业投资网络对风险缓解的内在机理。在创业投资过程中，创业投资网络对资源获取、分担风险、提高项目投资的成功率等作用已经得到学界的普遍认可，也经过了实证检验。然而，创业投资网络对风险缓解的内在机理的研究尚处于萌芽状态，特别是创业投资网络变动对风险缓解的内在机理更是未见理论上的报道和实证上的支持。本研究剖析了创业投资风险缓解的动态机制，解释了创业投资过程中的风险传导机理及创业投资网络的风险分散与分摊原理，揭示了创业投资网络演化及其对风险缓解的内在机制，丰富了风险管理理论。

（3）构建创业投资网络特征对风险缓解的理论模型并实证验证网络特征演化对风险缓解的影响过程。首先，基于社会网络理论和多案例研究方法，构建了创业投资内外部网络特征影响风险缓解的理论模型。其次，从动态视角分析创业投资网络位置演化、网络关系演化对风险缓解的直接影响，网络能力演化对网络位置演化、网络关系演化与创业投资风险缓解关系的区别性调节作用。从社会网络视角，以内外部两个层面探究创业投资网络特征，弥补了以往研究普遍关注外部网络特征而较为忽视内部网络特征的不足。同时，将创业投资风险引入模型中，补充了现有创业投资网络研究的理论缺口。沿用 3 年时间窗，将时间范围、创业投资网络划分为三个阶段，选取内外部网络特征变量，综合考察外部网络特征演化对创业投资风险缓解的直接效应以及内部网络特征演化的调节效应，揭示了内外部创业投资网络特征演化对风险缓解的影响过程。

1.2.2 实践意义

（1）为创业投资机构网络构建、网络主体培育及风险缓解提供实践指导。提出创业投资网络节点（主体）的构建与能力培育，网络社会资源的寻找，网络关系的建立、维护、发展等角度，从而提出缓解信息风险、投资风险、决策风险、管理风险等不同风险的措施。

（2）为创业企业提供决策借鉴。依据网络结构、网络关系、网络能力的动态变化及其创业投资风险缓解机制的理论分析和实证研究结论，提出我国创业投资不同阶段的网络构建和风险缓解策略，为创业企业寻求创业投资支持、构建创新网络提供实践指导。

（3）为我国网络治理提供政策依据。创业投资受制于制度环境（张新立和杨德礼，2007）、制度和文化差异将降低创业投资活动的有效性（Vertinsky & Jing Li，2014）。本研究立足中国实践，研究社会网络治理机制对创业投资风险缓解的影响机制及作用路径，为政府制定相关政策提供依据。美国和欧洲等经济发达国家或地区关于创业投资网络风险缓解的大量实证研究是在欧美各国社会制度、政策环境、文化环境下得出的，能否将这些研究成果和结论运用于发展中国家的创业投资市场是一个现实问题。与西方发达国家相比，我国市场机制、证券市场、资本市场、产权交易市场正在形成和完善之中，需要进行适用于中国独特市场环境的创业投资风险缓解研究；同时，通过研究中国创业投资案例也可以为社会网络视角的创业投资提供更多的依据，提高了理论的普遍适用性。

1.3　研究思路与方法

1.3.1　研究思路

以创业投资网络为研究对象，一是分析创业投资网络及其演化风险缓解机制，构建创业投资网络动态演化的风险缓解理论框架。二是研究创业投资网络的节点、网络关系、网络结构、网络能力等网络特征的演化。三是实证创业投资网络不同特征影响创业投资风险缓解的途径与方式。四是寻求创业投资风险缓解的对策，以达到提高创业投资成功率、促进创业投资发展的目的。

基本思路是：界定研究范畴，阐明研究问题—归纳文献观点，剖析内在机制—建立理论分析框架；运用多案例，提出研究命题—构建创投网络，实证网络演化—验证研究假设，分析研究结果—形成研究结论，提出风险缓解对策。即从创业投资网络的相关概念界定入手，研究风险缓解的原理，剖析创业投资网络的风险缓解机制；并通过相关文献研究和多案例研究构建理论模型；设置创业投资网络并确定测度指标，实证网络演化；提出研究假设，通过问卷调查和收集、整理现有创业投资标准数据库数据，运用多层次回归、Cox 回归模型检验研究假设，得出研究结论；并据此从宏观、微观等方面提出构建社会网络、培育社会资本、缓解各类风险的对策与建议。研究思路框架如图 1.5 所示。

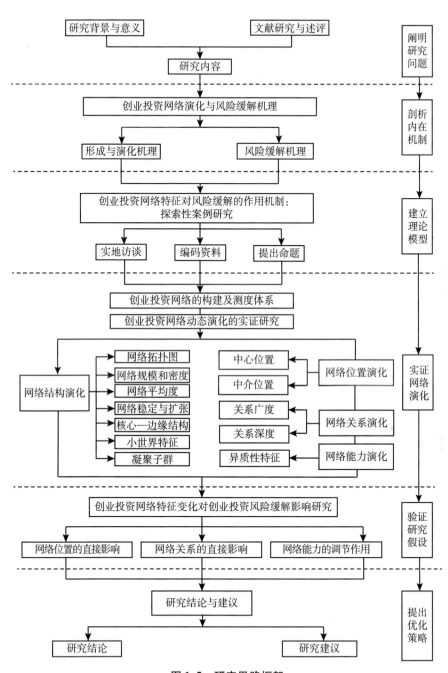

图 1.5 研究思路框架

1.3.2 研究方法

1. 文献研究法

通过检索中国知网、万方、Web of Science、Elsevier 等文献数据库或查阅相关领域书籍、杂志，以"创业投资网络"（Venture Capital Network）为主题，借助 CiteSpace 文献计量分析软件，完成对文献的收集、分类、汇总和梳理工作，通过文献分析发现研究局限性和切入点，为研究框架的构建提供经验和思路。

2. 理论分析法

在文献研究的基础上，溯源相关研究的理论渊源，从"社会资本"理论、强弱关系理论、结构洞理论、网络资源理论、扎根理论、社会网络分析等相关理论出发，深入探究创业投资风险类型及其影响因素，为本研究的创业投资风险缓解机制分析奠定理论基础。

3. 调查研究法

与创业投资领域相关专家和学者进行非结构式访谈与交流，以初步确定创业投资风险影响因素和网络缓解机制，同时了解并掌握创业投资业的发展历程和环境条件，收集掌握一手信息和资料。

4. 案例研究法

案例研究可以从整体角度出发研究变量之间的关系，避免研究对象与自身的环境或背景相脱离。同时，案例研究还可以发现创新性的理论，有利于补充现有的理论框架。本研究从新的视角探索创业投资网络特征对创业投资风险缓解的影响，目的在于提出新的命题，是对新理论的深入与扩展。同时，使用 NVivo 软件对访谈资料进行编码，进而分析创业投资网络特征对创业投资风险缓解的影响因素。

5. 社会网络分析法

从创业投资网络构建、网络测度到网络动态演化，均采用社会网络分析方法，包括信息可视化、网络规模与密度分析、网络平均度分析、网络稳定与扩张分析、核心—边缘结构分析、小世界特征分析、凝聚子群分析、中心位置分析、中介位置分析等，借助 Ucinet、Gephi、Pajek 以及 Netdraw 等软件分别从关系网络呈现和现实关系数据两个方面考察网络结构特征的动态演化。

6. 多元统计分析法

通过对 Wind 数据库、CVSource 数据库和 PEdata 数据库的检索，辅助抽样调查，以创业投资业 124 家创投机构 2005—2019 年的数据为基础，沿用 3 年时间窗将时间范围划分为三个阶段，分别构建线性回归模型和生存分析模型，借助 SPSS 软件从创业投资网络特征演化对创业投资风险缓解的直接影响以及调节效应展开实证分析。

1.4　研究创新

在理论分析的基础上，本研究结合我国创业投资市场的现实状况，创新性地提出创业投资动态网络结构、网络关系、网络能力及创业投资风险缓解之间影响的理论框架；通过对案例企业的实地访谈和调查问卷，采用扎根理论对创业投资风险缓解影响因素进行定性研究；利用 Wind 数据库、CVSource 数据库和 PEdata 数据库等收集创业投资机构联合投资的数据资料，采用社会网络分析、多元统计分析等进行实证研究，得出了符合我国创业投资实际情况的结论。本研究的创新点主要体现在以下几个方面。

1.4.1　学术思想方面的特色和创新

通过国内外创业投资、风险管理和社会网络等多学科思想、理论进行挖掘、交叉和融合，着力将社会网络理论、交易理论、资源理论及信息不对称理论与创业投资过程中风险缓解相结合，研究创业投资网络演进及其对风险动态缓解机理。

1.4.2　学术观点的特色和创新

1. 拓宽创业投资风险研究的视角

将社会网络动态化引入风险缓解模型中，寻求创业投资风险动态缓解理论研究和实证分析的新视角。国内外学者在创业投资静态网络对创业投资风险缓解的影响已经做了大量的实证研究。本研究基于社会网络、资源基础等视角，对创业投资网络动态演化及其风险缓解进行了理论上的探索性研究，拓宽了创业投资风险研究视角，对风险管理和创业投资研究领域是一种拓展和补充。

2. 创新研究内容

本研究基于社会网络的创业投资风险缓解原理，剖析创业投资网络的动态演化与风险缓解机制；在收集和整理大量国内外相关的研究成果和理论文献的基础上，构建不同时期的创业投资网络，借助 Ucinet、Gephi、Pajek 和 Netdraw 等软件探究创业投资网络演化规律；运用多案例研究定性分析创业投资网络位置、网络关系对风险缓解的直接影响以及创业投资网络能力在其中起到的调节作用；搜集清科、CVSource 和 Wind 数据库数据，采用实证检验定量分析创业投资内外部网络特征演化对风险缓解的影响过程，针对我国特殊的社会文化背景和创业投资环境，将创业投资社会网络及网络动态变化和创业投资风险缓解有机地整合到一个理论框架体系内展开综合分析和研究，得出了最终结论，并提出了多维度的创业投资风险缓解对策，为创业投资行业发展提供借鉴。

1.4.3　研究方法的特色和创新

1. 案例研究方法

采用多案例研究方法，构建创业投资网络对创业投资风险影响的复杂动态关系理论模型，运用实际案例分析提出新的命题，是对理论分析的深入与扩展，提高了研究的效度，增加了研究结果的普适性。

2. 统计分析方法

通过我国现有创业投资数据和调研数据，构建数理模型。运用描述性统计、相关性分析和多元回归分析，进行实证研究，得出研究结论，从而进一步验证案例分析的理论模型及提出的命题，达到对研究对象更加真实和深刻的认识，为风险缓解策略研究提供依据。

第 2 章　相关理论与文献回顾

2.1　社会网络理论

社会网络理论产生于 20 世纪 30 年代。英国人类学家布朗（Brown，1930）最早提出了"社会网络"的概念，认为社会网络是人们在社会活动中所形成复杂关系的团体。布朗（1940）利用"社会组织"的概念研究澳大利亚各地的部落聚集的问题。巴恩斯（Barnes，1954）将社会网络定义为一组真实存在的社会关系，并利用"社会网络"这个概念实际研究一个挪威渔村的跨亲缘关系。美国学者莫里纳（Moreno，1938）开创了网络分析的先河，分析社会关系并研究小群体内部的结构和人际关系。随着研究的深入，人们发现网络中的个体会对整个网络产生影响。社会学家博特（Bott，1957）用网络节点的概念衡量网络结构，并将研究进一步扩展到网络中的个体，用网络个体性质及其网络个体之间的结构衡量整个网络结构。在 20 世纪 70 年代，通过哈里森·怀特等学者的深入探究，到 80 年代社会网络理论开始蓬勃发展，学者从多视角界定社会网络概念，发展了社会网络理论。社会网络理论的基本观点是社会情景下的人由于彼此间的联系以相似的方式行动和思考。托雷利（Thorelli，1986）认为，社会网络由节点和联系组成，网络的松散紧密程度是由节点的数量、质量、形式以及它们之间的作用决定的。韦尔曼等（Wellman et al.，1988）拓展了社会网络的内涵，认为社会网络是由个体间社会关系构成的相对稳定的系统，是网络内部构成主体所进行的一系列社会联系。

随着对社会网络研究的不断深入，其应用范围也由最初人际关系范畴拓展到组织、企业创新、企业成长及信息资源等很多方面；网络的行动者也逐步由个人延伸到集合单位；分析方法也由人类学、社会学、管理学向经济学、哲学等领域扩展。

社会网络发展的基础是关系要素和结构要素。关系要素是指网络成员间的联结关系的状况，主要用联结关系的大小（Granovetter，1973）、关系程度（Granovetter，1983）及关系对称性等来衡量网络成员的行为。网络关系的方向、数量、程度以及网络成员的网络位置都会影响到网络资源内部流动的效率（Uzzi，1999）。结构要素是指网络的密度（Fischer，1982）、规模（Burt，1992）及网络成员的位置（Ibarra，1993），占据不同网络位置的成员获取稀缺性资源的能力也有所不同。关系要素和结构要素都对信息和知识流动有重要影响。社会资本理论、强弱关系理论和结构洞理论在社会网络理论中是最具代表性及应用最广泛的理论。

2.1.1 社会资本理论

社会资本理论主要反映社会网络的资源特点。社会资本的概念最早是由法国社会学家布尔迪厄（Bourdieu，1984）提出的，并给出了明确界定。美国社会学家科尔曼（Coleman，1988）从宏观和微观两个层面对社会资本概念进行了更为系统的探讨，认为社会资本应包括社会团体、社会网络、网络获取三个方面，是获取信息、资源和积累人力资本的核心方法。个人具有的社会资源越丰富，其社会活动越顺畅，参加的社会团体越多，其社会资本越雄厚；社会网络规模越大、异质性越强，社会资本越丰富；从社会网络中摄取的资源越多，拥有的社会资本就越多。加入网络中的社会团体越多，社会网络规模就越大；在社会网络中的位置越高，其拥有的社会资本就越雄厚，获取信息和资源的优势也就越强，其信息和资源优势会更加强化其对社会资源的获取和利用（Breiger，1990；Lin，1999）。与个人一样，企业也存在社会资本，企业从社会网络中获取信息及资源的能力就是企业社会资本。企业不断扩大网络规模，提高网络地位，不断地从网络中获取信息及稀缺资源，拥有更多的社会资本，能不断地提高经营绩效，也能不断地提升自身的社会地位，从而使企业在良性循环中不断发展（Marsden & Lin，1982）。边燕杰和邱海雄（2000）等国内学者认为，企业社会资本是企业通过构建的网络关系来获取网络资源的能力，他们强调，企业处在社会网络中各个节点，与社会经济领域的各个方面都发生联系，而不是以孤立的个体存在。社会资本的研究从个人社会资本发展到组织、企业社会资本，甚至区域、国家社会资本等层面，其研究内容也逐渐深入、拓展和丰富，从分析个人网络联系对就业、创业、个人发展等影响的研究到分析社会资本对企业技术创新、"产学研"合作创新、企业成长等方面促进作用的研究，再到分析社会资本对企业之间的合作、交易、联盟创新、社群网络等影响的研究。

在网络关系中，个体或群体所拥有的社会资本数量决定了其在社会网络中的地位。伦德斯和加比（Leenders & Gabby，2013）认为，企业社会资本是以社会结构为载体，通过社会关系网络所获得的能够有助于企业目标实现的资源。该定义不仅拓宽了社会资本的内涵，而且将网络关系中信任、规范等促进合作网络的运行机制等无形资源，以及企业组织层面和企业内成员个体层面从关系网络中获取的其他资源都包含在内。那哈皮特和戈沙尔（Nahapiet & Ghoshal，1998）认为，企业社会资本是指存在于企业关系网络中，并通过企业网络关系获得的实际或潜在的资源。社会资本视角解释了嵌入关系网络中的实际和潜在资源（Lyu，Wu，Hu et al.，2019；Zhang，Jing，Wu et al.，2019；Arranz，Arroyabe，Fernandez，2020）。

由于社会资本具有动态性、累积性和可获得性等特点，因而加强网络关系建设、强化关系信任，不断获取、累积社会资本对企业发展具有重要作用。网络成员虽然能对存在于企业社会网络中有价值的社会资源的决策产生影响，但是社会资源的整合和控制的程度取决于网络成员在网络中的位置。

2.1.2　强弱关系理论

网络联结是社会网络分析的基本单位，网络节点依赖于网络联结产生网络联系，强弱关系理论研究的是社会网络节点因网络联结而形成的网络关系特征。格兰诺维特（Granovetter，1973）最先提出强弱联结的概念，他将处于社会网络中节点间的关系联结分为强联结和弱联结两种。格兰诺维特提出，测量节点间的关系联结强弱的指标包括互动频率的大小、感情力量的强弱、亲密的程度和互惠互换的多少等。强联结与弱联结二者最主要的区别是信息和知识的传递。强联结表现在性别、年龄、社会地位、教育水平等相似者之间形成的网络联结，在网络中包括知识、信息和资源的传递，也包括通过信任、规范而形成的能传递高质量的、复杂知识经验的稳定合作，从而帮助企业获得更多的资源，同时在应对危机时更能凸显信任的优势。弱联结是在性别、年龄、社会地位、教育水平等特征不同的个体间形成发展起来的网络联结，由于信息源不同，网络个体都能够获取其他个体的信息和资源，不存在冗余信息。弱联结强调的重点是信息的异质性（Granovetter，1973），即处在弱联结中的网络成员所传递的信息和知识丰富多样，信息存量和资源储备的差异较大，维持关系的成本较低。因此，从成本和资源的获取来看，弱联结具备更大的资源获取价值。布蒂（Bouty，2000）、莱文和克罗斯（Levin & Cross，2004），以及乌兹和兰卡斯特（Uzzi & Lancaster，2003）等研究认为，拥有高频率的交流、长时间的联系和情感依恋特征的强联结对促进知识转移和学习比弱联结更有效，建立牢固的联结有利于个人之间的信任和互惠规范的构建，减少对机会主义行为的担心，从而增强合作预期。莫兰（Moran，2005）同样发现强联结能够增加传递复杂隐性知识的易用性和有效性，并提高个人知识创造能力。

2.1.3　结构洞理论

结构洞理论解释了社会网络的结构特征。伯特（Burt，1992）认为，在社会网络中有些网络主体之间有联结，有些网络主体之间不直接相关联，存在的空隙就是结构洞。结构洞位置上的主体位于没有直接联系的两个主体之间。如果社会网络中各主体间都发生的是直接联系，不存在联系间断，那么这个社会网络就不存在结构洞，也就是"无洞"结构；如果社会网络中存在一些个体与其他个体无直接联系，也就是联结关系出现中断，那么这个网络从整体结构看就出现了"洞""空隙"或"间断"，称作"结构洞"。

网络成员的信息、资源获取能力与结构洞位置有显著的相关性。伯特研究发现，结构洞能够为网络成员之间搭建关系桥梁，促进信息、资源在网络成员之间的传递，为成员带来新的信息。结构洞有利于实现资源共享、信息流动。结构洞在资源传递方面的作用受到网络关系的影响。他发现在网络关系中，如果网络成员之间是弱联结，处于结构洞位置的创业投资机构作为信息传递的必由之路，更容易获取较多的异质性信息和资源，越能提升自身的能力并更加具有竞争优势；而且占据的结构洞越多，控制网络的能力就越强，越容易发挥结构洞的优势，处在网络中的位置就越核心。戈亚尔和维加-雷东多（Goyal & Vega-Redondo，2007）提出结构洞、中心性以及网络结构的形成和演化等网络结构研究内容。

2. 2　网络资源理论

资源是企业开展任何活动所必须具备的前提，创业投资机构要把握创业投资机会，就需要具备实现创业资金筹集、提供增值和服务功能的能力及实现成功退出活动的资源。创业投资机构自身所积累的经验、知识以及它们所拥有的社会关系网络都可能成为其创业投资成功的重要资源。创业投资机构合理地运用这些资源，并将这些资源成功地整合到资金、人力和物力资源中，能够为创业投资活动奠定更好的基础。

彭罗斯等（Penrose et al. ，2009）作为传统资源基础理论的主要代表人物，研究发现企业的主要竞争力体现在对异质资源的拥有和获取能力上。企业根据禀赋能力的不同，其竞争力也存在很大的差异。如果企业占有的资源是稀缺的、有价值的、难以替代的，则企业将通过这些资源获得持续的竞争优势。该观点得到了沃纳菲尔特（Wemerfelt，1984）、鲁梅尔特（Rumelt，1984）、巴尼（Barney，1991）、彼得罗夫（Peteraf，1993）等学者的认同。巴尼（1997）、巴尼和赖特（Barney & Wright，1998）通过研究进一步拓展了该理论，提出企业的竞争力不仅受到对稀缺资源、异质资源的获取和占有能力的影响，还受到对这类资源的利用能力的影响。

传统资源基础理论是基于市场均衡状态下，强调企业的竞争优势来自对其异质性资源的拥有与利用，但本质上是相对静态的（Priem & Butler，2001），缺少对企业获取和利用这类资源的动态过程进行研究（许冠南，2008）。西尔蒙等（Sirmon et al. ，2007）提出的资源管理过程模型，从动态的视角对上述理论进一步拓展和延伸，并提出企业从资源的获取到价值的创造，主要受到资源规划、捆绑、整合等动态环境影响因素的制约。企业能够通过自身优势和对占有的资源进行价值挖掘，最大化地发挥这些资源的价值。

动态的资源基础理论研究者通过研究将传统资源理论从专注企业内部的研究延伸到企业网络之中，并提出了"网络资源"的概念，认为企业通过网络的作用，不但可以在企业内部实现资源的传递，还能够在网络成员之间获取资源，即组织的网络资源（Gulati，1999）。有些学者（Gulati，2007）通过对比网络资源所产生的收益与内部资源带来的收益，对社会嵌入（Granovetter，1985）和社会资本的相关文献进行了补充（Adler & Kwon，2002；Portes，

1998；Putnam，1993）。创业投资机构通过联合投资形成的网络结构、构成的网络资源共享机制等为网络内的成员提供更多的机会和资源。但从研究成果来看，大多集中在网络结构和网络关系方面，较少有学者对网络进行量化研究来评估网络价值（Lavie，2006）。

拉维（Lavie，2006）主要采用网络资源广度、网络资源富裕度和网络资源接受度三种要素解释组织怎样利用网络资源单独或交互地影响组织绩效。网络资源广度是隐含在组织所嵌入的结构中，说明一个组织的网络链接到各种不同类型、不同距离的伙伴程度。链接到的类型越丰富，不同节点间的距离越多样，所形成的网络资源广度就越大。网络资源的广度和富裕度反映了网络成员利用网络获取潜在资源的能力。网络成员可以通过网络链接由组织获取网络资源，也可以通过对这些资源的整合而得到新的影响组织绩效的资源。网络资源富裕度是指组织可用的网络资源的潜在价值，它描述了网络组织之间的联结关系和对网络的利用能力。

创业投资网络资源获取一直被认为是创业投资网络形成的主要动机之一（Wright & Lockett，2003；Manigart et al.，2006）。在创业投资网络中，创业投资机构往往需要具有除金融资本以外的多种必需的资源，如信息、技术、市场渠道、信息资源和社会资本支持，这些资源通常来自创业投资机构在长期创业投资活动中的资源积累（Wadhwa et al.，2016）。创业投资机构进行联合投资，不仅被当作其集聚支持投资目标增长，降低投资风险的特定工具或投资策略（Brander et al.，2002；Wright & Lockett，2003），而且能利用创业投资网络中投资伙伴的互补性资源，亦即创业投资机构通过联合获取其他创业投资机构的经验、信息、项目流和金融资源等（Bygrave，1987；De Clercq & Dimov，2008）。耶斯凯莱宁（2009）认为，创业投资机构通过利用自己的资源及其网络位置获得网络资源，是在创业投资实践中不断探索新的联合伙伴与开发现有的联合伙伴之间实现的平衡。

综上可知，创业投资机构并不是完全靠自身的资源和投资经验在不同行业、不同地区，甚至不同国家筛选出优质的创业企业与投资项目，更为重要的是能够充分利用网络的内外资源，特别是网络伙伴资源（网络资源）不断获取信息、知识、经验，以提高自身的投资能力，降低投资风险，从而实现投资项目的顺利退出。

2.3　创业投资风险的相关研究

高风险、高收益是创业投资的明显特征。陆羽中等（2020）针对 WOS 核心数据库中的 25 种国际顶级期刊中的 903 篇文献，运用 CiteSpace 软件进行可视化分析得出有关创业投资的国内外研究热点持续呈现出由长到短的趋势，但从 2013 年至今突现出"创业企业、竞争优势、风险"等关键词，体现了国际创业投资领域的研究热点和演进趋势。因而，创业投资风险的相关研究在未来仍可能是国内外创业投资研究的热点。影响创业投资成败的因素很多，既有宏观环境及政策因素，也有创业投资企业运行管理因素，亦有被投资企业和投资项目自身的因素。从创业投资资本运作过程来看，既有筹资方面的影响，也有投资和退出方面的影响。本书从创业投资机构视角，综述创业投资运行过程中的相关研究进展。

在风险类型及风险因素方面，普罗克施等（Proksch et al.，2018）分析了 9 家德国风险投资公司的 500 多份交易文件，得出了 2452 份定性报价。作者将这些报价分为七种风险类型，即财务风险、市场风险、战略风险、技术风险、生产风险、人力资本风险和法律风险，暗示这些风险在风险投资过程中的相关性。其中，市场风险和技术风险在尽职调查和决策文件中被提到的最多。在所有风险投资文件中，涉及财务风险的文件有 710 份。杨艳萍（2004）在国内较早地研究了创业投资的风险种类及风险规律，认为创业投资风险包括筹资风险、投资风险、退出风险、委托代理风险、管理风险等。沈凯（2016）认为，创业投资风险主要包括创业企业的风险、投资人自身的建设风险、投资判断风险、业务操作风险等，这些风险相互叠加，会增加投资人的判断难度，从而给投资造成隐患。陈豪杰（2020）从投资环境风险、政策、市场、人员四个维度阐述了创业投资项目面临的主要风险。刘连鑫（2021）根据以往诸多投资案例研究提出了被投资企业的风险包括管理者及企业管理能力风险、市场风险、财务风险、生产事故风险和采购风险等。

坦纳特等（Tennert et al.，2018）考察了道德风险对创业投资中融资阶段活动的共同影响。从理论和经验上证明，创业资本家面临着推迟和分期投资以参与创业投资的学习并避免下跌损失，以及投入额外资金以更新企业家的激励之间的权衡。互联网环境下企业的网络信息披露行为降低了外部投资者的信息成本，罗琦和罗洪鑫（2018）拓展了上田（Ueda）提出的创业企业融资决策模型，研究创业资本提升企业经营业绩的作用机制，剖析信息披露在风险资本"价值增值"中的作用，研究结果证明了创业资本能显著降低创业企业投资的现金流敏感度，缓解创业企业的融资约束风险，提高企业投资效率。胡刘芬和周泽将（2018）通过对2007—2016年在沪、深交易所上市的A股公司进行研究，结果表明，创业投资机构有助于缓解创业企业的融资约束程度，投资机构的特征不同对创业企业融资约束的缓解作用就具有显著差异；创业投资机构不仅对创业企业价值起到客观的认证作用，而且能通过增值服务，主动帮助创业企业建立良好的服务网络关系，有效地缓解了外部投资者与企业之间的信息不对称；通过积极参与创业企业的投后管理，有力地缓解了委托代理风险等。

项目筛选是创业投资成败的关键。许多学者通过大量研究指出创业投资前的项目选择（创业投资项目的筛选）直接影响创业投资的成败（于超和樊治平，2016；李永海，2017）。规范的投资决策流程可以降低投资初创企业失败的风险。泰吉和布鲁诺（Tyebjee & Bruno，1984）提出了经典的五阶段风险投资运作过程。布科克和伍兹（Boocock & Woods，1997）认为，创业投资项目初步筛选的关键因素包括创业者的管理能力、文化、市场吸引力和产品差异度。平塔多等（Pintaodo et al.，2007）的研究结果显示，创业投资家首先重视的影响因素是创业者个人品质，其次是创业者的专业知识、工作经历和领导能力。米卢德等（Miloud et al.，2012）认为行业的吸引力、创业者和高层管理团队的素质显著正向影响创业投资家对新创企业的估值。在投资项目的筛选时需制订组合管理方案和筛选重点考虑因素，追求多元化布局有助于风险投资机构接触更丰富的资源和知识，提升投后管理质量和投资成功率。投资组合的多元化水平将间接影响企业发展前景和创新程度，且两者呈倒U型关系（González – Uribe，2020）。张娅萍等（2018）为了监测私募股权基金投资的不确定性所诱发的潜在风险，采用了多分类器投票表决组合方法构建了风险预测模型，通过改进和优化投票表决规则来提高组合分类器对不同数据类别模式的识别能力。

创业投资家将其非金融资本投资于初创企业的事前筛选和事后监控，解决由于信息不对称问题引起的道德风险和逆向选择风险。在创业投资行业中信息占据重要位置，但是投资机构在筛选优质项目时会面临信息匮乏或者信息不对称的问题。陈灏康（2006）指出，投资机构在对项目选择时很大程度上依赖创业企业所提供的以往盈利情况、经营业绩等项目信息，但是真实信息并不会准确地被投资机构所接收，因此信息不对称往往会导致错投低质量项目，从而产生的逆向选择问题会不同程度地降低投资绩效。创业投资机构和被投企业之间属于委托代理关系，在投资后，创业投资机构并非执行完全管理权，产生所有权和经营权相分离的特征。创业企业家为了追逐自身利益而损害投资机构的利益，因而产生委托代理风险（张兵和刘曼红，2005）。赵超和于思洋（2010）通过建立博弈模型分析了创业投资机构与创业企业之间因信息不对称产生的委托代理问题。潘达和达什（Panda & Dash，2016）采用多案例研究方法，研究控制和信任在印度的代理环境中发展合作的创业投资家与创业企业家关系的作用。实证表明，在早期阶段，由于使用更多的关系机制来抑制机会主义和发展合作，创业投资家与企业家关系代理风险低，而处于晚期阶段则有更高的代理风险。

筹资、投资和退出是创业投资的主要经济活动，其中退出是创业投资中最重要的环节。苏珊和斯瓦斯蒂（Susan & Swasti，2016）证明了创业投资家（VCs）将资本分配给风险较高的投资方法（通过行业中早期投资与后期投资的比例来衡量）如何与退出市场状况相关联。先前的研究主要集中在创业投资人如何根据公共股权市场状况调整总投资。在相对于 IPO 退出、失败和并购的数量急剧上升的退出市场状况下，开发了一种更具包容性的退出市场条件的衡量方法，以解决影响行业回报结构的近期和长期变化。康（Kang，2018）以企业创业投资（CVC）和独立创业投资（IVC）投资者支持的创业企业为研究对象，研究企业集团中异质创业投资者群体之间的相对影响对创业企业成功退出的可能性的影响。他收集了 2011 年和 2013 年接受 CVC 和 IVC 投资者融资的 1121 家美国企业的样本，运用 Cox 比例风险模型分析成功退出的可能性。乔希和钱德拉什卡尔（Joshi & Chandrashekar，2018）探讨了创业投资公司在退出投资组合时，由于信息不对称而产生的代理风险及其对特定类型退出（IPO 和 M&A）发生率的影响，揭示了潜在购买者化解代理风险的能力与退出类型的发生率直接相关。权小锋和尹洪英（2017）在探索股价崩盘是否受到创业投资的影响后发现，创业投资参与会降低股票价格崩盘的可能性，缓解股票价格崩盘的风险。原因是创业投资的参与，能够发挥创业投资的监督作用，提高创业企业管理层信息披露的透明性，减少恶意操作行为，降低修改披露信息的行为，减少信息不对称，最终降低创业企业股票价格崩盘的风险。张根明和郑娣（2018）通过收集 2009—2015 年创业板上市企业具有创业投资事件的数据，研究创业投资退出行为对创业板上市企业产生的经济影响，以及创业企业创新资源配置的决策依据。彭涛等（2021）使用双重差分方法评估政策效果，研究显示，投资抵扣税收优惠政策能够提高创投基金的风险承担。

2.4 "创业投资网络"的文献分析

2.4.1 研究方法与数据来源

广义的创业投资网络是指创业投资机构联合企业家、注册会计师、法律顾问等合作伙伴，形成一种稳定的、高质量的、广泛的网络关系。近年来，学术界对创业投资网络的研究成果明显增多，研究领域也扩展到风险投资网络的测度、风险投资网络的影响因素及其对绩效的影响。本书以"创业投资网络"为主题，分别在中国科学引文数据库和 Web of Science 核心合集数据库进行篇名和关键词检索，截至 2020 年，共检索到 CSSCI 论文 63 篇，SCI 论文 120 篇，按年份进行划分，每年收录的创业投资网络相关文献数见图 2.1。可以直观地看出，2010 年之前创业投资网络的研究并没有得到学者的普遍关注，每年收录的文献数量较少，但 2010 年之后研究成果出现了显著增长。按照学科进行划分，其中 CSSCI 收录的创业投资网络相关论文属于管理学的有 14 篇，经济学有 45 篇，其他有 4 篇。SCI 样本论文隶属 Management 的有 54 篇，隶属 Business 的有 48 篇，隶属 Economics 和 Finance 的论文数次之。

本书基于文献计量的方法，以检索到的 63 篇 CSSCI 论文和 120 篇 SCI 论文为研究对象，对其关键词进行提取，利用 CiteSpace、Ucinet 和 Vosviewer 软件，以知识图谱的方式分析创业投资网络的研究现状、研究演化轨迹，对研究前沿进行辨识。

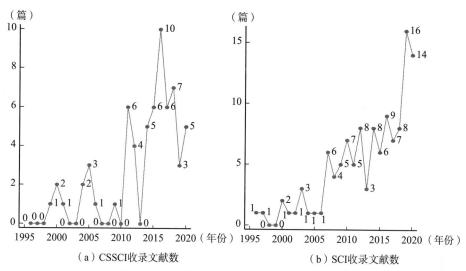

（a）CSSCI收录文献数　　　　　（b）SCI收录文献数

图 2.1　每年收录的创业投资网络相关文献数

2.4.2　基于样本研究文献关键词的知识图谱分析

共现网络分析是根据文献中核心词语出现的频次来研究该领域的研究热点、发展趋势的方法。本书以关键词作为研究对象，分别以关键词出现的频次和时间为视角进行分析。

1. 创业投资网络研究热点分析

（1）关键词词频分析。根据 CSSCI 收录的 63 篇创业投资网络相关文献，通过 CiteSpace 软件进行共现词分析，得到关键词共现网络和频次（见图 2.2 和表 2.1）。节点的大小反映了关键词出现的频次，节点之间的连线反映了关键词之间的耦合度。图 2.2 直观地显示，首先为风险投资，出现的频次最高；其次为网络位置、风险投资机构、投资绩效。通过表 2.1 可以看出，风险投资在 63 篇文献中共有 37 次出现在文献的关键词中，网络位置出现 11 次，风险投资机构和投资绩效均出现 10 次。通过关键词出现的频次，可以发现在国内该主题研究的焦点主要集中在对投资绩效的影响及网络位置上。

图 2.2 CSSCI 相关文献关键词共现网络

表 2.1 CSSCI 相关文献关键词共现网络频次

频次	中心性	年份	关键词	频次	中心性	年份	关键词
37	1.10	2004	风险投资	5	0.48	2016	网络社群
11	0.32	2011	网络位置	4	0.13	2005	联合风险投资
10	0.26	2011	风险投资机构	3	0.25	2011	成功退出
10	0.71	2015	投资绩效	3	0.18	2011	联合投资
6	0.06	2011	网络中心性	3	0.30	2011	创业投资网络
5	0.69	2011	社会网络	3	0.05	2017	网络能力

通过 Ucinet 软件对 Web of Science 数据库收录的 120 篇创业投资网络相关文献进行关键词共现分析，分别得到关键词共现网络和词频（见图 2.3 和图 2.4）。在共词网络中，同样节点大小反映出现的频次，出现频次越高，则节点越大。关键词之间的连线反映关键词之间的耦合关系。图 2.4 显示，检索到的创业投资网络相关的 120 篇 SCI 文献中，Venture Capital 共出现 54 次，Networks 共出现 19 次，Social Networks 共出现 14 次，Syndication 共出现 9 次，Entrepreneurship 和 Social Capital 均出现 8 次。通过关键词出现的频次可以发现，SCI 收录的相关文献其研究热点主要集中在社会网络、风险资本联合、创新、创业、社会资本等方面。

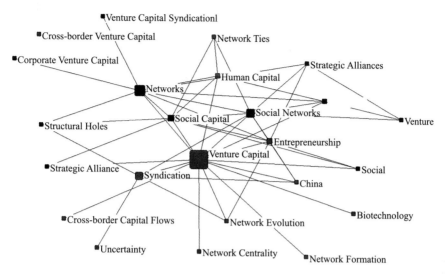

图 2.3　SCI 相关文献关键词共现网络

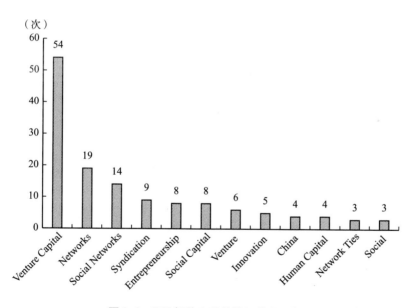

图 2.4　SCI 相关文献关键词共现词频

（2）关键词聚类分析。采用 LLR 对数似然算法，以关键词为名词性术语，对施引文献进行聚类标签提取，分别得到 CSSCI 相关文献关键词聚类和 SCI 相关文献关键词聚类以及相应聚类（见图 2.5 和表 2.2、图 2.6 和

表2.3）。Cluster ID 为聚类编号，它越小，说明聚类规模越大；Size 为关键词数量；Silhouette 为衡量聚类同质性指标，聚类中的关键词同质性越高，该数值就越大；Mean 为聚类文献的平均年份。图 2.5 显示，国内关于创业投资网络研究的焦点主要集中在网络位置、联合投资、网络中心性、作用机理上。图 2.6 显示，国际对创业投资网络的研究主要集中在风险投资的国际化（New Venture Internationalization）、人力资本（Human Capital）、国际风险（International Venture）以及结构洞（Structural Hole）等方面。可见，国际研究与国内研究焦点既存在相似性又存在一定的差异性。

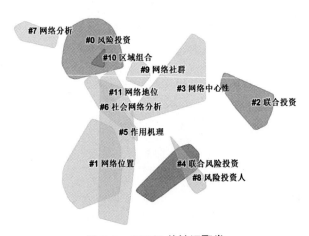

图 2.5　CSSCI 关键词聚类

表 2.2　　　　　　　　　　　　　　　　**CSSCI 关键词聚类**

聚类编号	规模	轮廓系数	平均年份	关键词
0	32	0.952	2011	风险投资，科技型创业企业，社会资本
1	26	0.917	2014	网络位置，风险投资机构，网络中心性
2	13	0.951	2013	联合投资，创业投资网络，粗糙集
3	13	0.857	2015	网络中心性，中介效应，关系网络
4	10	0.936	2011	联合风险投资，网络嵌入性，信息优势
5	9	0.898	2016	作用机理，退出绩效，区域创新系统
6	7	0.972	2014	社会网络分析，城市网络，长三角

续表

聚类编号	规模	轮廓系数	平均年份	关键词
7	6	0.978	2018	网络分析，资料挖掘，产业领袖
8	6	0.923	2018	风险投资人，行业结构不确定性，企业生命周期
9	6	0.990	2016	网络社群，可达性，集聚性
10	4	0.981	2020	区域组合，区域分布，区域网络

图2.6 SCI关键词聚类

表2.3 **SCI关键词聚类**

聚类编号	规模	轮廓系数	平均年份	关键词
0	62	0.642	2008	Venture Capital；Social Structure；Business Network
1	52	0.747	2011	New Venture Internationalization；Research-based Startup；Startup Readiness
2	41	0.715	2013	Human Capital；Investment Performance；Entry Mode
3	39	0.752	2012	Social Network；Centrality Measure；Community Detection
4	37	0.850	2011	Venture Capital；Founding Team；Executive Migration
5	29	0.873	2011	International Venture；Asian Business Network；Social Capital

续表

聚类编号	规模	轮廓系数	平均年份	关键词
6	28	0.771	2014	Structural Hole；Financial Performance；Corporat Einnovativeness
7	28	0.877	2007	Economic Geography；Spin-off Dynamics；Place Dependence
8	25	0.830	2011	Air Travel；Venture Capital；Spiky Globalization
9	23	0.812	2011	Cultural Distance；Cultural Economy；Network Distance
10	20	0.921	2014	Joint Venture；Income Homogeneity；Empiri Cal Analysis

2. 创业投资网络的演化动态和研究前沿

对 CSSCI 样本的关键词进行共现网络时区可视化，可以得到图 2.7 和图 2.8。时区图不但能呈现研究热点，也能以图谱的形式直观地反映出研究的演化动态和研究前沿。图 2.7 显示，风险投资于 1999 年被国内文献首次提出，并在 2011 年呈现爆发性增长，网络位置、网络中心性、社会网络等受到了学者们的普遍关注，2016 年投资绩效成为国内研究热点。

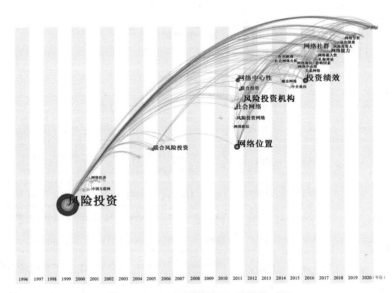

图 2.7　CSSCI 关键词突现网络时区

关键词突现可视化也验证了这一观点（见图 2.8）。2011—2013 年的关键词为成功退出、风险投资机构、风险位置、网络中心性和科技企业孵化器，2015—2017 年的关键词为投资绩效、影响因素、网络社群、扎根理论，2017 年之后的关键词为网络能力和网络分析。突现词的可视化图谱能够直观地呈现各阶段的研究前沿。

Keywords	Year	Strength	Begin	End	2011—2020年
成功退出	2011	0.8383	2011	2013	
风险投资机构	2011	0.9496	2011	2013	
网络位置	2011	0.7522	2011	2013	
网络中心性	2011	1.1648	2011	2014	
科技企业孵化器	2011	1.0235	2011	2013	
投资绩效	2011	0.7625	2011	2017	
影响因素	2011	0.7816	2015	2017	
网络社群	2011	1.9930	2016	2017	
扎根理论	2011	0.7816	2016	2017	
网络能力	2011	1.3347	2017	2018	
网络分析	2011	0.9863	2018	2020	

图 2.8　CSSCI 关键词突现可视化

从图 2.9 可知，2000 年关键词创业资本（Venture Capital）在检索到的 SCI 文献中首次出现，并围绕关键词 Innovation、Entrepreneurship、Industry、Strategy 等开展了广泛的研究。2002 年 Network 被引入创业投资中；2003 年创业投资的研究扩展到绩效（Performance）和社会网络（Social Network）；2007 年研究又扩展到联合投资（Syndication）的视角，2010 年又有学者基于结构洞（Structual Hole）的视角对风险投资进行研究。

由图 2.10 可以看出，2010 年之后国际上对创业投资网络研究热点的转变。其中 2010—2013 年研究的突现词主要集中在资源（Resource）上，2012—2017 年突现词集中在政府（Governance）上，2014—2018 年突现词集中在社会资本（Social Capital）上，2016 年之后主要集中在嵌入性（Embeddedness）、结构洞（Structural Hole）和联合投资（Syndication）上。

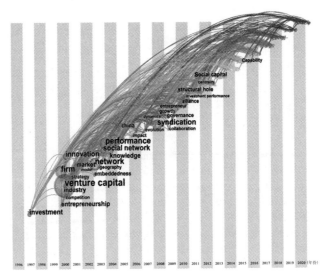

图 2.9 SCI 关键词突现网络时区

Keywords	Year	Strength	Begin	End	1996—2020年
Industry	1996	2.8006	1998	2006	
Organization	1996	2.4883	2003	2009	
China	1996	2.2051	2004	2008	
Resource	1996	1.8240	2010	2013	
Governance	1996	1.8362	2012	2017	
Social Capital	1996	2.1341	2014	2018	
Embeddedness	1996	1.9993	2016	2016	
Structural Hole	1996	2.2976	2016	2020	
Syndication	1996	2.8914	2018	2020	

图 2.10 SCI 关键词突现可视化

2.5 创业投资网络形成与演化的相关研究

2.5.1 创业投资网络形成的动因

联合投资是指投资者联合起来进行投资，联合投资可以投资在创业企业发展中的相同阶段，也可以投资于不同的阶段。布兰德等（Brander et al.,

2002）认为，联合投资是指有两家或两家以上的创业投资机构共同投资于同一项目，或者不同的创业投资机构投资到既定风险项目的不同时间阶段。联合投资不具有排他性，且发生于很多投资行为中。在金融市场上联合投资是普遍存在的共同投资行为。例如，在加拿大，1997 年进行联合投资创业投资的公司占 60%（Brander et al.，2002）。在欧洲，2001 年参与联合投资的创业投资机构有 30%（Wright & Lockett，2003）；同年，美国有 60% 的创业投资机构参与联合投资。在中国，仅红杉资本单个创业投资公司，2018 年在国内就发生 160 件投资事件，与其他创业投资机构进行联合投资项目占比为 60%。

对创业投资网络的研究源于社会网络理论及创业投资理论的发展。社会网络理论诞生于 20 世纪 30 年代，莫雷内（Morene）开创了网络分析的先河，到 70 年代，社会网络理论得到哈佛大学哈里森·怀特（Harrison White）等学者的重视，从 80 年代起相关研究蓬勃开展。社会网络分析法随着图论、概率论以及几何学的发展和完善，并作为一种应用性很强的社会学研究方法，逐渐受到金融学、政治经济学、投资关系等金融学分支研究学者的重视。在创业投资领域，社会网络分析法正在逐步成为研究的前沿。与此同时，创业投资在 20 世纪 40 年代的美国兴起并取得巨大成功，20 世纪七八十年代创业投资对经济的发展起到了巨大的促进作用，因而，世界各国的创业投资也迅速发展起来，随着对创业投资及联合投资的实践探索，创业投资及创业投资网络的研究也成为理论界关注的重点。"创业投资网络"概念经拜格雷夫和威廉（Bygrave & William，1987）首次提出后，相关研究也逐渐增多。佛罗里达和肯尼（Florida & Kenney，1988）也对创业投资网络进行了定义，认为创业投资网络是由资金融通网络、机会识别网络、专业服务网络和增值网络等相互重叠的网络组成的。但该阶段的研究还仅局限在创业投资网络的概念、意义和作用等定性研究方面，直到霍克伯格等（2007）发表了《创业投资公司的联合投资：网络视角》一文，创业投资网络的研究也成为理论界关注的热点。

学者对创业投资网络形成的动因的研究，主要可归结为组织层面和个人层面。

从组织层面来看，一是基于信息不对称问题，投资机构更愿意与其他机构合作，通过所建立的关系网络获取更多的信息和资源以应对投资过程中的不确定性，从而解决信息不对称的问题（Hochberg，2007）。索伦森和斯图尔特（Sorenson & Stuart，2008）从投资组合管理角度出发，认为创业投资联盟能降低投资风险，增加交易的质量和数量。二是基于资源说，投资机构依托创业投资网络能够充分利用资源池，获得更多跨行业和跨区域的投资机会，同时还可以获得更多"第二者"意见，提高决策质量；并且能够给被投资企业的发展提供更多有价值的增值服务等资源。三是从空间地理位置角度而言，寻找和筛选投资合作伙伴、维护伙伴间的关系等成本都会随着距离的增加而加大，基于此，有的学者从社会网络角度研究发现创业投资机构之间的合作概率与空间距离呈负相关，创业投资机构更愿意与空间距离近的机构合作（Sorenson，2003）。索伦森和斯图尔特（2001）关注了远距离关系在风险投资网络中的动态变化，认为创业投资活动本身就自带地理空间邻近的作用，一方面，在投资前有利于高质量项目的识别；另一方面，在投资后有利于对创业企业进行监督管理；而远距离的投资机构通过联合投资能够降低远距离带来的影响。洛基特和赖特（2001）从竞争性、资源性和交易性等角度研究了创业投资网络形成的动因。付辉和周方召（2018）提出了退出不确定性对创投机构辛迪加联合投资行为的影响机制。采用中国 IPO 暂停的准自然实验来测度退出不确定性，以 2002—2015 年创投机构投资创业企业的事件为研究样本进行实证，结果表明创业投资退出的不确定性对创投机构采取联合投资的积极性有显著的影响，投资意愿也会显著下降，而这会对创投机构的退出表现产生负向影响。普拉格曼和卢茨（Plagmann & Lutz，2019）的研究认为，在创业投资网络合作伙伴选择中，主要投资者的声誉非常重要，享有盛誉的创业投资家似乎在遵循一种复杂的决策模式。

从个人层面来看，一是基于人际关系学派视角，创业投资家之间的人际关系是网络形成的重要基础。对合作伙伴而言，信任作为重要的社会资本可以促进规范性行为的形成以及复杂信息与知识的传播，有利于投资机构之间建立长期互惠合作稳定的关系（党兴华等，2016）。由于信任资本属于专用性资产，投资建立信任关系后，通常会对网络关系的发展形成路径依赖（Dutton & Jackson，1897），对关系强度而言，投资机构之间的紧密联系有利于合作伙伴之间在有效合作和信任的基础上实现信息和资源的传播与共享，促进创业投资网络的形成（Arals & Walker，2014）。二是基于先前投资经验，学者们通过研究发现，创业投资网络本质上是一种社会交换网络，形成联合是为了有利可图，因此，创业投资家往往更倾向于与自己同行业或者相似行业的投资机构合作，而以往投资经验是选择是否联合的重要标准之一。金伯莉·郑（Kimberly Zheng，2004）指出投资机构通过与具有丰富专业化知识、经验及信息的伙伴合作，可以弥补自己的不足。维奥莉塔（Violetta，2019）通过考虑成功经验的不同特征（时机、规模等），从组织学习的视角，通过聚焦分析年轻创业投资公司如何管理它们的第一代创业投资基金，检验了创业投资公司从成功经验中学习的程度，以及这种经验影响未来成功退出可能性的程度，汇总创业投资公司的成功经验及其不同特点的信息，为不同的利益相关者使用提供了实际建议。党兴华等（2016）指出在某特定领域有经验的创业投资机构会受到更多的联合邀请。创业投资机构丰富的经验和知识有利于合作关系的持续性和稳定性，有助于风险投资网络的形成。

2.5.2　创业投资网络动态演化

学者们研究指出，风险投资网络会随着时间的推移呈现出动态演变趋势，网络动态演变主要呈现在网络位置、派系、连通性、局部拓扑结构等方面。布鲁斯·科格特等（Bruce Kogut et al.，2007）从创业投资网络的派系、构成、关系强度及中心性等方面进行分析，揭示了美国创业风险投资网络动态演化及其特征，发现创业投资网络处于一个活跃的状态。索伦森和斯图尔特（2008）通过美国 1985—2007 年的创业投资网络关系的实证发现，创业投资机构之间形成地理和行业距离联系的可能性随着目标公司投资设置的几个属性而增加：①最近目标公司所在行业和所在地区的投资热度；②目标公司的成熟度；③投资辛迪加的规模；④网络其他成员之间关系的密度。霍克伯格等（2007）探索了创业投资机构网络地位的演化过程，提出了创业投资机构网络位置会随着网络规模增大及投资绩效的改善而发生移动。张欣等（Xin Zhang et al.，2015）运用复杂网络理论研究创业投资机构的投资关系时间属性，通过构建时间网络，考察了中国创业投资的时间演化动态特征，包括创业投资公司与投资组合公司之间的投资关系及风险投资者之间的联合投资关系。杨等（Yang et al.，2018）研究中国创业投资网络的中心度和效率演化特征，发现网络效率对创业投资机构的绩效有反向影响。布勃纳等（Bubna et al.，2020）从社团结构演化的视角研究了美国创业投资网络，研究结果发现，美国创业投资机构趋向于同社团内的成员建立联合创业投资关系。周育红和宋光辉（2014）利用中国投资事件构建了风险投资网络演进变化过程，观察网络中心性以及凝聚子群的变化过程，同时发现不同性质创业投资机构的网络位置对创业投资网络产生影响。罗吉和党兴华（2016）应用模块性指标G－N算法，分析创业投资网络社群的结构动态演变趋势，解释创业投资机构相互间偏好特征。罗永胜和李远勤（2017）通过运用2000—2014年风险投资数据分析边缘—核心密度结构的变化情况，研究风险投资网络动态演变规律。金永红等（2021）从复杂网络的角度研究了中国风险投资网络结构、特征及其动态演化规律。

2.6 创业投资网络特征与风险缓解的相关研究

创业投资机构抱团形成创业投资网络，其主要目标就是分散与规避风险、降低投资组合的系统性风险等，同时也是降低风险投资项目的不确定性、缓解投资及退出阶段的风险。

赫格等（Hege et al.，2009）研究发现，联合投资的项目无论是投资收益还是成功退出的概率都高于非联合投资。德克莱尔克和迪莫夫（De Clercq & Dimov，2008）以美国1968—2005年的创业投资数据为样本，通过实证分析发现，联合投资至少提高了26.7%的收益，降低了31.6%的风险。

创业投资网络机制能够丰富投资组合的多样性，更有效地缓解创业投资的非系统性风险，从而增强创业投资机构的风险应对能力，专业化投资对控制风险和获取其他投资者的信息流非常有用（Bygrave，1987；Manigart et al.，2002）。洛基特和赖特（2001）等学者研究表明，创业投资网络有助于风险投资机构实现多样化投资，降低投资风险。史密斯等（Smith et al.，2015）从信息传递、网络地位和社会影响视角进行研究发现，不同网络对投资决策的影响不同。格普塔和萨皮恩扎（Gupta & Sapienza，1992）、德克莱尔克和迪莫夫（2004）证明了创业投资机构进行跨行业和跨地区投资，不仅可以降低投资组合的风险，而且能够增加创业投资机构获取高回报投资项目的机会。联合投资的动机可归纳为分散风险、信息共享、改善交易流、提高企业声誉、增强创投机构在网络中的地位等，但联合投资也存在道德风险和"搭便车"的现象，因此合作伙伴的选择尤为重要（Alchian & Demsetz，1972；Holmstrom，1982；Hopp & Lukas，2007）。

霍克伯格等（2010）的研究表明，创业投资网络有助于创业投资机构扩大项目选择的范围和目标。彭华涛和谢冰（2005）等研究均表明，联合投资有助于创业投资机构为投资项目提供更好的增值服务。胡刘芬和沈维涛（2014）研究发现联合投资能够改善董事会治理结构，提高创业企业的公司治理水平。

投资到创业企业的初创期要比投资到创业企业其他阶段有更高的风险。在投资过程中，如果创业投资网络中的投资伙伴提供可以值得借鉴的意见和建议，不仅可以推动创业投资机构准确地进行判断与决策，而且可以促进创业投资网络成员建立良好的信任关系，提高投资的成功率（Chemmanur, Hull & Krishman, 2010）。在资源共享方面，加入创业投资网络中的创业投资机构，可以从网络中的其他创业投资机构快速获取有关投资管理活动的知识、经验和信息资源，这些资源能够提高创业投资机构的竞争优势。赖特和洛基特（2003）的研究表明，创业投资机构要想获得成功，需要的资本和具有投资知识、经验的人力资源是巨大的，其自身不可能无限招聘管理人员，创业投资网络信息资源的获取优势能够减轻创业投资机构在人力资源方面的压力与网络成员的联合投资能弥补资本方面的不足。同时，通过建立的网络关系，不同的创业投资机构之间可以相互交流不同的技术和投资经验，相互取长补短，提高投资效益。通过网络关系，创业投资机构可以获取远距离投资所需要的信息资源，减少由于地理位置原因而形成的信息障碍，有利于网络中的创业投资机构扩大投资的区域范围，因而，投资机会的增加也是创业投资机构参与创业投资网络的重要因素。切马努尔和卡西克·克里斯南（Chemmanur & Karthik Krishnan, 2012）通过收集研究 1990—2004 年汤姆森风险经济（Thomson Venture Economics）数据库中的 11880 家企业发现，创业投资机构加入网络的主要原因是能够得到更多的投资机会，可帮助创业企业快速成长、使创业企业增值，且创业投资机构成功的联合投资经历更容易再次选择形成网络进行联合投资。在现实世界中的多属性决策（MADM）问题中，属性权重信息可能是未知的或部分已知的，且设置不同的属性权重向量可能会导致替代方案的排名位置不同。为了解决这个问题，刘等（Liu et al., 2019）开发了一种新颖的 MADM 方法处理风险投资评估问题，分别设计了基于风险范围和基于排名范围的 MADM 方法，解决了决策者在决策过程中表现出不同的风险态度问题，通过案例研究和仿真实验证明了该方案的有效性。

创业投资网络具有特定的性质，性质不同的创业投资机构其网络属性也不同，因而获取的信息和资源也不同。本书把创业投资网络特征划分为网络结构、网络关系和网络能力三个维度。

2.6.1 创业投资网络结构特征与风险缓解

网络结构特征反映的是网络成员间形成的关系模式，主要体现为网络规模、网络密度和中心性等方面（Hoang & Antoncic，2003）。网络规模是指网络成员的数量总和，是对网络特性量的描述。网络规模的大小能反映创业投资机构获取外部信息、资源、知识量的多少（Hansen et al.，1999）。

创业投资网络规模通常用风险投资机构参与联合投资的总投资机构数量来衡量。参与联合投资的机构越多，网络规模越大。网络规模越大反映了链接到外部网络伙伴的数量越多，则资源供给者增多，有助于缓解信息不对称，建立良好关系互惠互利等优势，降低"柠檬项目"的选择风险（Casmatta，2007）。网络规模的扩大能为投资机构提供更多的知识和信息等资源，在一定程度上能为风险企业提供更好的监督、管理和价值增值服务等（石琳等，2016）。但也有学者认为网络规模并不是总起着正向作用，网络规模对绩效的影响并非呈线性关系，随着网络规模的扩大，作为联合投资的一员，会出现对风险企业监管懈怠、提供价值增值等服务能力下降，因而产生"搭便车"等消极影响，导致创业投资绩效降低（De Clercq et al.，2008）。

网络密度是指网络成员之间的联系疏密程度，表示网络中一组行动者关系的实际数量与最大理论上的关系数量之比。网络密度代表了社会互动程度，互动程度越大，相互链接的程度越大，交换工作信息的可能性也就越大，高密度网络有助于网络机构之间分享经验与知识，能够提高创业投资项目的筛选质量，降低项目的投资风险和管理风险，对风险投资绩效具有正向影响。关系密度越强，行动越默契，越有利于创业企业克服不利条件（朱振坤和金占明，2009）。而有学者提出相反的观点，网络密度过高造成网络过于僵硬，失去弹性与开放性，不利于网络的发展。对于创业投资网络而言，如果密度加大，创业投资机构之间就比较容易形成远距离的关系（Sorenson & Stuart，2008），可以深化区域间的联合。但石琳等（2016）认为在"每个人都知道的"网络中，会减少投资机构获取异质性知识的机会，反而不利于提高投资绩效。王育晓（2018）通过研究认为，处在疏松的网络中的创业投资机构比处在较高密度网络中的创业投资机构获取的异质化信息和资源更多，创业投资机构在密度较低的网络中，网络能力对投资绩效影响更大。

网络位置着重考察行动者在创业投资网络中所占据的优势位置及所获取的权力和收益（杨艳萍和刘宛君，2019）。处于中心位置的机构在创业投资网络中占据重要的结构位置，拥有地位优势和决策优势，有分配信息和资源的权力，能够获得更多投资机会信息（Sorenson & Stuart，2001）。高地位的创业投资机构影响力大、资源丰富，更有可能收到投资财团的邀请，是网络联盟的理想合作对象（Ozmel et al.，2013）。在马太效应的激励下，能够成功退出并获得更好的投资绩效（周伶等，2014）。位于高网络位置的投资机构能够筛选出优良投资项目，并且能够带来更好的声誉，这样有助于投资机构在行业内建立权威和信任感，增加自身参与联合投资的机会（Cumming et al.，2010），有更强的能力发现投资机会，更大的影响力协同投资伙伴，更好的声誉机制传递内在特征（徐梦周和蔡宁，2011），既能集聚大量资源，也可对信息资源及合作伙伴进行有效控制（罗家德等，2014），同时可以通过发送信号，突破地理和行业的限制，识别出优质项目，提高 IPO 退出概率（王曦等，2015），从而在创业投资网络中更少地依赖于自身组织力。相反，处于边缘位置的创业投资机构因不具备信息与控制优势，难以获取优质资源，且影响力有限，难以发挥协同效应，难以获得合作伙伴的信任与认同。波多尼（Podol-ny，1994）指出，创业投资机构地位越高，就越具有成本与收入优势。

在创业投资网络中处于高网络位置的投资机构通常占据较多的结构洞，在与大量机构联系的过程中，能够得到更多的信息和资源（罗家德等，2014）；由于位置的优越性，机构也乐于与其合作或者向其寻求帮助，进而发挥媒介的功能，还能够利用其号召力和影响力，获得其他投资者的跟随（徐梦周和蔡宁，2011）。相反，处于低创业投资网络位置的投资者，很难获得信息优势，且影响力有限。因此，高网络位置能够拓宽融资渠道，提高投资回报率，降低信息不对称和投资风险。霍克伯格等（2007）认为创业投资机构投资经验与其在网络中的位置和中心性呈显著的正相关关系。穆尔曼等（Meuleman et al.，2009）发现，在创业投资网络中，主投机构的网络位置可以积极调节代理成本和相关交易成本与联合投资的负向关系。古勒尔和吉伦（Guler & Guillen，2010）提出，创业投资机构在网络中占据的有利位置是其整体素质或能力的一个信号，具有广泛的可转移性并有助于降低其他合作伙伴的不确定性，从而有利于最终的投资绩效。杨敏利和党兴华（2014）通过使用 Cox 模型检验网络位置对 IPO 期限的影响，发现在创业投资网络中网络中心性高的机构不仅可以筛选出优质项目，还能为这些优质项目提供优质服务，实现 IPO 更快退出。罗吉等（2016）研究网络位置对投资绩效的影响，测量网络位置的两个指标，即网络的程度中心性与中介中心性，研究发现，网络位置能对投资绩效起到正向影响作用。金永红等（2021）探究了创业投资网络位置对创新能力的影响作用，并分析了行业专业化程度、地域专业化程度及阶段专业化程度的调节作用。

对于整个网络而言，存在结构洞的网络、占据中心位置的个体容易获得非冗余信息和竞争优势。伯特（Burt，1992）提出，最优的社会网络应该具有结构洞特征，在一个具有非冗余关系的网络联结中（结构洞丰富），社会资本和新思维会被转化和创造出来，并对组织绩效产生积极影响。尼萨尔等（Nisar et al.，2007）指出，当联合创业投资以强大的关系和网络为特征时，机构会获得更高收益。贝拉维蒂斯等（Bellavitis et al.，2017）从资源依赖的角度出发，研究了资源的成熟度和状态两个变量对网络内聚力及创业投资绩效之间关系的影响，研究发现，成熟和高地位的风险投资者从网络凝聚力中获益较少，成熟度和状态同时决定了网络内聚的性能效应。大多数网络研究集中在个体特征上，如中心性和密度。申相允（2019）探讨了维持网络地位所带来的整体优势，即网络优势，他通过对 1137 家创业投资公司的投资进行两阶段最小二乘分析，证实了辛迪加的网络优势多样性对辛迪加的网络优势及其退出绩效之间的正向关系起负向调节作用，研究结果表明，一个辛迪加的网络优势及其多样性是其退出绩效的关键决定因素。陈运森（2015）从公司财务的视角分析了结构洞对企业经营效率和投资效率的作用，研究表明，企业拥有的结构洞越多，就越具信息与控制优势，从而可获得更高的业绩。周伶等（2014）也认为，在更为开放的投资环境下，只有处于网络中心位置的风险投资企业投资绩效才会提升，但在项目数一定时，风险投资企业并不能依靠结构洞资源获取直接的绩效收益。杨艳萍和郜玉格（2020）研究了网络规模、2 – 步可达性对投资绩效的影响，认为网络成员联合投资能够促进信息、知识流的传递和资源共享等，但过大的网络规模易带来信息超载、机会主义等风险，2 – 步可达性与投资绩效之间存在倒 U 型关系。

2.6.2 创业投资网络关系特征与风险缓解

网络弱关系和非正式关系的研究以及风险管理策略的作用是风险投资网

络研究前沿的重要领域（Salvatore Polizzi，2020）。

学者多从关系质量、关系强度、关系持久度等方面研究网络关系属性。关系质量表现了网络成员间的关系信任程度，可以用网络成员之间联系的互惠程度衡量。关系质量体现在创业投资网络中创业投资机构间的联系质量，往往表现在创业投资机构间的一致性、默契程度、互惠程度和信任程度。也有学者认为，合作对象的权力和地位代表了关系质量，与地位高、权力大的利益相关者建立合作关系可以获取所需的高质量资源，除此之外，关系质量还能提高对创业企业精准、有效的指导帮助，从而提高被投资企业的绩效（Abell & Nisar，2007）。已有研究多从退出率的角度衡量创业投资的退出业绩。孙淑伟和俞春玲（2018）从社会关系网络的理论出发，研究将退出业绩分拆为效率和效益，通过 2000—2014 年的联合投资事件构建社会关系网络对其退出业绩的影响。研究发现，创业投资所处的社会关系网络位置能够显著影响创业投资资本的退出效率和退出效益，创业投资机构的网络位置越好，投资企业和投资项目的质量就越高。胡刘芬和周泽将（2018）基于地理学视角，实证检验我国创业投资网络对创业投资行为的影响。研究发现，创业投资机构拥有的良好网络关系不仅有助于拓展其投资的地域范围，而且能显著提高远程创业投资的退出绩效。创业投资机构处在网络的中心位置，能够扩大投资的地域范围，远距离投资成功退出的可能性就会增大，从投资到成功退出所需的时间也会缩短。网络关系的正向影响是"项目选择功能"和"价值增加功能"共同作用的结果。关系强度体现了网络成员间联系的紧密强弱程度，创业投资机构之间信息交换频率越高，网络关系强度越大（De Clercq & Dimov，2008）。关于网络关系强度对投资绩效的好坏影响众说纷纭。

一种观点认为，弱关系有利于创业投资绩效。如格兰诺维特（1973）把网络间关系划分为强关系和弱关系，并提出弱联结优势假说，认为强关系往往使信息重复性更高，而弱关系使关系分布范围更广，边界跨度较大从而建立了获取其他信息和资源的桥梁，能传递更多的异质信息，维持弱关系的成本要远低于维持强关系的成本，可以实现以较低的成本获取更多的资源。汉森（Hansen，1999）研究发现，在信息复杂性相对较低的环境中，弱关系加速了信息的传递，而在信息复杂度较高时则减缓了信息传递速度。杰克（Jack，2005）提出，弱关系是信息和资源多样性的主要来源。

另一种观点认为，强关系可使合作双方产生信任，不但加速信息的交流和转换（Gary & Zur，2010），共享更多的私有及隐性知识，而且可以降低监督成本，为创业企业提供管理指导等，因此强关系有助于创业投资绩效的提升（Dimov et al.，2007）。相比弱关系网络，强关系网络受信任机制的影响，能提高信息和资源获取的概率，并且正向调节网络资源利用率与投资绩效之间的关系（王育晓，2018）。在强关系网络中，创业投资机构之间沟通较为深入，双方更容易获得信任，合作也较为深入，出现的问题也容易得到解决，进而能降低投资风险（Jack，2005）。强关系网络也有利于信息的流动和资源的优化配置，关系网络越强，机构之间的依附度就越强，容易形成战略联盟，减少信息传递过程中的摩擦和损失（王蔷，2000）。陈晔峰（2011）比较分析了风险投资网络强度为零与大于零两种情况，并认为由于风险投资网络具有正效应，网络强度越大就越能吸引投资，有利于网络结构优化，从而促进价值正向溢出，但强关系也会造成信息的重叠，导致资源的浪费，另外维持强关系也需要较高的成本。

网络关系持久度主要用来衡量网络关系稳定性（Anderson，1990），关系持久度表现为网络伙伴之间的关系依赖程度，持久性的关系能增进彼此间的信任，有助于创业投资机构在创业投资网络中提高声誉、赢得信任，并会对创投绩效产生正向影响（Nahata，2008；Dunbar & Foerster，2008）。

2.6.3 创业投资网络能力特征与风险缓解

哈坎森（Hakansson）早在 1987 年就提出了"网络能力"的概念，认为企业为了应对外部环境的动态变化，提高综合地位和处理网络活动的能力即网络能力。网络能力是一种能动的、动态的能力，是能够通过网络关系以及网络外部活动来识别网络价值与投资机会，整合并运用网络内外资源的动态能力（任胜钢，2010），是决定企业在网络中获取资源价值大小、保持竞争优势的关键因素（Möller & Halinen，1999）。后续不少学者根据自己的研究需要基于不同情景和视角对网络能力拓展和延伸，进行不同的界定和划分。

在创业投资网络中，网络能力研究大多从资源基础理论角度出发，创业投资机构竞争优势研究便从自身资源拓展到网络所带来的资源。布兰德（2002）、德克莱尔克和迪莫夫（2004）、詹正华等（2016）指出风险资本家进行联合投资时，能够弥补各自的不足，提高自身的项目筛选能力，从而有利于降低投资风险，提高投资绩效和企业的技术创新能力。刘通等（2018）

指出，联合投资能够更好地促进创业企业的价值创造，能够通过信息交换与知识互补为创业企业提供丰富的资源和信息，通过提供非资本增值服务促进创业企业价值创造的实现，进而提高偿债能力、成长能力、盈利能力。

罗吉等（2016）认为，造成风险投资机构绩效差异的原因之一是机构网络能力不同，具有较强网络资源获取能力或整合利用能力的机构可获得更好的投资绩效。王育晓等（2018）证实了风险投资机构的网络能力越强，其成功退出的可能性就越大。创业投资机构的网络能力可以划分为网络资源感知先动能力与网络资源配置利用能力。网络资源感知先动能力强的投资机构容易获得先入为主的地位和优势，通过寻求潜在合作伙伴，并形成联合投资，进一步巩固在投资网络中的地位和影响力，通过其他机构的信息和意见反馈，降低认知的局限性，提高投资项目的成功率；网络资源配置利用能力反映的是网络资源与自身资源的匹配关系，有利于投资机构提升其专业化水平，提高其灵活性和适应性，研究表明良好的网络资源配置利用能力有助于提高投资机构 IPO 退出的可能性。网络资源配置能力强的机构有利于提高知识的专业化和多样性水平（Matusik & Fitza，2012）。一方面与具有相似行业投资经验的机构进行合作时，能够广泛听取各机构的意见，拓宽思路，提高信息的全面性和认知的深入性，有助于知识的专业化，提升项目评估能力和风险控制能力；另一方面与具有不同行业投资经验的机构进行合作时，有利于提高知识的宽度，丰富知识的多样性，进而拓宽投资领域，增加投资项目的灵活性（王育晓等，2015）。马卡列维奇（Makarevich，2018）旨在探讨美国风险投资业中，企业网络关系如何与其专业化程度互动，以影响其失败的风险。通过对 41 年数据的检验，研究发现风险投资公司的专业化程度与失败风险之间呈倒 J 型关系，这种关系受到公司投资组合同质性的影响。进一步研究发现，风险投资公司在避免失败方面依赖于它们的网络关系，这种效应对一般风险投资公司比专业风险投资公司更强，并且与专业风险投资公司的联系最大限度地降低了具有异质投资组合的一般风险投资公司的失败风险。

公若昀（2015）通过研究网络能力并与投资阶段进行交互对投资绩效的影响发现，网络资源利用能力对投资绩效具有显著的正向影响作用。罗吉等（2016）把网络能力分为网络资源获取能力和网络资源整合利用能力，探索了网络位置、网络能力对投资绩效的直接影响，并考察网络能力对网络位置与投资绩效的调节作用。张晨（2015）同样把网络能力划分为网络资源获取能力和利用能力两种，并与网络位置进行交互，发现网络资源获取能力与中心位置交互对投资绩效呈负向影响，而与结构洞交互对投资绩效呈正向影响，网络资源利用能力与中心位置交互对投资绩效呈正向影响，而与结构洞交互对投资绩效的影响不显著。

2.7 文献评述

综上所述，社会网络的概念、功能及研究方法等都在逐步细化和深化，应用领域不断拓展，并呈现跨学科的特点。社会网络在创业投资领域的研究积累了一定数量的研究成果，研究的内容主要包括创业投资网络的形成和演化，创业投资网络的结构特征、关系特征，创业投资网络能力对投资绩效的影响等方面，对本书形成了一定的理论与方法支撑，为研究开展奠定了理论基础。但从现有创业投资网络的文献来看，还存在以下不足。

第一，研究方法偏实证。国内外对创业投资社会网络的研究多是联合投资网络，且实证研究多，规范研究少。而实证过程中大都考察创业投资社会网络与创业企业绩效之间的直接关系，缺乏对整体风险缓解内在机制的研究和验证，投资绩效的影响作用机制尚不清晰，特别是网络的动态演进对整体风险缓解内在机理更缺少理论的研究和实证的支持。本书运用社会网络理论、资源基础理论、交易成本理论及博弈论，较为系统地分析了创业投资风险缓解的动态机制。

第二，研究维度少整合。现有的研究大多强调网络结构、网络关系等不同网络特征对创业投资风险缓解的影响，例如，仅从结构维度的网络位置或是关系维度、关系质量等方面考察，考察投资机构网络变化的维度较为单一，忽视了社会网络是不同维度的集合体。此外，网络结构和网络关系均属于外部网络特征，而投资机构自身能力的差异也会对缓解风险、提升绩效产生显著影响。因此，本书不仅把网络结构和网络关系多个维度同时放入研究框架，还加入投资机构自身属性特征，即网络能力，丰富了对创业投资网络的研究框架。

第三，研究状态偏静态。创业投资网络能够缓解投资风险从而提升投资绩效，虽有对于网络结构、网络关系及网络能力对投资绩效的影响研究，但学者们大多仅是从静态的角度进行考察。由于网络具有动态性，经常处于动态调整中，但多数社会网络和社会资本分析采用静态结构分析，而网络的动态性是社会网络研究最为薄弱的环节。随着时间的推移，网络结构、网络关系以及网络能力也会演变，动态地揭示创业投资网络结构、网络关系和网络能力的变动对风险缓解的研究还较为鲜见。因此，本书沿用 3 年时间窗将时间范围划分了三个阶段，实证分析每个阶段动态网络的网络结构、网络关系及网络能力变动，分别动态对比分析在不同阶段网络结构、网络关系以及网络能力对创业投资风险缓解产生的差异性影响。

第3章 创业投资网络演化与风险缓解机理

本章界定了创业投资、创业投资网络、创业投资风险及风险缓解绩效等相关概念；梳理了创业投资网络类型、构成要素；明晰了创业投资风险、风险特征及分类等基本范畴，为后续研究奠定逻辑起点。基于社会网络理论视角并考虑创业投资机构的资源禀赋特征，剖析了创业投资网络的形成与动态演化机制；依托传导载体阐释了创业投资过程中的风险传导原理；从投资组合理论、交叉持股、联合投资等方面揭示了创业投资的风险分散、分摊原理；构建了创业投资网络演化、风险缓解及运行机制理论框架。

3.1 相关基本概念

3.1.1 创业投资的内涵

现代意义上的创业投资最早起源于美国。创业投资不同于传统意义上的投资行为，被投资企业往往是风险较高的企业，创业投资机构除了提供资金外还提供管理和产业增值服务。但由于创业投资具有很强的时空依赖性，并且与各国的创业投资行业发展程度及其法律法规等密切相关，各国机构和学者对其定义表述也不尽相同。

美国创业投资协会（NVCA）提出，创业投资是由创投机构投入具有发展潜力、发展迅速的新创的股权资本（权益资本）。欧洲创业投资协会则提出，创业投资是专业投资公司对那些未上市的、具有巨大发展潜力企业的投资行为，并辅助参与企业的管理。经济合作与发展组织（OECD，1986）认为，具有发展潜力的中小创新企业由于发展的不确定性，很难从传统的金融市场获得资金支持，而创业投资机构能够为中小创新企业提供启动或扩张资金。

国内关于创业投资的定义最早出现在 1999 年的《关于建立风险投资机制

的若干意见》中,科技部等七部委将创业投资定义为"主要向属于科技型的高成长性创业企业提供股权资本,并为其提供经营管理和咨询服务,以期在被投资企业发展成熟后,通过股权转让获取中长期资本增值收益的投资行为"。该定义高度概括了创业投资的基本内涵,在一个时期具有一定的权威性。

2005 年,在出台的《创业投资企业管理暂行办法》中国家发展改革委等十部委诠释了创业投资的概念,即"向创业企业进行股权投资,以期所投资创业企业发育成熟或相对成熟后主要通过股权转让获得资本增值收益的投资方式"。该定义被认为是最成熟的定义。2016 年,国务院发布《关于促进创业投资持续健康发展的若干意见》中对创业投资这一概念界定基本沿用了《创业投资企业管理暂行办法》中的内涵。作为国家鼓励创业投资发展的纲领性文件,指出创业投资将资本、技术、管理、人才等要素与创业企业实现有机融合,是推动科技创新成果转化、"大众创业、万众创新"的重要资本力量。创业投资有利于推进供给侧结构性改革,是落实国家创新驱动发展战略、培育新的经济增长点和驱动力、带动就业的新生力量。

以上不同表述,从不同的角度或侧面反映了创业资本的内涵和特征。本书将采用国务院发布的《关于促进创业投资持续健康发展的若干意见》中关于创业投资的定义,将创业投资过程描述如下:创业投资公司通过一定的渠道和方式筹集创业资本,并将资本以股权形式投向处于创建或重建过程中的未上市且具有成长性的高新技术企业,并在企业发展成熟后,以 IPO 上市或者股权转让等形式实现资本增值的过程,创业投资运行体系见图 3.1。在创业投资的过程中,创业资本是由政府、金融机构、基金公司等主体提供。创业投资机构是资本运作者,负责筹资、投资、利润分配等重要环节。创业企业是创业资本需求者,最终通过多层次资本市场的结合实现创业资本的退出。该体系反映了创业投资市场的运行过程。

从创业投资定义的表述来看,尽管各国对创业投资的界定不同,但都具有支持"创业"或"再创业"的本质含义,具体可以归纳为以下几个方面。

以股权投资的方式投资于具有高成长潜力的科技型创业企业,从而建立起适应创业内在需求的"风险共担,收益共享"机制。

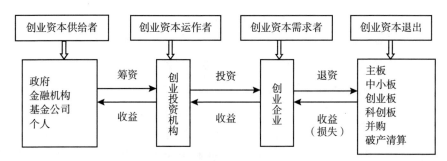

图 3.1　创业投资运行体系

创业投资公司积极参与被投资企业的创业过程，并辅助提供管理帮助和资源支持，这不但弥补了创业企业在管理经验上的不足，而且能主动控制创业投资的高风险。

创业投资机构并不经营具体产品，而是以整个创业企业作为投资经营的对象，通过支持创建企业并在适当时机转让持有的股权，退出资本并获得资本增值。由于创业投资机构具有不同的资金来源和投资偏好，其投资行为和投资经验也存在很大差异，因此有必要对创业投资进行分类，以便对不同类型的创业投资机构提供增值服务的过程进行分类研究。

按创投资本来源不同，可将创投资本分为政府、民营（个人）、混合所有制、国外独资或合资等多种形式。第一类创业投资企业的资金基本上来源于地方财政或国有独资公司；第二类创业投资企业的资金是国内企业建立的创业投资企业（简称"非政府组织"），该类创业企业的资金主要由金融机构、国内企业或个人提供；第三类创业投资企业的资金主要由地方财政和国内企业、国内其他组织、自然人等混合投资；第四类创业投资企业的资金是由外国独资或合资创业投资企业作为主要出资人，在境内开展业务组织的境外注册机构。

按创业投资的动机和资本背景的不同分为政府风险投资、公司风险投资、天使投资人以及独立风险投资四种类别（谈毅等，2003）。该分类方式在研究中得到了普遍的应用，该分类有利于实现对不同类型创业投资机构的投资动机和投资行为进行差异化研究的目标。

按金融资本的不同角度可分为银行、证券公司、信托公司、其他金融资本和非金融资本几类。

按注资的投资机构是否上市，可分为上市公司和非上市公司及其他。

50

3.1.2　创业投资网络

1. 创业投资网络的内涵

网络概念最早起源于 1954 年《大西洋月刊》中的一个美国工程师的预言，英国的哈兰德（Harland C M，1995）在《网络与全球化》（*Network and Globalization*）一书中将网络描述为由纤维线、金属线或者其他类似物联结而成的一种"网"的结构。我国《辞海》中将网络定义为"电路或其一部分的总称"，是电学的专用词。目前，人们对网络概念的理解已经突破了电学的范围，只要是纵横交错而成的组织或系统都可以称为网络，如通信网、信息网等。网络概念最早应用于管理科学，但究竟什么是网络，管理学者的看法不同，其代表性的观点主要有两种。一种观点认为，网络就是两个或两个以上的组织的连接交换关系（Cook & Emerson，1978），以期使网络内的组织具有面对外部的竞争优势，是连接人们共同活动、期望和理想的纽带；另一种观点认为，网络是由一些企业组成的集群或一些通过市场机制而非传统组织的命令模式而整合的特殊单位。

关于创业投资网络的定义主要有广义和狭义两种，广义的创业投资网络是指创业投资机构与其利益相关者在长期正式或非正式的合作与交流关系的基础上所形成的相对稳定的混合合作关系网络（Florida & Kenney，1988；Ahlstrom & Bruton，2006；Sapienza et al.，2000），这种网络以创业投资机构为中心，能为创业投资机构建立良好的发展环境，提供丰富的社会资本。利益相关者包括政府机构、科研机构、被投资企业、大学、会计师事务所、律师事务所等。在广义的创业投资网络中，以创业投资机构为中心形成了四个互相重叠的网络，即创业投资机构与资金供给者之间形成的融资网络；与成功企业家、科研机构、大学等形成的搜寻投资机会的网络；与律师事务所、会计师事务所、市场调研公司和咨询公司等专业服务机构形成的专业服务网络；与被投资企业、猎头公司和可靠同行等形成的为创业企业增值的网络（Florida & Kenney，1988）。萨皮恩扎等（Sapienza et al.，2000）在佛罗里达和肯尼（Florida & Kenney）提出的四个网络的基础上，又增加了撤资服务网络。阿尔斯特伦和布鲁顿（Ahlstrom & Bruton，2006）则将创业投资网络细化为投资对象选择网络、增值服务网络、创业企业监管网络和退出网络。国内学者丁云龙（2004）认为，创业投资网络是技术网络、社会网络和交易网络的"三网"集合体。杨艳萍（2009）则认为创业投资网络包括筹集资本的网络；确认和评审潜在投资的网络；为创业投资家服务的网络；用于开拓市场和助力创业企业成功上市的网络等。创业投资网络如图 3.2 所示。

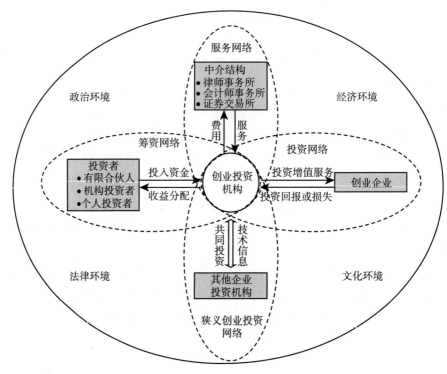

图 3.2　创业投资网络

当创业投资机构发生联合投资的行为时，它们之间就构成了网络联结，学者将以此为基础的关系网络定义为狭义的创业投资网络（Bygrave，1987；Castilla，2003；Hochberg et al.，2007，2000；Clercq & Dimov，2008）。狭义的创业投资网络仅包含创业投资机构，是指两家或两家以上的创业投资机构由于共同投资同一家创业企业（新创企业）而形成的关系网络，也称辛迪加投资网络（Hopp，2008，2010a，2010b）。

广义和狭义的创业投资网络在本质上是一致的，都是企业之间的合作关系网络，只是在概念的界定范围上有所区别。狭义的创业投资网络活动范围较窄，主要限定于创业投资机构间的横向合作；而广义的创业投资网络既包括创业投资机构间的横向合作，又包括创业投资机构与政府机构、科研机构、被投资企业、大学、会计师事务所、律师事务所等机构组织的纵向合作。

本书认为，创业投资网络是两家或两家以上的创业投资机构以股权投资的形式对创业企业提供资金支持，并通过增值服务，获取网络资源，帮助创业企业实现价值增值，从而提高创业企业的市场竞争力。在该投资网络中，创业投资机构是联合投资的行动主体，创业投资机构之间的联合投资行为作为连接关系。

本书把创业投资网络作为研究对象，对创业投资网络的内涵与类型等开展深入分析。哈坎森（1987）认为，网络由节点、资源、活动三个基本要素构成，网络实际上就是产生于网络节点之间关系的总和。网络节点是指网络中包含的行为主体，包括个人和组织等不同层次，行为主体是网络运行的活动主体，网络活动受到行为主体主观意愿的影响；网络中流动着信息、资金、知识、经验等人力资源、信息资源和社会资源等不同资源，正因为行为主体对不同资源的需求构成了网络活动；行为主体为了获得必需的资源，就需要参与到网络活动中，网络活动包括正式交流活动和非正式交流活动，它不仅能促进行为主体之间的资源交换，而且能促进网络结构的变化。把网络延伸到创业投资网络中尽管其含义已经变化，但创业投资网络的基本构成要素与一般意义上的网络是一致的，具体见图3.3。

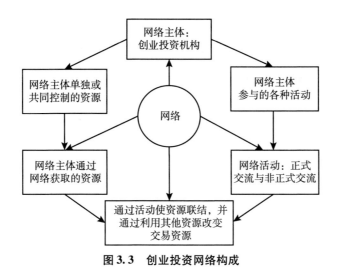

图3.3　创业投资网络构成

2. 创业投资网络的类型

创业投资网络按不同的划分依据可以分为以下三种类型。

（1）正式网络与非正式网络。根据创业投资网络形式不同可以将创业投资网络分为正式网络与非正式网络两类。其中，正式创业投资网络包括创业投资机构与创业投资机构、政府机构、科研机构、创业企业、大学、律师事务所、会计师事务所等机构之间的专业性联系。创业投资机构与创业投资家的家庭成员、亲友、朋友、熟人及各种社会团体之间形成的关系构成非正式创业投资网络。正式网络与非正式网络都能为创业投资机构提供资源，但在创业投资机构成立初期，创业投资家主要依靠家人和朋友这种非正式网络来获取资金、信息及不断的鼓励和支持，因此，创业投资家也更愿意通过非正式网络即家庭成员和朋友关系来获得构建企业生存能力的关键资金（Ozcan，1995；Shane & Cable，2002）。

（2）个体网络与组织网络。根据网络主体要素不同可以将创业投资网络分为个体网络和组织网络两类（Davern，1997）。个体网络是基于创业投资机构或创业投资家与个人主体（家庭、朋友和熟人等）所建立的一种网络联系；而组织网络则是基于创业投资机构与创业企业、创业投资机构、大学科研院所、会计师事务所、律师事务所、银行等组织所建立的一种商业支持性联盟。组织网络又分为两个层次：第一层次的网络联系是与其他创业投资机构和创业企业产生的；第二层次的网络联系是与相关机构，如政府、中介机构、会计师事务所、律师事务所、银行产生的（Johannisson & Kamirez - Pasillas，2001）。个体网络和组织网络对创业投资的作用可以视为同等的，因为随着创业投资机构的不断成熟，创业投资家的个人网络逐渐嵌入组织网络，进而转化为组织网络。

（3）经济关系网络与社会关系网络。根据网络参与者性质不同将创业投资网络分为经济关系网络与社会关系网络。借鉴约翰尼松和卡米雷斯－帕西利亚斯（Johannisson & Kamirez - Pasillas，2001）把社会关系网络与经济关系网络融入组织二级网络理论的体系中而形成网络的四个维度。创业投资网络包含由创业投资机构和创业企业之间由于股权投资而形成的经济关系网络；由创业投资家之间的人际关系构成的社会关系网络；由创业投资机构与大学、科研机构等技术交易连接而成的经济网络；由中介机构、会计师事务所、律师事务所等专业化服务交易网络等形成的社会关系网络和企业家与大学、科研机构、政府等组织工作人员之间的人际关系网络等。

常见的划分方式还有：根据网络节点在网络中的位置不同，将创业投资网络分为水平网络和垂直网络；根据网络的功能不同，将创业投资网络分为市场网络、技术网络；根据创业网络关系的强度不同，将创业投资网络分为强网络和弱网络等。在本书中主要考虑两种最主流的划分方法，即正式网络与非正式网络；个人网络与组织网络。

3. 创业投资网络的属性

创业投资网络属性主要包括创业投资网络的性质和特点。创业投资机构会因处在不同地区、不同网络中而形成不同的网络属性，因为创业投资网络的属性不同而获得的信息和资源不同、拥有的竞争优势不同、风险缓解的能力不同，创业投资的绩效也会存在差异。通过文献梳理，本书把创业投资网络属性归纳为三个维度。

（1）网络主体。在创业投资网络中，由于联合投资而连接起来的创业投资机构构成了创业投资网络的主体。组织从社会网络中获取信息主要通过模仿和共享两种途径来实现（Shane，2000）。模仿的前提是信息在网络中的分布是层级化的，被模仿者的信息要高于模仿者的信息才能实现。在模仿的过程中，信息是单向传播的。共享信息传播方式并不需要网络成员之间存在信息的数量差异，而共享实现的前提更多的是成员之间拥有信息的多样化差异，通过交换可以产生更多的信息，是一个多元协作的过程。创业投资机构（或创业投资家）必须调动自己全部的知识和经验分析创业投资过程的每一个环节，以获取较多的潜在信息资源，并且这些资源对创业投资过程及各类风险有着重要的影响。

在创业投资网络形成的过程中，创业投资主体的角色不同所起的作用和结网动机也不同，可以从不同角度对创业投资主体进行分类。

①根据在投资中所起作用不同将创业投资主体分为领投和跟投。领投就是领先投资，投资早且投资金额占的比重大，要承担普通合伙人所要承担的责任，履行义务，负责对创业企业进行尽职调查、投资谈判、确定投资条款、拟订投资协议等工作，行使该轮投资监督与筹资后管理的职权等。由于领先投资早且要履行普通合伙人的义务，与同等投资额的跟投得到的权益是不相等的。跟投是规避繁杂的事务和风险的一种方式，与领投相比，风险相对较低，预期收益也会相应呈正比地降低。领投的创业投资机构与创业投资企业

联系紧密且占有信息优势，跟投的创业投资机构由于信息不对称在联合投资网络中可能处于信息劣势。

②根据资本规模状况不同可分为大、中、小三类创投主体。创业投资机构的资本规模可以用拥有的投资金额的多少来衡量，也可以用投资年份承付资本占总资本存量的比例来衡量。大的创投主体在创业投资网络中往往更接近网络中心位置，创投主体不仅可以通过联合投资的形式实现分散投资、分散风险，而且可以通过联合投资强化其在创业投资网络中的位置。规模大的创业投资主体一般作为投资项目的发起者，在投资过程中需要对所投资的项目多轮注入资金，需要的资金量大，特别是随着单项投资规模的扩大，需要领投企业有足够的资金实力，才能完成多轮融资需求，所以，创业投资主体的资金规模决定了它在联合风险投资中是领投者还是跟投者。

③根据从业年数不同可分为年轻型和资历型创业投资主体。创业投资的周期比较长，一般需要 3~7 年，所投资的项目在投资前期一般都没有正向现金流或没有投资回报，面临的不确定性和风险很高，投资主体的从业年限也从一个侧面衡量了创业投资机构在联合投资网络中的位置。有资历的创业投资主体经过了市场的检验，积累了丰富的投资经验和良好的企业信誉。年轻的创业投资主体与投资经验丰富、信誉好的风险投资机构进行联合投资，不仅能降低投资的风险、提高声誉和投资收益，更能在联合投资中学习和积累投资经验。

④根据投资性质不同可分为资金导向型和技术导向型投资主体。很多创业投资主体有强大的金融背景但没有太多的产业背景，属于资金导向型创业投资主体。有的创业投资机构管理者拥有很强的技术实力，曾成功创办和经营过公司，有丰富的投资经验和管理经验，这类创业投资机构属于技术导向型创业投资主体。资金导向型创业投资主体为了避免技术风险，更倾向投资于创业投资项目中晚期阶段；技术导向型创业投资主体倾向投资于项目的早期阶段，也常常是联合风险投资的发起者和领投者。

（2）网络结构。网络结构特征反映的是创业投资网络成员间形成的关系模式，这种关系模式决定了网络成员之间的合作规则。通过网络共享机制获取信息和资源不仅是一种经济行为，还能够利用网络的信任机制来降低创业投资者获取信息和资源的成本（Davidsson & Honig，2003）。网络结构特征主要包括网络规模、网络强度、网络密度和网络中心性等。网络规模和网络强度是创业投资网络的两个关键特性（Hoang & Antoncic，2003）。汉森等（Hansen et al.，1995）指出，创业投资机构及创业企业能够获取到的外部资源的多少受到网络规模的制约。网络强度则反映的是创业投资机构可获取外部资源、信息的充裕程度（Hoang & Antoncic，2003），是对网络质量的描述。在研究中，学者们普遍使用网络规模和网络强度来描述网络结构，既体现了网络的数量又反映了网络的特征（Watson，2007）。

社会网络为创业投资机构提供了丰富的信息、知识和经验，创业投资者投资创业企业项目，要想取得投资的成功，就要有不断优化社会网络的需求。优化社会网络，增加创业投资项目信息数量有两种实现形式。一是利用已有社会网络成员，通过成员之间的交流与合作，实现信息的共享和传递，来深入挖掘新的信息；二是通过增加社会网络成员的数量，利用新增成员带来新的信息，实现需求信息的增加。

创业投资机构在获取投资项目信息、初步筛选产生投资意向之后，就会对已有的社会网络成员所具备的资本规模、相关领域的知识与经验、投资的行业特征等信息进行检索和整理，寻求该投资项目的联合投资伙伴。若需求资金、信息、技术等资源能够从目前固有的网络成员中获取，那么创业投资机构就会维持现有的网络结构，不需要对网络成员进行调整。若目前网络成员不具备或者无法满足新的投资需求，抑或是某一个网络成员即使拥有该信息，但其不愿意用具有足够竞争力的资源参与到新的项目中来，那么，创业投资机构从已有网络成员中就不能获取所需的资源。经验证明，利用已有的网络获取信息资源的效率高于通过建立新的关系来获取信息资源的效率。利用已有的网络获取信息资源必然会牵涉对网络成员之间关系的维护，该过程进一步加深了其与社会网络成员间的互信程度，提高了网络平均密度。

如果创业投资机构通过增加社会网络成员的数量来增加新的信息资源，则需要构建新的网络关系。在社会网络中，创业投资机构识别拥有所需信息资源成员的能力是最为重要的。即使创业投资机构能找到拥有目标信息资源的个体，但其是否愿意构建网络关系，提供相应的信息资源也是可能遇到的问题。由于环境变化、技术的发展、产业的升级等使创业投资机构需要的网络信息资源不断地变化和增加，要克服这些问题，就需要不断地增加新的网络成员来不断获取信息资源，从而最大限度地降低创业投资风险。

新的创业投资网络成员往往带来与现有网络成员不同的信息、技能或经验。在社交网络需求优化后增加的网络成员，一般来说，新的创业投资网络成员对创业投资机构并不熟悉，往往是通过现有社交网络成员的推荐，因此，可以把这种关系称为"弱关系"。根据格兰诺维特的"弱关系理论"，增加新的网络成员有利于改善创业投资社会网络中信息和知识的差异，从而为风险投资机构提供更多有用的信息和帮助。

（3）网络关系。网络关系是指网络中节点之间的连接关系，是网络活动的基础。不同于等级关系和市场关系中的任务导向和利益导向，网络中的关系是互动导向的（任志安，2008）。随着网络关系建立时间的延长，网络关系解除的可能性降低。网络关系之所以难以在短时间内改变，是因为网络成员与其他网络的关系是相互嵌入的（Uzzi，1999）。网络纽带在组织中无处不在，它是组织获取稀缺资源，甚至是获取某些稀缺资源的唯一途径（Granovetter，1985；Powell et al.，1996；Brass et al.，2004）。创业投资的社会网络是由这些信息和资源所依赖的关系构成的（Landry et al.，2002）。风险投资网络的主体依赖一定的社会网络联系来获取信息和资源，这些信息和资源可以是直接的，也可以是间接的（Aldrich & Zimmer，1986）。创业投资机构不断产生对信息和资源的需求，因此需要不断构建新的网络关系，以获取信息和资源。创业投资机构通过对社会网络结构的不断评价和完善，使其处于社会网络的中心位置，或占据更多的结构漏洞，从而以更高的效率掌握更多的信息、资源和权力。

在创业投资网络生成后，所有的创业投资家都可以通过网络链接建立相互联系，更多的创业投资家参与到被投资企业的项目中。这样，信息和资源可以通过多种渠道在创业投资家之间流动，既可以缓解投资项目的投资风险，也有助于降低投资中信息不对称的风险。

在创业投资网络中，网络关系是创业投资机构之间通过重复交易形成的正式合作关系。这种关系是一种基于风险分散、资源共享、互利共赢的正式合作关系，也是一种相对稳定的长期关系。创业投资机构之间的非正式交往所形成的人际关系通常是基于地理关系、亲属关系、同学关系、同乡关系和同伴关系的存在。无论是正式沟通还是非正式沟通，都是创业投资机构之间反复互动的产物，是获取信息、资源和信任的重要途径。在创业投资网络中，交易的成功通常受到以往交易经验的影响，随着创业投资互动与合作的增加，创业投资机构之间的相互了解程度也会增加，从而增进价值观、认知、长远目标和道德规范的共识，提高主观信任程度，进而上升为行为信任。此外，信任还可以来自间接的网络关系，这使创业投资机构能够开拓新的合作空间。

在创业投资的不同阶段，信息的有效获取具有重要意义。但无论在哪个阶段，风险投资者都需要对信息进行反复评估。当创业投资者在投资过程中识别出自己需要的信息时，为了获得所需的信息，需要对现有社会网络的信息进行评估，检索出能够获得信息的节点，并花费精力和成本与该节点进行交换。

3.2　创业投资网络的形成与演化机理

3.2.1　基于社会网络理论的创业投资网络的形成与演化机理

1. 创业投资社会网络演化的动态过程

创业投资网络是相关节点（创业投资机构）通过相互作用、协调和整合而形成的系统。系统是在不断变化的经济环境中生存和发展的有机体。任何一个网络都需要面对激烈的市场竞争，通过不断的进化活动，在战略层面不断调整和更新自己。然而，以往的研究已经认识到社会网络的演化特征，但对其演化机制的层次性、动态性和复杂性的讨论还不够深入（李文博等，2010），麦克弗森等（McPherson et al.，2001）认为，在社会网络的演化过程中，其内部要素和结构将发生哪些变化，并实现可持续发展的有效治理方式等还有待进一步深入探索。

创业投资社会网络的演化是基于整体网络行为的结构性约束而对创业投资机构产生影响。其主要活动方式是按照特定规则、规范调整创业投资机构之间的关系，以达到获取、利用或整合组织间资源的目的。当创业资本的社会网络受到外部因素（如技术变革引起的创新方向）的刺激时，会促进网络的演化。其演化过程可以描述为以下几点。①创业投资网络将新的发展需求转移给其他创业投资机构，促使其他创业投资机构根据新的需求进行变革，产生新的特征和功能或新的知识和技能。②尽管创业投资网络结构的变化会产生许多新的功能，但并不是每项功能都是网络发展所需要的。因此，网络也可以综合考虑，选择具有适当功能的变异创业投资机构，并表明它们通过相应的市场行为能满足网络的要求。③网络将以复制的形式，在网络范围内传播和推广各种创业投资机构的新功能，使更多的网络成员认识到这种创新的重要性，并作出相应的自我调整以适应变化。④创业投资机构之间的互动，将保证各种具有新功能的创业投资机构能够适应网络发展的需要而留在网络中。因此，在演化机制的驱动下，创业投资社会网络的内部结构将得到重构，一种新的网络结构将适应创业投资网络的发展。当然，不能满足网络需求的创业投资机构也会逐步退出网络，以提高网络活动的质量。创业投资社会网络演化治理机制也是通过这一活动过程实现的。

在创业投资社会网络的演化过程中，网络的外部形态也会发生相应的变化，具体表现为网络规模和成员关系的变化。网络中的每一家创业投资机构都有其独特的网络位置，影响着其所能控制的资源。网络的形态结构会表现出一种梯度效应，即处于中心位置的创业投资机构属于高梯度区域，一般对网络具有较大的非正式权力和影响力，而处于网络边界的风险投资机构则影响力较小。在网络演化过程中，为了使网络稳定运行，位于中心的创业投资机构的调整幅度相对较小，而位于边界的创业投资机构的调整幅度相对较大。当网络演化时，位于网络边界的创业投资机构会进行功能变异以增强自身实力，然后演化到网络的中心，形成更多的网络联结以获取所需的网络资源。有限的网络空间也存在制约因素，即网络不能无限期地将网络成员扩展到中心区域，否则会导致其内部管理和协调的难度增加，从而增加交易成本。当网络内部交易成本超过外部交易成本时，网络将随之衰退（王涛和罗仲伟，2011）。

创业投资社会网络的动态演化要求网络中的所有成员都需要产生一种正向的促进能量，但每个创业投资机构在这种变化中的转化速度和深度都不尽相同。处于网络边界的风险投资机构，由于不能适应网络结构的调整，很可能失去在网络中的影响力和作用，社会关系的联系也会相应减少。一旦出现这种情况，创业投资机构就会脱离原来的网络空间位置，直至最终被网络淘汰。在社会网络演化过程中，被网络淘汰的创业投资机构数量的增加将导致网络规模缩减的动态变化；反之，网络规模的扩张将出现动态变化。

2. 基于社会网络理论的创业投资网络的形成与演化

国内外学者对网络结构与网络治理方面已做了大量研究，但对于网络生成与进化的机理研究有限，尤其是对创业投资网络的生成机理与进化机理研究不足，而这却是实践中有效降低或缓释创业投资网络内外风险的重要理论依据。因此，本部分基于社会网络理论致力于揭示创业投资网络的生成与进化机理。

（1）创业投资网络的生成机制。社会网络的"联系方法"和"结构方法"已为创新网络的生成机制提供了新的分析思路。其中，在社会网络"联系方法"中，基于社会网络演化的创业投资网络的生成，是由创业投资网络资源为投资各方带来的相对优势驱动的，即"网络租金"（Dyer & Singh，1998）。在社会网络"结构方法"中，则是运用自益性结构洞与共益性结构洞理论来阐述网络结构对投资各方带来的竞争优势。

①基于网络租金的创业投资网络功能的生成机制。奥勒曼斯等（Oerlemans et al.，1998）研究显示，将社会网络纳入企业绩效的分析框架后，企业绩效能够得到更加全面和深刻的解释。这里的企业社会资本是指投资网络参与各方通过构建社会关系而获得的网络资源，在各成员进行专属性的关系投资时，使得为实现同样的社会网络价值所付出的成本更低，不同产品间的差异化更大，发展周期更短。可见，网络租金的存在一定条件下能提升企业绩效，并展现其催生创业投资网络功能的优势，甚至可以认为，构建和积累社会资本是创业投资机构参与创业投资网络的主要驱动力量。

社会资本投资为创业投资网络参与各方带来的收益表现为网络租金，但为获取这种租金需要各方投入关系型专用资产，这就是社会资本的投资成本。为揭示关系型专用投资水平的决定因素，建立方程为

$$\max\left(\int_0^\infty \left[V_t f(s_t^i) - \frac{\gamma}{2(I_t^i)^2} \right] e^{-\rho t} \mathrm{d}t\right)$$

$$\text{s. t.}\quad V_t = F(s_t^1 s_t^2 \cdots s_t^n)\ ,\ \frac{\mathrm{d}s_t^i}{\mathrm{d}t} = I_t^i + \{1 - \delta[\theta + (1-\theta)\lambda]\} s_t^i \tag{3.1}$$

其中，s_t^i 为第 i 个创业投资网络成员在时刻 t 的社会资本存量；I_t^i 为第 i 个创业投资网络成员在时刻 t 的投资水平；$1 - \delta$、θ、$(1-\theta)\lambda$ 分别为创业投资成员社会网络资本折旧率、忠于原创社会网络的概率、创业投资成员离开原创投网络时社会网络资本损失率；γ、ρ 分别代表社会资本投资给创业投资成员带来的负效用参数和期望贴现率；$f(s_t^i)$ 为社会资本给创业投资网络参与各方带来的内部生产成本的降低，即网络租金中的私有租金，该租金仅取决于创业投资网络参与成员自己的社会资本大小；设 V_t 为社会资本投资带给创业投资网络参与各方的外部交易成本的降低，即网络租金中的共有租金，该租金

取决于创业投资网络参与各方整体的社会资本水平。

此外，$V_t = F(s_t^1 s_t^2 \cdots s_t^n)$ 表示，在对各方社会资本金加总时，社会资本投资产生的共有租金是整个创业投资网络社会资本向量的一个映射。$\mathrm{d}s_t^i/\mathrm{d}t = I_t^i + \{1 - \delta[\theta + (1-\theta)\lambda]\}s_t^i$ 表示社会资本的积累。为进一步揭示稳态条件下网络租金水平的决定因素，不妨构建 Hamilton 方程，令 $\alpha = 1 - \delta[\theta + (1-\theta)\lambda]$，可知

$$H(s_t^i, \lambda_t^i, I_t^i) = \left\{\left[F(s_t^1 s_t^2 \cdots s_t^n)f(s_t^i) - \frac{\gamma}{2(I_t^i)^2}\right] + \lambda_t^i(\alpha s_t^i + I_t^i)\right\}e^{-\rho t} \quad (3.2)$$

对式（3.2）求一阶导数可得自适应系统，那么稳态条件下网络租金的最优水平为

$$s^* = \frac{F'f + Ff'}{\alpha\gamma(\alpha - \rho)} \quad (3.3)$$

根据隐函数定理可知

$$\begin{cases} s^* > 0(\rho < \alpha, \ F''f + Ff' + 2F'f' < 0) \\ \mathrm{d}\rho/\mathrm{d}t = 0 \\ \mathrm{d}(1-\delta)/\mathrm{d}t = 0 \end{cases} \quad (3.4)$$

由式（3.4）可知，在稳态下，期望贴现率 ρ 和社会资本折旧率 $1-\delta$ 均为常数，同时，发现以下关系：

$$\begin{cases} \mathrm{d}(s^*)/\mathrm{d}\gamma < 0 \\ \mathrm{d}(s^*)/\mathrm{d}(1-\theta) < 0 \\ \mathrm{d}(s^*)/\mathrm{d}(1-\lambda) < 0 \\ \mathrm{d}(s^*)/\mathrm{d}(F_{ij}) > 0 \quad (F_{ij} > 0) \\ \mathrm{d}(s^*)/\mathrm{d}(F_{ij}f + F_j f') > 0 \quad (F_{ij}f + F_j f' > 0) \end{cases} \quad (3.5)$$

由式（3.5）可知，随着创业投资机构的努力成本参数 γ、创业投资成员离开创业投资网络的概率 $1-\theta$、创业投资成员离开创业投资网络导致社会资本水平下降的概率 $1-\lambda$ 的上升，而网络租金的水平却反向发展，出现下降的现象；无论不同创业投资者 i 和 j 的社会投资策略是互补还是替代，只要 $F_{ij}f + F_j f' > 0$，第 j 个创业投资网络参与成员社会网络投资水平的上升，仍能带来网络租金的增加。

由此可见，创业投资网络各成员之间社会资本投资的互补性越高，各成员用于构建和维护创业投资网络的积极性越高，网络租金就越容易增加；同

时，社会资本的积累往往导致路径依赖，这使得过度紧密网络关系产生锚定效应，即网络租金的水平达到最优，该网络中的任何成员都已不再拥有接纳网络新成员的冲动。当外部环境发生改变时，路径依赖引发各种锁定效应，不仅会限制既有网络成员的转型，还会导致创业投资网络的衰退甚至创新成员的消失。因此，在网络租金达到最优水平后，社会资本的下降速度会加快，创新成员往往会重新配置资源或者转移投入，导致关系型专属社会资本投入强度减弱。

②基于结构洞的创业投资网络结构的生成机制。与网络租金不同，结构洞是促使创业投资网络结构生成的内在机制。创业投资网络结构是任意创业投资机构间双边或多边链接的拓展，最终形成了具有复杂系统特征的关联结构洞，占据结构洞能让创业投资网络成员在信息获取和信息控制方面获取优势，各成员间不同的信息优势带来资源位置差异，这种差异迫使各成员努力改变竞争格局，导致创业投资网络的内部分支结构与网络规模同步增长。

在信息获取优势驱动创业投资网络结构生成的情景下，尤其是在连通度较低的网络中，占据结构洞的网络成员能够基于结构洞的位置优势获取多方非重复性信息，而创业投资网络的其他各参与方之间却受结构洞位置的影响，往往信息传递不充分或不完整。此时，占据结构洞的创业投资网络成员就能先于其他各方行动，获得更多的位置优势，而处于位置劣势的各方具备交往的意愿和冲动，这种交往既可以直接进行，也可以通过第三方间接联系，这样，创业投资网络内部新联系的产生及创业投资网络外部新成员的加入，一同催生了新的网络分支结构。

在信息控制优势驱动创业投资网络结构生成的情景下，占据结构洞的创业投资网络成员可通过影响信息的内容及其流动方向来获取结构洞的控制优势。其中，对于自益性结构洞而言，其占据者通过控制资源能提高自身的议价能力，处于其他节点位置的成员则为摆脱这种压力相互建立并加强联系；对于共益性结构洞而言，在位于结构洞位置之外任意网络成员间的信息流动能为结构洞占据者带来利益时，结构洞的占据者就有行使"信息中继站"职能的冲动。

由此可见，创业投资网络结构生成的驱动因素是结构洞。创业投资网络中存在的结构洞，不仅解释了该网络中信息或资源流动空缺的成因，同时也解释了创业投资网络成员积极开发不同组织间的结构洞的动力所在，即不断为其成长提供资源。实际上，结构洞的存在不仅能加强该网络成员与潜在进入者的交流，缩短新产品或新服务的开发周期，也能通过构建和强化特定关系减少产品或服务的缺陷。

（2）创业投资网络的进化机理分析。尽管前文已经明确揭示了创业投资网络在网络租金诱导和结构洞驱动下的生成机制，但在不同发展阶段，创业投资网络的影响因素众多，创业投资网络各成员之间的关系强度、互补性与替代性如何，结构洞又是如何驱动创业投资网络不断升级演化的，目前仍然是一个值得深入研究的问题。尽管党兴华和郑登攀（2009）较早地揭示了创新网络的自组织演化路径，即"不稳定—次混沌—混沌—稳定"，但对于创业投资网络的进化过程，尚需从时间维度分阶段作出更加精细的解释。

以网络租金的水平为纵坐标，以时间为横坐标，按照网络租金的增长率和极值的分布特征，将创业投资网络的生命周期分为：初建、发展、成熟、升级和衰退四个阶段，如图 3.4 所示。

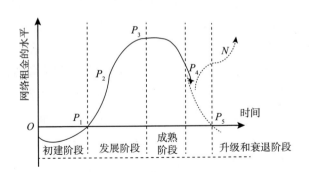

图 3.4　创业投资网络的生命周期

基于图 3.4 所示的网络进化过程，结合创业投资网络各阶段网络节点联系强度、关系型专属资产投入情况进行分析。

①初建阶段。在创业投资网络的初始组建阶段，尽管参与创业投资的机构成员不多，其间的强联系有限，但是已开始交往。根据汉森（1999）的研究可知，发起创业投资的领投者往往扮演着结构洞的核心角色，这种位置能促使网络内外资源整合，并为创业投资网络的潜在进入者提供决策参考。但此时的网络规模较小，联系不够强，网络租金仍是负数，创业投资网络的潜在进入者往往表现出一定的犹豫不决；由于进入多个新的创业投资网络使得转

换成本较高，导致该阶段的创业投资网络发展较慢，直到创业投资网络成员的社会资本投入规模超出第一个门槛，即图 3.4 中的 P_1 位置，创业投资网络才能进入投资期，也就是成长期；这使得网络租金对企业经营绩效的积极影响并不显著，但该阶段的创业投资网络各成员往往预期社会资本专项投资收益会增加，又引起专用型关系资源进一步投入。

②发展阶段。投资阶段是创业投资网络的成长阶段。根据艾森哈特和塔布里兹（Eisenhardt & Tabrizi, 1995）的研究成果可知，在创业投资网络各成员的社会资本投入规模超过 P_1 点后，创业投资网络的潜在进入者陆续加入，网络成员之间产生新的联系或旧的联系得到加强，网络规模大幅提升，这使得创业投资网络进入了飞速发展的阶段，在该阶段，创业投资网络各成员之间的弱联系进化为强联系，其间的交往活动也由产生创意转变为解决问题，并专注于具体目标的实现。此时，创业投资网络中的结构洞开始发挥作用，出现创业投资网络各成员之间强联系和弱联系共存的局面，见图 3.4 中的 P_1 ~ P_3 阶段。其中，在 P_2 位置，网络租金的增长速度达到最高，在 P_3 位置，创业投资网络的水平达到最高。

③成熟阶段。成熟阶段是创业投资网络经过平稳且充分发展后必经的一个阶段，具体表现为图 3.4 中的 P_3 ~ P_4 阶段，网络租金的水平在 P_3 位置开始疯狂下跌，其下跌速度在 P_4 位置达到最快。在该阶段，创业投资网络各成员之间几乎所有的弱联系都已转换成强联系，潜在进入者都已入围，网络规模基本达到稳定与饱和状态，网络规模的增速趋缓，最后一个潜在进入者入围时对创业投资网络整体网络租金的边际贡献率接近于零或为负值，这使得其他潜在的进入者已失去入围该风险投资网络的冲动；此时，创业投资网络达到了成长的极限，结构洞也已被充分开发，结构洞的位置和资源优势逐渐消失，创业投资网络各成员逐步退出整个网络或全产业链的社会资本投资，转而投资到某一节点上产品或服务的开发与设计，这种专用型投资往往在整个分工协作体系内形成专用型社会资本投资的锚定效应。

④升级和衰退阶段。升级和衰退阶段是创业投资网络生命周期的最后阶段，具体表现为图 3.4 中 P_4 ~ P_5 阶段及 P_5 之后的阶段。根据祖金等（Zukin et al., 1990）的研究可知，在 P_4 ~ P_5 阶段，网络租金下降的速度明显变缓，资产互锚、企业互锁会严重阻碍异质性资源进入；然而，在其他创业投资网络逐渐成熟并形成一定规模后，现有创业投资网络的优势就会逐步转换成劣

势，网络更替或升级就成了创业投资网络发展的一种必然选择（Uzzi，1997）。如果现有创业投资中部分结构自主性较高的成员率先脱离网络、积极转型，与其他创业投资网络的成员形成弱联系，构建外部信息通道，现有创业投资网络就会出现网络升级，从而进入下一轮的进化阶段；如果在 $P_4 \sim P_5$ 阶段，未能出现创业投资网络的转型升级，在 P_5 位置之后，网络租金的水平则加速下滑，创业投资网络往往会进入衰退阶段。

可见，创业投资网络的进化离不开网络租金的激励作用和结构洞的驱动作用，通过对潜在创业投资网络成员的不断识别，完成结构洞的开发，最终实现创业投资网络的动态平衡，但嵌入型社会资本关系的形成，往往使创业投资网络的成员失去创新意识和创新能力。因此，在外部环境连续发生较大变化时，优势明显的创业投资网络往往会变得劣迹斑斑，只有敢于突破嵌入型关系的锚定效应、打破路径依赖，才能更加高效地实现创业投资网络的转型升级。

3.2.2 考虑创投机构禀赋的创业投资网络的形成与演化机理

1. 问题描述

演化博弈理论是博弈论与进化动力学的结合，源于费希尔和汉密尔顿（Fisher & Hamilton）等遗传生态学家对动物冲突与合作行为博弈的分析，揭示了动物群体行为变化的动力学机制，弥补了经典博弈论的缺陷，通过试错的方法达到博弈的均衡。演化博弈是一种建立在博弈方有限理性基础上的博弈，有限理性下的博弈方不会在一开始就得出最优策略，而是通过不断学习、试错和调整，最终得到动态稳定均衡解，被广泛引用于经济管理运营等各领域。创业投资机构是否选择进行联合创业投资的过程具有有限理性，且会根据自身对不确定环境及其他创业投资机构的策略信息来不断地调整自己的策略，因而，创投网络的形成可以用演化博弈理论进行分析。

按照机构的初始禀赋不同可将创业投资机构分为高禀赋和低禀赋，创业投资机构可以分别选择两个策略，即联合投资策略（JV）或不联合投资策略（NJV）。该决策过程在不确定性空间和考虑参与者的有限理性下进行。假设 $\pi_i(i=1, 2)$ 表示创业投资机构 i 采取不联合投资策略时获得的正常收益；$a_i(i=1, 2)$ 表示创业投资机构 i 拥有的知识水平或初始禀赋；r_i 为创业投资机构 i 对联合创业投资的收益系数，即创业投资机构 i 在联合投资过程中从合作联合的创业投资机构中获取的包括信息、经验、知识等的资源的吸收转化能力，因而，r_1a_2 和 r_2a_1 分别选择联合投资策略（JV）的博弈双方而获得的超额收益；c_i 为创业投资机构的风险系数，则 c_ia_i 表示创业投资机构 i 采取联合投资策略（JV）时的风险水平，也可以将其理解为创业投资机构 i 选择联合投资策略（JV）时所支付的初始成本。当双方决定联合投资时，超额收益应大于其付出的初始成本，即 $r_1a_2 > c_1a_1$，$r_2a_2 > c_2a_2$。此外，假设高禀赋创业投资机构选择联合投资的概率为 η_1，低禀赋创业投资机构选择联合投资的概率为 η_2，即 $\eta_1 < \eta_2$。根据上述问题的描述，可以得到高禀赋创业投资机构与低禀赋创业投资机构之间的博弈收益矩阵，见表 3.1。

表 3.1　高禀赋创业投资机构与低禀赋创业投资机构之间的博弈收益矩阵

策略	联合投资（JV）	不联合投资（NJV）
联合投资（JV）	$\pi_1 + \eta_1(r_1a_2\eta_2 - c_1a_1)$，$\pi_2 + \eta_2(\eta_1 r_2a_1 - c_2a_2)$	$\pi_1 - \eta_1 c_1 a_1$，π_2
不联合投资（NJV）	π_1，$\pi_2 - \eta_2 c_2 a_2$	π_1，π_2

2. 模型建立

假设高禀赋创业投资机构群体中选择联合投资策略（JV）的创业投资机构所占的比例为 x，选择不联合投资策略（NJV）的创业投资机构所占的比例为 $1-x$；低禀赋创业投资机构群体中选择联合投资策略（JV）的创业投资机构所占的比例为 y，选择不联合投资策略（NJV）的创业投资机构所占的比例为 $1-y$。则高禀赋创业投资机构群体中选择联合投资策略（JV）的投资收益为

$$E_H(JV) = y[\pi_1 + \eta_1(r_1a_2\eta_2 - c_1a_1)] + (1-y)(\pi_1 - \eta_1 c_1 a_1)$$
$$= y\eta_1 r_1 a_2 \eta_2 - \eta_1 c_1 a_1 + \pi_1 \tag{3.6}$$

高禀赋创业投资机构群体中选择不联合投资策略（NJV）的投资收益为

$$E_H(NJV) = y\pi_1 + (1-y)\pi_1 = \pi_1 \tag{3.7}$$

低禀赋创业投资机构群体中选择联合投资策略（JV）的投资收益为

$$E_L(JV) = x[\pi_2 + \eta_2(\eta_1 r_2 a_1 - c_2 a_2)] + (1-x)(\pi_2 - \eta_2 c_2 a_2)$$
$$= x\eta_2 \eta_1 r_2 a_1 + \pi_2 - \eta_2 c_2 a_2 \tag{3.8}$$

低禀赋创业投资机构群体中选择不联合投资策略（NJV）的投资收益为

$$E_L(NJV) = x\pi_2 + (1-x)\pi_2 = \pi_2 \tag{3.9}$$

由式（3.6）和式（3.7）可以得到高禀赋创业投资机构采取混合策略的平均收益为

$$\begin{aligned}
\bar{E}_H &= xE_H(JV) + (1-x)E_H(NJV) \\
&= x(y\eta_1 r_1 a_2 \eta_2 - \eta_1 c_1 a_1 + \pi_1) + (1-x)\pi_1 \\
&= xy\eta_1 r_1 a_2 \eta_2 - x\eta_1 c_1 a_1 + \pi_1
\end{aligned} \tag{3.10}$$

由式（3.8）和式（3.9）可以得到低禀赋创业投资机构采取混合策略的平均收益为

$$\begin{aligned}
\bar{E}_L &= yE_L(JV) + (1-y)E_L(NJV) \\
&= y(x\eta_2 \eta_1 r_2 a_1 + \pi_2 - \eta_2 c_2 a_2) + (1-y)\pi_2 \\
&= xy\eta_2 \eta_1 r_2 a_1 - \eta_2 y c_2 a_2 + \pi_2
\end{aligned} \tag{3.11}$$

因此，得到高禀赋创业投资机构选择联合投资策略（JV）的复制动态方程为

$$\begin{aligned}
F(x) &= \frac{\mathrm{d}x}{\mathrm{d}t} = x(E_H(JV) - \bar{E}_H) \\
&= x(y\eta_1 r_1 a_2 \eta_2 - \eta_1 c_1 a_1 + \pi_1 - xy\eta_1 r_1 a_2 \eta_2 + x\eta_1 c_1 a_1 - \pi_1) \\
&= x(1-x)\eta_1(yr_1 a_2 \eta_2 - c_1 a_1)
\end{aligned} \tag{3.12}$$

低禀赋创业投资机构选择联合投资策略（JV）的复制动态方程为

$$\begin{aligned}
G(y) &= \frac{\mathrm{d}y}{\mathrm{d}t} = y(E_L(JV) - \bar{E}_L) \\
&= y(x\eta_2 \eta_1 r_2 a_1 - xy\eta_2 \eta_1 r_2 a_1 - \eta_2 c_2 a_2 + \eta_2 y c_2 a_2) \\
&= y(1-y)\eta_2(x\eta_1 r_2 a_1 - c_2 a_2)
\end{aligned} \tag{3.13}$$

所以该动态博弈系统有 5 个均衡点。根据上述分析，可以得到高禀赋创业投资机构与低禀赋创业投资机构主体构成的系统演化博弈的复制动态过程为

$$\begin{cases}
F(x) = \dfrac{\mathrm{d}x}{\mathrm{d}t} = x(E_H(JV) - \bar{E}_H) = x(1-x)\eta_1(y\eta_2 r_1 a_2 - c_1 a_1) \\[2mm]
G(y) = \dfrac{\mathrm{d}y}{\mathrm{d}t} = y(E_L(JV) - \bar{E}_L) = y(1-y)\eta_2(x\eta_1 r_2 a_1 - c_2 a_2)
\end{cases} \tag{3.14}$$

3. 演化均衡分析

令 $F(x)=0$，$G(y)=0$，得到 $x_1=0$，$x_2=1$，$x_3=\dfrac{c_2a_2}{\eta_1r_2a_1}$，$y_1=0$，$y_2=1$，

$y_3=\dfrac{c_1a_1}{r_1a_2\eta_2}$，由此可以得到演化博弈动态过程的均衡点有 5 个：$A(0,0)$，

$B(0,1)$，$C(1,0)$，$D(1,1)$，$O\left(\dfrac{c_2a_2}{\eta_1r_2a_1}, \dfrac{c_1a_1}{r_1a_2\eta_2}\right)$。但在非对称博弈中，若

演化博弈均衡是演化稳定策略，则一定是严格纳什均衡，而严格纳什均衡

又是纯策略均衡，即非对称博弈中混合策略均衡一定不是演化均衡，因此

对于由高禀赋创业投资机构与低禀赋创业投资机构之间的系统，只需讨论

$A(0,0)$，$B(0,1)$，$C(1,0)$，$D(1,1)$ 4 个点的渐进稳定性，其余均为非

渐进稳定状态。上述系统的雅克比行列式为

$$J=\begin{bmatrix} (1-2x)\eta_1(y\eta_2r_1a_2-c_1a_1) & x(1-x)\eta_1\eta_2r_1a_2 \\ y(1-y)\eta_1\eta_2r_2a_1 & (1-2y)\eta_2(x\eta_1r_2a_1-c_2a_2) \end{bmatrix} \quad (3.15)$$

根据李雅普诺夫判别法，稳定点的判断结果如表 3.2 所示。

表 3.2　高、低禀赋创业投资机构间演化博弈均衡点的稳定性分析

均衡点	特征值	稳定性
$A(0,0)$	$\lambda_1=-\eta_1c_1a_1<0$，$\lambda_2=-\eta_2c_2a_2<0$	ESS
$B(0,1)$	$\lambda_1=\eta_1\eta_2r_1a_2-\eta_1c_1a_1>0$，$\lambda_2=\eta_2c_2a_2>0$	当 $r_1a_2>c_1a_1$ 时为鞍点；当 $r_1a_2<c_1a_1$ 时为非稳定点
$C(1,0)$	$\lambda_1=\eta_1c_1a_1>0$，$\lambda_2=\eta_1\eta_2r_2a_1-\eta_2c_2a_2$	当 $r_2a_1>c_2a_2$ 时为鞍点；当 $r_2a_1<c_2a_2$ 时为非稳定点
$D(1,1)$	$\lambda_1=\eta_1c_1a_1-\eta_1\eta_2r_1a_2<0$，$\lambda_2=\eta_2c_2a_2-\eta_1\eta_2r_2a_1<0$	ESS

由表 3.2 可知，当 $c_1a_1<\eta_2r_1a_2$ 且 $c_2a_2<\eta_1r_2a_1$ 时，$A(0,0)$ 和 $D(1,1)$

为渐进稳定点；当 $c_1a_1>\eta_2r_1a_2$ 且 $c_2a_2>\eta_1r_2a_1$ 时，$A(0,0)$ 为渐进稳定点，

对应相位见图 3.5。

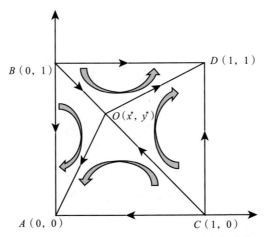

图3.5 当 $c_1a_1 > \eta_2r_1a_2$ 且 $c_2a_2 > \eta_1r_2a_1$ 时演化均衡相位

进一步，我们采用 Friedman 判别法分析各参数对演化均衡状态的影响。图 3.5 中 CBD 的面积为

$$S = 1 - \frac{1}{2}\left(\frac{c_1a_1}{\eta_2r_1a_2} + \frac{c_2a_2}{\eta_1r_2a_1} \right) \tag{3.16}$$

式（3.16）表示高、低禀赋创业投资机构博弈动态系统向均衡点 $D(1,1)$ 演化的概率，由式（3.16）可知，$\frac{\partial S}{\partial r_i} > 0$，即当创业投资机构的收益系数 r_i 越大时，S 的值也越大，系统会逐渐趋向于稳定点 $D(1,1)$，此时高、低禀赋创业投资机构采取联合投资策略的概率增加；$\frac{\partial S}{\partial c_i} < 0$ 表示当创业投资机构的收益系数 c_i 越大时，S 的值越小，系统会逐渐趋向于稳定点 $A(0,0)$，此时高、低禀赋创业投资机构倾向于选择不联合投资策略；$\frac{\partial S}{\partial \eta_i} > 0$ 表示创业投资机构选择联合投资策略的概率 η_i 越大时，S 的值越大，系统会逐渐趋向于稳定点 $D(1,1)$，此时高、低禀赋创业投资机构均倾向于选择联合投资策略。

4. 数值分析

根据对高、低禀赋创业投资机构间演化博弈模型的描述与分析，为了更直观地展现系统演化路径，对上述演化博弈模型进行数值模拟分析，数值分析结果见图 3.6 与图 3.7。由图 3.6 可知，当条件 $c_1a_1 > \eta_2r_1a_2$ 且 $c_2a_2 > \eta_1r_2a_1$ 成立时，高禀赋创业投资机构与低禀赋创业投资机构均趋向于选择不联合投资的策略，因此，不论高禀赋创业投资机构与低禀赋创业投资机构的比例是多少，创业投资机构系统的演化均趋向于稳定点 $A(0，0)$。由图 3.7 可知，当条件 $c_1a_1 < \eta_2r_1a_2$ 且 $c_2a_2 < \eta_1r_2a_1$ 成立时，高禀赋创业投资机构与低禀赋创业投资机构决策演化路径有两个均衡点，因此，不论高、低禀赋创业投资机构的比例多大，创业投资机构系统的演化趋向于稳定点 $A(0，0)$ 或趋向于稳定点 $D(1，1)$。

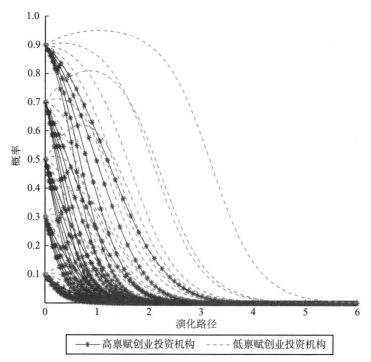

图 3.6　当 $c_1a_1 > \eta_2r_1a_2$ 且 $c_2a_2 > \eta_1r_2a_1$ 时，高禀赋创业投资机构
与低禀赋创业投资机构决策演化路径

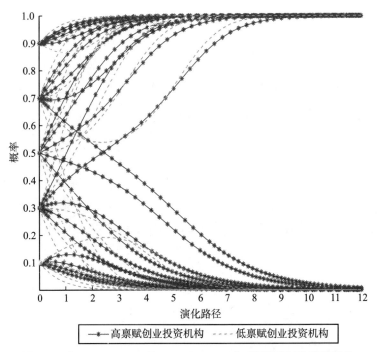

图 3.7 当 $c_1 a_1 < \eta_2 r_1 a_2$ 且 $c_2 a_2 < \eta_1 r_2 a_1$ 时，高禀赋创业投资机构与低禀赋创业投资机构决策演化路径

3.3 创业投资风险及其缓解机理

3.3.1 创业投资风险

1. 创业投资风险的内涵

人类的风险意识及风险管理的思想可以追溯到人类文明的初期，英国在公元前就制定了共同海损制度及船货抵押制度，但风险概念是在1901年由美国学者威利特（Willett）在其博士论文《风险与保险的经济理论》中首次提出。他认为，风险是关于不希望发生的事件的不确定性的客观体现，该定义说明风险不但具有客观存在性，而且其发生具有不确定性。美国经济学家奈特（Knight，1921）区分了风险和不确定性，他认为一般的不确定性是"不可测定的"，而风险是"可测定的不确定性"。我国的学者从决策的角度分析，认为风险是在未来决策行为及客观条件不确定性的情况下，可能引起的决策

结果与预定目标发生的负偏离结果。或者说，风险是未来结果变异的程度，风险大小与结果的变异程度大小有关，变异程度越大风险就会越大，反之亦然。

综上所述，风险有狭义和广义之分。狭义的风险是指成本或代价的不确定性，即实际结果与预期结果发生背离的可能性；广义的风险体现在收益或者代价的不确定性方面。风险带来的结果主要体现在不确定性上，可能是盈利，也可能是损失，抑或是既无损失也无获利。本书将风险界定为对于特定的主体在特定的时期，由于受到内外部环境的影响，导致利益主体损失或利益变动的可能性。也就是说，特定主体的某一行动结果存在实际收益与预期收益偏离的可能性（杨艳萍，2004）。

风险构成要素包括风险源、风险事件和风险损失。导致风险事件发生的原因被称为风险源，风险源也称风险因素，影响风险发生的频率和风险发生的概率，它是造成风险的直接或者间接原因。风险事件又可称为风险事故，是指直接造成损失或损害的风险事件，风险事件的发生把潜在的风险表现为直接的风险，把可能的损失转化为现实的损失。风险损失是风险事件，导致经济价值的减少，该结果是非计划、非预期的，可以分为直接损失和间接损失。直接损失可以计量和观测，是实际经济价值的减少；间接损失不可以测定和量化。风险因素、风险事故和风险损失作为风险的统一体，三者相互影响、相互作用。风险因素是风险事故产生的原因，风险损失是风险事故引发的结果，即产生实际结果与预期结果的差异。

创业投资风险是指在创业投资过程中，创业投资机构由于经济、政策、法律法规等外部环境、创业投资机构内部管理、被投资项目的技术、产品、市场及信息不对称等多因素的变动，所引发的利润或者损失的改变。因素的变动通常是难以预料和无法控制的，投资风险和投资收益呈现正相关的关系。投资收益是对投资风险的补偿，高投资收益伴随着高风险，这一点在创业投资中体现较为明显。创业投资项目的未来前景难以预料，投资风险较大，但如果投资成功，会获得巨额投资回报；如果投资失败，不仅难以获得投资回报，甚至会血本无归。

2. 创业投资风险的特征

中国是全球创业企业最多的国家，也是失败企业最多的国家，每年都有

200多万家企业倒闭，其中，97%的企业会在18个月内宣告死亡[①]，随着市场竞争的不断加剧，任何企业为了生存和发展都需要规避和控制风险。创业投资机构不仅有自身公司管理风险、投资判断风险和业务操作风险、信息不对称风险，更重要的还有投资的创业企业风险，这些风险的叠加使得创业投资的风险比一般企业更大。这是由创业投资市场中创业企业处在初创期或成长期，技术、产品、市场等高度不确定性特点所决定的，与市场中新生企业的信息不透明紧密相关，因此，创业投资的风险与一般风险的特征相比，具有较大差异，具体包括以下几点。

（1）动态性。创业投资是一种中长期的市场经济行为，创业投资机构既需要把握市场机遇，也需要接受市场、技术等各类因素带来的挑战。由于市场、技术、环境等因素是处在不断发生变化之中的，创业投资机构面临的机遇与挑战也是在不断发展变化的，动态性迫使创业投资行为也是动态的。因此，创业投资的各类风险都体现为动态风险。

（2）传导性。创业投资风险的传导性体现在两个方面。一是从纵向来看，前一阶段的任何一个具体风险的变动都会传导到后一阶段，如创业投资筛选的创业投资项目不是优质的，就会引起投资后的一系列风险，最终导致整体风险的变化。二是从横向来看，处在同一层面上的各具体风险之间相互影响、相互作用，如投资项目的技术风险的变化会影响到市场风险、财务风险、管理风险的联动，从而加大创业投资的整体风险。

（3）分散性。在创业投资的过程中，创业投资的资本供给者、资本运作者（创业投资公司）和资本使用者（创业企业）形成一种自上而下的资金投入关系，资本供给者不会把全部资金投向一家创业投资公司，创业投资公司也不会把全部资金投向一家创业企业，而是采取联合投资、分阶段投资等多种投资方式来分散风险，这样特定创业企业因风险只会给创业投资公司带来部分损失，因而导致总体投资收益的减少。

（4）累积性。风险损失具有累积性，是由于随着被投资创业企业的发展，创业投资机构对其投入的管理、资本和服务都是递增的，投入的递增意味着风险事件发生后的损失也会递增。由于累积投入的递增，如果风险事件发生

---

① 吴晓波解读大败局［EB/OL］.（2019－04－23）［2022－02－28］. https：//finance. sina. cn/2019－04－23/detail－ihvhiewr7852913. d. html.

越靠后，在单个投资项目上，创业投资面临的损失就越大，呈现出风险的累积性（杨艳萍，2005）。

3.3.2　创业投资的风险传导机理

高风险性贯穿创业投资的整个过程是创业投资与传统投资形式的重要区别之一，正是由于高风险性，创业企业很难通过传统融资渠道获得资金。创业投资机构为了获得与高风险相匹配的高收益，需对投资项目进行尽职调查，反复筛选，在众多的项目中挑选到优质的项目进行投资。为了降低投资风险，创业投资机构除了提供资金支持外，还会对创业企业提供管理和服务上的支持，能够帮助创业投资项目实现顺利退出。在这个过程中，创业投资机构在筹资、投资、帮助被创业企业运营及退出等环节都可能存在风险，本书根据学者们的相关研究成果，剖析在创业投资过程中的风险传导载体及传导机理，揭示不同的风险依附于不同载体的风险传导机理。

创业投资的风险传导包括两层含义，一是创业投资机构外部风险传导，具体见图 3.8。外部传导是指投资风险可能会通过某些载体和路径传导给其他创业投资机构，风险的传递主要发生在创业投资机构之间。二是创业投资机构内部风险传导，风险在不同的投资阶段传递，见图 3.9，传递路径发生在创业投资的运行环节中。产生风险的创业投资机构（或环节）可称为风险源单位（或授险单位），被传导的风险企业可称为"受险单位"。

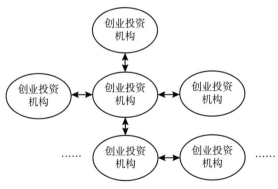

图 3.8　创业投资机构外部风险传导

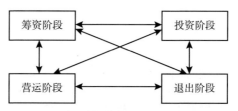

图 3.9　创业投资机构内部风险传导

创业投资的风险传导由两个动态的环节构成，即传与导。风险传导具有以下特征：一是创业投资风险传导是动态过程，是随着环境及管理控制的强度的变化而变化的。二是风险传导的关系包括核心关系和外围关系。核心关系是指与创业投资直接发生联系的利益相关者，受到风险的影响较大；外围关系是指间接与创业投资发生利益关系，但会受创业投资风险的间接传导。三是创业投资风险传递具有载体附着性，即风险在传递的过程中，需要通过一定载体予以实现。四是创业投资风险传导具有一定的载体，存在路径依赖性。本书将创业投资风险传导载体分为以下三个方面：资金资源、信息资源和管理人员。

1. 以资金为载体的创业投资风险传导机理

创业投资是专门的投资机构通过一定的方式向各类机构和个人筹集创业资金，然后投入创业企业，经过投资后的增值服务促进项目的成长，再通过出让股权的方式获得高额风险资本收益的一种股权投资方式。在这个过程中，资金犹如创业投资的"血液"，如果创业投资机构在筹资的时候出现问题，或者无法进行后续投资，将会造成创业企业的资金短缺，导致投资的失败。创业投资机构资本的增值要通过资本的运作才能实现，见图 3.10。

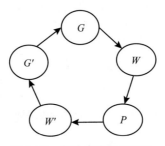

图 3.10　创业资本运作过程

创业投资资本运作的过程实质上就是创业资本筹集、投资和退出的过程。创业投资机构从各类机构或个人投资者取得资金，在图 3.10 中体现为 G，创业投资机构与资金供给者之间的联系，即筹资环节；假设筹集的资金全部投资到被投资企业的项目中，实现由货币资本转化为各种能带来收益的实物资本的过程，即 $G—W$ 过程；然后经过创业投资机构的增值服务及创业企业经过运营（创业企业运营资本 P），创业企业发展壮大，创新出产品或服务，实现了 $W—P—W'$ 的转化；$W'—G'$ 表示创业投资机构在创业企业项目成熟时，通过股权转让获得高额风险资本收益。在以资金为传递载体的传递过程中，风险通过资金从一个节点传递到另一个节点，引发"多米诺骨牌效应"。这种以资金为载体的风险传导主要发生在以下环节。

（1）筹资风险的传导。创业投资机构由于筹集不到足够的资金，引发创业企业资金短缺，无法正常生产经营，影响采购、支付银行利息等。同时，资金短缺还会传导到创业企业营运资金环节和投资环节。

（2）创业企业风险的传导。①投资风险的传导。投资风险是指创业投资机构投资收益无法正常获取的可能性。在瞬息万变的资本市场中，投资收益会受到多种因素的影响，特别是初创企业面临的不确定因素多，投资风险大，如果创业投资机构在进行项目筛选时，对被投资企业的风险因素没有准确评估，最直接的影响是创业投资机构无法获取投资收益，甚至会影响到投资成本的收回。通过风险的传导，可能会间接影响整个金融系统的稳定甚至波及实体经济。②市场风险的传导。由于缺少技术创新人员、技术复杂程度高或技术壁垒等，创业企业没有设计或研制出满足市场需要的创新产品或技术的风险传导到投资项目，导致投资项目存在失败的可能性，产生市场风险的传导会影响创业企业成长，甚至遭受损失，反过来会传导到创业投资机构。③经营风险的传导。创业企业获得创业投资机构提供的资金后，购买厂房、机器、设备、原材料等生产要素，经过加工研制生产出符合市场需求的产品。但由于发展定位不合理或经营管理不善等，会导致投资项目存在失败的风险，这种风险最终会传导到创业投资机构。如凡客、亿唐等创业企业由于盲目扩张导致库存危机、资金链断裂、上市折戟等，给创业投资机构的投资带来很大的风险。

2. 以信息为载体的创业投资风险传导机理

（1）创业投资的双重委托代理风险。美国科学家诺伯特·维纳（Norbert

Wiener）提出，信息是企业与外界进行沟通、调节的媒介，企业通过信息载体让外界了解自身情况，并通过交换获取所需的资源。信息的使用和交换的过程就是企业适应自然环境，并根据环境变化而应对的过程。美国经济学家阿克尔洛夫和斯蒂格利茨（Akerlof & Stiglitz）通过研究发现，社会中存在大量的信息，由于双方扮演的角色和所处的地位不同造成了信息的不对称，这种不对称大量存在于资本市场的资金需求方与资金供给方之间、商品市场的买方和卖方之间、公司结构中的所有者与经理层之间，他们根据信息经济学和博弈论的思想，提出由于信息不对称而产生委托代理风险。在创业投资过程中存在委托代理关系，代理人拥有信息优势，而委托人则处于信息劣势。创业投资中的委托代理风险主要存在以下两个层面，一是创业投资者与创业投资机构的委托代理风险（第一层委托代理风险），二是创业投资机构与创业企业之间的委托代理风险（第二层委托代理风险），如图 3.11 所示（杨艳萍，2013）。

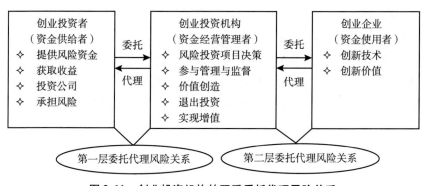

图 3.11　创业投资机构的双重委托代理风险关系

　　第一层委托代理风险主要有两类：一是签约前的逆向选择风险；二是签约后的道德风险。在信息不对称情况下，委托人面临代理人是否会努力工作、投资是否会冒险激进、寻找评判投资项目时是否会尽职尽责等问题，由于信息不对称，资金提供者很难掌握创业投资机构的所有信息，只能凭借其历史经营业绩来选择，而代理人（创业投资机构）为了降低资金获取成本，提高资金获取的效率，可能会虚假宣传、扩大自身的实力。在信息不对称的市场背景下，创业投资机构市场上容易出现"劣币驱逐良币"的现象，无法实现帕累托最优的交易，从而产生逆向选择风险。道德风险是指代理人（创业投资机构）得到资金后，委托人不能直接观测代理人是否按照对自己最有利的方式进行行动，很难去了解所投资金去向，代理人可能存在满足自身利益而损害委托人利益的行为，如资金滥用，将资金用于其他用途等，从而滋生了代理者机会主义行为倾向和道德风险。

第二层委托代理风险与第一层相同，也包括逆向选择风险和道德风险。

（2）以信息为载体的创业投资风险的传导路径。

①以创业投资机构为风险传导路径。当资金提供者与创业投资机构签订协议后，创业投资机构在获得资金后未必遵守自己的承诺，存在不努力经营、欺骗投资者的动机，从而形成委托代理风险。风险传导由创业投资机构产生的风险源向创业资金提供者转移，致使创业资金的筹资可能出现失败的风险。风险通过信息载体向创业资金提供者反馈，传导路径是由创业投资机构到创业资金提供者。

②以创业企业为风险传导路径。在签约前，由于信息不对称，创业投资机构在选择创业企业时，无法分辨优质的企业和劣质的企业，出现"劣币驱逐良币"的现象，导致创业投资机构选择较差的创业企业。劣质的创业企业存在大量虚假信息，经营风险较高。最终，创业企业的风险经信息传递给创业投资机构，再传导给创业资金提供者。当发生签约后的道德问题时，即创业企业从创业投资机构获得资金之后，未按照协议规定的资金用途使用资金，而是为了实现企业自身目标的最大化，欺骗创业投资机构，致使风险由投资项目产生传导。此时，风险传导路径是由创业企业到创业投资机构再到创业资金提供者。

（3）信息不对称下创业投资的风险传导控制机理。第一层委托代理风险传导控制。在第一层委托代理风险中，根据前面对风险传导机理的分析，创业投资机构作为风险源，创业资金提供者为风险损失者。为了控制委托代理风险，投资者可以采取措施阻断风险传导路径，具体见图 3.12。

创业资金提供者在进行投资前，根据各个创业投资机构发出的信号来选择创业投资机构，通过对创业投资机构各类信息的筛选，对比创业投资机构的职业水平、投资偏好、过往业绩等因素，选择中意的创业投资机构，避免逆向选择带来的风险。为了有效避免道德风险传导，创业资金提供者可以对

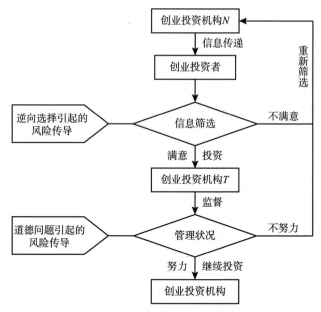

图 3.12 第一层委托代理风险传导控制

风险投资机构实施严格的监督和激励机制，对创业投资机构的投资情况、财务状况、投资可行性等实行严格的监督，约束风险投资机构的不诚实行为，阻断风险的传导路径。创业投资机构取得业绩后应该按照激励方案给予奖励，激励创业投资机构尽职、努力。

第二层委托代理风险传导控制。在第二层委托代理风险中，创业企业是风险源，创业投资机构应该在签约前后阻断风险传导路径，具体如图 3.13 所示。在签约前，创业投资机构应该在对自身资金实力、行业特长、管理水平和风险承受能力等进行清晰认识的基础上，根据被投资企业的运行能力、财务状况、所属行业、所处发展阶段等，结合当时的市场环境、宏观政策导向，综合评判被投资企业的投资前景，对拟投资项目进行全面评估和筛选。在签约后，创业投资机构应对创业企业的经营状况、财务状况及管理状况等进行监督，避免创业企业引起的风险传导，同时，要建立对创业企业的激励机制和约束机制。另外，可以运用声誉对创业企业进行约束，避免道德风险。声誉是市场对该创业企业的认可度，是业内对创业企业作出的综合评判，是一项无形资产。

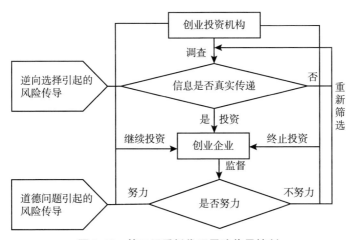

图 3.13 　第二层委托代理风险传导控制

3. 以决策管理人员为载体的创业投资风险传导机理

人是一切社会生产活动的决定因素，任何企业在其经营活动过程中都存在决策行为，但决策活动往往受决策者的素质能力、管理决策水平、团队合作精神、道德修养等因素的影响，存在决策失误的可能性，从而带来决策风险。

从决策管理人员的业务素质来看，创业投资涉及的投资阶段和环节多，各个环节、各个阶段是相互联系、相辅相成但又相互独立运行的子系统。创业投资决策管理人员不仅要熟悉一个或几个行业的市场信息和技术发展，还要熟悉这些行业的创业企业家或经营管理人才，这样才能更好地识别优质的创业投资项目。同时，创业投资决策管理人员还必须对所投资企业的业务、产品以及相关市场的竞争进行深入的研究，以便对企业作一个客观全面的评估。因而，创业投资家除了应该具有行业及金融方面的经验外，还必须有企业策略、营销、人事管理等方面的经验。另外，创业投资决策管理人员要有足够的能力和经验，监控创业企业的经营管理，提供有效的咨询意见。上述各个环节无论哪个环节出现问题都会导致决策风险的产生，该风险一定会传导到创业企业层面，进而传导到创业投资机构。

从决策管理人员的道德素质来看，道德风险是管理层以牺牲股东利益为代价，追求自身效益最大化，从而偏离盈利最大化的企业目标。创业企业在接受创业投资获得了企业发展所需资金的同时，也失去了对企业的完整控制权和对企业全部剩余的索取权，会出现内部人控制现象，吞食创业投资机构的利益，从而产生隐蔽信息或隐蔽行为的道德风险，让自己获益。在现实中，以决策管理人员为载体的风险传导的案例不胜枚举，如博客网的决策管理人员不能熟谙企业管理和战略，没有能力掌控大团队和千万美元级别大资金，从而使投资人的大量美元投资化为乌有。

3.3.3　创业投资网络的风险分散机理

作为股权投资的一种形式，创业投资主要是指向初创企业提供资金支持并取得该公司股份的一种投资方式。而作为专业的投资公司，创业投资机构由一群具有科技及财务相关知识与经验的人组合而成。例如，红杉资本、软银投资、宏大创业投资公司等都是著名的创业投资机构。

由于在创业投资中有很多不确定性，给投资及其回报带来很大的风险，尤其是在金融市场内外的冲击越来越频繁、不确定性越来越高的情况下，单个创业投资机构的资金显得势单力薄，重仓持有为数不多的项目又显得孤注一掷，基于此，创业投资机构往往通过多元化投资、交叉持股和联合投资等方式形成一个相对稳定的创业投资网络，以有效分散风险、分摊风险和降低风险。

假定在一个创业投资网络中有 N 家创业投资公司，目前市场上存在 M 个可供选择的投资项目，若创业投资机构 N_8 首先接触到了项目源 M_1，则通过联合投资、交叉持股和分散投资与其他创业投资机构 N_9、N_{10}、N_{13}、N_{31} 签订联合投资契约，此时，项目源 M_1 上就聚集了这 4 家创业投资机构的资本。同理，在收益驱动和风险约束下，另外的 $M-1$ 个项目上也会直接或间接地聚集这 N 家创业投资机构的资本，最终的结果是，单个项目的投资风险在每一个参与其中的创业投资机构之间得以分摊，参与"一揽子"项目源的每家创业投资机构的投资风险得以直接或间接的在这 M 个项目上分散，最终达到有效控制投资风险的目的（见图 3.14）。

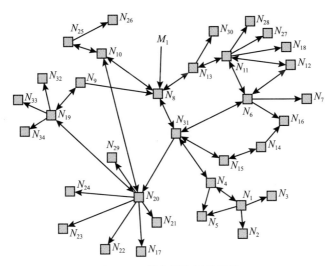

图 3.14 创业投资网络示例

注：该图运用 UCinet 6.0 绘制，图中小方块代表创业投资机构，数字代表机构名称，线条代表创业投资机构间的联合投资关系。

1. 多元化投资的分散风险原理

为了便于分析多元化投资对降低创业投资项目风险的内在机理，假定其他条件不变，根据马科维茨（Markowitz）1952 年提出的投资组合理论，假定投资者大多是风险规避者，追求期望效用最大化，投资者根据收益率的期望值和方差来选择投资组合，其中收益率的期望值 $E_p = E(r_p)$ 用来表示投资组合的收益，收益率的方差 $\sigma_p^2 = \sigma^2(r_p)$ 用来表示投资组合的风险，投资组合决策只考虑单期投资，不涉及跨期投资，且所有投资的组合决策处于同一个决策期间。假定第 i 种和第 j 种投资项目的收益率分别为 r_i 和 r_j，第 i 种和第 j 种投资项目在资产总投资组合中的比重分别为 w_i 和 w_j，第 i 种项目和第 j 种项目收益率的协方差为 $\mathrm{cov}(r_i, r_j)$，根据马科维茨优化模型可表达为

$$\begin{cases} \min \sigma^2(r_p) = \displaystyle\sum_{i=1}^{M} \sum_{j=1}^{M} w_i w_j \mathrm{cov}(r_i, r_j) \\ E(r_p) = \displaystyle\sum_{i=1}^{M} w_i r_i \\ \displaystyle\sum_{i=1}^{M} w_i = 1 \end{cases} \tag{3.17}$$

对于这 M 个创业投资项目中的任何两个项目 i 和 j 而言，在给定期望收益 $E(r_p)$ 水平的条件下，创业投资机构只投资一个项目时的风险水平为

$$\min \sigma^2(r_p) = \sum_{i=1}^{M} \sum_{j=1}^{M} w_i w_i \text{cov}(r_i, r_i) = \sigma_i^2 \qquad (3.18)$$

当创业投资的项目不仅包含项目 i，还有另外 $M-1$ 个项目时，一方面，考虑到权重 $w_i \in [0, 1]$，$w_j \in [0, 1]$，使得 $w_i w_j \in (0, 1)$；另一方面，投资多个项目时，创业投资机构会有意识地确保其中一些项目的收益率与另一些项目的收益呈负相关，这样使整个创业投资组合的总体风险发生以下的变化：

$$\min \sigma^2(r_p) = \sum_{i=1}^{M} \sum_{j=1}^{M} w_i w_j \text{cov}(r_i, r_j) < \sum_{i=1}^{M} \sum_{j=1}^{M} \text{abs}[w_i w_j \text{cov}(r_i, r_j)]$$

$$(3.19)$$

但若只是简单增加投资项目的数量，且任意两个项目的收益率分布区间均为 $(0, 1)$，此时整个创业投资组合的风险发生以下的变化：

$$\min \sigma^2(r_p) = \sum_{i=1}^{M} \sum_{j=1}^{M} w_i w_j \text{cov}(r_i, r_j) = \sum_{i=1}^{M} \sum_{j=1}^{M} \text{abs}[w_i w_j \text{cov}(r_i, r_j)]$$

$$(3.20)$$

由式（3.19）和式（3.20）可知，在创业投资机构投资的项目数量适当增加，且其投资组合中部分项目的收益率分布之间存在异质相关性时，分散投资能有效降低创业投资的风险；但根据风险管理实务可知，对于创业投资组合仅包含同质相关的项目或投资的项目数量超出了风险管理的能力范围时，分散投资带来的很可能就不再是投资风险的降低，而是创业投资组合整体风险的上升。

2. 交叉持股的分摊风险原理

交叉持股是除分散投资外的另一种控制投资风险的常用方法。交叉持股能够降低创业投资组合的投资风险，主要渠道包括两个：一是增加不同项目收益率之间的相关性；二是交叉持股使不同项目一荣俱荣、一损俱损，进而增加了不同创业投资项目负责人之间的相互约束，尤其促使这些负责人有意识地加强风险管理。

在风险管理实务中，创业投资机构很难完全分散掉非系统性风险，但可以将创业投资组合整体的风险降到其中任何单个项目的投资风险水平以下，基于此，为便于分析，我们假定，N 家创业投资机构形成的投资网络覆盖的

M 个投资项目中，前 $M/2$ 个投资项目与另外 $M/2$ 个投资项目收益率相关系数均为 $\lambda \in (-1, 0)$，与没有交叉持股的情形相比，则有

$$\min\sigma^2(r'_p) = \sum_{i=1}^{M}\sum_{j=1}^{M} w_i w_j \mathrm{cov}\big[(1-\lambda)r_i, (1-\lambda)r_j\big]$$

$$= (1-\lambda)^2 \sum_{i=1}^{M}\sum_{j=1}^{M} w_i w_j \mathrm{cov}(r_i, r_j) \tag{3.21}$$

其中，由于 $\lambda \in (-1, 0)$，则 $0 < (1-\lambda)^2 < 1$，那么 $\min\sigma^2(r'_p) < \min\sigma^2(r_p)$。

但若交叉持股的创业投资项目收益率相关系数 $\lambda' \in (0, 1)$，与没有交叉持股的情形相比，创业投资组合的整体风险水平为

$$\min\sigma^2(r'_p) = \sum_{i=1}^{M}\sum_{j=1}^{M} w_i w_j \mathrm{cov}\big[(1+\lambda')r_i, (1+\lambda')r_j\big]$$

$$= (1+\lambda')^2 \sum_{i=1}^{M}\sum_{j=1}^{M} w_i w_j \mathrm{cov}(r_i, r_j) \tag{3.22}$$

其中，由于 $\lambda' \in (0, 1)$，则 $(1+\lambda')^2 > 1$，那么 $\min\sigma^2(r'_p) > \min\sigma^2(r_p)$。

由此可见，若交叉持有收益率负相关的创业投资项目，不仅能熨平创业投资组合整体的收益波动性，还能有效降低整体风险，且低于其中任何单个项目的投资风险水平；相反，若交叉持有收益率正相关的创业投资项目，不仅不能有效降低创业投资组合的整体风险，还会无意明显地加大创业投资组合整体收益的波动性。

3. 联合投资的分摊风险原理

对于 M 个可选的创业投资项目中第 k 个创业投资项目 M_k，会受到来自宏观和微观的各种冲击，假定共有 H 种冲击，第 $h(h \in [1, H])$ 种冲击出现的概率为 p_h，对应收益率为 r_k，则该创业投资项目的期望收益为

$$E(r(M_k)) = \sum_{h=1}^{H} r_k p_h \tag{3.23}$$

根据金融市场铁律，高收益往往源于高风险，为便于分析，将风险和收益连接起来，用收益分配的结构来分析风险分摊的结构，基于此，引入柯布—道格拉斯生产函数，具体为

$$Y = N_1^{\alpha_1} N_2^{\alpha_2} \cdots N_N^{\alpha_N} = \bigcap_{k=1}^{N} N_k^{\alpha_k} \tag{3.24}$$

其中，Y 代表 N 家创业投资结构直接或间接投资创业投资项目 M_k 的总收益，N_k 代表第 k 家创业投资机构在 M_k 个创业投资项目上的投入或付出，α_k 为第 k

家创业投资机构的付出影响该项目整体收益的弹性系数，经常用来衡量第 k 家创业投资机构的议价能力，这里用它来衡量第 k 家创业投资机构的风险管理能力。将式（3.23）代入式（3.24），并对等式两边同时取对数，可得

$$\ln(\sum_{k=1}^{N} r_k p_k) = \alpha_1 \ln(N_1) + \alpha_2 \ln(N_2) + \cdots + \alpha_N \ln(N_N) \qquad (3.25)$$

为显著分析联合投资对提高收益或降低风险的实际效果，假定每家创业投资机构的投入或付出均为 N，则

$$\ln(\sum_{k=1}^{N} r_k p_k) = (\alpha_1 + \alpha_2 + \cdots + \alpha_N) \ln(N) \qquad (3.26)$$

那么，根据柯布—道格拉斯生产函数的基本原理，可得

$$\begin{cases} \ln(\sum_{k=1}^{N} r_k p_k) > \ln(N), & \sum_{k=1}^{N} \alpha_k > 1 \\ \ln(\sum_{k=1}^{N} r_k p_k) < \ln(N), & \sum_{k=1}^{N} \alpha_k < 1 \\ \ln(\sum_{k=1}^{N} r_k p_k) = \ln(N), & \sum_{k=1}^{N} \alpha_k = 1 \end{cases} \qquad (3.27)$$

由式（3.27）可知，当 $\sum_{k=1}^{N} \alpha_k > 1$ 时，$\ln(\sum_{k=1}^{H} r_k p_k) > \ln(N)$，即 N 家创业投资机构的议价能力都较强，其风险管理能力都能跑赢市场时，多家创业投资机构联合投资一个项目或一个项目组合时，在给定其风险水平与结构的情况下，其整体收益率将高于单独投资的收益率。

当 $\sum_{k=1}^{N} \alpha_k < 1$ 时，$\ln(\sum_{k=1}^{H} r_k p_k) < \ln(N)$，即 N 家创业投资机构的议价能力都较弱，其风险管理能力都不能跑赢市场时，多家创业投资机构联合投资一个项目或一个项目组合时，在给定其风险水平与结构的情况下，其整体收益率往往低于单独投资的收益率。

当 $\sum_{k=1}^{N} \alpha_k = 1$ 时，$\ln(\sum_{k=1}^{H} r_k p_k) = \ln(N)$，即在 N 家创业投资机构中，部分创业投资机构的议价能力较弱，其风险管理能力也只有部分机构能跑赢市场时，多家创业投资机构联合投资一个项目或一个项目组合时，在给定其风险水平与结构的情况下，其整体收益率与单独投资的情形相比将无显著差异。

因此，议价能力较强、风险管理能力也能跑赢市场的多家创业投资机构，联合投资一个项目或一个项目组合时，更容易在给定风险水平与结构的条件

下，提高总体收益率，从而降低单位收益所承担的风险水平。

3.3.4　创业投资网络的风险缓解机理

1. 创业投资网络运行机制的理论框架

创业投资网络是一个复杂的社会经济系统，系统的运行具有层次化、结构化、网络化的特性。在创业投资网络中，资源、信息、环境等创新资源是网络运行的输入资源，它们在网络内部的创新主体间流动，并受到网络运作机制的调控。根据文献脉络梳理以及研究主题的分析，加之对创业投资网络这一领域文献深入阅读后的理解，本书提出一个创业投资网络研究的理论框架（见图 3.15），以便更完整、更系统、更全面、更清晰地表达创业投资网络的演化及其风险缓解机理。

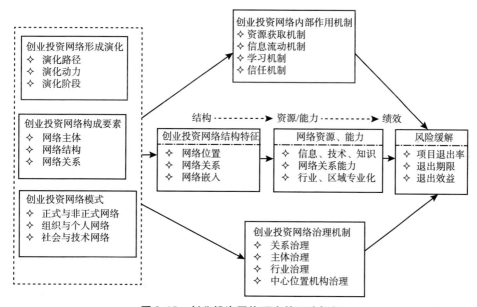

图 3.15　创业投资网络研究的理论框架

创业投资网络通过创业投资机构与合作伙伴之间建立信任机制，实现信息共享、知识互补。正如弗里曼（Freeman，1991）所指出的那样，网络成员的创新合作关系作为创新网络的主要联结机制存在。创业投资网络同样强调网络主体与网络机制，因为它们既是网络形成的基础也是网络演化的根本动力。

2. 创业投资网络作用机制对风险缓解的影响

创业投资网络的作用机制是指各创业投资网络中相关主体在创业投资过程中的相互作用。在创业投资网络的运作过程中，其网络主体的内部作用机制包括网络结构的作用机制（资源获取机制和信息流动机制）、网络关系的作用机制（学习机制和信任机制）及网络治理机制等。其中，资源获取机制是网络形成的基础，信息流动机制是创业投资网络运行的前提，它们为创业投资网络运行过程中其他机制的运作提供动力；学习机制是创业投资网络创造价值的核心；信任机制是支持性机制，能为创业投资网络运行中的其他机制作用的发挥提供支撑；网络治理机制是控制保障机制，能保障创业投资网络中其他机制作用的正常发挥。这五大机制相互作用、相互促进，共同发挥风险缓解的作用，提高创业投资网络的运作绩效，如图 3.16 所示。

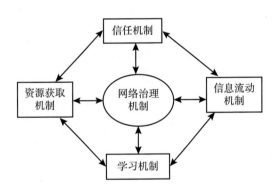

图 3.16　创业投资网络运行机制关系

（1）资源获取机制对创业投资风险的缓解。资源基础理论指出，企业对奇缺资源的获取能力、控制能力和利用能力，决定着企业的核心竞争力，这些能力也是企业获得超额利润的源泉（Barney，1991）。该理论强调，企业拥有信息的数量和质量是企业成功的必要条件。

创业投资机构的资源基础不仅包括创业企业所需的资金，还包括如专业技能、所掌握的市场信息、管理能力等其他无形资源。这种无形资源决定着投资项目是否能够成功，也是创业投资机构区别于其他金融机构的基础。在创业投资的过程中，创业企业利用自身的投资经验和认知，发现投资机会，并评判项目的投资价值和可行性，如果决策正确，将获取巨额的投资回报；相反，如果决策错误，将会给投资带来亏损。因此，创业投资是创业投资机构通过认知发现机会、评判机会、追逐机会、整合资源来降低投资风险获取投资收益的过程。由于创业投资项目的高风险性，对创业投资机构的专业化程度和管理能力提出了更高的要求，尤其是在早期的投资过程中。创业投资网络能够汇集创业投资机构的智慧、投资和管理经验，从而有效地降低创业企业的各类风险。

创业投资网络能发挥信息传递、资源整合、风险分散的效果，网络成员获取的创业投资机会也会反过来影响该网络的效率和稳定性。在创业投资网络中，每一个网络节点在网络中的位置和结构特质都是会变化的，一般来说，处在有利网络位置的创业投资机构能为创业投资获取更多的信息资源优势，网络中心性越高的创业投资机构可以接触到丰富的信息与资源，其获得优质投资的机会就越大。创业投资机构可以通过更合适的网络地位获取需要的信息资源，从而降低创业投资的风险，获得更多投资收益。当然，过高的网络中心性会带来信息超载（Jääskeläinen，2009），出于对网络成本的考虑，创业投资机构会维护和发展质量高的网络关系，在不显著增加网络成本的情况下，提高网络资本优势，降低创业投资的不确定性和风险。

（2）信息流动机制对创业投资风险的缓解。企业能否利用网络与外部信息交流达到预期目标，很大程度上受到信息流动机制和企业学习能力的制约。若网络中成员之间沟通顺畅、信息自由流动、成员学习能力强，则很容易实现信息共享，发挥网络中开放、自由交流的优势。由于网络是信息流动的渠道，网络结构能影响创业投资机构接触的信息，结构洞丰富的创业投资机构由于网络位置和网络结构的特质会影响与控制网络中流动着的信息资源的变化。如果一个创业投资机构与网络中其他机构之间没有直接联系，就不能从分布在不同的行业、不同的地区和投资不同细分市场的创业投资机构获取异质性资源，也就是说，缺少结构洞意味着创业投资机构的网络关系传递的是同质的信息和资源，而不是异质的信息和资源。因此，位于结构洞的创业投资机构起到了"桥梁"和"中介"的作用，可以依据自身需求对网络成员信息流动的数量和质量进行控制。在创业投资网络中，占有结构洞的创业投资机构拥有信息优势，可以从原来没有直接联系的创业投资机构处获得不同的关于创业投资机会的信息和资源、项目投资意见及监管创业绩效，帮助创业企业吸引债务融资的替代资源等增值服务，从而降低项目选择风险和投资后的运营风险。

（3）学习机制对创业投资风险的缓解。网络能力的动态性是与网络的演化特性相适应的。由于创业投资机构会不断地更新其关键网络的构成关系，这些网络联结的变化影响着创业投资网络的演进。学习是获取投资机会、掌握并运用新知识、管理经验及新技术的过程。创业投资机构利用投资网络组织学习的过程，可以看作创业投资机构通过收集、吸收、转化、利用网络内外各种分散的显性和隐性知识的过程。在此过程中，创业投资机构会不断学习网络管理的各种知识与经验，改变网络管理活动的效率，从而改变创业投资机构的网络能力（包括网络资源的获取能力、行业及地区等专业化投资能力），进而缓解创业投资的管理风险、投资风险等。创业投资机构与网络演化之间的相互影响决定了网络能力动态变化的客观性。创业投资机构与其他机构联合投资的过程是放大认知和管理能力提升的过程，该过程本身也是学习的过程，是实现创新的关键。缺乏学习能力，不利于吸收其他网络主体优势，实现机构的知识更新、经验的积累和管理能力的提升。在充满高度不确定的创业投资过程中，完善组织学习机制，提高学习能力能缓解创业投资的管理风险。因而，在联合投资的过程中，组织学习能力是维护自身竞争优势、控制合作风险的关键。

（4）信任机制对创业投资风险的缓解。信任通常是一种能被认可的行为准则和规范，它是合作的基础，能提高网络治理效率。在创业投资网络中，网络主体通过不断的合作和接触会产生信任关系。随着信任度的增加，网络主体之间会达成共识，并形成一套基本准则。网络关系形成以后的维系，就依赖创业投资网络主体共同遵守基本准则和规范。特别是对于新进入网络的成员，信任的构建发挥着更重要的作用。信任关系建立以后，投资主体就会形成路径依赖（Dutton & Jackson，1987），网络关系就会更加稳定。想要原有网络成员认可新成员具有一定的困难，但可以加强对网络规范的引导和协调，一旦信任关系建立会产生持久的影响。

在创业投资网络中，网络主体之间的互动与网络社会规范所构建的关系可以提高网络主体间的信任程度。创业投资机构利用联合投资产生的信用关系，转移和分散投资风险（Tykvová & Walz，2007）。在创业投资发展的不同阶段，创业投资机构可以根据现有的信任信息和新获取的信任信息，不断地判别合作机构的可信度。创业投资机构产生这种具体的信任态度，能够指导其在创业投资活动过程中作出信任行为，提高信息披露质量，降低创业投资的逆向选择风险和道德风险。

创业投资网络中的网络主体经过长期合作能形成稳定信任的关系，较多的信任使得丰富的资源和信息在网络中易于传播、流动。处在创业网络中的创业投资机构与单独进行投资的机构相比，可以得到更多关于投资管理活动的信息，更快地获取资源，进而增加自身的竞争优势；可以减轻创业投资机构因信息、资源、经验等不足而带来的压力，打破因为地理位置形成的区域壁垒，降低创业投资的项目选择风险、项目投资风险及管理风险等。

第4章 创业投资网络特征对风险缓解的作用机制：探索性案例研究

案例研究可以解释变量之间是如何作用和影响的，因此本章采用多案例研究方法，选取两家创业投资机构作为研究样本，通过实地调研和访谈得到两家创业投资机构的一手资料和二手资料，并采用 NVivo 软件筛选出与研究问题相关的语句并对其进行编码，根据编码结果分析出变量之间的相互关系，探索创业投资网络特征对投资风险缓解的影响作用，为研究假设的提出和实证研究提供支撑。

4.1 研究设计与研究方法

4.1.1 案例研究方法论

目前，案例研究方法受到了许多学者的重视与采用，作为一种研究策略，案例研究是一种非常完整的研究方法（陈晓萍等，2012）。美国学者普拉特（Platt，1992）认为，案例研究方法关注情境与研究问题的切合性，实质上案例研究也是一种研究设计的逻辑。

当研究对象在分析过程中无法与其自身的环境或背景相脱离时，学者会采用案例研究方法进行探索。比如，在以企业为研究对象的研究中，企业的多重属性决定着其对外部环境具有较强的依赖性。案例研究可以从整体的角度出发得到各个变量之间的关系，是一种自然状态下的数据分析，不受短时间或者当下研究情景的影响，从而对现有的理论进行验证，有利于新理论的构建或者对原有理论的质疑。

案例研究通过特有的设计逻辑、特定的资料收集方法以及专业的资料分析方法，试图来回答"为什么会是这样""改变是怎么样发生的""结果是如何的"等问题（Yin，2009），目的在于对现有理论进行验证，也包含对新理论的创造，因为在案例研究的过程中往往会有一些新的发现，可以对原有理论进行深化，甚至产生全新的理论（项保华和张建东，2005）。与其他研究方法相比，案例研究能对案例进行翔实的描述与系统的理解，而且对动态的互动历程与所处的情境脉络有着清晰的掌握，这样可以从更加全面和整体的角度，得出严谨可靠的结论（Toomer，1993）。

根据研究目的，通常意义上，案例研究可以分成四种主要类型，即探索性案例研究、描述性案例研究、解释性案例研究和评价性案例研究（Llanes，2001；孙海法等，2004）。探索性案例强调对理论的拓展或者对新问题的定性探讨。描述性案例重点在于对案例的描述与说明，加深对研究问题的了解。解释性案例重点在于归纳案例，形成结论。评价性案例侧重于对事情提出自己的观点。本书从新的视角探索创业投资网络特征对创业投资风险缓解的影响，目的在于提出新的命题，是对理论的深入与扩展，因此，本书采用探索性案例研究方法进行研究。

毛基业和张霞（2008）在对诸多学者的研究总结之后，将案例研究分为三个主要步骤：研究设计、数据收集和数据分析。研究设计主要涉及研究问题的明确以及相关理论的说明。通过多种方法收集数据并且在三角验证下收敛。数据分析分为五个小步骤：实地记录、对原始数据编码和数据展示；进行时间序列分析和模式匹配分析；推断数据之间的逻辑关系；引用原始证据；与现有理论进行比较。艾森哈特（Eisenhardt，1989）将案例研究分成了八个步骤：定义研究问题；选择案例；设计测量工具与访谈提纲；进入案例现场收集数据；分析案例数据；在比较和验证的基础上形成假设；与类似或者相反结论的文献进行对比；信息饱和之后终止案例分析。

4.1.2　多案例选择

研究人员在选择研究方法时应与研究问题相结合。首先，本书以创业投资机构为研究单位，分析创业投资网络特征对其投资风险缓解的影响。其次，本书通过探索性研究提出研究命题，为使结论更有说服力，需要采用多案例进行反复验证。通过重复相同的逻辑过程，使每个案例的结论都可以从其他案例得到验证。另外，由于研究对象是创业投资机构且关注创业投资机构的创业投资风险，因而在选择访谈对象方面，选择了创业投资机构高管（中层管理者、投资项目负责人），因为高管人员对投资项目有详细且全面的了解，可以从整体的观点来控制投资项目的进程。

毛基业与张霞（2008）提出多案例研究中需要选择两个以上的案例或个案中嵌套几个小案例进行分析，否则分析结果不能令人信服。因此，考虑到案例数据收集的真实性和准确性，本书所选的案例企业及访谈对象都是通过熟人引荐的，并且访谈对象具有较丰富的工作经验。另外，为与研究问题相契合，保证案例数据的稳定性和可靠性，需选择成立五年以上并已有联合投资项目的创业投资机构作为案例企业。按照上述标准，本书选择了两家创业投资机构作为多案例研究对象。

4.1.3 案例企业简介

艾森哈特（1989）研究指出，在选择案例企业时应根据研究问题制定一系列筛选标准。本书对案例企业的选择还遵循以下标准：①创业投资机构具有正在进行的投资项目；②创业投资机构处于明显的社会网络中；③创业投资机构已通过投资项目获取收益；④设立时间较早，有比较丰富的经验积累；⑤具有联合投资经验等。本书在选择案例之前，首先通过 Wind 数据库、清科数据库等网站，收集企业的二手数据；然后通过反复讨论，在对比了创业投资网络特征的内涵和案例企业选择标准之后，最终确定 A 创业投资机构（简称"A 创投"）和 B 创业投资机构（简称"B 创投"）作为案例研究对象。

1. A 创业投资机构

A 创业投资机构是成立于 2005 年，通过技术、资本和国际手段为地区新兴产业发展提供全面服务，并秉承创新和创业精神的投资公司。A 创业投资机构长期位于创业投资网络的中心位置，致力于关注具有强大整合能力和平台价值的新兴企业。该创投机构具有国际化的资源与背景，并帮助创新企业在国内外成功登陆资本市场，同时也有帮助企业实现价值再造的并购重组经验。A 创业投资机构具有跨国资源整合以及全球领先的技术资源和储备。

A 创业投资机构的重点投资领域包括：①以大数据、人工智能以及云计算为代表的新一代基础设施和产业应用；②产业"互联网＋"，电商、微服务、教育、农业、健康、小微服务、农业、文化、旅游以及创新制造；③区域众创生态，包括区域产业规划、人才培养、双创云城、"互联网＋"众创大厦、小微金融服务以及小微创业服务等区域服务；④城市基础设施建设，包括国际科创城、国际学校、国际论坛、国际医院以及特色小镇等城市配套设施的建设及运营。

表 4.1 为 A 创业投资机构近五年的投资项目基本情况。从表 4.1 可以看出，A 创业投资机构近五年共投资创业投资项目 69 个，其中，与其他创业投资机构进行联合投资的项目共有 27 个，与 A 创业投资机构进行联合投资的创业投资机构共有 51 家。在 A 创业投资机构所投项目中，所投行业包括互联网软件与服务，科技推广和应用服务业，办公房地产投资信托，信息科技咨询与其他服务，商业和专业服务，资本货物，软件与服务，多领域控股，电子元件，通信设备，电子设备和仪器，其他多元金融服务，制药、生物科技与生命科学，教育服务，基础化工，技术硬件与设备，半导体产品，环境与设施服务，医疗保健设备，软件，西药，信息技术服务，餐馆，电子制造服务，能源Ⅱ，材料Ⅱ，生物科技，医疗保健设备与服务。其中，互联网软件与服务、信息科技咨询与其他服务和软件与服务的项目数最多，这说明 A 创业投资机构主要投资于计算机与信息技术领域。同时，A 创业投资机构投资的创业企业所在地域包括北京市、杭州市、上海市、合肥市、鹤壁市、洛阳市、南京市、宁波市、青岛市、厦门市、济南市、东营市、西安市、深圳市、绵阳市、重庆市、张家口市、桐乡市和东莞市，其中 A 创业投资机构主要集中投资于北京市和杭州市。可以看出，A 创业投资机构的投资行业和投资区域都比较广泛。

表 4.1   A 创业投资机构近五年的投资项目基本情况

投资方	披露日期	融资企业	行业	地域	融资轮次
浙商创投	2017 – 12 – 25	Citcon	互联网软件与服务	北京市	A +
真格天使基金	2017 – 12 – 25	Citcon	互联网软件与服务	北京市	A +
A 创投	2017 – 12 – 25				
A 创投	2017 – 12 – 09	北京国科双创教育科技有限公司（国科双创教育）	科技推广和应用服务业	北京市	Angel

续表

投资方	披露日期	融资企业	行业	地域	融资轮次
莲花投资	2018 - 08 - 08	北京国投尚科投资管理集团（尚科办公社区）	办公房地产投资信托	北京市	Strategy
清控科创	2018 - 08 - 08				
A 创投	2018 - 08 - 08				
松柏资本	2018 - 08 - 08				
梅花天使创投	2018 - 08 - 08				
莲花投资管理有限公司	2018 - 08 - 08	北京国投尚科信息技术有限公司（尚科办公社区）	信息科技咨询与其他服务	北京市	Angel
梅花创投	2018 - 08 - 09				A
A 创投	2018 - 08 - 08				Angel
清控科创	2018 - 08 - 09				A
A 创投	2018 - 08 - 09				A
A 创投	2017 - 12 - 18	北京赛乐优教育科技有限责任公司（赛乐优教育）	科技推广和应用服务业	北京市	Strategy
A 创投	2016 - 08 - 16	北京世纪飞育软件有限责任公司（一起学习乐园网）	科技推广和应用服务业	北京市	A
追远创投	2018 - 04 - 09	北京威努特技术有限公司（威努特）	互联网软件与服务	北京市	C
追远创投	2017 - 07 - 24				A
汉富资本	2018 - 04 - 09				C
A 创投	2017 - 07 - 24				A
鸿金投资	2018 - 04 - 09				C
A 创投	2018 - 04 - 09				C
A 创投	2016 - 09 - 26	北京中高国际人力资源有限公司（中高国际）	商业和专业服务	北京市	A
A 创投	2016 - 07 - 18	北京中清研信息技术研究院有限公司	资本货物	北京市	A

续表

投资方	披露日期	融资企业	行业	地域	融资轮次
同创伟业	2018 – 08 – 21	仓箱科技（杭州）有限公司（蓝鲸淘）	软件与服务	杭州市	A
A 创投	2018 – 08 – 21				A
A 创投	2018 – 02 – 01	国投聚力投资管理有限公司（国投聚力投资）	多领域控股	上海市	Strategy
风和投资	2018 – 01 – 21	杭州安脉盛智能技术有限公司（安脉盛）	商业和专业服务	杭州市	A
软银天投创投基金	2018 – 01 – 21				
A 创投	2018 – 01 – 21				
A 创投	2019 – 03 – 27	杭州博信智联科技有限公司（博信智联）	电子元件	杭州市	A
华创资本	2018 – 02 – 28	杭州才云科技有限公司（才云科技 Caicloud）	信息科技咨询与其他服务	杭州市	B
A 创投	2018 – 02 – 28			杭州市	
A 创投	2016 – 12 – 16	杭州迪普科技股份有限公司（迪普科技）	通信设备	杭州市	Strategy
A 创投	2016 – 07 – 01	杭州火剧科技有限公司（火剧科技）	商业和专业服务	杭州市	Angel
A 创投	2019 – 07 – 02	杭州景业智能科技股份有限公司（景业智能）	信息科技咨询与其他服务	杭州市	A +
A 创投	2020 – 05 – 21	杭州美创科技有限公司（美创科技）	电子设备和仪器	杭州市	Strategy
众创投资	2016 – 08 – 19	杭州摸象大数据科技有限公司（摸象大数据）	软件与服务	杭州市	Strategy
翼丰投资	2019 – 01 – 22	杭州木链物联网科技有限公司（木链科技）	信息科技咨询与其他服务	杭州市	Pre – A
网鼎投资管理	2019 – 01 – 22			杭州市	Pre – A
A 创投	2017 – 10 – 13			杭州市	Angel

续表

投资方	披露日期	融资企业	行业	地域	融资轮次
华睿投资	2019 – 02 – 28			杭州市	D
广发信德	2018 – 03 – 21			杭州市	B +
CBC 宽带资本	2019 – 02 – 28			杭州市	D
恒生电子	2018 – 03 – 21	杭州乒乓智能技术有限公司（PingPong 金融）	其他多元金融服务	杭州市	B +
A 创投	2019 – 02 – 28			杭州市	D
A 创投	2018 – 03 – 21			杭州市	B +
易正天道	2019 – 02 – 28			杭州市	D
中金公司	2018 – 03 – 21			杭州市	B +
缦子财富	2019 – 02 – 28			杭州市	D
A 创投	2020 – 09 – 07	杭州实在智能科技有限公司（实在智能）	信息科技咨询与其他服务	杭州市	Strategy
A 创投	2020 – 09 – 07			杭州市	A
中赢基金	2020 – 09 – 07	杭州实在智能科技有限公司（实在智能）	信息科技咨询与其他服务	杭州市	A
聚数银	2020 – 09 – 07			杭州市	A
迭代资本	2017 – 12 – 08	杭州塔网科技有限公司（塔网科技）	通信设备	杭州市	A
A 创投	2017 – 12 – 08			杭州市	
A 创投	2017 – 08 – 22	杭州先奥科技有限公司（先奥科技）	商业和专业服务	杭州市	Strategy
A 创投	2017 – 03 – 16	杭州小码教育科技有限公司（小码王）	互联网软件与服务	杭州市	Angel
众创投资	2017 – 02 – 15	杭州新麦科技有限公司（掌上大学）	信息科技咨询与其他服务	杭州市	A
A 创投	2018 – 07 – 31	杭州泽德医药科技有限公司	制药、生物科技与生命科学	杭州市	A
安徽高新 A 电子信息产业投资基金	2017 – 06 – 21	合肥威迪变色玻璃有限公司（合肥威迪）	资本货物	合肥市	Strategy
A 创投	2019 – 07 – 24	鹤壁产教融合教育科技有限公司（鹤壁产教）	信息科技咨询与其他服务	鹤壁市	Angel
红杉树信息	2019 – 07 – 24				

续表

投资方	披露日期	融资企业	行业	地域	融资轮次
A 创投	2018－02－26	汇链丰（北京）科技有限公司（汇链丰科技）	商业和专业服务	北京市	A
A 创投	2016－10－13	京师沃学（北京）教育科技有限公司（京师沃学）	教育服务	北京市	
A 创投	2018－01－01	连连数字科技股份有限公司（连连数字）	互联网软件与服务	杭州市	Angel
A 创投	2018－05－22	连连银通电子支付有限公司	通信设备	杭州市	Strategy
A 创投	2017－01－09	洛宁鑫竹钢新材料科技有限公司（鑫竹钢新材料）	资本货物	洛阳市	Strategy
阿里云	2017－07－17	南京粒聚智能科技有限公司（粒聚科技）	互联网软件与服务	南京市	Strategy
A 创投	2017－07－17				
数梦工厂	2017－07－17				
A 创投	2017－08－25	南京瑞洁特膜分离科技有限公司	资本货物	南京市	Strategy
A 创投	2017－03－28	宁波能之光新材料科技股份有限公司（能之光）	基础化工	宁波市	C
A 创投	2016－09－23	宁波希磁电子科技有限公司（希磁科技）	技术硬件与设备	宁波市	A＋
助力资本	2016－09－23				
A 创投	2017－02－03	普冉半导体（上海）股份有限公司（普冉股份）	半导体产品	上海市	Pre－A
A 创投	2016－10－18	青岛华世洁环保科技有限公司（青岛华世洁环保）	环境与设施服务	青岛市	A
A 创投	2016－12－12	A 智源投资有限公司（A 智源投资）	多领域控股	北京市	A
A 创投	2018－08－01	厦门奥德生物科技有限公司（奥德生物）	医疗保健设备	厦门市	A
A 创投	2016－12－30	山东山大华天软件有限公司（华天软件）	软件	济南市	B

续表

投资方	披露日期	融资企业	行业	地域	融资轮次
A 创投	2020 – 04 – 14	山东亦度生物技术有限公司（亦度生物）	西药	东营市	A +
A 创投	2016 – 11 – 01				Strategy
A 创投	2018 – 05 – 17	陕西易诶教育科技有限公司（易诶教育）	教育服务	西安市	Angel
A 创投	2020 – 06 – 02	上海爱数信息技术股份有限公司（爱数）	信息技术服务	上海市	Strategy
A 创投	2017 – 06 – 05	上海索辰信息科技股份有限公司（索辰信息）	电子设备和仪器	上海市	Angel
附加值投资管理	2019 – 12 – 12	上海微展信息科技有限公司（好医术）	信息科技咨询与其他服务	上海市	B
A 创投	2019 – 12 – 12				
万融资本	2020 – 05 – 11	上海星融汽车科技有限公司（共轨之家）	信息科技咨询与其他服务	上海市	B
A 创投	2018 – 06 – 21				A
A 创投	2017 – 01 – 16				Strategy
磐霖资本	2020 – 05 – 11				B
起智投资	2018 – 06 – 21				A
A 创投	2020 – 05 – 11				B
磐霖资本	2018 – 06 – 21				A
A 创投	2018 – 06 – 21				A
达晨创投	2018 – 05 – 08	上海音智达信息技术有限公司（音智达）	信息科技咨询与其他服务	上海市	Strategy
上海物联网二期创业投资基金	2018 – 05 – 08				
仁顺资本	2018 – 05 – 08				
歌斐资产	2018 – 05 – 08				
A 创投	2018 – 05 – 08				

续表

投资方	披露日期	融资企业	行业	地域	融资轮次
临港松江创投	2018 - 05 - 08	上海音智达信息技术有限公司（音智达）	信息科技咨询与其他服务	上海市	Strategy
A 创投	2018 - 09 - 30	深圳世纪星源股份有限公司（世纪星源）	环境与设施服务	深圳市	Strategy
璀璨资本	2018 - 03 - 28	深圳市幸福西饼食品有限公司（幸福西饼）	餐馆	深圳市	B
A 创投	2018 - 03 - 28				
A 创投	2019 - 07 - 29	四川雷震子光电科技有限公司（雷震子）	电子制造服务	绵阳市	Angel
A 创投	2017 - 11 - 29	五睡科技（重庆）有限责任公司（5 睡共享休息空间）	软件与服务	重庆市	Pre - Angel
A 创投	2017 - 03 - 14				Angel
中伯创科投资基金	2016 - 10 - 17	兴边富民（北京）清洁能源技术有限公司（兴边富民）	能源 II	北京市	A
A 创投	2017 - 03 - 21	盈创星空（北京）科技有限公司（盈创星空）	软件与服务	北京市	A
A 创投	2018 - 09 - 29	宇瑞（上海）化学有限公司	材料 II	上海市	Strategy
西藏腾云投资管理有限公司	2016 - 07 - 04	张北云联数据服务有限责任公司	软件与服务	张家口市	A
A 创投	2016 - 07 - 04				
安吉博跃投资基金	2016 - 07 - 04				
A 创投	2017 - 05 - 31	长木（宁波）新材料科技有限公司（长木材料）	基础化工	宁波市	Angel
A 创投	2016 - 09 - 01				
A 创投	2017 - 07 - 17	浙江霍德生物工程有限公司（霍德生物）	生物科技	杭州市	Angel
A 创投	2017 - 04 - 14	浙江溜溜云大数据科技有限公司（溜溜云）	软件与服务	桐乡市	A

101

投资方	披露日期	融资企业	行业	地域	融资轮次
韩亚金融集团	2018 – 10 – 17	浙江盘石信息技术股份有限公司（盘石股份）	互联网软件与服务	杭州市	D
建信信托	2018 – 10 – 17				
A 创投	2018 – 10 – 17				
A 创投	2017 – 01 – 03	浙江鑫宙竹基复合材料科技有限公司（鑫宙竹基）	软件与服务	桐乡市	A
财通资本	2018 – 05 – 04	浙江卓锐科技股份有限公司（卓锐科技）	互联网软件与服务	杭州市	B
集素资本	2018 – 05 – 04				
A 创投	2018 – 05 – 04				
九幽雀资本	2018 – 05 – 04				
同创伟业	2018 – 10 – 12	珍芬享（东莞）健康产业有限公司（纽利安）	医疗保健设备与服务	东莞市	A
A 创投	2018 – 10 – 12				

表 4.2 为 A 创业投资机构所投项目中退出项目的基本情况。从表 4.2 可以看出，A 创业投资机构从 2016 年到 2019 年退出项目有 6 个，这 6 个项目分属于通信设备、中药、纸制品、贸易公司与工业品经销商、信息科技咨询与其他服务、互联网软件与服务等行业。其中，投资于通信设备行业和中药行业的 2 个创业投资项目是以 IPO 方式退出；其余 4 个创业投资项目以股权转让或者并购的方式退出。

表 4.2   A 创业投资机构所投项目中退出项目的基本情况

创业投资机构	退出日期	公司名称	所属行业	退出方式
A 创投	2019 – 04 – 12	迪普科技	通信设备	IPO
	2017 – 05 – 10	寿仙谷	中药	IPO
	2019 – 09 – 19	美利云	纸制品	股权转让 M&A
	2018 – 12 – 18	成城股份	贸易公司与工业品经销商	股权转让 M&A
	2017 – 06 – 15	德利迅达	信息科技咨询与其他服务	M&A
	2016 – 08 – 29	烯成石墨烯	互联网软件与服务	M&A

2. B 创业投资机构

B 创业投资机构是于 2013 年 4 月经中国证监会批准成立的专业从事股权投资和私募基金的管理机构，注册资本为 154328.4615 万元。该机构以"构建人人受益的产融生态"为愿景，以"与客户共存共荣，助力实体经济发展和产业升级"为使命，致力于股权投资和资本服务，成为实体经济的资本合伙人。B 创业投资机构着眼于具有高成长潜力的新兴行业，重点聚焦高端制造、医疗健康、教育、大消费等领域，挖掘具有高成长性及较强盈利潜力的创业创新企业，通过投资、并购等方式进行产业链投资、整合和价值放大。截至 2020 年 12 月 31 日，B 创业投资机构及下属公司管理的基金共投资企业 163 家。

B 创业投资机构在创投基金、股权基金、产业基金、引导基金等多种私募投资基金的管理及合作方面具有自身的显著特色。截至 2020 年 12 月 31 日，旗下基金认缴规模达 59.15 亿元，管理基金 27 只。截至 2021 年 3 月 31 日，B 创业投资机构含子公司共有员工 91 名，团队核心成员分别来自各大创业投资机构、券商投行、研究所、产业集团、会计师事务所、律师事务所等，平均在金融行业从业时间达 8 年，具有综合性的专业背景与从业经历，投融资、资本运作经验丰富。

表 4.3 为 B 创业投资机构近五年项目投资情况。从表 4.3 可以看出，B 创业投资机构近五年共投资创业项目 28 个，其中联合投资项目 15 个，联合投资伙伴 37 家。投资创业企业所属行业包括商业和专业服务、半导体与半导体生产设备、互联网软件与服务、休闲设施、其他多元金融服务、信息科技咨询与其他服务、酒店度假村与豪华游轮、公用事业Ⅱ、生物科技、电气部件与设备、软件与服务、办公电子设备、消费者服务Ⅱ、电影与娱乐、广告、消费品经销商、教育服务和应用软件等。其中，投资行业最多的为互联网软件与服务和信息科技咨询与其他服务，投资创业企业的所在地域包括武汉市、北京市、广州市、杭州市、海宁市、无锡市、宜春市、上海市、南京市、宁波市、金华市、青岛市、深圳市和武汉市，投资主要集中在上海市、杭州市和北京市。

表 4.3　　　　　　　　　B 创业投资机构近五年项目投资情况

投资方	披露日期	融资企业	行业	地域	融资轮次
B 创投	2017－03－15	阿尔法文创（武汉）运营管理有限公司（阿尔法文创）	商业和专业服务	武汉市	Angel
B 创投	2018－07－31	北京世纪金光半导体有限公司	半导体与半导体生产设备	北京市	C
国家集成电路基金	2018－07－31				
IDG 资本	2018－09－04	北京新爱体育传媒科技有限公司（新爱体育）	互联网软件与服务	北京市	A
爱奇艺	2018－09－04				
B 创投	2018－09－04				
曜为资本	2018－09－04				
天风汇城（武汉）投资中心（有限合伙）	2019－09－24	北京新有灵犀科技有限公司（灵犀 LINX）	休闲设施	北京市	A＋
B 创投	2016－07－14	北京燕园众筹网络技术有限公司（燕园众筹）	其他多元金融服务	北京市	Angel
B 创投	2016－10－18	广东新三板信息科技有限公司（新三板智库）	信息科技咨询与其他服务	广州市	A
粤商创投	2017－03－16	广州知鸿国际旅行社股份有限公司（知鸿股份）	酒店度假村与豪华游轮	广州市	B
B 创投	2017－03－16				
B 创投	2017－04－28	杭州沃驰科技股份有限公司（沃驰科技）	互联网软件与服务	杭州市	B
B 创投	2016－11－16		互联网软件与服务	杭州市	A
B 创投	2020－11－10	杭州远传新业科技有限公司（远传新业）	信息科技咨询与其他服务	杭州市	Strategy
浙江国改基金	2020－11－10				
朴盈资本	2020－11－10				
天适新股权投资基金	2017－01－04	嘉兴恒日太阳能科技有限公司	公用事业 Ⅱ	海宁市	A

续表

投资方	披露日期	融资企业	行业	地域	融资轮次
B 创投	2016 – 07 – 24	江苏泽成生物技术有限公司（泽成生物）	生物科技	无锡市	A
邦盛资本	2016 – 07 – 24				
荷塘创投	2016 – 07 – 24				
B 创投	2018 – 05 – 04	江西正拓新能源科技股份有限公司（正拓能源）	电气部件与设备	宜春市	B
B 创投	2017 – 02 – 18	杰格（北京）科技有限公司（荔枝直播）	软件与服务	北京市	Angel
创新方舟	2017 – 05 – 09	摩贝（上海）生物科技有限公司（摩贝）	生物科技	上海市	D
红杉资本中国	2017 – 05 – 09				
B 创投	2017 – 05 – 09				
盘古创富	2017 – 05 – 09				
挚信资本	2017 – 05 – 09				
复星昆仲投资	2017 – 05 – 09				
B 创投	2018 – 01 – 31	南京贝迪新材料科技股份有限公司（南京贝迪）	办公电子设备	南京市	Strategy
B 创投	2018 – 12 – 28	宁波青藤酒店集团有限公司（青藤集团）	消费者服务 II	宁波市	Strategy
B 创投	2019 – 02 – 20	强视传媒有限公司	电影与娱乐	金华市	Strategy
同威资本	2017 – 05 – 25	青岛海尔家居集成股份有限公司（海尔家居）	信息科技咨询与其他服务	青岛市	B
信中利资本	2017 – 05 – 25				
少海资本	2017 – 05 – 25				
高新创投	2017 – 05 – 25				
B 创投	2017 – 05 – 25				
清晨资本	2017 – 05 – 25				
红杉资本中国	2017 – 05 – 09	上海摩库数据技术有限公司	互联网软件与服务	上海市	D
创新工场	2017 – 05 – 09				
盘古创富	2017 – 05 – 09				

续表

投资方	披露日期	融资企业	行业	地域	融资轮次
B 创投	2017 - 05 - 09	上海摩库数据技术有限公司	互联网软件与服务	上海市	D
挚信资本	2017 - 05 - 09				
复星锐正资本	2017 - 05 - 09				
寒武创投	2017 - 03 - 27	上海钛度智能科技有限公司	互联网软件与服务	上海市	A +
B 创投	2017 - 03 - 27				
B 创投	2017 - 11 - 16	上海泽生科技开发股份有限公司（泽生科技）	生物科技	上海市	Strategy
君和资本	2016 - 06 - 29	上海正见文化传播有限公司	广告	上海市	B
B 创投	2016 - 06 - 29				
小米科技	2016 - 06 - 29				
B 创投	2016 - 08 - 18	深圳市海豚村信息技术有限公司	信息科技咨询与其他服务	深圳市	B +
君联资本	2016 - 08 - 18				
深圳市投控东海中小微创业投资企业（有限合伙）	2020 - 06 - 05	深圳市鑫迪科技有限公司	消费品经销商	深圳市	C
睿屿形熙咸宁基金	2020 - 06 - 05				
B 创投	2017 - 09 - 28	武汉当代明诚足球俱乐部管理有限公司（当代明诚俱乐部）	消费者服务 II	武汉市	Strategy
晟道创投	2017 - 09 - 28				
天安金融	2018 - 06 - 29	武汉华大天童教育科技有限公司	教育服务	武汉市	Strategy
B 创投	2018 - 06 - 29				
浙江国改基金	2020 - 11 - 02	浙江远传信息技术股份有限公司	应用软件	杭州市	Strategy
朴盈资本	2020 - 11 - 02				
B 创投	2020 - 11 - 02				
湖畔宏盛基金	2020 - 11 - 02				
国金直投	2020 - 11 - 02				
同家资本	2020 - 11 - 02				
国创中鼎	2020 - 11 - 02				

表 4.4 为 B 创业投资机构投资项目中退出项目的基本情况。从表 4.4 可以看出，B 创业投资机构从 2018 年到 2019 年退出项目共有两个，所属行业分别为互联网软件与服务、电气部件与设备，退出方式均为 M&A。

表 4.4　　　　　　B 创业投资机构投资项目中退出项目的基本情况

创业投资机构	退出时间	公司名称	所属行业	退出方式
B 创投	2019 – 01 – 29 2018 – 08 – 01	沃驰科技	互联网软件与服务	M&A
	2018 – 05 – 12	正拓能源	电气部件与设备	M&A

上述两个案例企业的成立日期、投资行业、投资区域和联合投资情况等汇总如表 4.5 所示。

表 4.5　　　　　　　　两个案例企业基本情况汇总

公司名称	成立年份	投资行业	投资区域	联合投资情况
A 创业投资机构	2005 年	计算机、化学、医学、环境、能源、金融、教育	北京、上海、江苏、浙江、重庆、河南、陕西	投资项目 69 个，其中联合投资项目有 27 个；联合投资伙伴为 51 家
B 创业投资机构	2013 年	计算机、医学、教育、能源	北京、上海、广州、深圳、湖北、浙江、山东	投资项目 28 个，其中联合投资项目有 15 个；联合投资伙伴为 37 家

4.1.4　数据收集

按照殷（Yin，2009）提出的案例研究数据收集基本原则，收集一手资料和二手资料作为本研究的案例数据。

一手资料的收集，主要是对创业投资机构的高层管理者、投资项目参与者等的访谈调查获取。基于研究问题确定大致的访谈提纲，内容涉及创业投资网络特征与创业投资风险等几个方面，并与课题组成员反复沟通商议，形成最终的访谈纲要。访谈的方式以面谈为主，并辅以电话和邮件。参考创业投资及案例研究相关文献，从"访谈对象及其所在创业投资机构的基本情况""访谈对象对网络位置、网络关系、网络能力与创业投资风险的认识""如何缓解创业投资风险"三个方面设计了访谈问题。在访谈过程中，采取笔记和录音同步进行的方式，确保访谈信息的完整和真实。案例访谈的具体情况如表4.6所示。

表 4.6 案例访谈的具体情况

目标案例	访谈			二手资料
	受访者	受访者职务	访谈时长/小时	
A 创业投资机构	ZP	投资经理	2.0	企业网站、投资项目调查报告、企业内部资料、Wind 数据库相关信息
	ZL	项目负责人	3.0	
	HF	公司高管	2.5	
	ZW	项目负责人	2.0	
B 创业投资机构	WXN	投资经理	3.0	企业网站、Wind 数据库相关信息、项目评估报告
	ZZH	公司高管	2.0	
	YH	公司高管	3.0	

二手资料的收集，一方面是收集两个案例机构在项目投资过程中的书面文件和相关资料；另一方面是通过创业投资机构的官方网站、年度报告以及 CVSource 和 Wind 两大商业数据库获取案例企业的相关资料。在数据收集之后，第一时间对所获资料进行分类整理，以利于案例分析的顺利进行。经过上述一手资料、二手资料的收集整理，最终形成 11 份正式资料，包括 8 份访谈数据和 3 份书面资料。

4.1.5 信度与效度

信度指案例研究过程的可靠性、可重复性。本书采用马童（2019）提出的信度计算公式进行信度检验，即

$$R = \frac{n \times \bar{K}}{1 + (n-1) \times \bar{K}} \tag{4.1}$$

$$\bar{K} = \frac{2 \times \sum_{i=1}^{n} \sum_{i=1}^{n} K_{ij}}{n \times (n-1)}, \ i \neq j \tag{4.2}$$

$$K_{ij} = \frac{2M}{N_i + N_j} \tag{4.3}$$

信度计算式中的字母含义如表 4.7 所示。

表 4.7 信度计算式中的字母含义

字母	含义
R	研究信度
n	研究小组人数
K_{ij}	研究者 i 与研究者 j 编码相同程度
M	研究者 i 与研究者 j 编码相同的项数
N_i	研究者 i 作出编码数
N_j	研究者 j 作出编码数
$\bar{K}$	研究小组成员平均编码相同程度

研究小组成员平均编码相同程度 $\bar{K}=0.932$，信度 $R=0.964$，经计算，本书的信度为 0.964，符合案例研究不得低于 0.800 的要求，符合检验标准。

效度检验主要检验内容分析的效度，检验结构维度的具体经验推演是否符合逻辑及是否有效，一般是请熟悉测量内容的研究人员进行评判。具体检验指标采用 CVR 值，其计算公式为

$$CVR = 2\ (ne - N/2)\ /N \tag{4.4}$$

其中，ne 为评判中认为编码符合逻辑的评判者人数，N 为总人数。CVR 值为 $-1 \sim 1$。本书计算了两位编码者对所有 88 个内容分析单元编码结果的 CVR 值，其中 73 个单元的 CVR 值为 1.00，15 个分析单元的 CVR 值为 0.28，这一结果说明本书的编码结果有很好的效度。

4.2　数据分析过程

4.2.1　数据分析的步骤

案例研究侧重于对数据资料的分析，本书采用扎根理论方法，对收集的资料采取关键事件技术的方法进行提取，然后对提取出的关键事件编码，并对编码结果进行分类。因为本章主要研究网络位置和网络关系对风险缓解的影响与网络能力的调节作用，因此首先找出网络位置和网络关系的关键概念，

并对其编码，再对变量之间的关系结构编码。关系结构包括网络位置和风险缓解的关系结构、网络关系和风险缓解的关系结构、网络能力对网络位置和风险缓解的调节的关系结构以及网络能力对网络关系和风险缓解的调节的关系结构等。

第一步，编码之前将访谈录音整理的原始材料放入 NVivo 软件中，将本书所需的关键信息筛选出来，根据访谈语境采取开放式的编码方式分别对两家创业投资机构的访谈资料逐句进行编码。然后，通过对 8 个访谈资料的编码结果反复进行比较，寻找其中的概念模式，最终得出关于网络位置、网络关系的"开放编码"，具体包括范畴和概念两个部分，范畴包括中介位置、中心位置、关系广度和关系深度；概念包括声望、领投、桥梁、控制力、互动频率、互惠性服务、合作伙伴广泛和信息异质性。

第二步，将上述"开放编码"得出的范畴进行分组归类，归纳出"主范畴"，如中介位置和中心位置属于网络位置，关系广度和关系深度属于网络关系。

第三步，梳理所得到的主范畴之间的关系，再根据访谈资料对网络能力、网络位置和网络关系之间的关系结构进行选择编码，最后得出网络位置、网络关系对创业投资风险的影响以及网络能力在其中的调节作用。

在编码过程中，为了保证编码结果的准确性，与研究小组其他成员同步进行编码，通过重复编码提高结果的准确度。在编码过程中，始终遵循通过比较两个案例的编码结果寻找相同点的原则得出分析框架，最终提出研究命题。

4.2.2　开放编码

依据扎根理论的研究步骤，首先对所收集的一手资料和二手资料进行开放性编码。其主要分为以下几步：第一步，使用 NVivo 软件对所收集的两个案例机构的一手资料和二手资料进行多次分析整理，提取出符合研究内容的原始语句；第二步，将从提取出的原始语句中提炼出相关概念；第三步，根据提炼出的相关概念得出关键范畴。从收集到的资料中共梳理出与创业投资网络结构相关的 16 条原始语句，提炼出 8 个概念和 4 个范畴。4 个范畴包括网络中心位置、网络中介位置、关系深度和关系广度，其中，网络中心位置包括声望和领投两个概念；网络中介位置包括桥梁和控制力两个概念；关系深度包括互动频率和互惠性服务两个概念；关系广度包括合作伙伴广泛和信息异质性两个概念。

1. **关键构念提取——网络位置**

网络位置是指创业投资机构在创业投资网络中的位置（任胜钢和舒睿，2014），反映了创业投资机构在创业网络中的地位（熊正德等，2020）。网络位置可以分为中心位置和中介位置。

中心位置可以衡量创业投资机构是否处于创业投资网络中的中心，创业投资机构的中心性高，说明其在创业网络中占据主要地位（万良勇和胡璟，2014）。中心位置包括两个维度——声望和领投。声望是指创业投资机构在资本市场所获得的评价和声誉，衡量了创业投资机构在创投网络中的地位。领投是指创业投资机构在联合投资中担任领投者，其他投资伙伴为跟投者。担任领投的一般是有投资经验且人脉宽广的创业投资机构。基于此，本书用声望和领投衡量网络位置的中心位置。

中介位置用来考察创业投资机构是否在创业网络中占据结构洞位置，占据结构洞位置的创业投资机构会起到桥梁的作用。中介位置包括桥梁和控制力。桥梁是指创业投资机构在创投网络中担任"桥"的角色，担任桥梁角色的创业投资机构会在两个没有直接联系的创业投资机构之间构建联系。控制力是指位于中介位置的创业投资机构对创新网络中资源和信息的控制力，因为位于中介位置的创业投资机构可以同时获得桥梁两边的信息和资源，因此用控制力衡量中介位置。

（1）A 创业投资机构——网络位置。A 创业投资机构成立时间较早，具有丰富的投资经验，近几年也投资过很多项目，包括联合投资项目。表4.8为 A 创业投资机构的网络位置编码过程。从表4.8可以看出，A 创业投资机构在创业投资网络中处于较好的网络位置，在网络中 A 创业投资机构会与很多不同性质的联合投资伙伴进行合作，同时还会因其网络位置获得更多的知识和资源，为创业投资项目提供更好的增值服务。

（2）B 创业投资机构——网络位置。表4.9为 B 创业投资机构的网络位置编码过程，从表4.9可以看出，B 创业投资机构在风险投资市场中具有强大的声誉和影响力，同时，B 创业投资机构在创业网络中扮演着"桥"的角色，能帮助两个创业投资机构之间构建联系。

表 4.8   A 创业投资机构的网络位置编码过程

公司名称	范畴	概念	原始语句
A 创业投资机构	中心位置	领投	像那种大型的创业投资机构，跟很多创业投资机构存在长期的合作关系，这个时候这个大的创业投资机构只要说它领投，那么它的投资伙伴就会跟投
	中介位置	桥梁	有的时候我们在筛选项目时，也会接受熟人的推荐。有时候我们会跟合作时间较长的投资伙伴相互推荐项目。除了推荐项目之外，有时候还会相互介绍一些实力比较好的创业投资机构

表 4.9   B 创业投资机构的网络位置编码过程

公司名称	范畴	概念	原始语句
B 创业投资机构	中心位置	声望	2021 年 1 月 13 日至 14 日，由融资中国主办的"2021（第十届）资本年会暨颁奖盛典"在上海举行，会上正式揭晓融资中国 2020 股权投资年度综合榜单，本公司凭借 2020 年度的优秀投融资表现，连续第五年荣登"年度中国最佳私募股权创业投资机构 TOP100"榜单
			2020 年 12 月 11 日，"2020 中国创业投资年度榜单·金投奖榜单"正式揭晓，本次榜单由中国创业投资研究院创设，联合阿联酋迪拜国际投资年会（AIM）共同发布。本公司作为一家成立七年的私募股权创业投资机构，凭借其发展势能和成长潜力，再次上榜"中国成长型 PE 创业投资机构 TOP10"
		领投	在整个投资市场上，那种比较知名的创业投资机构，在投资项目时往往会选择投资伙伴，它们具有一定的号召力，跟着它一起投基本上不会有什么问题，而且它选择的项目在质量上也有一定的保障
	中介位置	桥梁	我们一个项目的投资伙伴可能有好几个，大家不一定都在同一个地区，但因为我们都认识同一个创业投资机构，这个机构就相当于你们说的"桥"的位置，会有一个机构将我们连接，方便沟通
			我们在一次项目投资过程中扮演了中间人的角色，使得我们公司对两个机构都有一定的认识，如果有机会我们也会跟其中一家或者两家机构一块儿进行联合投资。这样可以丰富我们的社会关系
		控制力	我们公司有一个项目是跟好几个机构进行合作，但是这些机构彼此之间并不熟悉，这个时候我们就担任了它们的中间人，在共同交流的过程中我们就可以获得它们的资源和信息

2. 关键构念提取——网络关系

网络关系包括两个维度，关系深度和关系广度。关系深度是指创业投资机构与联合投资伙伴之间的信任程度和对彼此的认同度，衡量创业投资机构与联合投资伙伴之间的关系强度。关系强度可以分为两个维度——互动频率和互惠性服务。互动频率是指创业投资机构与联合投资伙伴之间的交流次数，衡量了创业投资机构与联合投资伙伴之间关系的连接是否很强；互惠性服务是指创业投资机构与联合投资伙伴之间是否进行了资源交换和知识分享。

（1）A 创业投资机构——网络关系。表 4.10 为 A 创业投资机构网络关系的编码过程，从表 4.10 可以看出，A 创业投资机构下设多个投资基金，因此，在投资过程中常常与多个投资伙伴进行联合投资，形成创业投资网络，投资伙伴也分别来自不同行业、不同地域，由于 A 创业投资机构不断地与联合网络中的投资伙伴进行交流沟通，不但会获得更多异质性信息，也会加强创业投资的网络关系。

表 4.10　　　　　　　A 创业投资机构网络关系的编码过程

公司名称	范畴	概念	原始语句
A 创业投资机构	关系深度	互动频率	如果是联合投资一个项目的情况，与投资伙伴之间交流会很多。比如，先进来或者后进来的机构之间要进行各种信息的交流。领导之间交流也是比较多的，因为毕竟合作比较久，其实就领导层面来说，都已经是朋友关系了，交流起来就很随意、很频繁
	关系广度	合作伙伴广泛	我们公司下设很多分公司，分布在全国多个地方，包括多只投资基金。这几年我们有很多项目都是跟其他创业投资机构进行联合投资的，这些投资伙伴也是分布在各个地方
		信息异质性	在选择投资伙伴时，首先从创业企业的角度来考虑选择投资伙伴。例如，我公司要投资一个高科技企业，但它跟我们不在同一地域，这时我们就可以选择跟这个企业同一地域的投资伙伴，因为这样可以为我们提供更多关于这个高科技企业的信息

（2）B 创业投资机构——网络关系。表 4.11 为 B 创业投资机构网络关系的编码过程，从表 4.11 可以看出，B 创业投资机构会用很多方式与联合投资

伙伴进行交流，还会与联合投资伙伴之间相互提供有益的服务。从访谈资料和公司简介中也可以看出，B 创业投资机构近几年与很多不同性质的创业投资机构进行联合投资，因此可以获得更多样化的信息。

表 4.11   **B 创业投资机构网络关系的编码过程**

公司名称	范畴	概念	原始语句
B 创业投资机构	关系深度	互动频率	有时候在选择项目时，我们也会跟以前的投资伙伴沟通交流，很多时候我们会选择再次联合对创业企业进行投资，因为彼此之间已经有了一定的信任，会避免很多摩擦
			根据项目的情况，一般来说沟通会比较频繁，一周平均会面谈 2～3 次。也会根据项目的进度有所不同，如当项目处于关键节点时，沟通频率会提高
			我们与合作伙伴之间的交流还是比较多的，有时候在一些创新论坛或者创业大赛上碰到也会一块儿吃个饭。在平常也会分享一些与投资项目相关的经验和信息
		互惠性服务	我们在项目投资时也会与联合的其他创业投资机构进行沟通交流，例如，我们公司之前投资了很多软件开发类的企业，那么我们就会把投资这类企业的经验与其他投资伙伴分享
	关系广度	合作伙伴广泛	很多时候选择投资伙伴的标准或者原因可能在创业企业身上，比如在选择投资伙伴时，因为有的创业企业融资需求较高，因此会选择多个创业投资机构进行融资

4.2.3 主轴编码

主轴编码主要是为了进一步探索开放编码形成的 4 个范畴之间存在的内在联系。表 4.12 为本书主轴编码形成的投资风险影响因素的范畴，从表 4.12 可以看出，从开放编码中提取的范畴可以凝聚成两个主范畴——网络位置和网络关系，其中网络位置包括网络中心位置和网络中介位置，网络关系包括关系深度和关系广度。

表 4.12　　　　　　　　　主轴编码形成的投资风险影响因素的范畴

主范畴	对应范畴	范畴的内涵
网络位置	网络中心位置	创业投资机构位于创投网络的中心位置，地位较高
	网络中介位置	创业投资机构位于创投网络中的结构洞位置
网络关系	关系深度	创业投资机构与联合投资伙伴之间的联结程度
	关系广度	创业投资机构的合作伙伴分布广泛

4.2.4　选择性编码

1. 关键构念提取——网络能力

网络能力分为三个维度——网络构建能力、关系管理能力和资源整合能力。

网络构建能力是指帮助创业投资机构发现并加入创业投资网络的能力，体现在合作伙伴的战略选择和发展网络关系的规划两方面（陈学光，2007；朱秀梅等，2010；张璐等，2020）。在战略选择阶段，创业投资机构通过参与各种活动，了解潜在伙伴的信息，判断从潜在伙伴中可以获得的技术、知识等资源（陈学光，2007），以寻求有利于自身发展的合作伙伴，并在此基础上形成关系网络。在规划阶段，创业投资机构要对内部环境（包括自身资源以及优缺点）、创业投资网络环境和投资市场环境进行分析，以此来明确自身在创业投资网络中的角色，并在此基础上规划相应的任务。

关系管理能力是指创业投资机构在创业投资网络中维系网络关系的能力，包括沟通交流、冲突管理、合作精神、相互信任及内外部协调。一方面，在加入创业投资网络后，企业要通过交流建立相互信任、相互合作的关系，以此来维护创业投资机构在网络中的角色和地位（徐金发等，2001）。另一方面，在网络构建和资源整合过程中，需要有效地协调创业投资机构内部的活动以及与外部合作伙伴的互动关系（马刚，2006）。

资源整合能力是指企业获取网络资源与分配网络资源的能力，网络资源包括创业投资机构从关系网络中获得的信息资源、技术资源、人力资源和物质资源等（李许杰，2012）。资源管理能力体现在资源获取和资源分配两方面。资源获取即创业投资机构通过关系网络从网络中其他伙伴那里获得所需要的相关资源；资源分配即企业整合内外资源的过程和网络资源调配的过程，内外资源整合的过程就是企业将网络资源与自身资源结合起来的过程，根据企业的战略需要，综合集成从关系网络中所获得的网络资源，并与企业内部特定资源相结合，以实现企业的战略目标。

2. 选择性编码结果

根据扎根理论，案例编码的最后一步为选择编码，主要是为了深入梳理主轴编码所形成的两个主范畴和核心范畴之间的关系，围绕"创业投资网络结构缓解投资风险"的故事线可以抽象为：网络位置—投资风险；网络关系—投资风险；网络能力对网络位置的调节；网络能力对网络关系的调节。投资风险影响因素的主范畴的关系结构如表 4.13 所示。

表 4.13 投资风险影响因素的主范畴的关系结构

关系结构	基本描述	访谈语句
网络位置—投资风险	网络位置是缓解创业投资风险的因素之一	我们公司在资本市场声誉很好，行业地位也不错，因此会有很多优质的创业企业或创业项目向我们抛出橄榄枝，这就缓解了因创业企业技术或发展前景不好而带来的退出风险（中心位置—投资风险）
		我们在一次项目投资过程中扮演了中间人的角色，使得我们公司对两个机构都有一定的认识，那么有机会我们也会跟其中一家或者两家机构一块儿进行联合投资，这样可以丰富我们的社会关系（中介位置—投资风险）
		我们公司有时候也会作为中间人，介绍两个创业投资机构相互认识，帮助它们共同投资创业企业或项目，在跟它们沟通交流的过程中，这两个机构的投资经验我们都可以学到，因为它们所在的地域不一样，因此我们可以获得两个地方的与投资相关的政策和优质企业（中介位置—投资风险）
		我们公司在一个项目中就扮演了领投的角色，作为领投，会跟其他创业投资机构进行交流沟通，在我们投资项目时，会从其他机构获取很多与项目相关或与投资相关的信息，对我们有很大的帮助（中心位置—投资风险）
		我们在筛选项目时，需要对创业企业有一个基本的了解，比如它的产品、市场等。我们之前有个项目是信息技术方面的，刚好我们有个投资伙伴对这方面比较了解，给我们提供了很多这方面的信息。在投资项目时，我们遇到的一个很大的问题就是信息不对称，如果我们拥有的信息更多，就可以缓解这个问题带来的风险（中介位置—投资风险）

续表

关系结构	基本描述	访谈语句
网络关系— 投资风险	网络关系是 缓解创业投资 风险的因素 之一	像那种跟我们公司合作时间较长的创业投资机构，比如有些机构我们合作投资了好几个项目，这时候我们之间就形成了很深厚的关系，对双方的信息和资源都有了更深层次的了解，因此在我们之间就不存在信息不对称的问题（关系深度—投资风险）
		我们公司有很多项目都是跟不同的创业投资机构进行合作的，比如有的创业企业在浙江，我们的合作伙伴中就会有浙江那边的创业投资机构，同时我们也会获得跟那个地区相关的一些政策及市场经济环境，能更好地应对市场变化（关系广度—投资风险）
网络能力对 网络位置的 调节	网络能力是调 节网络位置和 投资风险的 因素之一	在遇到问题时只能协调和沟通。如果投资项目是主投和跟投模式，那么当出现意见分歧时，主投的创投公司有较高的话语权。如果创投公司在项目中实力均衡，意见的协调，主要取决于被投企业，看被投企业愿意把额度给哪一方，极端情况是被投企业会更换创投公司（关系管理能力—网络位置和投资风险）
		目前我们对外界的这种信息的来源，比如从中介机构获取的多方面的资源，实现知识和经验的一种分享，这些会有一些相应的做法，就是内部的学习和外部的交流（资源整合能力—网络位置和投资风险）
		在联合投资的时候，实际上跟创业投资机构在行业中的地位是有很大关系的，地位更高，得到的信息会更多样化一点。因此，我们在选择伙伴时也会选择那种地位比较高的创业投资机构（网络构建能力—网络位置和投资风险）
网络能力对 网络关系的 调节	网络能力是调 节网络关系和 投资风险的 因素之一	在创业投资机构选择太多的时候，如果说一旦都进入决策层，对整体的企业运营，包括对股东权益的实现都是会有影响的，人一多，利益诉求分歧就变大了，这都是不太有利的因素。因此我们在项目投资过程中，对网络中的关系进行管理，在遇到伙伴之间的利益冲突问题时要及时解决（关系管理能力—网络关系和投资风险）
		如果要进行长期的合作，伙伴之间的信任是最基本的。比如，我们跟一个机构合作了很多次，那么我们之间形成一种很深的信任关系，因此很多信息或者经验都会共享（资源整合能力—网络关系和投资风险）

4.3　创业投资网络特征的风险缓解机理分析

4.3.1　网络位置对创业投资风险缓解作用分析

资源基础理论认为企业拥有的各项异质性资源有助于提高创新绩效。投资网络作为创业投资机构的资源承载体系，影响着创业投资机构的资源获取和资源利用。投资网络中节点的不同也使得资源的质量和数量有所不同，因此网络位置是投资风险缓解的重要影响因素之一。网络位置作为网络结构层面的主范畴，对创业投资风险缓解的影响可以从网络中心位置和中介位置两个方面进行解释。

1. 中心位置对创业投资风险缓解作用分析

当创业投资机构具有良好的声誉时，说明其更有可能位于创业投资网络的中心位置。中心位置可以衡量创业投资机构是否处于投资网络的中心，越处于中心位置的创业投资机构，越容易获得丰富的异质性资源（马刚，2006）。中心位置主要包括声望和领投两个维度。

创业投资机构的声望反映了其在投资行业中的地位和影响力，是创业投资机构在创业投资领域中所获得的承认或评价。从访谈结果可以看出，两个创业投资机构在创业投资领域中都具有良好的声望和社会影响力。一方面，创业投资机构的声望越高，影响力越强，越能获得其他创业投资机构的认同，吸引到更多优质的创业投资机构进行合作。另一方面，创业投资机构声望越高，越有可能吸引到优质的创业企业寻求融资，提高投资项目的质量。同时，声望高的创业投资机构影响力大，与网络中其他节点的创业投资机构的联系多，相较于其他创业投资机构在获取信息、资源等方面具有优势，从而能获得更多的信息和资源。声望较高的创业投资机构被其他创业投资机构邀请进行联合投资的机会也会更大。

在进行联合投资时，存在领投机构和跟投机构。在很多情况下，领投的创业投资机构往往都处于网络的中心位置，因为处于中心位置的创业投资机构影响力很强，会与网络中其他的创业投资机构产生协同效应，吸引其他创业投资机构进行跟投。领投的创业投资机构不但可以从其他跟投的创业投资机构中获得更多的互补信息，而且，通过跟其他创业投资机构长期的沟通交流，更容易获得多样的、全面的信息，从而缓解创业投资机构的逆向选择问题。从长远来看，创业投资机构作为领投还可以巩固自身在网络中的中心位置，更有可能构建高效、完善的创投网络。

从网络构建方面来看，正如访谈资料所提到的：**"像那种大型的创业投资机构，跟很多创业投资机构存在长期的合作关系，这个大的创业投资机构只要说它领投，那么它的投资伙伴就会跟投。"** 位于中心位置的创业投资机构因其强大的声望和影响力，会吸引到更多更优质的创业投资伙伴，因此可以构建更稳固、更有质量的创业投资网络。从项目筛选方面来看，正如访谈中所描述的"**我们公司在资本市场声誉很好，行业地位也不错，因此会有很多优质的创业企业或创业项目向我们抛出橄榄枝，这就缓解了因创业企业技术或发展前景不好而带来的退出风险。**""**在整个投资市场上，那种比较知名的创业投资机构，在投资项目时往往会选择投资伙伴，它们具有一定的号召力，跟着它一起投资基本上不会有什么问题，而且它选择的项目在质量上也有一定的保障。**"占据中心位置的创业投资机构因为其强大的声誉和影响力会吸引更多优质的、具有技术发展前景的创业项目，避免了因创业企业研发问题带来的技术风险，大大增加了所投资项目的退出可能性。

从资源基础理论来看，正如访谈资料所提到的："**我们公司在一个项目中就扮演了领投的角色，作为领投，会跟其他创业投资机构进行交流沟通，在我们投资项目时，会从其他机构获取很多与项目相关或与投资相关的信息，对我们有很大的帮助。**"位于中心位置的创业投资机构相对于网络中的其他创业投资机构，不但获得资源和信息的机会会增加，而且可以及时掌握资本市场的变化和经济环境的变化，为创业投资机构转移信息和交换知识提供机会。同时，位于中心位置的创业投资机构具有更广泛的知识搜索范围，在选择投资项目时可以打破行业和空间的限制，对合作伙伴的选择范围更大，有利于选择到更合适的合作伙伴。另外，处于中心位置的创业投资机构，由于可以从网络中获得更多的有利于所投项目的信息和资源，能为投资项目提供更优质的增值服务，有利于提高所投资项目的成功率。从交易成本理论来看，高中心度的网络位置会使得创业投资机构具有流畅的信息渠道，有助于创业投资机构进行资源积累，降低创业投资机构信息获取成本，从而降低信息不对称造成的信息风险。基于此得出以下命题。

命题 1 网络中心位置可以帮助创业投资机构缓解创业投资风险，通过其强大的声望和领投能力来缓解技术风险和信息不对称风险。

2. 中介位置对创业投资风险缓解作用分析

结构洞理论认为，当两个创业投资机构之间没有联系时，说明两者之间存在结构洞，而将它们联系起来的创业投资机构则位于网络中的中介位置。中介位置用来考察创业投资机构是否在创业网络中占据结构洞位置，占据结构洞位置的创业投资机构会起到桥梁的作用。中介位置包括桥梁和合作伙伴分布广泛两个维度。

创业投资机构因为在网络中处于"桥"的位置，起到了连接作用，可以帮助网络成员进行间接沟通，引导网络中资源和知识的流通。创业投资机构因为处于结构洞的位置，连接不同的信息领域，因此更有机会接触到不同性质的创业投资机构，也会接触到更多样化的信息。同时，位于结构洞的创业投资机构也会有机会获得对投资项目更有价值的信息，从而丰富自身的知识经验。另外，创业投资机构位于"桥"的位置，容易获得创业投资网络中的主动权，有利于对资源的控制以及对资源的筛选，从而获得对创业投资网络中资源的控制权，也可以从创业投资网络中筛选出更优质且与自身更契合的资源，创业投资机构拥有对资源筛选的优势有利于降低处理资源的成本。在投资过程中，创业投资机构可以利用所获取的资源为创业企业项目提供增值服务。

从网络结构来看，如访谈资料所提到的："**我们在一次项目投资过程中扮演了中间人的角色，使得我们公司对两个机构都有一定的认识，如果有机会我们也会跟其中一家或者两家机构一块儿进行联合投资，这样可以丰富我们的社会关系**。"位于中介位置的创业投资机构可以跟很多不同性质的创业投资机构进行沟通，因此创业投资网络的联合投资伙伴也是非常多样化的。合作伙伴的多样化使得创业投资机构可以选择更多的联合投资项目，同时扩大自己的联合投资范围。从资源基础理论来看，正如访谈资料所描述的："**我们公司有一个项目是跟好几个机构进行合作，但是这些机构彼此之间并不熟悉，这个时候我们就担任了它们的中间人，在共同交流的过程中我们就可以获得它们的资源和信息**。"创业投资机构位于中介位置时，因为会与创业投资网络中的多个创业投资机构进行沟通与交流，因此会优先获得创业投资网络中的信息和资源。从资源异质性角度来看，如访谈中所提到的："**我们公司有时候也会作为中间人，介绍两个创业投资机构相互认识，帮助它们共同投资创业企业或项目，在跟它们沟通交流的过程中，这两个机构的投资经验我们都可以学到，因为它们所在的地域不一样，因此我们可以获得两个地方的与投资相关的政策和优质企业**。""**我们在筛选项目时，需要对创业企业有一个基本的了解，比如它的产品、市场等。我们之前有个项目是信息技术方面的，刚好我们有个投资伙伴对这方面比较了解，给我们提供了很多这方面的信息。在投资项目时，我们遇到的一个很大的问题就是信息不对称，如果我们拥有**

的信息更多，就可以缓解这个问题带来的风险"。位于中介位置的创业投资机构会获得更多样化的信息和资源，获得与投资项目相关的政策、市场环境、投资经验等方面的信息，有利于更好地规避风险。同时，位于中介位置的创业投资机构对投资网络中的信息具有控制优势，对网络资源具有优先选择权，这种权利可以让创业投资机构获得更多异质性信息和资源。因此，中介位置可以缓解创业投资机构在项目投资过程中面临的信息不对称风险。基于此得出以下命题。

命题 2　创业投资机构的中介位置可以帮助其缓解创业投资风险，创业投资机构可以收集到更多样化的信息，缓解所面临的信息不对称风险。

4.3.2　网络关系对创业投资风险缓解作用分析

社会网络理论认为，企业在与其他企业进行合作的过程中会形成以企业为中心的社会网络。创业投资机构在项目投资过程中通过联合投资也会形成创业投资网络，拥有更多的网络关系，因此网络关系是投资风险缓解的重要影响因素之一。网络关系作为网络特征层面的主范畴，对创业投资风险缓解的影响主要包括关系广度和关系深度两个因素。

1. 关系广度对创业投资风险缓解作用分析

社会网络关系理论认为，当一个创业投资机构在投资过程中形成不同的创业投资网络时，说明其拥有更多的创业投资网络关系。关系广度衡量的是创业投资机构网络关系和联合投资伙伴的多样性。关系广度包括合作伙伴广泛性和信息异质性两个维度。

创业投资机构的投资网络关系越广泛，说明其拥有越多的联合投资伙伴。正如访谈资料所提到的："**在选择投资伙伴时，首先从创业企业的角度来考虑选择投资伙伴。比如，我公司要投资一个高科技企业，但它跟我们不在同一地域，这时我们就可以选择跟这个企业同一地域的投资伙伴，因为这样可以为我们提供更多关于这个高科技企业的信息。**"联合投资伙伴越多，创业投资机构就会形成更多样的获取信息和沟通渠道，也会获得越多的异质性信息和资源。关系广度为创业投资机构带来的异质性信息会减少其获取信息和资源的成本。

从知识学习角度来看，关系广度高的创业投资机构还会获得更多样化的联合投资伙伴，联合投资伙伴的多样性会增强创业投资机构的知识宽度。关系广度越高的创业投资机构越有利于带来知识性差异，帮助创业投资机构利用所获得的新知识解决项目投资过程中出现的问题，促进创业投资机构进行多领域的合作。从资源依赖理论来看，关系广度有利于创业投资机构获取网络中的异质性资源，加强网络之间的信息流动。同时，创业投资机构在创业投资网络中的关系越广，越能突破原有的社会关系限制，扩展网络关系结构，获得更加多元化的信息和资源。正如访谈资料所描述的："**我们公司有很多项目都是跟不同的创业投资机构进行合作，比如有的创业企业在浙江，我们的合作伙伴中就会有浙江那边的创业投资机构，同时我们也会获得跟那个地区相关的一些政策及市场经济环境，能更好地应对市场变化。**"关系广度还有利于创业投资机构更好地把握资本市场的变化，更好地缓解在投资项目过程中所面临的市场风险。基于此得出以下命题。

命题3　关系广度可以帮助创业投资机构缓解创业投资风险，通过与不同性质的合作伙伴沟通交流，创业投资机构能更好地应对市场风险。

2. 关系深度对创业投资风险缓解作用分析

社会网络关系理论认为，当一个创业投资机构与另一个创业投资机构多次进行联合投资时，说明两者之间的关系非常深厚。关系深度衡量的是创业投资机构与创业投资网络中的其他创业投资机构之间的关系好坏程度，关系深度包括互动频率和互惠性服务两个维度。

从社会网络理论出发，创业投资网络可以为创业投资机构提供信息传递和交流的渠道，创业投资网络中的信息会影响创业投资机构高管在投资项目时所做的决策。正如访谈资料所提到的："**根据项目的情况，一般来说沟通会比较频繁，一周平均会面谈2~3次。也会根据项目的进度有所不同，比如当项目处于关键节点时，沟通频率会提高**""**如果联合投资一个项目的情况，与投资伙伴之间交流会很多的。比如，先进来或者后进来的机构之间要进行各种信息的交流。领导之间交流也是比较多的，因为毕竟合作比较久，其实就领导层面来说，都已经是朋友关系了，交流起来就很随意、很频繁。**"创业投资机构与联合投资伙伴之间的互动频率越大，创业投资机构所处的创投网络就会越稳固，因此创业投资机构与联合投资伙伴之间高频率互动有利于保持稳定合作关系，从而加强创业投资机构的网络结构。同时，创业投资机构与联合投资伙伴之间的互动频率越大，它们之间的信任程度也会越强。创业投资机构与联合投资伙伴之间的互动频率越高，越有利于网络中的资源进行整合和利用。创业投资机构和联合投资伙伴之间的信任度越高，网络内的组合冲突越少。

创业投资机构与联合投资伙伴之间的深入交流，可以促进创业投资网络中的创业投资机构之间相互提供互惠性服务，提高创业投资网络中的资源转换速度和知识共享频率。正如访谈所描述的：**"我们在项目投资时也会与联合的其他创业投资机构进行沟通交流，例如，我们公司之前投资了很多软件开发类的企业，那么我们就会把投资这类企业的经验与其他投资伙伴分享。"** 更多的互惠性服务有利于创业投资机构获得更丰富的知识和资源，创业投资机构拥有了更多知识经验，会更好地制订投资的战略计划，降低决策风险。同时，关系强度的增加会使创业投资机构获得更准确和更有质量的信息，会提高创业投资机构和创业投资伙伴之间的信任度，从而增加双方对资源和信息的分享意愿。创业投资机构之间对资源和信息的交流、对知识和经验的分享有利于缓解信息不对称风险和投资决策风险。

从网络结构角度来看，关系深度强化了创业投资机构与联合投资伙伴之间的关系，加深了彼此之间的信任，有利于创业投资机构之间形成稳定的合作模式，强化创业投资机构之间的高度协同。从信任机制来看，联合投资伙伴之间信任的加强会提高创业投资机构获取资源的效率，加强创业投资机构与联合投资伙伴之间的深层次的合作和知识共享。从交易成本理论来看，关系深度不仅可以削减创业投资机构在创投网络中的交易成本，还可以提升资源在创投网络中的传递效率。同时，关系深度有利于创业投资机构与联合投资伙伴之间建立深度的信任关系，有利于它们之间优势互补，减少创业投资网络中存在的机会主义行为，拓展创业投资机构的知识深度，从而降低创业投资机构的决策风险。基于此得出以下命题。

命题4 关系深度可以帮助创业投资机构缓解投资决策风险和信息不对称风险。

4.3.3 网络能力的调节作用

1. 网络能力对网络位置的调节作用分析

创业投资机构占据太多结构洞，会增大其他投资伙伴资源或知识的分享意愿，但会影响网络内资源转移效率。当创业投资机构处于网络的中心位置时，创业投资机构会拥有一个稳定的网络结构，但太过稳定的网络结构不利于新成员的加入，也不利于创业投资机构对新知识的获取。同时，过高的网络位置会使创业投资机构内部资源冗余。综上所述，过高的网络位置不利于创业投资机构扩展新的网络关系从而带来对新的异质性信息资源的吸收和利用。

从社会网络理论出发，如访谈资料所描述的："**在联合投资的时候，实际上跟创业投资机构在行业中的地位是有很大关系的，地位更高，得到的信息会更多样化一点。因此，我们在选择伙伴时也会选择那种地位比较高的创业投资机构。**"创业投资机构在项目投资过程中会不断构建新的网络关系，而创业投资机构的网络构建能力可以帮助其在新的创投网络关系中占据重要的位置。如访谈中所描述的："**在遇到问题时只能协调和沟通。如果投资项目是主投和跟投模式，那么当出现意见分歧时，主投的创投公司有较高的话语权。如果创投公司在项目中实力均衡，意见的协调，主要取决于被投企业，看被投企业愿意把额度给哪一方，极端情况是被投企业会更换创投公司。**"创业投资机构的网络关系管理能力可以帮助其更好地与投资伙伴进行沟通和交流，避免因创业投资机构间的问题冲突而对投资项目造成影响。

从资源管理理论出发，如访谈资料所提到的："**目前我们对外界的这种信息的来源，比如从中介机构获取的多方面的资源，实现知识和经验的一种分享，这些会有一些相应的做法，就是内部的学习和外部的交流**"。创业投资机构需要对从网络中获取到的很多资源信息，进行吸收、整合，转化为创业投资项目需要的信息资源。创业投资机构位于中心位置可以获得更多的信息，但需要良好的资源整合能力才能更好地利用这些信息和资源，也才能从这些信息中获取更大的利益。网络中的资源整合能力是创业投资机构对自身资源与创投网络中获取资源的一种整合能力。网络能力中的资源整合能力可以帮助创业投资机构剔除冗余信息和资源，并筛选整合出对创业投资项目有利的信息和资源，还能帮助创业投资机构更好地利用外部资源整合内部资源，一方面将网络中的资源变得有条理和有价值；另一方面实现内部资源更加有效的组合利用，从而提高自身竞争优势。同时，网络资源整合能力还可以帮助创业投资机构更好地识别创业投资网络中的资源，增加创业投资网络的有效性，提高创业投资机构获取资源的效率。基于此得出以下命题。

命题 5　创业投资机构的网络能力可以调节网络位置对创业投资风险的影响。

2. 网络能力对网络关系的调节作用分析

创业投资机构的网络关系会受到资本市场、经济、法律与政策等外部环境的影响，而网络能力能够帮助创业投资机构快速适应不断变化的外部环境。网络关系深度的加强会使网络中的创业投资机构之间形成捆绑效应，造成投资伙伴之间的关系连接过强，会阻碍新的创业投资机构的进入，也会使创业投资机构被锁定在既有的创业投资网络中，不利于构建和发展新的创业投资网络关系。创业投资机构与其合作伙伴的关系越深入，越容易获得相似的资源和信息，从而造成创业投资机构拥有大量的同质性信息，造成信息冗余。同时，关系深度的加强会造成创业投资机构的组织惰性，不利于创业投资机构对知识和信息的探索性学习。投资网络关系深度太强会导致创业投资网络外新的异质性信息资源无法进入网络内，不利于创业投资机构对新知识的探索，双方的资源和知识会越来越趋于一致，创业投资机构无法获得突破性的资源和知识，从而使创业投资机构形成过强的路径依赖，难以适应资本市场的快速变化。创业投资机构的关系广度意味着创业投资机构会拥有很多的合作伙伴，造成自身多元化的网络关系难以协调，同时，也会增加投资伙伴间的冲突和创业投资机构的关系管理成本。

从关系管理理论出发，正如访谈资料所描述的：“**很多创业投资机构进行联合投资的时候，如果一旦进入决策层，对整体的企业运营，包括对股东权益的实现都是会有影响的，人一多，利益诉求分歧就变大了，这都是不太有利的因素。因此我们在项目投资过程中，对网络中的关系进行管理，在遇到伙伴之间的利益冲突问题时要及时解决。**”创业投资机构的网络关系管理能力可以更好地管理网络关系，解除不必要的网络关系，减少网络中创业投资机构之间的摩擦和冲突，帮助其建立更加稳定的网络关系，增强网络主体间的协助合力。从路径依赖理论出发，如访谈资料描述的：“**如果要进行长期的合作，伙伴之间的信任是最基本的。比如，我们跟一个机构合作了很多次，那么我们之间就形成了一种很深的信任关系，因此很多信息或者经验都会共享。**”因为创业投资机构之间的信任增加，可以从对方获得更多的信息和资源，创业投资机构拥有较强的网络资源管理能力，不仅可以有效地对资源进行筛选和利用，选择出更加有利于自身利益的资源，还可以对所获得的信息、资源、知识和经验进行高效率的学习，强化自身的投资能力。同时，创业投资机构通过对资源的有效利用，还能为创业投资项目提供更有质量的增值服务。基于此得出以下命题。

命题 6 创业投资机构的网络能力可以调节网络关系对创业投资风险的影响。

综上所述，创业投资网络特征可以帮助创业投资机构缓解风险。创业投资机构的外部网络特征（网络位置和网络关系）对风险缓解有直接效应，创业投资机构的内部网络特征（网络能力）对外部网络特征和风险缓解的关系有调节效应。其具体表现为：位于创业投资网络中心位置的创业投资机构会因其强大的声望和领投能力而对创业投资风险（技术风险、信息不对称风险和环境风险）起到缓解作用；位于中介位置的创业投资机构在创业投资网络中担当"桥"的角色，对网络中的信息和资源有一定的控制力，可以帮助创业投资机构规避风险（信息不对称风险）；创业投资机构的关系深度是指其与网络伙伴之间的交流和互动的程度，关系越深入，说明创业投资机构获得信息的效率越高且信息的质量越好，从而帮助创业投资机构缓解风险（市场风险）；关系广度代表了创业投资机构的合作伙伴数和所获得信息的异质性，创业投资机构的关系越广，获得的多样化的信息越多，从而帮助创业投资机构缓解风险（信息不对称风险）；位于中心位置的创业投资机构会因为网络结构过于稳定而不利于发展新的网络关系，创业投资机构的网络构建能力可以帮助创业投资机构更好地建立网络关系，扩大创业投资机构的创业投资网络，同时，创业投资机构的资源整合能力可以帮助其对从中心位置和中介位置中获取的多样化的信息进行筛选和整合，提高创业投资机构对资源和信息的利用率，从而更好地应对创业投资风险；创业投资机构与其他合作伙伴之间的关系越深，越容易获得冗余信息，资源整合能力可以帮助其对所获资源进行筛选，选择有利于创业投资机构发展的信息和资源，同时，创业投资机构的合作伙伴越多，创业投资机构对网络中关系的管理成本就越大，关系管理能力可以帮助创业投资机构更好地管理自身的网络关系，减少摩擦和冲突，从而帮助创业投资机构缓解风险，创业投资网络特征对创业投资的风险缓解作用见图 4.1。

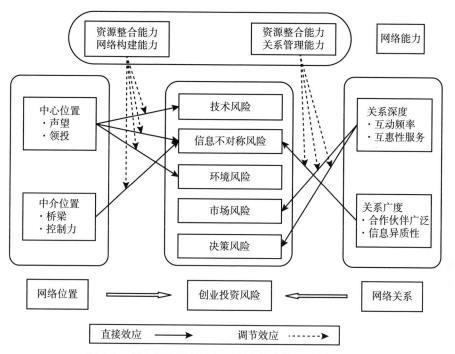

图 4.1 创业投资网络特征对创业投资的风险缓解作用

第5章 创业投资网络的构建方法及测度指标

本章详细介绍了创业投资网络的构建方法以及创业投资网络的测度指标，为后续章节刻画创业投资网络的动态演化规律，实证创业投资网络特征演化对风险缓解的直接效应和调节效应奠定了理论基础。

5.1 创业投资网络的构建方法

5.1.1 样本选取

本书使用的数据来源以 Wind 数据库为主，以 CVSource 数据库、PEdata 数据库为辅，这三个数据库均来自我国领先的创业投资市场信息咨询机构，即万得信息、ChinaVenture 投中集团以及清科研究中心，其所提供的投融资数据几乎涵盖了我国创业投资市场内的所有创业投资机构。对这三个数据库进行对比发现，三者在主要指标的统计口径上具有很高的相似性，只是在数据翔实度和样本量方面存在部分差异，因此本书将三者结合使用，不仅可以保证数据的可靠性，而且能增强数据的完整性。

本书选取 Wind 数据库 2005 年 1 月 1 日至 2019 年 12 月 31 日联合投资项目的数据作为研究样本，以参与联合投资的创业投资机构及其形成的创业投资网络为研究对象，数据内容涵盖创业投资机构名称、投资日期、投资方式、投资轮次以及创业投资项目名称、所在区域、所属行业等基本信息，将信息不公开及投资轮次、所在区域、所属行业等指标有缺失的数据剔除，最终收集了 91209 起创业投资项目，涵盖 23158 家创业投资机构（见表 5.1）。

表 5.1　　　　　　　　　　　2005—2019 年创业投资项目数

创业投资项目情况	2005 年	2006 年	2007 年	2008 年	2009 年	2010 年	2011 年	2012 年
总投资项目数	418	708	1223	1216	1324	3129	3425	3450
联合投资项目数	271	455	770	726	829	2057	2486	2135
联合投资占比	0.6483	0.6427	0.6296	0.5970	0.6261	0.6574	0.7258	0.6188
创业投资项目情况	2013 年	2014 年	2015 年	2016 年	2017 年	2018 年	2019 年	
总投资项目数	3427	6035	11822	14401	13682	14448	12501	
联合投资项目数	2027	4021	8303	10430	10362	11416	9870	
联合投资占比	0.5915	0.6663	0.7023	0.7243	0.7573	0.7901	0.7895	

资料来源：Wind 数据库。

由表 5.1 可以发现，每年的创业投资项目总数基本呈递增趋势，并且联合投资项目数随着总投资项目数的变化而变化，其中联合投资占比基本保持在 60% 左右，表明我国创业投资市场在不断发展的同时，创业投资机构更倾向于选择联合投资的方式进行投资。

5.1.2　网络构建

现有文献根据参与创业投资网络的主体异质性将网络分为：只有创业投资机构参与的关系网络，即狭义的创业投资网络（Hochberg et al.，2010；Hopp，2010）；创业投资机构与利益相关者（高校、政府、企业、中介等异质性组织）合作而形成的社会网络，即广义的创业投资网络（Maclean et al.，2010；Weber C & Weber B，2011）。本书聚焦于创业投资机构之间通过联合投资而形成的狭义的创业投资网络。对于联合投资，目前学术界有广义和狭义两种界定（罗吉等，2016），其中广义的联合投资是指不小于两家的创业投资机构共同投资于同一项目（不要求同一轮次）；而狭义的联合投资则要求不小于两家的创业投资机构共同投资于同一项目的同一轮次。本书采用现有文献的普遍做法，选取广义的联合投资和狭义的创业投资网络两个概念，即共同投资于同一项目的创业投资机构之间形成的创业投资网络。

由于创业投资活动存续期较长，因此在构建创业投资网络时，借鉴国内外学者对于创业投资活动所采取的共性研究方法（杨艳萍和刘窈君，2019；施国平等，2019；Castilla，2003），将移动时间窗设定为 3 年。第 1 个时期：2005—2007 年创业投资项目；第 2 个时期：2006—2008 年创业投资项目；第 3 个时期：2007—2009 年创业投资项目；第 4 个时期：2008—2010 年创业投资项目；第 5 个时期：2009—2011 年创业投资项目；第 6 个时期：2010—2012 年创业投资项目；第 7 个时期：2011—2013 年创业投资项目；第 8 个时期：2012—2014 年创业投资项目；第 9 个时期：2013—2015 年创业投资项目；第 10 个时期：2014—2016 年创业投资项目；第 11 个时期：2015—2017 年创业投资项目；第 12 个时期：2016—2018 年创业投资项目；第 13 个时期：2017—2019 年创业投资项目。

首先，对每个时期的原始数据进行清洗，包括创业投资机构去除个人投资者，对于外文名称中大小写不一致的创业投资机构统一名称，创业投资项目使用简称等。其次，标记每个时期中创业投资项目列重复项并提取重复值，将提取的创业投资项目及其对应的创业投资机构放入 RStudio 软件中，得到创业投资机构与创业投资项目之间的二模网络，进一步运用 Ucinet 软件将得到的二模网络转化为创业投资机构之间的一模网络。最后，利用 Ucinet 软件得到每个时期中一模网络内各个创业投资机构的个体网规模，将个体网规模为 0 的创业投资机构（没有进行联合投资的创业投资机构）剔除，最终得到 13 个时期的基于创业投资机构之间联合投资而形成的创业投资网络。

5.1.3 分析框架

本书采用文献研究、统计分析和社会网络分析方法，以 2005—2007 年、2006—2008 年、2007—2009 年、2008—2010 年、2009—2011 年、2010—2012 年、2011—2013 年、2012—2014 年、2013—2015 年、2014—2016 年、2015—2017 年、2016—2018 年、2017—2019 年的联合投资项目数据为基础，结合创业投资活动发展实际，构建了 2005—2019 年的创业投资网络，同时借助 Excel、Ucinet 与 Gephi 软件，从网络结构、网络位置、网络关系、网络能力四个视角具体分析创业投资网络动态演化，分析框架如图 5.1 所示。

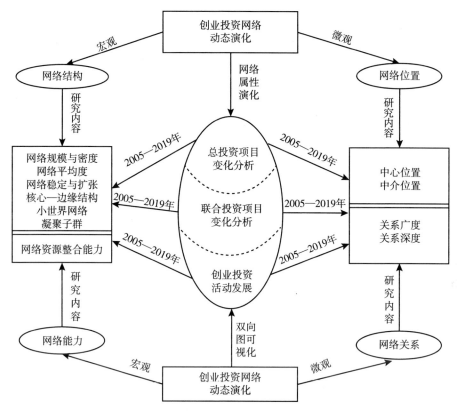

图 5.1 创业投资网络动态演化分析框架

5.2 创业投资网络的测度指标

5.2.1 网络结构变量

1. 网络规模与密度

网络规模与密度（Network Size and Density）指标下具体包含网络规模（Network Size）、网络范围（Network Range）以及网络密度（Network Density），分别从创业投资网络内创业投资机构数目、合作关系总数、创业投资机构之间联系程度三个方面衡量（林聚任，2009；罗家德，2018）。

（1）网络规模为创业投资网络内包含的全部创业投资机构数目，网络规模越大说明参与创业投资网络的创业投资机构越多，具体到第 $t-2$ 年至第 t

年创业投资网络的规模，计算公式为

$$S_{(n)} = g_{(n)} \qquad (5.1)$$

其中，$g_{(n)}$ 为第 n 个时期中创业投资网络内的创业投资机构数目。

（2）网络范围为第 n 个时期内创业投资机构联合投资过程中形成的两方关系（由两个创业投资机构所构成）数之和，网络范围越大代表网络内的合作关系数量越多。计算公式为

$$R_{(n)} = 2l_{(n)} \qquad (5.2)$$

其中，$l_{(n)}$ 表示第 n 个时期中创业投资网络内的合作关系总数。

（3）网络密度为第 n 个时期内创业投资网络中创业投资机构之间的联系程度，网络密度越大，一方面反映了创业投资机构间联系紧密，但另一方面限制了创业投资机构的自身发展。计算公式为

$$D_{(n)} = \frac{l_{(n)}}{g_{(n)}(g_{(n)}-1)/2} \qquad (5.3)$$

其中，$g_{(n)}$，$l_{(n)}$ 同上，$D_{(n)}$ 即第 n 个时期的创业投资网络密度等于该时期中网络内现有连接数量比可能连接数量，取值为 $[0, 1]$。

2. 网络平均度

网络平均度（Mean of Degree）指标下具体包含网络算术平均度（Arithmetic Mean of Degree）与网络平均加权度（Weighted Mean of Degree），分别从创业投资网络内机构之间平均合作关系、网络受核心机构的影响程度两个方面衡量（刘承良和管明明，2018；陈暮紫，2019）。

（1）网络算术平均度为第 n 个时期中创业投资网络内各个创业投资机构程度中心度的算术平均值，能反映网络内创业投资机构的密集程度，该值越大说明网络内创业投资机构之间的平均合作关系越多。计算公式为

$$\bar{C}_{D(n)} = \frac{\sum_{i=1}^{g_{(n)}} d_{i(n)}}{g_{(n)}} \qquad (5.4)$$

其中，$d_{i(n)}$ 是第 n 个时期中创业投资网络内与机构 i 有直接联系的其他机构的个数，$g_{(n)}$ 为第 n 个时期的网络规模，$\bar{C}_{D(n)}$ 即第 n 个时期的平均度。

（2）网络平均加权度为第 n 个时期中创业投资网络内各个创业投资机构程度中心度的加权平均值，该值与核心机构的重要性密切关联，值越大说明网络受核心机构的影响越大。计算公式为

$$\tilde{C}_{D(n)} = \frac{\sum_{i=1}^{g(n)} d_{i(n)} f[d_{i(n)}]}{\sum_{i=1}^{g(n)} f[d_{i(n)}]} \tag{5.5}$$

其中，$d_{i(n)}$ 同上，$f[d_{i(n)}]$ 即机构 i 在第 n 个时期的程度中心度的权重，$\tilde{C}_{D(n)}$ 即第 n 个时期的平均加权度。

3. 网络稳定与扩张

网络稳定与扩张（Network Stability and Expansion）指标下具体包含网络稳定（Network Stability）、网络扩张（Network Expansion）和网络衰退（Network Recession），主要根据创业投资网络内创业投资机构及其与投资伙伴的合作关系变动情况进行衡量（刘凤朝等，2016；孙玉涛和张一帆，2020）。首先，在创业投资网络中，本期参与联合投资的创业投资机构可以分为三种类型，一是上期参与联合投资且本期同样参与联合投资的创业投资机构，即在位机构；二是上期未参与联合投资但本期参与联合投资的创业投资机构，即新增机构；三是上期参与联合投资但本期未参与联合投资的创业投资机构，即退出机构。其次，根据不同属性机构之间的合作关系可将本期参与联合投资的创业投资机构及其与投资伙伴之间的合作关系分为三种类型，一是上期有合作的在位机构间联系数，即持续联系；二是新增机构间联系数、新增机构与在位机构间联系数、上期无合作的在位机构间联系数，即新增联系；三是退出机构间联系数、在位机构与退出机构间联系数，即减少联系。最后，将不同类型机构及联系划分为相应的网络指标，其中网络稳定衡量在位机构及持续联系，网络扩张衡量新增机构及新增联系，网络衰退衡量退出机构及减少联系。

在位机构、新增机构和退出机构的合作关系如图 5.2 所示。在上期创业投资网络中有 A、B、C、D、E 五个创业投资机构，在本期创业投资网络中除了包含上期的 A、B、C 三个创业投资机构外，还新增了 F、G 两个创业投资机构，同时上期的 D、E 两个创业投资机构已从本期网络中退出，其与其他创业投资机构的联系用虚线表示，因此 A、B、C 为在位机构，F、G 为新增机构，D、E 为退出机构。其中，AB、BC 表示上期有合作的在位机构在本期继续合作，AC 表示上期无合作的在位机构在本期发生合作，FA 表示新增机构与在位机构之间的合作，FG 表示两个新增机构之间的合作，AD、CD、BE 表示在位机构和退出机构之间的合作，ED 表示两个退出机构之间的合作。

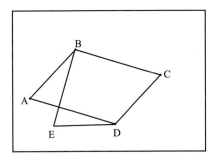 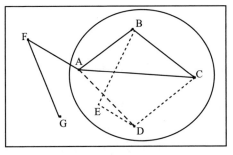

（a）上期创业投资网络　　　　　　（b）本期创业投资网络

图5.2　在位机构、新增机构和退出机构的合作关系

4. 核心—边缘结构

核心—边缘结构（Core-periphery Structure）主要根据核心度（Coreness）衡量，在欧式距离中，核心度指每个创业投资机构距机构云中心的距离，核心度较高的创业投资机构合群性好、相互之间联系紧密；核心度是中心度的充分非必要条件，即核心度高的创业投资机构其中心度也较高，但中心度高的创业投资机构之间未必有紧密联系，不一定具有较高的核心度（Borgatti & Everett，2000；刘军，2004）。计算公式为

$$\rho_{(n)} = \sum_{i(n),j(n)} \alpha_{ij(n)} \theta_{ij(n)} \tag{5.6}$$

$$\theta_{ij(n)} = Cor_{i(n)} Cor_{j(n)} \tag{5.7}$$

其中，$\alpha_{ij(n)}$ 代表第 n 个时期中实际网络内 i 和 j 两机构间的关系情况，若 i、j 间存在关系，则 $\alpha_{ij(n)}$ 为 1，否则为 0；$Cor_{(n)}$ 是一个非负向量，代表第 n 个时期中网络内每个机构的核心度；$\theta_{ij(n)}$ 表征第 n 个时期中模式网络（理想化）的关系情况；$\rho_{(n)}$ 即第 n 个时期的皮尔森相关系数，测度模式网络和实际网络的接近程度，当两个矩阵的相关系数更大时，则网络为核心—边缘结构。

5. 小世界网络

小世界网络（Small Network）指标下包含聚类系数（Clustering Coefficient）、特征路径长度（Characteristic Path Length）和小世界商数（Small World Quotient），分别从创业投资网络内机构间聚合度、机构间最短距离的平均长度、商数 Q 三个方面衡量（Watts & Strogatz，1998；Watts，1999；Uzzi &

Spiro，2005）。

（1）创业投资网络的聚类系数等于各个创业投资机构密度系数的均值，$CC_{ratio(n)}$ 越接近 1 说明网络关系越稀疏，机构之间的传导性不高；$CC_{ratio(n)}$ 越远离 1 说明网络关系越紧密，机构之间的传递性增强。计算公式为

$$CC_{(n)} = \frac{1}{g_{(n)}} \sum_{i=1}^{g(n)} \frac{e_{i(n)}}{k_{i(n)}(k_{i(n)}-1)/2} \tag{5.8}$$

$$CC_{ratio(n)} = \frac{CC_{(n)}}{CC_{random(n)}} \tag{5.9}$$

其中，$k_{i(n)}$ 为第 n 个时期内创业投资网络内机构 i 的绝对度数，$e_{i(n)}$ 为第 n 个时期内创业投资网络内机构 i 的 k_i 个邻接机构间实际存在的连接数，$g_{(n)}$ 为第 n 个时期内创业投资网络内的机构数，$CC_{(n)}$ 代表第 n 个时期内创业投资网络的聚类系数，$CC_{ratio(n)}$ 即第 n 个时期内实际网络的聚类系数比同等规模随机网络的聚类系数。

（2）创业投资网络的特征路径长度等于连接任何一对创业投资机构之间最短距离的平均长度，即表现出"六度分隔"特征，任意两个机构之间的特征路径长度越短亦即 $CPL_{ratio(n)}$ 越接近 1，则整个网络的聚簇程度越高。计算公式为

$$CPL_{(n)} = \frac{1}{g_{(n)}(g_{(n)}-1)/2} \sum_{i \neq j \in G} d_{ij(n)} \tag{5.10}$$

$$CPL_{ratio(n)} = \frac{CPL_{(n)}}{CPL_{random(n)}} \tag{5.11}$$

其中，$CPL_{(n)}$ 表示第 n 个时期内创业投资网络的特征路径长度，$g_{(n)}$ 代表第 n 个时期内创业投资网络内的机构总数，$d_{ij(n)}$ 为第 n 个时期内创业投资网络内机构 i、j 之间的最短距离，$CPL_{ratio(n)}$ 即第 n 个时期内实际网络的特征路径长度与同等规模随机网络的特征路径长度之比。

（3）第 n 个时期内创业投资网络的小世界商数，等于同时期内聚类系数比值除以同时期内特征路径长度，商数越大则说明创业投资网络的小世界性质越显著。计算公式为

$$Q_{(n)} = \frac{CC_{ratio(n)}}{CPL_{ratio(n)}} \tag{5.12}$$

其中，$CC_{ratio(n)}$、$CPL_{ratio(n)}$ 同上，$Q_{(n)}$ 即第 n 个时期内创业投资网络的小世界商数。

6. 凝聚子群

在创业投资网络中，部分创业投资机构之间因为联系紧密、可达性高、互动频繁，更容易形成具有共同观念和一致利益的凝聚子群（Cohesive Subgroups）。总的来说，可以从四个方面考察凝聚子群，一是基于互惠性的凝聚子群（派系），二是基于可达性的凝聚子群（n–派系、n宗派），三是基于度数的凝聚子群（k–丛、k–核），四是基于"子群内外关系"的凝聚子群（成分、块等）（刘军，2019）。由于k–核更能直观反映网络的层次结构及凝聚子群的团聚度，因此本书主要选择k–核分析创业投资网络的凝聚子群，表示每个创业投资机构都至少与k–核中的k个其他创业投资机构相连（张美书等，2020）。假设创业投资网络$N = (G, E)$是由$|G| = g$个创业投资机构和$|E| = e$条连边组成的无向网络，则k–核定义为：由集合$V \subseteq G$引发的子网络$S = (V, E \mid V)$，若V中的任意创业投资机构G的度数均大于或等于k，即$\forall g \in V$：$Degree\ S(g) \geqslant k$，则具有这一属性的最大子网络S为k–核（Alvarez – Hamelin et al.，2006）。当k为1时表示子群中每个创业投资机构都至少与其他1个创业投资机构相连，即子群中任何创业投资机构的度数至少为1；当k为2时表示子群中每个创业投资机构都至少与其他2个创业投资机构相连，即子群中任何创业投资机构的度数至少为2；当k为3时表示子群中每个创业投资机构都至少与其他3个创业投资机构相连，即子群中任何创业投资机构的度数至少为3；以此类推，可以发现$k + 1$–核嵌套在k–核之中，如图5.3所示。

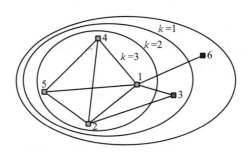

图 5.3 k–核分解示意

由于网络中可能存在部分松散的连接，因此k–核是网络中凝聚性较高的区域但不一定是最大的凝聚子群，即网络存在总体分裂性（林聚任，2009）。

为了对这一现象进行解释，塞德曼（Seidman，1983）根据 k - 核的嵌套关系提出了"核塌缩"概念，即当 k 每增加一个单位，部分小于 k 的节点会被排除在子群外，从而形成"塌缩"，一个 k - 核图中不仅包含存在于 $k+1$ 核图中的部分，也包含不存在于 $k+1$ 核图中的部分，其中不存在于 $k+1$ 核图中的部分为 k - 剩余。随着 k 的增加，k - 剩余中节点数所占的比例排列为一个列向量，构成"核塌缩序列"，"核塌缩序列"稳定与否能够反映网络的密集性特征，若核塌缩序列波动平缓，即 k 增加的同时核塌缩序列值也持续增加，则表明网络结构具有一致性；若核塌缩序列波动剧烈，即 k 在较低的值出现后持续为 0，则表明网络结构具有分裂性且网络内存在多个高凝聚子群。

5.2.2 网络位置变量

1. 中心位置

霍克伯格等（2007）使用社会网络图论方法，用网络"中心性"来衡量创业投资网络中每个创业投资机构的地位或控制力。网络中心性具体细分为程度中心性、点入度中心性、点出度中心性、中介中心性以及特征向量中心性，分别适用于不同的数据类型（刘志阳和葛倩倩，2009）。本书借鉴已有研究成果（董建卫等，2012），使用无向数据计算创业投资网络程度中心性，以度量创业投资机构在网络中拥有直接联系的多寡，即创业投资机构的中心位置（Central Position）。如果某创业投资机构具有较高的程度中心性，则反映该创业投资机构居于创业投资网络的中心位置，拥有核心地位。每个机构的标准化程度中心性指标计算公式（罗家德，2018）为

$$C'_{D(n)} = \frac{\sum\limits_{j(n)} X_{ij(n)}}{g_{(n)} - 1} \tag{5.13}$$

其中，$X_{ij(n)}$ 是 0 或 1 的数值，代表第 n 个时期中创业投资机构 j 是否承认与创业投资机构 i 有直接关系，$g_{(n)}$ 是第 n 个时期中创业投资网络内的创业投资机构总数，$C'_{D(n)}$ 即第 n 个时期中创业投资机构 i 的标准化程度中心性。在创业投资网络内，标准化程度中心性即一个创业投资机构的直接关系数量总和除以该创业投资机构在网络中最大可能的关系数。

2. 中介位置

创业投资机构在创业投资网络中拥有结构洞的多寡代表着以创业投资机

构为"中介"的网络结构特征，即创业投资机构的中介位置（Brokered Position）。对于结构洞的计算，总的来说，有两类计算指标，其一是伯特给出的结构洞指数，其二是中间中心度指数。本书依据弗里曼的观点，以中间中心度测度创业投资机构在创业投资网络中拥有的结构洞多寡，来判断创业投资机构的控制力。中间中心度定义为通过创业投资机构 i 并且连接两个创业投资机构 j 和 k 的捷径数与 j 和 k 两个创业投资机构之间的捷径总数相比，测量了创业投资机构 i 在多大程度上位于 j 和 k 的中间。一个创业投资网络中有许多创业投资机构对，创业投资机构 i 相对于网络中所有创业投资机构对的"中间比例"的总和便是创业投资机构 i 在创业投资网络中的中间中心度（刘军，2019）。对于无方向性矩阵，其标准化公式（罗家德，2018）为

$$C'_{B(n)} = \frac{2 \sum_{j < k(n)} g_{jk(n)}(q_i) / g_{jk(n)}}{(g_{(n)} - 1)(g_{(n)} - 2)} \tag{5.14}$$

其中，$g_{jk(n)}$ 是第 n 个时期中创业投资网络内创业投资机构 j 到达创业投资机构 k 的捷径数，$g_{jk(n)}(q_i)$ 是第 n 个时期中创业投资网络内创业投资机构 j 到达创业投资机构 k 的快捷方式上有创业投资机构 i 的捷径数，$g_{(n)}$ 表示第 n 个时期中创业投资网络内的创业投资机构总数，$C'_{B(n)}$ 即第 n 个时期中创业投资机构 i 的标准化中间中心度。在创业投资网络中，如果一个创业投资机构位于许多其他创业投资机构对的捷径上，就可以称该创业投资机构有较高的中间中心度，该创业投资机构可能起着重要的"中介"作用，拥有较多的结构洞。创业投资机构的中间中心度越高，则表明该创业投资机构在创业投资网络中拥有的结构洞较多，该创业投资机构居于创业投资网络的中介位置，控制力越强；而创业投资机构的中间中心度越低，则反映创业投资网络中该创业投资机构拥有的结构洞较少，该创业投资机构的控制力越弱。

5.2.3 网络关系变量

1. 关系广度

依据现有创业投资网络的相关研究，创业投资机构之间的联系可以提供信息与机会，从而带来各种好处。研究者们对这种网络关系如何缓解创业投资风险提出了不同观点（Granovetter，1997；边燕杰和张文宏，2001），但他们很少关注驱动这些效应的基本机制。因此，本书提出关系广度和关系深度

两个潜在机制，共同构成了一个解释网络关系如何对创业投资风险缓解作出贡献的简洁模型。关系广度（Tie Breadth）是指创业投资机构在联合投资过程中形成的网络关系数之和，反映了创业投资机构与不同的、距离较远的合作伙伴联系起来的程度，当创业投资机构的关系广度越大时，不但表征该创业投资机构的关系网越大，也体现了该创业投资机构网络连接的广泛性和异构性（Gulati et al.，2011）。

2. 关系深度

关系深度（Tie Depth）是指创业投资网络中创业投资机构与其合作伙伴的关系紧密性，反映了创业投资机构之间合作的紧密水平，创业投资机构间的关系越紧密，越有助于缓解创业投资风险。现有关于网络关系测度的方法有两种，即问卷调查法和定量分析法。问卷调查法仅针对研究对象创业投资机构，未考虑其合作伙伴对同一问题的看法，因此具有较高的主观随意性（李明星等，2020）。基于此，本书选取定量指标测度关系深度（Phelips，2010）。由于在创业投资网络中，连接紧密的创业投资机构可以是直接相连也可以仅通过一个中介机构相连，因此选取创业投资机构的 2 – 步可达性度量关系深度。计算公式为

$$2StepReach_{(n)} = \frac{\sum\limits_{j(n)} Pairs(L_{ij(n)} \leqslant 2)}{ES_{i(n)}} \tag{5.15}$$

其中，$Pairs(L_{ij(n)} \leqslant 2)$ 是第 n 个时期中创业投资网络内机构 j 与机构 i 间距离小于或等于 2 的机构对数，$ES_{i(n)}$ 为第 n 个时期中创业投资机构 i 的个体网络规模，$2StepReach_{(n)}$ 即第 n 个时期中创业投资机构 i 的 2 – 步可达性。在创业投资网络内，如果一个创业投资机构的 2 – 步可达性越高，则表明该创业投资机构与其合作伙伴的合作关系越紧密，关系深度越强。

5.2.4　网络能力变量

1. 网络资源获取能力—专业化特征

网络资源获取能力—专业化特征是指单个创业投资机构在特定行业、地域或阶段的投资专业化特征，衡量创业投资机构利用创业投资网络获取资源的能力。创业投资机构对项目信息的深度了解离不开其长期专注于某一领域所掌握的专业知识，现有关于创业投资专业化的研究中，多数采用赫芬达尔

指数进行测度（Dimove & De Clercq，2006）。考虑到项目所属行业、所处区域和阶段是影响创业投资风险缓解的重要因素，因此本书通过分别计算机构自身的行业、区域及阶段赫芬达尔指数来度量创业投资机构获取资源的能力。具体测度方法及计算公式如下：①依据 Wind 数据库对行业的划分标准，将创业投资项目所属行业划分为能源、材料、工业、可选消费、日常消费、医疗保健、金融、信息技术、电信服务、公用事业及房地产 11 类行业，将创业投资项目所属区域划分为珠三角、长三角、京津及其他地区 4 个区域，将创业投资项目所属阶段划分为种子期、初创期、扩张期及成熟期 4 个阶段；②计算创业投资机构的行业、区域和阶段的赫芬达尔指数并用赫芬达尔指数来测度其自身投资的专业化特征（石琳等，2016）。

$$SF_{(n)} = \sum_{i=1}^{m} (T_{i(n)}/T_{(n)})^2 \tag{5.16}$$

其中，$T_{i(n)}$ 表示创业投资机构在第 n 个时期中投资于行业 i/区域 i/阶段 i 的项目数量，$T_{(n)}$ 表示创业投资机构在第 n 个时期中所投资的项目总数。$SF_{(n)}$ 表示创业投资机构在第 n 个时期的网络资源获取能力，包括创业投资机构行业专业化、创业投资机构区域专业化以及创业投资机构阶段专业化，取值为 [0，1]，取值越接近于 1 表示创业投资机构分散化程度越高，越接近于 0 表示创业投资机构分散化程度越低。

2. 网络资源整合能力—异质性特征

网络资源整合能力—异质性特征是指所有创业投资机构的投资项目整体情况，创业投资机构在进行创业投资的过程中，会联合投资伙伴不断调整投资行业、区域及阶段，本研究结合网络资源获取能力—专业化特征中的行业、区域及阶段划分标准，根据 3 年移动时间窗计算创业投资机构的总体投资情况作为行业异质性、区域异质性及阶段异质性特征的测度。其中，行业异质性主要统计各个时期内创业投资机构所投项目的所属行业情况，区域异质性主要统计各个时期内创业投资机构所投项目的所属区域情况，阶段异质性主要统计各个时期内创业投资机构所投项目的所属阶段情况。

第6章 创业投资网络动态演化的实证研究

本章选取 Wind 数据库 2005 年 1 月 1 日至 2019 年 12 月 31 日联合投资项目的数据作为研究样本,以参与联合投资的创业投资机构及其形成的创业投资网络为研究对象,借助 Ucinet、Gephi、Pajek 和 Netdraw 等软件分别从创业投资网络拓扑图演化、网络结构演化、网络位置演化、网络关系演化以及网络资源整合能力—异质性特征演化探究创业投资网络演化规律。研究揭示了创业投资网络演化同时受到国际、国内两个市场的双重影响并且越发呈现出规模扩大、密度减小、合作关系加深等结构特征。

6.1 创业投资网络拓扑图演化

本章以参与联合投资的创业投资机构为网络节点,以创业投资机构之间的合作关系为连边构建了创业投资网络,通过可视化技术,呈现了具有代表性的 2007—2009 年和 2011—2013 年两个时期的创业投资双向网络图谱。其中,节点以度进行区分,标签大小取决于节点大小(见图 6.1 和图 6.2)。

首先,从可视化图谱中可以观察到创业投资网络内的创业投资机构越来越多,IDG 资本、深创投和红杉资本中国一直占据着网络的核心位置,是网络内最活跃的创业投资机构。其次,创业投资机构之间的合作关系越来越复杂,从二元关系逐渐向三元关系甚至更多元关系扩大。最后,创业投资网络经历了从稀疏到密集的明显变化,进入网络的创业投资机构多分布在边缘区,核心区的集聚程度不断增加,整个网络的核心—边缘结构越发明晰。

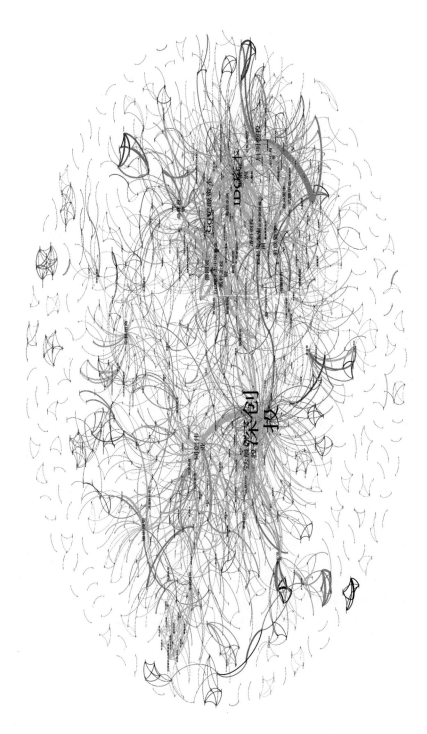

图6.1 2007—2009年创业投资网络演化图谱

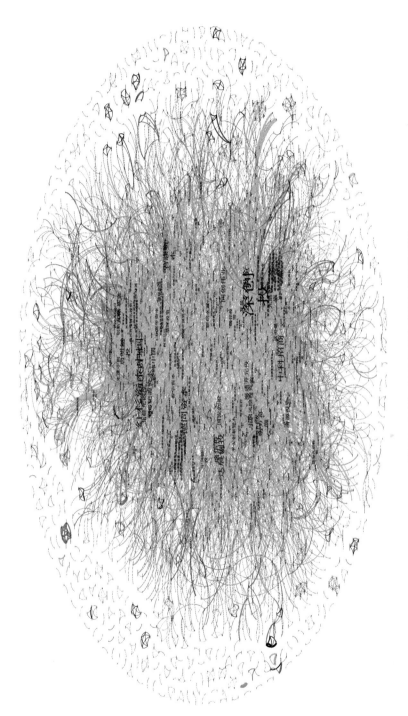

图6.2　2011—2013年创业投资网络演化图谱

6.2　创业投资网络结构演化

6.2.1　创业投资网络规模与密度

由表6.1可以看出，自2005年以来，活跃在我国创业投资市场的创业投资机构逐渐增加，首先，从第2个时期到第13个时期的创业投资机构同比增速依次为31.85%、30.00%、54.71%、39.11%、24.94%、2.03%、16.92%、65.48%、54.80%、27.64%、11.28%、5.11%，体现在各个时期创业投资网络的网络规模、网络范围呈现递增趋势。其中，网络规模由第1个时期的675增加到第13个时期的14154，增加了近20倍，表明越来越多的创业投资机构加入创业投资网络。其次，网络范围由第1个时期的2331增加到第13个时期的100355，增加了42倍多，表明创业投资机构之间的合作关系越来越多，彼此之间信息、知识等要素的交流更加频繁。通过图6.3可以发现，创业投资网络的网络规模与网络密度存在显著的负向关系，说明由于创业投资机构对自身发展与项目选择的需求，虽然更多的创业投资机构选择联合投资的方式进行创业投资，但机构间联系紧密程度在逐渐降低，并且创业投资机构受到的网络限制在逐渐缩小。总的来说，创业投资网络为创业投资机构营造了良好的投资氛围。

表6.1　　　2005—2019年创业投资网络规模、网络范围与网络密度

研究指标	2005—2007年	2006—2008年	2007—2009年	2008—2010年	2009—2011年	2010—2012年	2011—2013年
网络规模	675	890	1157	1790	2490	3111	3174
网络密度	0.0102	0.0081	0.0053	0.0037	0.0031	0.0026	0.0023
网络范围	2331	3200	3543	5975	9611	12377	11668
研究指标	2012—2014年	2013—2015年	2014—2016年	2015—2017年	2016—2018年	2017—2019年	
网络规模	3711	6141	9506	12133	13501	14154	
网络密度	0.0020	0.0016	0.0013	0.0012	0.0012	0.0010	
网络范围	13978	29636	58455	85976	108211	100355	

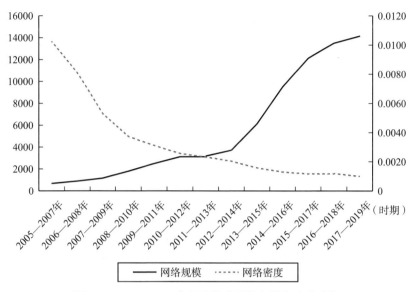

图 6.3　2005—2019 年创业投资网络规模与密度演化

6.2.2　创业投资网络平均度

　　网络平均度具体分为平均度和平均加权度，前者反映网络内两两创业投资机构间的平均合作关系，后者则衡量核心创业投资机构对网络的影响程度。从表 6.2 的统计结果可以看出创业投资网络的平均度和平均加权度均呈上升趋势，其中平均度指标从 6.6607 增加到 11.6532，增长了 74.95%；平均加权度指标从 19.6859 增加到 34.3016，增长了 74.24%。通过图 6.4 可以看出，平均度和平均加权度的同比增速曲线基本重合，由于平均度并未考虑到创业投资机构实际边的权重，而平均加权度则考虑到了创业投资机构实际边的权重，因此综合这两个指标的变化规律，可以发现创业投资网络在不断扩大的同时也带来了创业投资机构间合作关系的加深，同时，网络内核心创业投资机构所发挥的引领作用越来越显著。

表 6.2 　　　　　**2005—2019 年创业投资网络的平均度和平均加权度**

研究指标	2005—2007 年	2006—2008 年	2007—2009 年	2008—2010 年	2009—2011 年	2010—2012 年	2011—2013 年
平均度	6.6607	6.6382	6.3544	7.1453	7.7558	7.9171	7.4795
平均加权度	19.6859	20.4517	17.7563	18.7754	21.1904	21.7518	20.4096

研究指标	2012—2014 年	2013—2015 年	2014—2016 年	2015—2017 年	2016—2018 年	2017—2019 年	
平均度	7.5155	8.7709	10.7980	11.8488	13.0056	11.6532	
平均加权度	21.0321	25.5857	31.0875	35.0143	38.6671	34.3016	

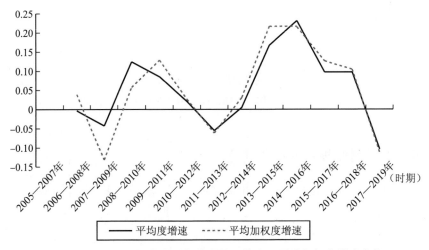

图 6.4　2005—2019 年创业投资网络平均度、平均加权度增速变化

6.2.3　创业投资网络稳定与扩张

由表 6.3 可以看出，各个时期的在位机构、新增机构、退出机构、持续联系和减少联系均在波动中增长，而新增联系在最后一个时期有明显回落，其中在位机构从第 2 个时期的 590 增长到第 13 个时期的 10031，新增机构从第 2 个时期的 300 增长到第 13 个时期的 4123，退出机构从第 2 个时期的 85 增长到第 13 个时期的 3470，持续联系从第 2 个时期的 2066 增长到第 13 个时期的 70810，减少联系从第 2 个时期的 225 增长到第 13 个时期的 17343，而新增

表 6.3　2005—2019 年创业投资网络稳定与扩张

	研究指标	2005—2007 年	2006—2008 年	2007—2009 年	2008—2010 年	2009—2011 年	2010—2012 年	2011—2013 年
网络稳定	在位机构	—	590	756	946	1541	2227	2426
	持续联系	—	2066	2298	2415	4994	8434	8234
	上期有合作的在位机构间联系数	—	2066	2298	2415	4994	8434	8234
网络扩张	新增机构	—	300	401	844	949	884	748
	新增联系	—	1134	1245	3560	4617	3943	3434
	新增机构间联系数	—	264	362	909	889	771	612
	新增机构与在位机构间联系数	—	589	614	1733	2271	1984	1562
	上期无合作在位机构间联系数	—	281	269	918	1457	1188	1260
网络衰退	退出机构	—	85	134	211	249	263	685
	减少联系	—	225	446	569	763	684	2344
	退出机构间联系数	—	69	80	96	147	122	593
	在位机构与退出机构间联系数	—	156	366	473	616	562	1751

	研究指标	2012—2014 年	2013—2015 年	2014—2016 年	2015—2017 年	2016—2018 年	2017—2019 年
网络稳定	在位机构	2365	3020	5588	8581	9837	10031
	持续联系	7418	12020	27866	51559	63824	70810
	上期有合作的在位机构间联系数	7418	12020	27866	51559	63824	70810

续表

研究指标		2012—2014年	2013—2015年	2014—2016年	2015—2017年	2016—2018年	2017—2019年
网络扩张	新增机构	1346	3121	3918	3552	3664	4123
	新增联系	6560	17616	30589	34417	44387	29545
	新增机构间联系数	1135	3540	5173	4117	5002	7444
网络扩张	新增机构与在位机构间联系数	2753	7733	13899	14206	18298	10381
	上期无合作的在位机构间联系数	2672	6343	11517	16094	21087	11720
网络衰退	退出机构	809	691	553	925	2296	3470
	减少联系	2797	2085	1786	3114	8670	17343
	退出机构间联系数	718	521	437	579	1589	3934
	在位机构与退出机构间联系数	2079	1564	1349	2535	7081	13409

148

联系虽然从第 2 个时期的 1134 增长到第 13 个时期的 29545，但是相较于第 12 个时期而言，新增联系减少了 14842，这反映出创业投资网络更趋于稳定，网络扩张较为迟缓，并且在第 13 个时期网络衰退更加明显。结合图 6.5 可以发现，不同时期的创业投资机构总数在不断增加，大多数时期的在位机构数量 > 新增机构数量 > 退出机构数量，这表明创业投资网络规模在不断扩大，但网络内创业投资机构的流动性较小。同时，图 6.5 展示了不同类型机构的增速变化，可以看到新增机构的增速有两个小高峰，分别是第 4 个时期和第 9 个时期，退出机构的增速也有两个小高峰，分别是第 7 个时期和第 12 个时期，这与创业投资网络拓扑图的演化规律一致。通过表 6.3 可以发现，不同时期的创业投资机构间联系数在不断增加，大多数时期的持续联系 > 新增联系 > 减少联系，这反映出创业投资网络范围在不断扩大，但网络内创业投资机构间的合作关系趋于稳定。同时，图 6.6 展示了不同类型合作关系的增速变化，可以看到新增联系的增速变化与新增机构的增速变化基本一致，减少联系的增速变化与退出机构的增速变化基本一致。

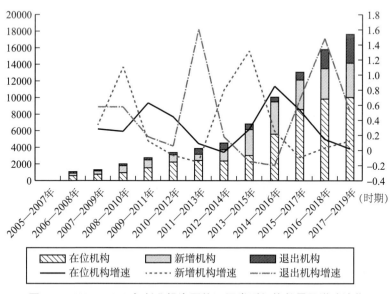

图 6.5　2005—2019 年创业投资网络不同类型机构数量及增速演化

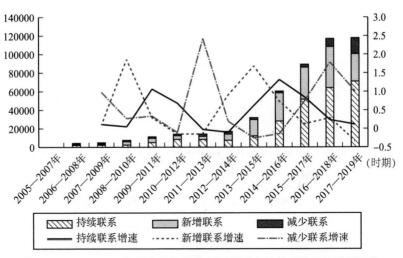

图 6.6　2005—2019 年创业投资网络不同类型合作关系数量及增速演化

6.2.4　创业投资网络核心—边缘结构

本书根据核心度计算结果，把核心度 $\in [0.1, 1)$ 的创业投资机构归为核心区，核心度 $\in [0.01, 0.1)$ 的创业投资机构归为亚核心区，核心度 $\in [0.001, 0.01)$ 的创业投资机构归为半边缘区，核心度 $\in [0, 0.001)$ 的创业投资机构归为边缘区。处于核心区的创业投资机构与网络内其他创业投资机构的联系更加紧密，而处于边缘区的创业投资机构与网络内其他创业投资机构的联系更加稀疏。由表 6.4 可以看出，核心区占比从第 1 个时期的 2.96% 下降到第 13 个时期的 0.22%，亚核心区占比从第 1 个时期的 26.96% 下降到第 13 个时期的 2.76%，半边缘区占比从第 1 个时期的 29.63% 下降到第 13 个时期的 11.26%，边缘区占比从第 1 个时期的 40.44% 上升到第 13 个时期的 85.76%。不同时期中创业投资网络内核心区、亚核心区、半边缘区的占比较总体而言过小且三个区域的占比均呈下降趋势，虽然半边缘区的占比在第 4 个时期和第 5 个时期有小幅上升，但是之后继续呈下降趋势。反之，不同时期边缘区的占比最大且上升势头猛烈，从第 6 个时期开始，边缘区的占比高达 50% 以上。这表明创业投资网络在发展过程中，虽然自身的规模在不断扩大，但是网络内的创业投资机构大多集中于网络的边缘区，仅有少数机构居于中心地位，整个网络的核心—边缘结构分区现象较明显。

表6.4 2005—2019年创业投资网络核心—边缘占比情况

单位：%

研究指标	2005—2007年	2006—2008年	2007—2009年	2008—2010年	2009—2011年	2010—2012年	2011—2013年
核心区占比	2.96	2.02	1.73	0.67	0.44	0.74	0.66
亚核心区占比	26.96	17.98	21.52	18.77	14.50	11.38	10.11
半边缘区占比	29.63	31.69	28.69	36.03	37.83	34.27	32.17
边缘区占比	40.44	48.31	48.06	44.53	47.23	53.62	57.06

研究指标	2012—2014年	2013—2015年	2014—2016年	2015—2017年	2016—2018年	2017—2019年
核心区占比	0.51	0.34	0.19	0.29	0.25	0.22
亚核心区占比	5.36	2.93	2.44	1.83	2.19	2.76
半边缘区占比	15.58	13.37	14.17	10.57	12.59	11.26
边缘区占比	78.55	83.36	83.20	87.31	84.97	85.76

6.2.5　创业投资网络小世界特征

小世界网络意味着网络的聚类系数高且特征路径长度短，即网络内组织和组织之间平均距离短，整个网络由许多紧密结合的小团体构成。表6.5计算了创业投资网络与同等规模的随机网络相比，聚类系数和特征路径长度变化，发现每个时期的 $CC \gg CC_{\mathrm{random}}$，$CC_{\mathrm{ratio}} \gg 1$，$CPL \approx CPL_{\mathrm{random}}$，$CPL_{\mathrm{ratio}} \approx 1$，且随着时间的推移，$CC_{\mathrm{ratio}}$ 越来越大，CPL_{ratio} 越来越接近于1，小世界商数 Q 不断增加，说明不同时期的创业投资网络均具有小世界性，创业投资机构之间的"抱团"现象很普遍，团体内部合作紧密、传递性强，团体之间有许多弱连接，正是由于这些极大程度缩小团体与团体之间距离的连接，导致整个创业投资网络变得很小。

6.2.6　创业投资网络凝聚子群

k-核反映出来的是子群中的所有创业投资机构至少与其他 k 个创业投资机构具有直接的联合投资关系。随着 k 值逐渐增加，网络的聚集系数呈现逐步增加的趋势。k 值越大，子群中的创业投资机构直接拥有的核心联合创业投资机构就越多。换言之，k 值是子群凝聚度的测量指标，与子群中其他 k 个有直接联合投资关系的创业投资机构将被聚在凝聚度为 k 的一类子群中。由于 k 值是衡量核的凝聚度的指标，而 k-核坍塌是指从0开始，k 每增加1后，去除掉小于 k 值的点（称为 k-剩余），并记录去除点的个数（k-剩余的值），直到 k 达到最大值，因此核坍塌序列可以描述内部的网络密度变化。通过核坍缩及核坍塌序列的变化，可以发现网络中每次升级聚类所产生的剩余节点，从而估计网络的总体分裂性。对联合创业投资网络按照时间顺序逐个分析，得到核坍塌序列如表6.6所示。整个网络中最大的核坍塌序列为42级，最小的核坍塌序列为11级，表中的数据表示当前 k 值下的创业投资机构数占所在时期创业投资机构总数的百分比。由表6.6可以看出，随着创业投资网络规模的扩大，低 k 值的创业投资机构越来越多，表明位于网络边缘区域的创业投资机构相应增多，而高 k 值的创业投资机构越来越少，即位于网络核心区

表6.5 2005—2019年创业投资网络小世界特征

研究指标	2005—2007年	2006—2008年	2007—2009年	2008—2010年	2009—2011年	2010—2012年	2011—2013年
CC	0.7648	0.7789	0.7794	0.7775	0.7755	0.7892	0.7990
CC_{random}	0.0099	0.0075	0.0055	0.0040	0.0031	0.0025	0.0024
CC_{ratio}	77.2531	103.8548	141.7171	194.3741	250.1602	315.6759	332.9179
CPL	4.0687	4.2013	4.4685	4.2126	4.0561	4.2183	4.4529
CPL_{random}	3.4357	3.5879	3.8146	3.8090	3.8176	3.8785	4.0069
CPL_{raito}	1.1843	1.1710	1.1714	1.1060	1.0625	1.0876	1.1113
Q	65.2310	88.6890	120.9810	175.7451	235.4449	290.2500	299.5752
研究指标	2012—2014年	2013—2015年	2014—2016年	2015—2017年	2016—2018年	2017—2019年	
CC	0.8066	0.8023	0.7934	0.7974	0.8158	0.8296	
CC_{random}	0.0020	0.0014	0.0011	0.0010	0.0010	0.0008	
CC_{ratio}	403.3115	573.0588	721.2786	797.4152	815.7662	1036.9921	
CPL	4.5618	4.3353	4.1638	4.0228	3.9309	4.1855	
CPL_{random}	4.0749	4.0171	3.8496	3.8038	3.7072	3.8933	
CPL_{raito}	1.1195	1.0792	1.0816	1.0576	1.0603	1.0751	
Q	360.2604	531.0033	666.8626	756.9856	769.3730	964.5541	

表 6.6　2005—2019 年创业投资网络核坍塌序列

单位：%

k	2005—2007年	2006—2008年	2007—2009年	2008—2010年	2009—2011年	2010—2012年	2011—2013年	2012—2014年	2013—2015年	2014—2016年	2015—2017年	2016—2018年	2017—2019年
1	27.11	26.85	26.36	24.02	22.27	20.96	23.91	26.41	23.50	19.87	19.01	17.92	17.95
2	21.93	21.57	21.18	18.77	17.24	18.42	19.82	19.48	17.33	15.36	14.33	13.83	13.97
3	16.44	16.63	18.84	17.82	15.51	15.14	15.91	13.26	13.03	12.95	11.21	10.89	12.35
4	10.81	15.51	13.57	10.84	8.80	11.41	11.78	11.51	11.02	8.61	8.67	8.13	9.67
5	8.89	6.52	9.16	8.16	10.29	8.55	7.44	8.43	7.85	7.82	7.38	6.98	7.68
6	4.44	4.27	5.53	7.32	8.56	7.17	7.91	6.66	7.15	6.90	6.97	6.35	6.47
7	7.26	3.48	2.77	4.86	6.79	6.24	3.72	4.82	4.79	5.37	4.74	4.91	5.01
8	1.33	1.57	0.69	2.51	5.67	4.63	2.77	2.53	3.45	3.89	4.78	3.93	3.65
9	0.00	1.12	0.86	2.12	2.17	3.41	2.55	2.37	2.18	2.83	3.35	3.70	3.89
10	0.00	1.12	0.00	0.61	0.40	1.64	1.42	0.81	2.36	2.27	2.69	3.15	2.99
11	1.78	1.35	1.04	0.67	0.48	0.39	0.00	0.38	1.21	2.39	2.15	2.19	2.02
12				0.67	0.52	0.42	0.79	1.89	1.64	2.30	2.15	2.80	1.74
13				0.00	0.00	0.42	0.44	0.75	0.81	1.41	2.30	2.21	1.92
14				1.62	0.60	0.48	0.00	0.00	0.46	0.90	1.06	0.96	1.21
15					0.00	0.00	0.00	0.00	0.50	1.00	1.17	1.47	1.25
16					0.68	0.00	0.00	0.00	0.54	1.07	1.41	0.50	0.73
17						0.00	0.00	0.00	1.37	0.65	1.43	0.95	0.94
18						0.00	0.00	0.00	0.00	0.52	0.40	0.87	1.05
19						0.00	0.00	0.00	0.00	0.61	0.42	0.53	0.61

续表

k	2005—2007年	2006—2008年	2007—2009年	2008—2010年	2009—2011年	2010—2012年	2011—2013年	2012—2014年	2013—2015年	2014—2016年	2015—2017年	2016—2018年	2017—2019年
20						0.00	0.00	0.00	0.00	0.42	0.45	0.99	0.65
21						0.00	0.00	0.00	0.36	0.27	0.52	0.82	0.23
22						0.74	0.72	0.00	0.00	0.10	0.22	0.35	0.86
23							0.00	0.00	0.00	0.76	0.36	0.61	0.10
24							0.00	0.00	0.00	0.26	0.63	0.38	0.14
25							0.82	0.70	0.00	0.30	0.21	0.43	0.36
26									0.44	0.00	0.03	0.67	0.07
27										0.00	0.01	0.74	0.30
28										0.00	0.00	0.16	0.03
29										0.31	0.43	1.04	0.73
30										0.00	0.27	0.00	0.20
31										0.00	0.00	0.21	0.23
32										0.00	0.00	0.24	0.23
33										0.00	0.27	0.00	0.00
34										0.00	0.00	0.25	0.00
35										0.00	0.00	0.53	0.76
36										0.00	0.00	0.00	
37										0.00	0.00	0.00	
38										0.00	0.32	0.00	

续表

k	2005—2007 年	2006—2008 年	2007—2009 年	2008—2010 年	2009—2011 年	2010—2012 年	2011—2013 年	2012—2014 年	2013—2015 年	2014—2016 年	2015—2017 年	2016—2018 年	2017—2019 年
39										0.42	0.33	0.00	
40										0.00	0.00	0.00	
41										0.44	0.35	0.00	
42												0.32	

域的创业投资机构相应减少。从第 1 个时期至第 13 个时期的演化可以发现，k 值较高时，出现了一个或多个连续的 0 值，且创业投资机构多分布在凝聚性较低的低 k 值核区域，在较高凝聚区域子群中创业投资机构则较少，这说明创业投资网络具有低分裂性。以第 13 个时期为例，有 73.1% 的创业投资机构分布在 k 值为 7 及 7 以下的区域，仅有 0.99% 的机构分布在 k 值为 32 及 32 以上的区域。

6.3　创业投资网络位置演化

6.3.1　创业投资网络中心位置

中心位置反映的是创业投资机构在创业投资网络中所拥有直接联系的多寡。中心位置越高，说明与该创业投资机构进行联合创业投资的其他创业投资机构越多，并且越接近创业投资网络的核心，在网络中的重要程度也就越高。表 6.7 显示了在 13 个时期里创业投资网络中的中心位置分别排名前 20 的创业投资机构。从表 6.7 可以看出，中心位置始终排名靠前的创业投资机构有 IDG 资本、君联资本、深创投和红杉资本中国，表明了这些创业投资机构在创业投资领域里一直位于网络的核心，保持着较大的影响力和凝聚力。从第 7 个时期至今，创业投资网络中涌现出更多新的创业投资机构，如真格基金、经纬中国、腾讯投资、险峰长青和顺为资本等创业投资机构在近 10 年里陆续出现在网络中心位置排名前 20 的列表里。这些创业投资机构在网络演化过程里中心位置排名稳定，部分创业投资机构有逐步迈向网络核心位置的趋势，表明这些新兴的创业投资机构保持着稳步向前的发展态势。值得注意的是，这些机构中，国有企业占比居多。从表 6.7 还可以看出，集富亚洲、海纳亚洲、崇德投资和英特尔投资在第 3 个时期之后消失在中心位置排名前 20 的创业投资机构中，退出了网络中的核心位置，而这些创业投资机构都为外商独资创业投资机构。对比之下，反映出了我国的创业投资领域经历了由外

表6.7　2005—2019年创业投资网络中心位置排名前20的创业投资机构

排序	2005—2007年				2006—2008年				2007—2009年			
	创业投资机构	项目数	性质	地区	创业投资机构	项目数	性质	地区	创业投资机构	项目数	性质	地区
1	IDG资本	52	外商独资	京津	IDG资本	56	外商独资	京津	深创投	84	国有企业	珠三角
2	君联资本	29	国有企业	京津	深创投	60	国有企业	珠三角	IDG资本	40	外商独资	京津
3	深创投	30	国有企业	珠三角	君联资本	28	国有企业	京津	达晨创投	27	国有企业	珠三角
4	集富亚洲	21	外商独资	其他	集富亚洲	25	外商独资	其他	GGV纪源资本	15	外商独资	长三角
5	华登国际	20	外商独资	其他	鼎晖投资	26	国有企业	京津	启明创投	29	外商独资	长三角
6	鼎晖投资	22	国有企业	京津	红杉资本中国	30	外商独资	京津	同创伟业	31	国有企业	珠三角
7	智基创投	12	外商独资	京津	崇德投资	14	外商独资	其他	集富亚洲	18	外商独资	其他
8	崇德投资	12	外商独资	其他	智基创投	9	外商独资	京津	君联资本	23	国有企业	京津
9	清科创投	15	国有企业	京津	德同资本	28	外商独资	长三角	德同资本	27	外商独资	长三角
10	北极光创投	11	外商独资	京津	英特尔投资	12	外商独资	其他	红杉资本中国	19	外商独资	其他
11	红杉资本中国	26	外商独资	京津	清科创投	16	国有企业	京津	清科创投	15	国有企业	京津
12	同创伟业	22	国有企业	珠三角	同创伟业	26	国有企业	珠三角	英特尔投资	12	外商独资	京津
13	壹普兰	5	外商独资	其他	海纳亚洲	21	外商独资	其他	鼎晖投资	20	国有企业	京津
14	海纳亚洲	18	外商独资	其他	华登国际	15	外商独资	其他	DFJ德丰杰中国基金	8	外商独资	其他
15	KTB投资集团	4	外商独资	其他	启明创投	25	外商独资	其他	中科招商	17	国有企业	京津
16	英特尔投资	11	外商独资	其他	Intel Capital	7	外商独资	其他	瑞华投资	41	国有企业	长三角
17	金沙江创投	15	外商独资	京津	达晨创投	25	国有企业	京津	凯鹏华盈	14	外商独资	其他
18	KPCB	5	外商独资	其他	联创永宣	15	外商独资	其他	晨兴资本	11	外商独资	其他
19	NEA恩颐投资	9	外商独资	京津	GGV纪源资本	10	外商独资	京津	海纳亚洲	16	外商独资	其他
20	启明创投	15	外商独资	长三角	KTB投资集团	5	外商独资	长三角	崇德投资	9	外商独资	其他

续表

排序	2008—2010 年				2009—2011 年				2010—2012 年			
	创业投资机构	项目数	性质	地区	创业投资机构	项目数	性质	地区	创业投资机构	项目数	性质	地区
1	深创投	113	国有企业	珠三角	深创投	141	国有企业	珠三角	深创投	162	国有企业	珠三角
2	同创伟业	33	国有企业	珠三角	同创伟业	47	国有企业	珠三角	中科招商	62	国有企业	京津
3	达晨创投	37	国有企业	珠三角	金石投资	49	国有企业	珠三角	红杉资本中国	46	外商独资	京津
4	中科招商	33	国有企业	京津	中科招商	46	国有企业	京津	同创伟业	51	国有企业	珠三角
5	IDG 资本	35	外商独资	京津	德同资本	24	外商独资	京津	德同资本	26	外商独资	长三角
6	金石投资	40	国有企业	京津	达晨创投	40	国有企业	珠三角	金石投资	42	国有企业	京津
7	启明创投	34	外商独资	长三角	红杉资本中国	37	外商独资	京津	达晨创投	46	国有企业	珠三角
8	德同资本	26	外商独资	长三角	IDG 资本	43	外商独资	京津	IDG 资本	53	外商独资	京津
9	君联资本	21	国有企业	京津	启明创投	41	外商独资	长三角	东方富海	31	国有企业	珠三角
10	昆吾九鼎投资	44	国有企业	京津	瑞华投资	52	国有企业	长三角	君联资本	32	国有企业	京津
11	元禾控股	15	国有企业	长三角	昆吾九鼎投资	70	国有企业	京津	昆吾九鼎投资	77	国有企业	京津
12	松禾资本	26	国有企业	珠三角	东方富海	24	国有企业	珠三角	瑞华投资	39	国有企业	长三角
13	红杉资本中国	19	外商独资	京津	清源投资	26	国有企业	其他	启明创投	40	外商独资	长三角
14	鼎晖投资	16	国有企业	京津	君联资本	29	国有企业	京津	国发创投	21	国有企业	长三角
15	涌铧投资	10	国有企业	长三角	国发创投	21	国有企业	长三角	中信产业基金	13	外商独资	其他
16	江苏高科技投资集团	4	国有企业	长三角	元禾控股	16	国有企业	长三角	涌铧投资	15	国有企业	长三角
17	GGV 纪源资本	15	外商独资	长三角	松禾资本	32	国有企业	珠三角	清科创投	20	国有企业	京津
18	天堂硅谷资产	22	国有企业	长三角	鼎晖投资	21	国有企业	京津	海通开元投资	25	国有企业	长三角
19	清源投资	11	国有企业	其他	中信产业基金	12	外商独资	其他	清源投资	27	国有企业	其他
20	瑞华投资	40	国有企业	长三角	涌铧投资	11	国有企业	长三角	元禾控股	16	国有企业	长三角

排序	2011—2013年				2012—2014年				2013—2015年			
	创业投资机构	项目数	性质	地区	创业投资机构	项目数	性质	地区	创业投资机构	项目数	性质	地区
1	深创投	118	国有企业	珠三角	深创投	92	国有企业	珠三角	IDG资本	166	外商独资	京津
2	红杉资本中国	58	外商独资	京津	红杉资本中国	88	外商独资	京津	深创投	105	国有企业	珠三角
3	德同资本	29	外商独资	长三角	IDG资本	97	外商独资	京津	红杉资本中国	149	外商独资	京津
4	中科招商	48	国有企业	京津	经纬中国	103	外商独资	京津	经纬中国	179	外商独资	京津
5	IDG资本	56	外商独资	京津	真格基金	82	国有企业	京津	腾讯投资	66	国有企业	珠三角
6	金石投资	28	国有企业	京津	同创伟业	48	国有企业	珠三角	真格基金	125	国有企业	京津
7	达晨创投	38	国有企业	珠三角	PreAngel	58	国有企业	京津	启明创投	64	外商独资	长三角
8	君联资本	34	国有企业	京津	启明创投	41	外商独资	长三角	同创伟业	55	国有企业	珠三角
9	瑞华投资	28	国有企业	长三角	达晨创投	44	国有企业	珠三角	达晨创投	58	国有企业	珠三角
10	同创伟业	38	国有企业	珠三角	腾讯投资	34	国有企业	珠三角	险峰长青	70	国有企业	京津
11	东方富海	25	国有企业	珠三角	君联资本	36	国有企业	京津	创新工场	69	国有企业	京津
12	启明创投	32	外商独资	长三角	创新工场	41	国有企业	长三角	顺为资本	71	国有企业	京津
13	经纬中国	53	外商独资	京津	险峰长青	33	国有企业	京津	晨兴资本	62	外商独资	其他
14	GGV纪源资本	16	外商独资	长三角	北极光创投	24	外商独资	长三角	君联资本	57	国有企业	京津
15	真格基金	47	国有企业	京津	光速中国	29	外商独资	京津	PreAngel	64	国有企业	京津
16	海通开元创投	19	国有企业	长三角	中科招商	33	国有企业	长三角	创新方舟	89	国有企业	京津
17	北极光创投	22	外商独资	京津	软银中国资本	18	外商独资	京津	GGV纪源资本	34	外商独资	长三角
18	国发创投	17	国有企业	长三角	九合创投	38	国有企业	长三角	德同资本	35	外商独资	长三角
19	清源投资	25	国有企业	其他	晨兴资本	34	外商独资	其他	高榕资本	51	外商独资	京津
20	中国风险投资	24	国有企业	京津	英诺天使基金	24	国有企业	京津	东方富海	33	国有企业	珠三角

续表

排序	2014—2016 年				2015—2017 年			
	创业投资机构	项目数	性质	地区	创业投资机构	项目数	性质	地区
1	IDG 资本	209	外商独资	京津	红杉资本中国	166	外商独资	京津
2	红杉资本中国	165	外商独资	京津	IDG 资本	212	外商独资	京津
3	深创投	121	国有企业	珠三角	腾讯投资	126	国有企业	珠三角
4	真格基金	179	国有企业	京津	真格基金	219	国有企业	京津
5	腾讯投资	96	国有企业	珠三角	经纬中国	218	外商独资	京津
6	经纬中国	214	外商独资	京津	深创投	130	国有企业	珠三角
7	达晨创投	113	国有企业	珠三角	君联资本	122	国有企业	京津
8	君联资本	89	国有企业	京津	达晨创投	143	国有企业	珠三角
9	东方富海	65	国有企业	珠三角	顺为资本	131	国有企业	京津
10	启明创投	83	外商独资	珠三角	东方富海	85	国有企业	珠三角
11	顺为资本	112	国有企业	京津	启明创投	104	外商独资	京津
12	险峰长青	114	国有企业	珠三角	险峰长青	144	国有企业	珠三角
13	同创伟业	60	国有企业	珠三角	东方证券	45	中外合资	长三角
14	海通开元	36	国有企业	长三角	英诺天使基金	120	国有企业	京津
15	景林投资	41	国有企业	京津	高瓴资本	60	外商独资	京津
16	创新工场	80	国有企业	珠三角	京东数科	62	国有企业	京津
17	天星资本	41	国有企业	京津	广发信德	52	国有企业	珠三角
18	广发信德	44	国有企业	珠三角	创新工场	86	国有企业	京津
19	东方证券	37	中外合资	长三角	中信证券	40	国有企业	长三角
20	英诺天使基金	84	国有企业	京津	高榕资本	68	外商独资	京津

续表

排序	2016—2018年				2017—2019年			
	创业投资机构	项目数	性质	地区	创业投资机构	项目数	性质	地区
1	IDG资本	217	外商独资	京津	红杉资本中国	203	外商独资	京津
2	红杉资本中国	180	外商独资	京津	IDG资本	198	外商独资	京津
3	腾讯投资	150	国有企业	珠三角	深创投	123	国有企业	珠三角
4	深创投	129	国有企业	珠三角	腾讯投资	144	国有企业	珠三角
5	真格基金	225	国有企业	京津	君联资本	140	国有企业	京津
6	君联资本	144	国有企业	京津	顺为资本	133	外商独资	京津
7	经纬中国	213	外商独资	京津	经纬中国	190	外商独资	京津
8	顺为资本	147	国有企业	京津	高瓴资本	116	外商独资	京津
9	达晨创投	148	国有企业	珠三角	真格基金	175	国有企业	京津
10	险峰长青	182	国有企业	京津	启明创投	123	外商独资	长三角
11	东方富海	101	国有企业	珠三角	险峰长青	175	国有企业	京津
12	启明创投	115	外商独资	长三角	东方富海	83	国有企业	珠三角
13	高瓴资本	84	外商独资	京津	华创资本	90	国有企业	京津
14	华创资本	92	国有企业	京津	达晨创投	106	国有企业	珠三角
15	中金公司	56	中外合资	京津	中金公司	48	中外合资	京津
16	中信证券	46	国有企业	珠三角	梅花创投	61	国有企业	京津
17	英诺天使基金	130	国有企业	京津	金沙江创投	99	外商合资	京津
18	晨兴资本	89	外商独资	其他	晨兴资本	82	外商独资	其他
19	云锋基金	57	国有企业	长三角	GGV纪源资本	79	外商独资	长三角
20	GGV纪源资本	72	外商独资	长三角	英诺天使基金	100	国有企业	京津

注：①区域划分依据基于对投资项目4大类区域的划分：京津（北京，天津），珠三角（广州，深圳，珠海，东莞，佛山，中山，江门，惠州，肇庆），长三角（上海，南京，无锡，常州，苏州，南通，扬州，镇江，盐城，泰州，杭州，宁波，嘉兴，湖州，绍兴，金华，舟山，台州，合肥，芜湖，马鞍山，安庆，滁州，池州，宣城，铜陵）及其他；②机构性质划分依据基于对资本类型按照国有企业、外商独资及中外合资划分。

商主导到国有企业主导的转变。此外，从创业投资机构地理位置来看，网络中心位置排名靠前的创业投资机构多位于京津、长三角和珠三角地区，在演化过程中这一趋势更加明显。列表中京津地区的创业投资机构数量最多，这与北京拥有全球最多的"独角兽"公司数量也是侧面呼应的。总的来说，创业投资网络中心位置一直在变化和发展。部分创业投资机构一直保持着稳定的发展态势，有部分创业投资机构在发展过程中逐渐从网络的中心位置退出，同样也有新的创业投资机构逐渐迈向网络的中心，在网络中逐步占据重要地位。

6.3.2　创业投资网络中介位置

中介位置展现出来的是创业投资机构在创业投资网络中所拥有结构洞位置的多寡，反映了创业投资机构的控制力。创业投资机构的中介位置越高，表示在创业投资网络中越依赖这一创业投资机构传递关系，该机构在网络中处于极其重要的地位。表 6.8 展示了 2005—2019 年创业投资网络中介位置排名前 20 的创业投资机构。由表 6.8 可知，深创投、红杉资本中国、IDG 资本、君联资本和同创伟业一直在列且排名较靠前，达晨创投、东方富海和启明创投的位置也比较稳定，表明这些创业投资机构在创业投资网络中的位置始终非常重要，在很大程度上掌握着关系的联结和传递。真格基金、经纬中国、腾讯投资和险峰长青等创业投资机构在近 10 年里陆续出现在网络中介位置排名前 20 的创业投资机构列表里，而顺为资本、高瓴资本、英诺天使基金、中金公司和华创资本等创业投资机构则在近两个到三个时期挤进了中介位置排名前 20 的列表。这也反映出了在创业投资领域的发展过程中创业投资机构之间的合作关系一直在不断地变化和发展，网络权力并未完全集中在某几家创业投资机构里。与中心位置演化相同的是，在中介位置演化的过程中也有一些创业投资机构在发展过程中逐渐退出了网络中介前 20 的位置，比如海纳亚洲、智基创投、集富亚洲和崇德投资都集中在第 2 个时期之后淡出了这一列表，而这些创业投资机构也都是外商独资企业。此外，在中介位置演化中所表现的创业投资机构地域特征与中心位置演化基本保持一致。总体来看，网络的差异性在增大，网络权力并未集中，这对整个创业投资领域的发展是有利的。

表6.8　2005—2019年创业投资网络中介位置排名前20的创业投资机构

排序	2005—2007年				2006—2008年				2007—2009年			
	创业投资机构	项目数	性质	地区	创业投资机构	项目数	性质	地区	创业投资机构	项目数	性质	地区
1	IDG资本	52	外商独资	京津	深创投	60	国有企业	珠三角	深创投	84	国有企业	珠三角
2	深创投	30	国有企业	珠三角	IDG资本	56	外商独资	京津	IDG资本	40	外商独资	京津
3	君联资本	29	国有企业	京津	同创伟业	26	国有企业	珠三角	同创伟业	31	国有企业	珠三角
4	清科创投	15	国有企业	京津	红杉资本中国	30	外商独资	京津	达晨创投	27	国有企业	珠三角
5	同创伟业	22	国有企业	珠三角	君联资本	28	国有企业	珠三角	瑞华投资	41	国有企业	长三角
6	松禾资本	8	国有企业	珠三角	清科创投	16	国有企业	京津	君联资本	23	国有企业	京津
7	海纳亚洲	18	外商独资	京津	松禾资本	9	国有企业	珠三角	清科创投	15	国有企业	京津
8	智基创投	12	外商独资	京津	智基创投	9	外商独资	京津	鼎晖投资	20	国有企业	京津
9	华登国际	20	外商独资	其他	鼎晖投资	26	国有企业	京津	GGV纪源资本	15	外商独资	长三角
10	集富亚洲	21	外商独资	其他	崇德投资	14	外商独资	其他	国发创投	11	国有企业	珠三角
11	鼎晖投资	22	国有企业	京津	海纳亚洲	21	外商独资	其他	启明创投	29	外商独资	珠三角
12	崇德投资	12	外商独资	其他	瑞华投资	27	国有企业	京津	深创资本	10	国有企业	京津
13	红杉资本中国	26	外商独资	京津	达晨创投	25	国有企业	珠三角	中科招商	17	国有企业	长三角
14	DFJ德丰杰中国基金	6	外商独资	其他	集富亚洲	25	外商独资	其他	红杉资本中国	19	外商独资	京津
15	高盛集团有限公司	6	外商独资	其他	浙江科技	6	国有企业	长三角	汇金立方	6	国有企业	京津
16	浙江科技	7	国有企业	长三角	东方富海	12	国有企业	珠三角	国信弘盛投资	10	国有企业	珠三角
17	金沙江创投	15	外商独资	京津	涌铧投资	8	国有企业	长三角	华软投资	6	国有企业	京津
18	联创永宣	11	外商独资	长三角	蔚蓝资本	4	国有企业	京津	正同创投	5	国有企业	长三角
19	斯道资本	7	外商独资	其他	盈富泰克	7	国有企业	其他	国发创新基金	3	国有企业	京津
20	晓扬科技	2	国有企业	珠三角	联创永宣	15	外商独资	珠三角	DFJ德丰杰中国基金	8	外商独资	其他

续表

排序	2008—2010年				2009—2011年				2010—2012年			
	创业投资机构	项目数	性质	地区	创业投资机构	项目数	性质	地区	创业投资机构	项目数	性质	地区
1	深创投	113	国有企业	珠三角	深创投	141	国有企业	珠三角	深创投	162	国有企业	珠三角
2	达晨创投	37	国有企业	珠三角	同创伟业	47	国有企业	珠三角	中科招商	62	国有企业	京津
3	同创伟业	33	国有企业	珠三角	达晨创投	40	国有企业	珠三角	红杉资本中国	46	外商独资	京津
4	金石投资	40	国有企业	京津	中科招商	46	国有企业	京津	达晨创投	46	国有企业	珠三角
5	中科招商	33	国有企业	京津	金石投资	49	国有企业	京津	金石投资	42	国有企业	京津
6	启明创投	34	外商独资	长三角	红杉资本中国	37	外商独资	京津	同创伟业	51	国有企业	珠三角
7	红杉资本中国	19	外商独资	京津	瑞华投资	52	国有企业	京津	德同资本	26	外商独资	长三角
8	天堂硅谷资产	22	国有企业	长三角	IDG资本	43	外商独资	京津	IDG资本	53	外商独资	京津
9	瑞华投资	40	国有企业	长三角	德同资本	24	外商独资	长三角	东方富海	31	国有企业	珠三角
10	君联资本	21	国有企业	京津	天堂硅谷资产	30	国有企业	长三角	昆吾九鼎投资	77	国有企业	长三角
11	IDG资本	35	外商独资	京津	启明创投	41	外商独资	长三角	君联资本	32	国有企业	珠三角
12	松禾资本	26	国有企业	珠三角	昆吾九鼎投资	70	国有企业	京津	松禾资本	32	国有企业	珠三角
13	昆吾九鼎投资	44	国有企业	京津	君联资本	29	国有企业	京津	清源投资	27	国有企业	其他
14	鼎晖投资	16	国有企业	京津	东方富海	24	国有企业	珠三角	中信产业基金	13	外商独资	其他
15	涌铧投资	10	外商独资	长三角	松禾资本	32	国有企业	珠三角	海通开元投资	25	国有企业	长三角
16	中信产业基金	9	国有企业	其他	清源投资	26	国有企业	其他	中国风险投资	25	国有企业	京津
17	元禾控股	15	国有企业	长三角	鼎晖投资	21	国有企业	珠三角	瑞华投资	39	国有企业	长三角
18	国信弘盛投资	17	国有企业	珠三角	中国风险投资	21	国有企业	京津	启明创投	40	外商独资	京津
19	德同资本	26	外商独资	长三角	中信产业基金	12	外商独资	长三角	经纬中国	33	外商独资	京津
20	GGV纪源资本	15	外商独资	长三角	元禾控股	16	国有企业	长三角	元禾控股	16	国有企业	长三角

续表

排序	2011—2013 年				2012—2014 年				2013—2015 年			
	创业投资机构	项目数	性质	地区	创业投资机构	项目数	性质	地区	创业投资机构	项目数	性质	地区
1	深创投	118	国有企业	珠三角	深创投	92	国有企业	珠三角	深创投	105	国有企业	珠三角
2	红杉资本中国	58	外商独资	京津	同创伟业	48	国有企业	珠三角	IDG 资本	166	外商独资	京津
3	达晨创投	38	国有企业	珠三角	红杉资本中国	88	外商独资	京津	同创伟业	55	国有企业	珠三角
4	中科招商	48	国有企业	京津	IDG 资本	97	外商独资	京津	红杉资本中国	149	外商独资	京津
5	德同资本	29	外商独资	长三角	经纬中国	103	外商独资	京津	经纬中国	179	外商独资	京津
6	同创伟业	38	国有企业	珠三角	达晨创投	44	国有企业	珠三角	腾讯投资	66	国有企业	珠三角
7	IDG 资本	56	外商独资	京津	PreAngel	58	国有企业	京津	达晨创投	58	国有企业	京津
8	东方富海	25	国有企业	珠三角	东方富海	23	外商独资	珠三角	真格基金	125	外商独资	长三角
9	君联资本	34	国有企业	京津	启明创投	41	国有企业	长三角	德同资本	35	外商独资	长三角
10	金石投资	28	国有企业	京津	真格基金	82	国有企业	京津	东方富海	33	国有企业	珠三角
11	经纬中国	53	外商独资	京津	君联资本	36	国有企业	京津	君联资本	57	国有企业	京津
12	清源投资	25	国有企业	其他	金石投资	18	国有企业	京津	PreAngel	64	国有企业	京津
13	复星	12	国有企业	长三角	金沙江创投	25	外商独资	长三角	金石投资	25	国有企业	京津
14	中国风险投资	24	国有企业	京津	浙商创投	21	国有企业	长三角	险峰长青	70	国有企业	京津
15	瑞华投资	28	国有企业	长三角	平安创新资本	15	国有企业	珠三角	景林投资	29	国有企业	长三角
16	PreAngel	41	国有企业	京津	松禾资本	16	国有企业	京津	海通开元投资	25	国有企业	长三角
17	国发创投	17	国有企业	长三角	联创永宣	20	外商独资	长三角	启明创投	64	外商独资	珠三角
18	海通开元投资	19	国有企业	长三角	海通开元投资	17	国有企业	长三角	创新方舟	89	国有企业	长三角
19	松禾资本	19	国有企业	珠三角	清流投资	23	国有企业	珠三角	天星资本	33	国有企业	京津
20	北极光创投	22	外商独资	京津	中科招商	33	国有企业	京津	浙商创投	28	国有企业	长三角

续表

排序	2014—2016 年				2015—2017 年			
	创业投资机构	项目数	性质	地区	创业投资机构	项目数	性质	地区
1	深创投	121	国有企业	珠三角	深创投	130	国有企业	珠三角
2	达晨创投	113	国有企业	珠三角	IDG 资本	212	外商独资	京津
3	IDG 资本	209	外商独资	京津	达晨创投	143	国有企业	珠三角
4	经纬中国	214	外商独资	京津	腾讯投资	126	国有企业	珠三角
5	腾讯投资	96	国有企业	珠三角	红杉资本中国	166	外商独资	京津
6	真格基金	179	国有企业	京津	经纬中国	218	外商独资	京津
7	红杉资本中国	165	外商独资	京津	真格基金	219	国有企业	京津
8	东方富海	65	国有企业	珠三角	君联资本	122	国有企业	京津
9	同创伟业	60	国有企业	珠三角	东方富海	85	国有企业	珠三角
10	海通开元	36	国有企业	长三角	东方证券	45	中外合资	长三角
11	广发信德	44	国有企业	珠三角	广发信德	52	国有企业	珠三角
12	君联资本	89	国有企业	京津	顺为资本	131	国有企业	京津
13	东方证券	37	中外合资	长三角	中信证券	40	国有企业	珠三角
14	景林投资	41	国有企业	长三角	英诺天使基金	120	国有企业	京津
15	险峰长青	114	国有企业	京津	京东数科	62	国有企业	京津
16	天星资本	41	国有企业	京津	险峰长青	144	国有企业	京津
17	启明创投	83	外商独资	长三角	启明创投	104	外商独资	京津
18	中信证券	22	国有企业	珠三角	同创伟业	49	国有企业	长三角
19	创新方舟	107	国有企业	京津	天星资本	42	国有企业	珠三角
20	金石投资	28	国有企业	京津	海通开元	31	国有企业	长三角

续表

排序	2016—2018 年				2017—2019 年			
	创业投资机构	项目数	性质	地区	创业投资机构	项目数	性质	地区
1	深创投	129	国有企业	珠三角	深创投	123	国有企业	珠三角
2	IDG资本	217	外商独资	京津	红杉资本中国	203	外商独资	京津
3	红杉资本中国	180	外商独资	京津	IDG资本	198	外商独资	京津
4	达晨创投	148	国有企业	珠三角	君联资本	140	国有企业	京津
5	腾讯投资	150	国有企业	珠三角	启明创投	123	外商独资	长三角
6	君联资本	144	国有企业	京津	经纬中国	190	外商独资	京津
7	真格基金	225	国有企业	京津	顺为资本	133	国有企业	京津
8	顺为资本	147	国有企业	京津	腾讯投资	144	国有企业	珠三角
9	经纬中国	213	外商独资	京津	达晨创投	106	国有企业	珠三角
10	东方富海	101	国有企业	珠三角	真格基金	175	国有企业	京津
11	中信证券	46	国有企业	珠三角	高瓴资本	116	外商独资	京津
12	险峰长青	182	国有企业	京津	东方富海	83	国有企业	珠三角
13	英诺天使基金	130	国有企业	京津	险峰长青	175	国有企业	京津
14	中金公司	56	中外合资	京津	中金公司	48	中外合资	京津
15	东方证券	37	中外合资	长三角	中小企业发展基金	64	国有企业	长三角
16	启明创投	115	外商独资	珠三角	英诺天使基金	100	国有企业	京津
17	同创伟业	45	国有企业	珠三角	华创资本	90	国有企业	京津
18	高瓴资本	84	外商独资	京津	普华资本	49	国有企业	长三角
19	中小企业发展基金	60	国有企业	长三角	梅花创投	61	国有企业	长三角
20	华创资本	92	国有企业	京津	同创伟业	52	国有企业	珠三角

注：①区域划分依据基于对投资项目 4 大类区域的划分：京津（北京、天津）、珠三角（广州、深圳、珠海、东莞、佛山、中山、惠州、江门、肇庆）、长三角（上海、南京、池州、滁州、苏州、常州、无锡、宣城、铜陵）及其他（安庆、马鞍山、芜湖、盐城、镇江、扬州、泰州、嘉兴、绍兴、湖州、金华、台州、舟山、合肥）；②机构性质划分基于对资本类型按照国有企业、外商独资及中外合资划分。

6.4　创业投资网络关系演化

6.4.1　创业投资网络关系广度

关系广度衡量的是创业投资机构的网络关系总数，是对创业投资机构在创业投资领域中合作关系的量化。2005—2019 年创业投资网络中关系广度的变化如表 6.9 所示。从表 6.9 可以看出，在 13 个时期中关系广度的均值总体上呈现出平稳上升趋势，可以认为随着创业投资领域的逐步发展，创业投资机构愈加重视联合投资，网络中创业投资机构之间的联系更加紧密。从标准差角度来看，在 13 个时期中关系广度的标准差不断增加。其中，前 7 个时期标准差的增大较为缓慢，且某些时期关系广度的标准差有少量减少趋势，而在第 8 个时期之后，关系广度的标准差增长速度加快。关系广度最大值的变化与标准差的变化一致。这一趋势反映出网络中创业投资机构的关系广度在近 10 年中分化加剧，差异性扩大，说明创业投资机构之间的发展不平衡。

表 6.9　　　　　　　2005—2019 年创业投资网络中关系广度的变化

关系广度	2005—2007 年	2006—2008 年	2007—2009 年	2008—2010 年	2009—2011 年	2010—2012 年	2011—2013 年
均值	6.9067	7.1910	6.1245	6.6760	7.7197	7.9569	7.3522
标准差	11.7835	13.4011	11.2633	12.0616	15.0468	15.7543	13.1431
最大值	152	182	217	293	394	410	263

关系广度	2012—2014 年	2013—2015 年	2014—2016 年	2015—2017 年	2016—2018 年	2017—2019 年	
均值	7.5333	9.6518	12.2985	14.1723	16.0301	14.1435	
标准差	16.6277	28.5571	36.6675	45.1690	51.3162	46.8814	
最大值	360	855	1221	1583	1719	1713	

6.4.2　创业投资网络关系深度

关系深度测量的是创业投资机构在创业投资网络中 2－步内可达的机构数与个体网络规模之比，即关系深度越强，创业投资机构在 2－步内所联络的其他机构越多。关系深度反映的是创业投资机构之间直接进行联合投资可能性的大小，创业投资机构之间网络深度的增强将有助于投资效率的提升。表 6.10 展示了 2005—2019 年创业投资网络关系深度的变化。从表 6.10 可知，关系深度均值在第 1 个时期至第 8 个时期的整体趋势是下降的，从第 9 个时期至第 12 个时期则为上升趋势，第 13 个时期转为下降趋势，标准差和最大值的演化与均值类似。由此可知，在第 8 个时期之前创业投资机构之间直接进行联合创业投资的可能性在不断下降。在这一过程中，越来越多的创业投资机构需要通过不止一个中介创业投资机构来间接产生联合创业投资联系。从第 9 个时期开始至第 12 个时期，网络关系深度逐渐增强，网络内创业投资机构之间 2－步内可达的比例变大，合作效率提高。在第 13 个时期关系深度又出现了下降趋势。总体来看，关系深度反映出了创业投资网络的合作效率从高到低再到近几年逐渐提高的变化。

表 6.10　　　　　　　　2005—2019 年创业投资网络关系深度的变化

关系深度	2005—2007 年	2006—2008 年	2007—2009 年	2008—2010 年	2009—2011 年	2010—2012 年	2011—2013 年
均值	5.8094	4.8002	3.4590	3.2284	3.1639	2.6284	1.9222
标准差	7.1292	5.9321	4.5762	4.3869	4.2709	3.6749	2.7530
最大值	48.5163	41.7323	37.7163	41.4198	47.6095	41.5756	31.4214

关系深度	2012—2014 年	2013—2015 年	2014—2016 年	2015—2017 年	2016—2018 年	2017—2019 年	
均值	1.8330	2.0378	2.3593	2.5324	2.8724	2.1694	
标准差	3.0304	3.5523	4.0259	4.3259	4.7858	3.9084	
最大值	29.5148	36.0749	40.1683	44.5104	46.9111	41.0853	

6.5　创业投资网络能力演化

行业划分依据参照 Wind 分为 11 个大类：能源、材料、工业、可选消费、日常消费、医疗保健、金融、信息技术、电信服务、公用事业及房地产。区域划分依据基于对投资项目 4 大类区域的划分：京津（北京、天津）、珠三角（广州、深圳、珠海、东莞、佛山、中山、惠州、江门、肇庆）、长三角（上海、南京、无锡、常州、苏州、南通、盐城、扬州、镇江、泰州、杭州、宁波、嘉兴、湖州、绍兴、金华、舟山、台州、合肥、芜湖、马鞍山、安庆、滁州、池州、宣城、铜陵）及其他地区。阶段划分依据基于对投资轮次按照种子期（Strategy、Pre – Angel、Angel、Angel +、Pre – A、Pre – A +）、初创期（A、A +、A + +、Pre – B、Pre – B +）、扩张期（B、B +、B + +、Pre – C、C、C +）及成熟期（D、E、F、G、H、PIPE、E +、D +）4 个阶段的划分。

6.5.1　创业投资网络行业异质性

从表 6.11 可以看出，创业投资机构的投资项目主要集中在信息技术、工业、可选消费、医疗保健、材料等领域。其中，信息技术领域在 2008—2011 年受国际金融危机的影响，占比最低，之后随着金融科技的快速发展，其获得创业投资机构的青睐，投资占比持续增长。工业领域在 2009—2011 年占比最高，随后创业投资机构对该领域的投资热度下降。可选消费领域，创业投资机构的投资趋势相对平稳。医疗保健领域成为近年来创业投资机构的热门投资领域，近几年增长趋势显著增强。材料领域在 2010 年后投资占比持续走低。同时，其他领域的投资占比近年也趋于走低。

从表 6.12 可以看出，创业投资机构对于材料行业更加注重对长三角和其他地区进行投资，京津和珠三角地区的投资比例相对较低，且主要投资于种子期和初创期，成熟期和扩张期的投资比例不高，成熟期的投资比例最低。对于电信服务行业，创业投资机构主要投资于京津、长三角和珠三角地区，对其他地区的投资比例相对较低，且前期主要投资于初创期和扩张期，中期主要投资于成熟期，后期主要投资于种子期。对于房地产行业，创业投资机

表 6.11　2005—2019 年创业投资机构的投资项目分布情况

单位：%

投资行业	2005—2007年	2006—2008年	2007—2009年	2008—2010年	2009—2011年	2010—2012年	2011—2013年	2012—2014年	2013—2015年	2014—2016年	2015—2017年	2016—2018年	2017—2019年
材料	8.94	10.22	9.48	10.40	10.47	10.69	8.46	5.61	3.77	3.25	2.92	2.64	2.33
电信服务	2.87	2.06	1.23	0.75	0.63	0.42	0.35	0.20	0.25	0.19	0.22	0.15	0.14
房地产	1.40	1.53	1.55	0.90	0.54	0.44	0.81	1.06	0.83	0.69	0.69	0.65	0.50
工业	9.13	13.48	17.90	19.88	22.67	21.77	19.79	13.62	10.69	9.01	8.07	7.23	6.81
公用事业	0.83	0.77	0.71	1.65	1.54	1.43	1.08	0.91	0.68	0.55	0.57	0.55	0.68
金融	3.26	2.54	2.82	3.71	3.93	3.78	3.35	4.30	5.37	6.97	6.32	6.07	4.49
可选消费	20.88	21.53	18.93	17.07	14.92	15.01	14.33	13.95	15.33	14.58	14.77	14.25	12.68
能源	0.26	1.15	1.63	1.70	2.15	2.04	1.90	1.22	0.75	0.54	0.40	0.27	0.20
日常消费	4.98	4.94	4.72	5.84	5.75	5.57	4.53	3.66	2.79	2.22	1.79	1.55	1.50
信息技术	42.91	34.96	32.70	28.50	28.21	30.15	36.83	47.10	51.52	53.32	54.99	56.10	53.95
医疗保健	4.53	6.81	8.33	9.60	9.19	8.68	8.57	8.37	8.01	8.70	9.23	10.54	16.73

注：灰度由深到浅，代表创业投资项目占比多＞中＞少。

表 6.12　2005—2019 年创业投资机构的投资行业在不同区域及阶段的分布情况

单位：%

投资行业	投资区域/阶段	2005—2007年	2006—2008年	2007—2009年	2008—2010年	2009—2011年	2010—2012年	2011—2013年	2012—2014年	2013—2015年	2014—2016年	2015—2017年	2016—2018年	2017—2019年
材料	京津	10.00	7.98	8.79	4.21	5.68	5.46	6.73	6.40	4.57	3.65	2.43	4.31	4.33
	长三角	37.86	31.92	26.36	18.32	23.87	24.45	30.38	30.00	35.03	38.56	39.70	34.63	28.79
	珠三角	7.14	11.27	10.88	17.82	12.69	11.83	7.55	16.20	14.38	16.06	11.40	12.94	11.34
	其他地区	45.00	48.83	53.97	59.65	57.76	58.26	55.34	47.40	46.02	41.73	46.46	48.11	55.54
	种子期	12.14	15.02	16.32	29.70	27.71	28.35	23.65	36.20	46.19	58.39	61.67	70.23	71.34
	初创期	58.57	61.03	61.92	50.50	45.41	44.08	46.80	40.00	29.78	22.51	20.70	16.40	14.27
	成熟期	6.43	6.10	7.53	5.20	7.51	7.54	8.21	5.20	4.57	4.50	3.70	2.80	2.04
	扩张期	22.86	17.84	14.23	14.60	19.37	20.03	21.35	18.60	19.46	14.60	3.38	10.57	12.36
电信服务	京津	75.56	60.47	64.52	37.93	38.89	33.33	44.00	16.67	41.03	36.17	54.17	48.15	48.94
	长三角	20.00	25.58	19.35	13.79	16.67	20.00	16.00	33.33	20.51	25.53	19.44	29.63	36.17
	珠三角	4.44	6.98	6.45	41.38	44.44	46.67	40.00	33.33	25.64	14.89	9.72	5.56	2.13
	其他地区	0.00	6.98	9.68	6.90	0.00	0.00	0.00	16.67	12.82	23.40	16.67	16.67	12.77
	种子期	2.22	0.00	3.23	17.24	11.11	10.00	16.00	55.56	61.54	57.45	61.11	66.67	74.47
	初创期	51.11	37.21	29.03	20.69	22.22	16.67	12.00	22.22	20.51	25.53	22.22	18.52	17.02
	成熟期	0.00	0.00	0.00	13.79	27.78	33.33	40.00	22.22	10.26	0.00	5.56	7.41	8.51
	扩张期	46.67	62.79	67.74	48.28	38.89	40.00	32.00	0.00	7.69	17.02	11.11	7.41	0.00

续表

投资行业	投资区域/阶段	2005—2007年	2006—2008年	2007—2009年	2008—2010年	2009—2011年	2010—2012年	2011—2013年	2012—2014年	2013—2015年	2014—2016年	2015—2017年	2016—2018年	2017—2019年
房地产	京津	31.82	21.88	17.95	22.86	19.35	37.50	29.31	35.11	49.23	34.86	28.89	17.47	21.89
	长三角	27.27	18.75	7.69	14.29	22.58	34.38	39.66	27.66	19.23	23.43	29.78	30.57	28.40
	珠三角	40.91	46.88	35.90	17.14	6.45	6.25	8.62	8.51	9.23	15.43	19.56	20.09	17.75
	其他地区	0.00	12.50	38.46	45.71	51.61	21.88	20.69	28.72	22.31	26.29	21.78	31.88	31.95
	种子期	18.18	18.75	15.38	11.43	19.35	34.38	39.66	47.87	48.46	61.14	74.67	78.60	77.51
	初创期	77.27	71.88	51.28	48.57	35.48	46.88	51.72	38.30	30.00	21.14	15.56	12.23	11.83
	成熟期	0.00	0.00	17.95	20.00	29.03	12.50	3.45	2.13	10.00	8.00	4.89	0.44	0.00
	扩张期	4.55	9.38	15.38	20.00	16.13	6.25	5.17	11.70	11.54	9.71	4.89	8.73	10.65
工业	京津	12.59	9.96	12.86	14.25	15.88	17.75	20.42	26.63	23.76	21.31	18.97	19.08	18.37
	长三角	31.47	28.47	29.49	29.79	32.69	33.33	32.84	31.16	33.31	33.36	33.09	30.49	33.57
	珠三角	20.98	17.79	16.41	12.31	14.11	14.43	15.16	12.20	12.48	14.29	16.26	17.62	16.89
	其他地区	34.97	43.77	41.24	43.65	37.32	34.48	31.58	30.01	30.45	31.04	31.68	32.81	31.17
	种子期	15.38	17.79	16.41	24.09	23.05	28.35	26.95	38.58	42.69	53.66	59.56	65.77	63.95
	初创期	64.34	63.35	58.76	48.83	46.49	42.46	40.35	31.00	27.88	23.54	20.93	16.52	15.24
	成熟期	5.59	4.27	6.65	7.64	8.33	7.60	8.63	8.49	7.88	5.26	3.75	2.68	3.35
	扩张期	14.69	14.59	18.18	19.43	22.13	21.58	24.07	21.93	21.55	17.54	15.76	15.03	17.46

续表

投资行业	投资区域/阶段	2005—2007年	2006—2008年	2007—2009年	2008—2010年	2009—2011年	2010—2012年	2011—2013年	2012—2014年	2013—2015年	2014—2016年	2015—2017年	2016—2018年	2017—2019年
公用事业	京津	0.00	12.50	38.89	26.56	30.68	31.07	34.62	24.69	9.35	7.91	9.24	18.75	16.52
	长三角	15.38	18.75	5.56	7.81	6.82	7.77	10.26	9.88	24.30	27.34	28.80	26.04	25.22
	珠三角	69.23	56.25	0.00	14.06	10.23	15.53	6.41	8.64	14.02	13.67	13.59	11.46	13.48
	其他地区	15.38	12.50	55.56	51.56	52.27	45.63	48.72	56.79	52.34	15.11	48.37	43.75	44.78
	种子期	46.15	43.75	38.89	25.00	19.32	15.53	15.38	27.16	54.21	66.91	72.28	74.48	73.04
	初创期	83.33	43.75	55.56	50.00	45.45	39.81	30.77	32.10	18.69	17.27	14.67	19.27	18.70
	成熟期	40.00	12.50	0.00	15.63	14.77	13.59	7.69	6.17	4.67	0.72	0.54	0.00	2.61
	扩张期	0.00	0.00	5.56	9.38	20.45	31.07	46.15	34.57	22.43	15.11	12.50	6.25	5.65
金融	京津	37.25	22.64	12.68	27.08	38.67	41.91	35.27	34.20	31.87	27.03	25.26	26.11	27.48
	长三角	23.53	22.64	25.35	29.17	23.11	21.69	33.20	27.68	34.84	37.39	39.52	37.27	32.96
	珠三角	5.88	13.21	15.49	15.28	13.33	12.13	12.86	14.62	18.91	19.21	19.10	17.39	16.31
	其他地区	33.33	41.51	46.48	28.47	24.89	24.26	18.67	23.50	14.39	16.37	16.12	19.22	23.25
	种子期	13.73	24.53	40.85	59.72	61.78	62.50	58.51	59.27	59.69	64.02	64.68	66.62	66.45
	初创期	52.94	52.83	35.21	29.86	20.00	22.79	21.16	27.68	26.28	24.31	22.57	20.21	17.37
	成熟期	13.73	13.21	14.08	2.08	7.11	4.78	7.47	1.31	1.31	0.74	1.66	1.59	2.58
	扩张期	19.61	9.43	9.86	8.33	11.11	9.93	12.86	11.75	12.72	10.93	11.09	11.58	13.61

续表

投资行业	投资区域/阶段	2005—2007年	2006—2008年	2007—2009年	2008—2010年	2009—2011年	2010—2012年	2011—2013年	2012—2014年	2013—2015年	2014—2016年	2015—2017年	2016—2018年	2017—2019年
可选消费	京津	34.86	39.20	34.59	29.86	27.99	28.70	34.21	41.55	41.36	39.84	37.24	37.11	35.34
	长三角	39.76	33.85	34.17	34.54	37.70	36.85	35.66	31.32	31.63	33.07	35.63	36.77	37.80
	珠三角	14.37	11.80	10.69	8.60	10.19	11.02	10.95	10.87	12.61	14.57	14.28	14.62	13.63
	其他地区	11.01	15.14	20.55	27.00	24.12	23.43	19.19	16.26	14.40	12.51	12.86	11.50	13.23
	种子期	5.20	6.24	6.92	18.55	21.66	25.09	29.17	39.45	42.03	45.10	46.67	48.71	48.13
	初创期	49.24	46.55	45.49	43.44	42.62	39.72	34.11	26.49	27.59	27.30	26.78	26.32	26.25
	成熟期	3.06	5.57	7.55	9.20	9.48	8.52	8.82	6.68	5.62	3.68	3.64	2.92	3.58
	扩张期	42.51	41.65	40.04	28.81	26.23	26.67	27.91	27.38	24.76	23.92	22.91	22.05	22.04
能源	京津	50.00	75.00	65.85	53.03	30.08	30.61	35.77	43.12	38.14	33.82	25.38	18.75	13.24
	长三角	0.00	0.00	0.00	3.03	13.01	12.93	13.14	3.67	7.63	13.97	16.92	15.63	5.88
	珠三角	0.00	8.33	4.88	3.03	0.00	1.36	2.92	5.50	3.39	4.41	6.15	12.50	10.29
	其他地区	50.00	16.67	29.27	40.91	56.91	55.10	48.18	47.71	50.85	47.79	51.54	53.13	70.59
	种子期	0.00	8.33	9.76	19.70	17.07	19.05	20.44	43.12	66.95	76.47	83.08	84.38	91.18
	初创期	100.00	87.50	68.29	56.06	48.78	49.66	44.53	27.52	11.86	9.56	7.69	9.38	7.35
	成熟期	0.00	0.00	0.00	4.55	4.07	8.16	9.49	13.76	8.47	4.41	1.54	0.00	0.00
	扩张期	0.00	4.17	21.95	19.70	30.08	23.13	25.55	15.60	12.71	9.56	7.69	6.25	1.47

续表

投资行业	投资区域/阶段	2005—2007年	2006—2008年	2007—2009年	2008—2010年	2009—2011年	2010—2012年	2011—2013年	2012—2014年	2013—2015年	2014—2016年	2015—2017年	2016—2018年	2017—2019年
日常消费	京津	8.97	8.74	10.92	4.41	7.29	8.73	11.96	15.95	19.86	20.14	16.87	14.68	17.62
	长三角	5.13	9.71	15.97	20.70	16.11	15.46	14.72	19.02	21.23	22.64	24.61	25.14	24.36
	珠三角	0.00	0.00	0.00	4.85	5.47	5.74	5.83	4.60	6.62	10.16	12.22	15.60	14.06
	其他地区	85.90	81.55	73.11	70.04	71.12	70.07	67.48	60.43	52.28	47.06	46.30	44.59	43.96
	种子期	16.67	17.48	20.17	22.47	24.32	27.93	30.98	42.02	42.24	45.63	51.12	63.30	63.56
	初创期	50.00	50.49	45.38	50.66	49.24	43.39	34.66	25.15	29.22	29.41	27.37	21.47	19.60
	成熟期	12.82	9.71	10.08	6.17	8.51	7.48	7.67	6.13	6.62	5.17	3.61	0.92	0.99
	扩张期	20.51	22.33	24.37	20.70	17.93	21.20	26.69	26.69	21.92	19.79	17.90	14.31	15.84
信息技术	京津	37.05	34.84	33.98	34.33	37.42	37.21	37.29	40.27	39.41	40.77	39.29	39.26	35.96
	长三角	39.73	39.37	37.38	32.70	29.62	28.08	30.73	32.81	35.04	33.61	33.63	34.03	34.32
	珠三角	11.46	13.72	15.90	20.60	21.50	19.96	17.35	14.66	14.92	15.80	16.71	17.29	16.95
	其他地区	11.76	12.07	12.74	12.38	11.46	14.75	14.63	12.26	10.63	9.83	10.38	9.42	12.77
	种子期	8.33	8.64	11.77	23.13	25.34	30.94	34.35	41.68	44.35	47.54	48.67	47.04	45.01
	初创期	39.29	41.15	39.20	40.74	37.92	33.52	30.77	28.14	28.25	27.65	27.77	27.96	27.85
	成熟期	5.51	6.45	6.07	5.78	6.38	7.79	7.73	5.46	3.81	3.04	3.08	3.34	3.99
	扩张期	46.88	43.76	42.96	30.35	30.36	27.75	27.15	24.73	23.58	21.77	20.48	21.66	23.15

177

续表

投资行业	投资区域/阶段	2005—2007年	2006—2008年	2007—2009年	2008—2010年	2009—2011年	2010—2012年	2011—2013年	2012—2014年	2013—2C15年	2014—2016年	2015—2017年	2016—2018年	2017—2019年
	京津	29.58	26.06	22.38	18.77	23.76	21.47	22.69	18.39	18.88	21.18	23.21	23.18	14.39
	长三角	45.07	37.32	32.38	32.17	23.38	24.36	22.53	32.89	39.76	43.58	44.78	46.87	32.18
	珠三角	0.00	9.86	17.14	13.67	10.27	7.37	9.24	13.42	14.10	12.61	11.91	12.56	8.10
医疗保健	其他地区	25.35	26.76	28.10	35.39	42.59	46.79	45.54	35.30	27.25	22.63	20.00	17.40	45.34
	种子期	12.68	10.56	16.67	25.20	24.71	26.28	26.42	38.12	33.73	43.76	43.34	42.00	31.64
	初创期	64.79	55.63	43.81	42.63	39.92	36.54	33.06	29.66	33.31	31.70	30.67	28.85	29.41
	成熟期	2.82	2.82	2.86	3.22	7.60	9.29	11.18	6.17	6.69	4.40	3.98	4.27	6.52

注：灰度由深到浅，代表创业投资项目占比多＞中＞少。

构主要投资于京津、长三角地区，且主要投资于种子期和初创期，对成熟期和扩张期的投资比例较低。对于工业行业，创业投资机构主要投资于长三角和其他地区，京津和珠三角地区的投资比例相对较低，且前期主要投资于初创期，后期主要投资于种子期，对于成熟期和扩张期的投资占比相对较低。对于公用事业，创业投资机构主要投资于珠三角和其他地区，京津和长三角地区的投资比例相对较低，且主要投资于种子期和初创期，其次是扩张期，对成熟期的投资比例偏小。对于金融行业，创业投资机构主要投资于京津、长三角和其他地区，对珠三角地区的投资比例相对较低，且主要投资于种子期和初创期，其次是扩张期，对成熟期的投资比例偏小。对于可选消费行业，创业投资机构主要投资于京津和长三角地区，对珠三角和其他地区的投资比例相对较低，且主要投资于种子期、初创期和扩张期，对成熟期的投资比例相对较低。对于能源行业，创业投资机构主要投资于京津和其他地区，对长三角和珠三角地区的投资比例相对较低，且主要投资于种子期和初创期。对于日常消费行业，创业投资机构主要投资于其他地区，对京津、长三角和珠三角地区的投资比例相对较低，且主要投资于种子期和初创期，其次是扩张期，对成熟期的投资比例偏小。对于信息技术行业，创业投资机构主要投资于京津、长三角地区，其次是珠三角地区，对其他地区的投资比例较小，且主要投资于种子期、初创期和扩张期，对成熟期的投资比例较小。对于医疗保健行业，创业投资机构主要投资于长三角和其他地区，其次是京津地区，对珠三角地区的投资比例相对较小，且主要投资于种子期、初创期和扩张期，对成熟期的投资比例较小。

6.5.2 创业投资网络区域异质性

从表6.13可以看出，创业投资机构的投资项目主要集中在京津、长三角、其他地区等区域。其中，京津和长三角地区的投资项目最多，投资总占比超过50%。另外，其他地区的创业投资项目占比也比较突出。相对而言，珠三角地区的创业投资项目占比较少。

从表6.14可以看出，创业投资机构在京津、长三角、珠三角和其他地区，都更加注重对信息技术、医疗保健、可选消费、工业等行业进行投资，尤其是对信息技术行业的投资比重较大。创业投资机构在不同地区均更加注重对种子期、初创期和扩张期的投资，对成熟期的投资占比相对较小。相对而言，创业投资机构对京津地区的材料行业投资比重较小，对其他地区的材料行业投资比重最大。创业投资机构对京津地区的电信服务行业投资力度要强于对其他三个地区的投资力度。创业投资机构在长三角和其他地区对工业行业的投资力度大于京津和珠三角地区。创业投资机构对京津、长三角和珠三角地区的可选消费行业的投资力度要大于其他地区的可选消费行业。创业投资机构对京津和长三角地区扩张期的投资力度强于对珠三角和其他地区的投资力度。

6.5.3　创业投资网络阶段异质性

从表6.15可以看出，种子期阶段的投资占比在2008年以前较小，2008年以后，种子期阶段投资占比持续增长。初创期阶段的投资占比在初期较高，而随后各个时期投资占比呈现下降的趋势，但仍高于成熟期、扩张期阶段的投资占比。成熟期阶段的投资占比在2007—2009年受到创业投资机构的青睐，投资占比达到32.18%，随后创业投资机构对成熟期的投资趋势走低。扩张期阶段的投资在2007—2009年的投资占比达到最低为13.85%，随后扩张期阶段的投资再次受到创业投资机构的关注。

从表6.16可以看出，创业投资机构对种子期、初创期、成熟期和扩张期4个阶段的投资都更加注重工业、可选消费、信息技术、医疗保健等行业。相对而言，种子期和扩张期，创业投资机构对工业行业的投资比例低于对初创期和成熟期的投资比例。种子期的可选消费和信息技术的投资比例低于其他阶段的投资比例，且扩张期的投资比例最高。创业投资机构对各阶段的医疗保健的投资比例较均衡，对不同阶段的医疗保健的投资都比较重视。创业投资机构在成熟期对京津和长三角地区的投资比例高于种子期、初创期和扩张期3个阶段的投资比例。创业投资机构对种子期、初创期和扩张期珠三角的投资比例高于成熟期的投资比例。创业投资机构对种子期、初创期和成熟期其他地区的投资比例高于扩张期的投资比例。

表 6.13　2005—2019 年创业投资机构的投资区域分布情况

单位：%

投资区域	2005—2007 年	2006—2008 年	2007—2009 年	2008—2010 年	2009—2011 年	2010—2012 年	2011—2013 年	2012—2014 年	2013—2015 年	2014—2016 年	2015—2017 年	2016—2018 年	2017—2019 年
京津	30.97	28.11	25.95	23.04	24.52	28.36	33.50	33.27	34.00	34.29	33.24	33.40	29.45
长三角	35.76	32.71	31.03	28.84	28.49	29.94	30.88	30.88	33.87	34.33	35.14	35.47	33.87
珠三角	11.94	13.29	13.77	14.55	14.37	13.42	13.22	13.22	14.09	15.25	15.73	16.25	14.79
其他地区	21.33	25.90	29.25	33.57	32.63	28.28	22.40	22.40	18.05	16.13	15.89	14.87	21.89

注：灰度由深到浅，代表创业投资项目占比多 > 中 > 少。

表6.14　2005—2019年创业投资机构的投资区域在不同行业及阶段的分布情况

单位：%

投资区域	投资行业/阶段	2005—2007年	2006—2008年	2007—2009年	2008—2010年	2009—2011年	2010—2012年	2011—2013年	2012—2014年	2013—2015年	2014—2016年	2015—2017年	2016—2018年	2017—2019年
	材料	2.89	2.90	3.21	1.90	2.42	2.31	2.01	1.07	0.51	0.35	0.21	0.34	0.34
	电信服务	7.01	4.44	3.06	1.23	1.00	0.55	0.54	0.10	0.30	0.20	0.36	0.22	0.23
	房地产	1.44	1.19	1.07	0.89	0.43	0.66	0.83	1.11	1.20	0.70	0.60	0.34	0.37
	工业	3.71	4.78	8.87	12.29	14.68	15.28	14.25	10.83	7.47	5.60	4.61	4.13	4.25
	公用事业	0.00	0.34	1.07	1.90	1.92	1.76	1.32	0.67	0.19	0.13	0.16	0.31	0.38
	金融	3.92	2.05	1.38	4.36	6.20	6.27	4.16	4.39	5.03	5.49	4.80	4.75	4.19
	可选消费	23.51	30.03	25.23	22.12	17.03	17.04	17.29	17.30	18.66	16.94	16.55	15.83	15.22
京津	能源	0.41	3.07	4.13	3.91	2.64	2.47	2.40	1.58	0.84	0.53	0.31	0.15	0.09
	日常消费	1.44	1.54	1.99	1.12	1.71	1.92	1.91	1.74	1.63	1.30	0.91	0.68	0.90
	信息技术	51.34	43.34	42.81	42.46	43.05	44.37	48.43	56.62	59.72	63.39	65.00	65.94	65.86
	医疗保健	4.33	6.31	7.19	7.82	8.91	7.37	6.86	4.59	4.45	5.38	6.48	7.31	8.17
	种子期	8.66	8.36	13.30	26.59	27.73	34.41	36.78	44.28	43.86	46.71	47.10	46.70	45.19
	初创期	46.19	44.88	38.23	36.87	35.28	31.61	29.24	25.21	26.56	26.52	26.73	27.37	27.36
	成熟期	3.09	5.46	5.81	7.49	6.63	6.98	5.73	4.76	4.64	4.01	4.26	4.17	4.82
	扩张期	42.06	41.30	42.66	29.05	30.36	26.99	28.26	25.75	24.94	22.77	21.92	21.75	22.63

续表

投资区域	投资行业/阶段	2005—2007年	2006—2008年	2007—2009年	2008—2010年	2009—2011年	2010—2012年	2011—2013年	2012—2014年	2013—2015年	2014—2016年	2015—2017年	2016—2018年	2017—2019年
长三角	材料	9.46	9.97	8.06	6.61	8.77	9.24	8.58	5.45	3.90	3.65	3.30	2.58	1.98
	电信服务	1.61	1.61	0.77	0.36	0.37	0.29	0.19	0.22	0.15	0.14	0.12	0.13	0.15
	房地产	1.07	0.88	0.38	0.45	0.43	0.54	1.07	0.95	0.47	0.47	0.59	0.56	0.42
	工业	8.04	11.73	17.01	20.54	26.01	25.66	21.71	13.75	10.51	8.75	7.60	6.22	6.75
	公用事业	0.36	0.44	0.13	0.45	0.37	0.39	0.37	0.29	0.49	0.44	0.47	0.40	0.51
	金融	2.14	1.76	2.30	3.75	3.19	2.90	3.71	3.85	5.52	7.59	7.11	6.38	4.37
	可选消费	23.21	22.29	20.84	20.45	19.75	19.57	17.07	14.15	14.32	14.04	14.97	14.77	14.15
	能源	0.00	0.00	0.00	0.18	0.98	0.93	0.83	0.15	0.17	0.22	0.19	0.12	0.04
	日常消费	0.71	1.47	2.43	4.20	3.25	3.05	2.23	2.25	1.75	1.46	1.26	1.10	1.08
	信息技术	47.68	42.08	39.39	32.32	29.33	29.94	37.80	50.04	53.31	52.20	52.61	53.82	54.67
	医疗保健	5.71	7.77	8.70	10.71	7.55	7.47	6.45	8.91	9.40	11.05	11.77	13.92	15.89
	种子期	8.04	9.24	11.25	21.25	21.23	26.11	29.82	40.84	42.49	47.08	48.47	48.93	46.97
	初创期	43.93	45.16	44.88	43.13	43.44	40.17	37.15	32.07	30.37	28.36	27.00	25.66	25.42
	成熟期	7.14	7.18	6.52	6.88	8.28	8.26	7.37	4.87	5.31	4.11	4.02	3.63	3.85
	扩张期	40.89	38.42	37.34	28.75	27.06	25.47	25.65	22.22	21.82	20.46	20.51	21.78	23.76

183

续表

投资区域	投资行业/阶段	2005—2007年	2006—2008年	2007—2009年	2008—2010年	2009—2011年	2010—2012年	2011—2013年	2012—2014年	2013—2015年	2014—2016年	2015—2017年	2016—2018年	2017—2019年
珠三角	材料	5.35	8.66	7.49	12.74	9.25	9.05	4.76	6.88	3.85	3.42	2.12	2.10	1.78
	电信服务	1.07	1.08	0.58	2.12	1.95	1.39	1.04	0.51	0.45	0.18	0.14	0.05	0.02
	房地产	4.81	5.42	4.03	1.06	0.24	0.20	0.52	0.68	0.54	0.70	0.86	0.81	0.60
	工业	16.04	18.05	21.33	16.81	22.26	22.49	22.36	12.57	9.47	8.44	8.34	7.84	7.78
	公用事业	4.81	3.25	0.00	1.59	1.09	1.59	0.52	0.59	0.68	0.49	0.49	0.39	0.62
	金融	1.60	2.53	3.17	3.89	3.65	3.28	3.21	4.76	7.20	8.78	7.68	6.50	4.95
	可选消费	25.13	19.13	14.70	10.09	10.58	11.84	11.70	11.47	13.72	13.93	13.41	12.82	11.69
	能源	0.00	0.72	0.58	0.35	0.00	0.20	0.41	0.51	0.18	0.16	0.16	0.21	0.14
	日常消费	0.00	0.00	0.00	1.95	2.19	2.29	1.97	1.27	1.31	1.48	1.39	1.49	1.42
	信息技术	41.18	36.10	37.75	40.35	42.21	43.08	47.62	52.25	54.57	55.23	58.41	59.66	61.84
	医疗保健	0.00	5.05	10.37	9.03	6.57	4.58	5.90	8.50	8.02	7.20	6.99	8.14	9.16
	种子期	11.23	15.88	14.41	23.01	25.06	26.97	29.19	37.81	44.84	49.69	50.46	49.81	47.20
	初创期	50.80	54.87	54.18	50.80	47.32	42.99	39.23	30.50	30.25	28.95	30.02	28.05	26.64
	成熟期	4.28	3.97	5.76	5.66	6.20	5.77	5.49	5.44	2.81	1.50	0.79	1.28	2.69
	扩张期	33.69	25.27	25.65	20.53	21.41	24.28	26.09	26.25	22.10	19.86	18.73	20.87	23.47

续表

投资区域	投资行业/阶段	2005—2007年	2006—2008年	2007—2009年	2008—2010年	2009—2011年	2010—2012年	2011—2013年	2012—2014年	2013—2015年	2014—2016年	2015—2017年	2016—2018年	2017—2019年
其他地区	材料	18.86	19.26	17.50	18.48	18.53	19.19	16.55	11.88	9.61	8.40	8.55	8.53	5.90
	电信服务	0.00	0.56	0.41	0.15	0.00	0.00	0.00	0.15	0.18	0.27	0.23	0.17	0.08
	房地产	0.00	0.74	2.04	1.23	0.86	0.30	0.64	1.35	1.03	1.13	0.95	1.40	0.73
	工业	14.97	22.78	25.24	25.84	25.92	23.13	22.10	18.25	18.03	17.33	16.09	15.96	9.69
	公用事业	0.60	0.37	1.36	2.53	2.46	2.01	1.87	2.31	1.98	1.74	1.73	1.61	1.39
	金融	5.09	4.07	4.48	3.14	3.00	2.83	2.21	4.51	4.28	7.07	6.41	7.84	4.77
	可选消费	10.78	12.59	13.30	13.73	11.03	10.84	9.72	10.13	12.23	11.31	11.95	11.02	7.66
	能源	0.60	0.74	1.63	2.07	3.75	3.47	3.24	2.61	2.12	1.59	1.30	0.98	0.65
	日常消费	20.06	15.56	11.80	12.19	12.53	12.03	10.81	9.87	8.09	6.46	5.23	4.65	3.01
	信息技术	23.65	16.30	14.25	10.51	9.91	13.70	19.06	25.76	30.33	32.48	35.92	35.53	31.46
	医疗保健	5.39	7.04	8.01	10.12	12.00	12.51	13.80	13.18	12.09	12.22	11.62	12.32	34.65
	种子期	13.17	14.44	16.82	26.69	27.58	29.12	26.33	38.60	49.28	58.80	63.27	64.49	48.42
	初创期	58.38	59.26	54.55	48.24	42.58	40.00	36.20	29.92	26.16	23.40	21.73	20.83	24.37
	成熟期	6.59	5.19	8.14	6.29	9.59	9.68	13.90	9.92	5.90	2.45	1.77	1.61	4.63
	扩张期	21.86	21.11	20.49	18.79	20.25	21.20	23.58	21.55	18.63	15.35	13.24	13.07	22.58

注：灰度由深到浅，代表创业投资项目占比多＞中＞少。

185

表 6.15　2005—2019 年创业投资机构各投资阶段分布情况

单位：%

投资阶段	2005—2007 年	2006—2008 年	2007—2009 年	2008—2010 年	2009—2011 年	2010—2012 年	2011—2013 年	2012—2014 年	2013—2015 年	2014—2016 年	2015—2017 年	2016—2018 年	2017—2019 年
种子期	9.71	11.22	6.71	24.56	25.45	30.72	41.09	41.09	44.52	49.24	50.68	50.64	46.80
初创期	48.53	50.02	47.26	44.52	41.72	34.92	29.08	29.08	28.30	27.02	26.55	25.90	25.94
成熟期	5.43	5.76	32.18	6.64	8.00	8.50	6.04	6.04	4.84	3.41	3.23	3.13	4.13
扩张期	36.33	33.00	13.85	24.28	24.83	25.86	23.78	23.78	22.35	20.33	19.54	20.32	23.13

注：灰度由深到浅，代表创业投资项目占比多＞中＞少。

表 6.16　2005—2019 年创业投资机构投资阶段在不同行业及区域的分布情况

单位：%

投资阶段	投资行业/区域	2005—2007年	2006—2008年	2007—2009年	2008—2010年	2009—2011年	2010—2012年	2011—2013年	2012—2014年	2013—2015年	2014—2016年	2015—2017年	2016—2018年	2017—2019年
种子期	材料	11.18	13.68	11.17	12.58	11.40	10.34	6.51	4.95	3.91	3.85	3.56	3.66	3.55
	电信服务	0.66	0.00	0.29	0.52	0.27	0.14	0.18	0.27	0.34	0.22	0.27	0.20	0.22
	房地产	2.63	2.56	1.72	0.42	0.41	0.52	1.04	1.23	0.90	0.86	1.02	1.01	0.83
	工业	14.47	21.37	21.20	19.50	20.54	2.09	17.36	12.79	10.25	9.81	9.49	9.40	9.30
	公用事业	3.95	2.99	2.01	1.68	1.17	0.76	0.54	0.60	0.83	0.75	0.81	0.80	1.06
	金融	4.61	5.56	8.31	9.01	9.55	8.06	6.37	6.20	7.20	9.06	8.07	7.98	6.37
	可选消费	11.18	11.97	9.46	12.89	12.71	12.86	13.61	13.39	14.48	13.35	13.60	13.71	13.04
	能源	0.00	0.85	1.15	1.36	1.44	1.33	1.27	1.28	1.13	0.83	0.66	0.46	0.39
	日常消费	8.55	7.69	6.88	5.35	5.49	5.31	4.57	3.74	2.65	2.05	1.81	1.94	2.03
	信息技术	36.84	26.92	27.79	26.83	28.09	31.83	41.18	47.77	51.33	51.48	52.81	52.11	51.88
	医疗保健	5.92	6.41	10.03	9.85	8.93	7.78	7.37	7.76	6.97	7.74	7.90	8.74	11.31
	京津	27.63	20.94	24.93	24.95	26.72	29.70	33.95	36.10	33.50	32.52	30.89	30.80	28.44
	长三角	29.61	26.92	25.21	24.95	23.76	25.19	29.07	30.69	32.33	32.83	33.61	34.27	33.99
	珠三角	13.82	18.80	14.33	13.63	14.15	12.86	12.75	12.16	14.19	15.39	15.66	15.99	14.92
	其他地区	28.95	33.33	35.53	36.48	35.37	32.26	24.23	21.04	19.98	19.26	19.84	18.94	22.65

续表

投资阶段	投资行业/区域	2005—2007年	2006—2008年	2007—2009年	2008—2010年	2009—2011年	2010—2012年	2011—2013年	2012—2014年	2013—2015年	2014—2016年	2015—2017年	2016—2018年	2017—2019年
初创期	材料	10.79	12.46	12.43	11.80	11.40	12.29	11.34	7.72	3.97	2.70	2.28	1.67	1.28
	电信服务	3.03	1.53	0.76	0.35	0.34	0.18	0.12	0.15	0.18	0.18	0.19	0.11	0.09
	房地产	2.24	2.21	1.68	0.98	0.46	0.54	1.19	1.39	0.88	0.54	0.41	0.31	0.23
	工业	12.11	17.07	22.25	21.80	25.26	24.11	22.87	14.52	10.53	7.85	6.36	4.61	4.00
	公用事业	0.66	0.67	0.84	1.85	1.68	1.49	0.95	1.00	0.45	0.35	0.31	0.41	0.49
	金融	3.55	2.68	2.10	2.49	1.89	2.25	2.03	4.09	4.98	6.27	5.38	4.74	3.01
	可选消费	21.18	20.04	18.22	16.66	15.25	15.55	14.00	12.70	14.95	14.73	14.90	14.48	12.83
	能源	0.53	2.01	2.35	2.14	2.51	2.65	2.43	1.16	0.32	0.19	0.12	0.10	0.06
	日常消费	5.13	4.99	4.53	6.65	6.79	6.31	4.49	3.17	2.89	2.41	1.85	1.29	1.13
	信息技术	34.74	28.76	27.12	26.08	25.64	26.36	32.46	45.56	51.43	54.57	57.53	60.56	57.91
	医疗保健	6.05	7.57	7.72	9.20	8.80	8.27	8.11	8.53	9.43	10.21	10.67	11.73	18.97
	京津	29.47	25.22	20.99	19.09	20.74	20.85	23.75	29.03	31.91	33.65	33.46	35.30	31.06
	长三角	32.37	29.53	29.47	27.94	29.66	29.62	31.86	34.05	36.35	36.04	35.74	35.14	33.18
	珠三角	12.50	14.57	15.79	16.60	16.30	15.66	15.08	13.86	15.06	16.34	17.79	17.60	15.19
	其他地区	25.66	30.68	33.75	36.38	33.31	33.87	29.32	23.05	16.69	13.97	13.01	11.96	20.57

续表

投资阶段	投资行业/区域	2005—2007年	2006—2008年	2007—2009年	2008—2010年	2009—2011年	2010—2012年	2011—2013年	2012—2014年	2013—2015年	2014—2016年	2015—2017年	2016—2018年	2017—2019年
成熟期	材料	10.59	10.83	10.65	8.14	9.83	10.02	8.17	4.83	3.56	4.29	3.34	2.36	1.15
	电信服务	0.00	0.00	0.00	1.55	2.18	1.73	1.63	0.74	0.53	0.00	0.38	0.36	0.29
	房地产	0.00	0.00	4.14	2.71	1.97	0.69	0.33	0.37	1.72	1.62	1.05	0.09	0.00
	工业	9.41	10.00	17.75	22.87	23.58	20.55	20.10	19.14	17.41	13.90	9.36	6.18	5.52
	公用事业	2.35	1.67	0.00	3.88	2.84	2.42	0.98	0.93	0.66	0.12	0.10	0.00	0.43
	金融	8.24	5.83	5.92	1.16	3.49	2.25	2.94	0.93	1.45	1.51	3.25	3.09	2.80
	可选消费	11.76	20.83	21.30	23.64	17.69	15.89	14.87	15.43	17.81	15.76	16.62	13.27	10.97
	能源	0.00	0.00	0.00	1.16	1.09	2.07	2.12	2.79	1.32	0.70	0.19	0.00	0.00
	日常消费	11.76	8.33	7.10	5.43	6.11	5.18	4.08	3.72	3.83	3.36	2.01	0.45	0.36
	信息技术	43.53	39.17	29.59	24.81	22.49	29.19	33.50	42.57	40.63	47.51	52.34	59.82	52.11
	医疗保健	2.35	3.33	3.55	4.65	8.73	10.02	11.27	8.55	11.08	11.24	11.37	14.36	26.38
	京津	17.65	26.67	22.49	25.97	20.31	21.93	19.12	26.39	32.59	40.32	43.74	44.55	34.34
	长三角	47.06	40.83	30.18	29.84	29.48	29.02	25.98	24.91	37.20	41.37	43.74	41.18	31.54
	珠三角	9.41	9.17	11.83	12.40	11.14	10.02	8.66	11.90	8.18	6.72	3.82	6.64	9.61
	其他地区	25.88	23.33	35.50	31.78	39.08	39.03	46.24	36.80	22.03	11.59	8.69	7.64	24.52

续表

投资阶段	投资行业/区域	2005—2007年	2006—2008年	2007—2009年	2008—2010年	2009—2011年	2010—2012年	2011—2013年	2012—2014年	2013—2015年	2014—2016年	2015—2017年	2016—2018年	2017—2019年
	材料	5.62	5.52	4.19	6.26	8.16	8.81	6.98	4.39	3.28	2.33	2.09	1.34	1.24
	电信服务	3.69	3.92	2.59	1.48	0.99	0.69	0.43	0.00	0.09	0.16	0.13	0.06	0.00
	房地产	0.18	0.44	0.74	0.74	0.35	0.11	0.16	0.52	0.43	0.33	0.17	0.28	0.23
	工业	3.69	5.96	10.11	15.91	20.20	19.34	18.42	12.56	10.31	7.77	6.51	5.35	5.14
	公用事业	0.00	0.00	0.12	0.64	1.27	1.83	1.93	1.32	0.69	0.41	0.36	0.17	0.17
	金融	1.76	0.73	0.86	1.27	1.76	1.54	1.66	2.12	3.06	3.75	3.59	3.46	2.64
	可选消费	24.43	27.18	23.55	20.25	15.76	16.48	15.47	16.05	16.99	17.15	17.32	15.46	12.09
扩张期	能源	0.00	0.15	1.11	1.38	2.60	1.95	1.88	0.80	0.43	0.25	0.16	0.08	0.01
	日常消费	2.81	3.34	3.58	4.98	4.15	4.86	4.67	4.11	2.74	2.16	1.64	1.09	1.03
	信息技术	55.36	46.37	43.65	35.63	34.48	34.44	38.67	48.96	54.37	57.09	57.63	59.79	54.00
	医疗保健	2.46	6.40	9.49	11.45	10.27	9.95	9.72	9.16	7.62	8.62	10.40	12.90	23.45
	京津	35.85	35.17	34.40	27.57	29.98	28.09	30.99	36.26	37.95	38.39	37.28	35.75	28.82
	长三角	40.25	38.08	36.00	34.15	31.03	29.63	29.70	28.85	33.07	34.54	36.88	38.00	34.79
	珠三角	11.07	10.17	10.97	12.30	12.39	13.96	13.53	14.59	13.93	14.89	15.08	16.69	15.01
	其他地区	12.83	16.57	18.62	25.98	26.60	28.32	25.78	20.30	15.05	12.17	10.76	9.56	21.38

注：灰度由深到浅，代表创业投资项目占比多＞中＞少。

190

第7章 创业投资网络特征变化对创业投资风险缓解的实证研究

本章首先采用文献研究的方法梳理提出了创业投资网络特征对创业投资风险缓解影响的 32 个假设。其次筛选出 2005—2019 年 124 家创业投资机构的数据，沿用 3 年时间窗将时间范围划分为三个阶段，分别构建线性回归模型和生存分析模型，验证三个阶段创业投资网络位置、网络关系对创业投资风险缓解的直接关系以及创业投资网络能力对网络位置、网络关系与创业投资风险缓解关系的调节效应。揭示三个阶段的创业投资网络位置、网络关系分别对缓解创业投资风险的积极作用以及创业投资网络资源获取能力—专业化特征对网络位置、网络关系与创业投资风险缓解关系的区别性调节作用。

7.1 研究假设

风险缓解是指创业投资机构通过联合投资而带来的提高创业投资项目的退出概率或缩短退出时间，提高退出的效益。退出概率越高，说明创业投资项目成功率越高，风险缓解程度就高；退出时间越短，创业投资资本周转就快，投资效益也会提高。

7.1.1 创业投资网络位置对创业投资风险缓解的直接影响

1. 创业投资网络中心位置与项目成功率

网络位置（Burt, 2004；Tsai, 2001）是从社会网络分析中结构研究视角提出的一个重要概念。结构主义视角（Burt, 2000）认为网络中的行动者是理性的，能利用中心位置为组织谋取最大利益。具体到创业投资领域，拜格雷夫和威廉（1987）发现创业投资机构所处的不同网络位置会给创业投资项目带来不同的影响。随后学者们进一步从社会网络视角（李智超等，2015）

研究创业投资机构所处的网络位置对创业投资的风险缓解影响。例如，索伦森和斯图尔特（2001）研究发现，中心位置的创业投资机构能打破空间与行业的限制，提高远距离创业投资项目的成功率，缓解创业投资过程中的各类风险。且创业投资机构处于中心位置有利于缓解因联盟投资而增加的代理成本（Meuleman et al.，2009），进而有利于增加项目成功的可能性，缓解投资风险。霍克伯格等（2007）研究指出，中心位置的创业投资机构能利用网络进行资源获取和信息共享，从而增加创业投资机构成功退出的可能性。党兴华等（2011）研究表明，创业投资机构中心位置越高，越有利于提高创业投资项目的成功率。同时，中心位置越高，创业投资机构对网络的资源获取能力越强，越有利于获取到优质的投资项目，从而缓解创业投资机构的投资风险。罗吉等（2016）认为高中心度代表了机构的核心地位，低中心度则代表了机构的边缘位置，核心地位越高，越有利于筛选出优质项目，从而提高创业投资项目的成功率。事实上，优质的创业投资项目会主动邀请中心位置高、影响力大的创业投资机构（Megginson & Weiss，1991；王曦和王育晓，2013），增加创业投资成功退出的概率，从而缓解创业投资的风险。耶尔等（Yael et al.，2007）研究发现，中心位置高的创业投资机构的退出比例表现显著更好。胡和张等（Hu & Zhang et al.，2018）认为中心位置高的创业投资机构增值服务能力强，有助于提高创业投资项目的成功概率。创业投资项目的选择还受到中心位置的创业投资机构对资源累积性匹配的影响（王育晓等，2015）。中心位置的创业投资机构通过资源累积性匹配，获得更加丰富的投资经验，更好地应对创业投资项目的高风险性和市场波动性，从而增大项目成功的可能性，以缓解创业投资机构风险。石琳等（2016）研究表明，随着创业投资机构网络中心位置的提高，所投项目的成功概率进一步提升。据此，提出以下假设。

假设 1a 创业投资网络中心位置与项目成功率正相关。

2. 创业投资网络中介位置与项目成功率

处于中介位置的创业投资机构具备信息中介能力和控制能力，一定程度上能够满足成员之间的沟通需求，促进成员之间的信息资源互动，而且有可能获得更多的非冗余信息（Tsai，2001）。伯特（1992）将结构洞定义为"非冗余节点之间的分离""两个节点之间的非冗余关系""一个缓冲器"，使两个节点"提供某种程度的附加而不是重叠的网络利益"，亦即参与者可以通过充当结构洞两端联系人之间的中间人来调动这两种社会资本——信息收益和控制收益，而且指出中介位置可以根据节点所占据的结构洞多少进行度量。同时，中介位置具体衡量可以考察创业投资网络中的某个创业投资机构是否在任意两个机构关系中起到中介作用。孙淑伟和俞春玲（2018）研究发现，在社会关系中，创业投资机构的中介位置显著影响项目退出的效率和退出的效益。其中，创业投资机构的网络中介位置越有利，其投资的创业投资项目的质量就越高。杨艳萍和刘窈君（2019）研究发现，在创业投资网络中，结构洞越丰富，越有利于提高创业投资项目的成功概率，这说明占据网络中介位置的创业投资机构，能够接收丰富的信息资源，增加创业投资项目成功的可能性，从而有利于缓解创业投资风险。李智超等（2015）的实证研究发现，创业投资网络中介位置越高，创业投资项目成功退出的可能性就越大。基于此，本书认为位于有利中介位置的创业投资机构，将获得更多的非冗余信息和多样化的互补资源，增强创业投资机构的增值服务能力，从而有利于缓解创业投资机构风险。据此，提出以下假设。

假设 1b　创业投资网络中介位置与项目成功率正相关。

3. 创业投资网络中心位置与退出期限

退出期限作为衡量创业投资机构风险缓解的另一个因素，学者们对其也进行了相关研究。例如，杨敏利和党兴华（2014）认为，处于不同网络位置的创业投资机构显著影响 IPO 期限。创业投资机构的网络中心位置越高，创业投资项目的 IPO 速度越快。这主要是因为网络中心位置较高的创业投资机构不仅能选到优质的创业投资项目，还具备为创业投资项目提供高质量增值服务的能力，从而可以加快创业投资项目 IPO 的步伐。董建卫等（2012）研究表明，创业投资机构的网络中心位置越高，越有利于缩短创业投资机构的退出期限。此外，退出期限长短可能影响到创业投资机构在市场的声誉和后续的融资能力（Gompers，1996）。所以，位于中心位置的创业投资机构非常注重自己在网络中的声誉和影响力，因而希望尽快实现成功退出，缩短创业投资项目的退出期限。也就是说，创业投资机构提高在创业投资网络中的中心位置将有利于缩短创业投资机构的退出期限。据此，提出以下假设。

假设 1c　创业投资网络中心位置与退出期限正相关。

4. 创业投资网络中介位置与退出期限

对于整体网络结构属性的分析，还可以采用中介位置（李智超等，2015；

杨艳萍和刘窈君，2019）衡量组织机构所在网络的有利位置程度，测量创业投资机构的控制力对创业投资风险的缓解。伯特（1992）认为占据中介位置的创业投资机构能接收到丰富的非冗余信息，促进成员之间信息资源的互动。中介位置带来的非冗余信息，有利于创业投资机构整合和吸收多样化的信息，提高创业投资机构的投后管理，进而缩短创业投资机构的退出时间，缓解创业投资机构的风险。董建卫等（2012）研究表明，创业投资机构所在的中介位置越有利，越有助于加快创业投资项目实现 IPO 或并购，从而缩短创业投资项目的退出时间。如果创业投资机构处在中介位置，就会具有信息中介能力和控制能力，不仅能积累大量的非冗余信息，还能增强创业投资机构后期对创业投资项目的评估和监督。因此，创业投资机构有必要利用自身积累的资源不断提升网络的中介位置，增强对信息的获取能力和对创业投资项目的管理能力，缩短创业投资机构的退出期限。据此，提出以下假设。

假设 1d 创业投资网络中介位置与退出期限正相关。

7.1.2 创业投资网络关系对创业投资风险缓解的直接影响

1. 创业投资网络关系广度与项目成功率

在创业投资机构中，网络关系广度越大，机构之间合作的可能性就越大，伙伴间的连接越广泛，信息交流的面和层次越丰富，越有利于深入了解被投资项目，更好地为投资后的项目提供增值服务，增大投资项目成功的可能性。古拉蒂等（Gulati et al.，2011）指出网络作为非正式组织不仅有丰富的信息资源，而且具有共享资源的独特优势，创业投资网络便利了创业投资机构对信息、资源的获取和共享。因此，网络关系广度为创业投资机构搭建了更加广泛的信息资源的获取渠道和信息共享通道。创业投资机构对信息的收集和整理，有利于更好地服务创业投资项目，提高项目的成功率。同时，一个创业投资机构的网络关系广度越大，与其他创业投资机构合作的可能性就越大，尤其是作为主投的创业投资机构邀请其他机构投资某项目的次数越多，未来其被邀请入驻其他机构项目的机会就越大（Lerner，1994），而创业投资机构选择投资项目的机会越多，获取优质投资项目的机会就越多，项目投资的成功率也将会增大。网络关系广度不仅影响伙伴之间的合作次数和亲近关系率（Castilla，2003），还会影响创业投资机构项目的成功率。据此，提出以下假设。

假设 2a 创业投资网络关系广度与项目成功率正相关。

2. 创业投资网络关系深度与项目成功率

关系深度有利于深化创业投资机构间的合作效率和提高信息传递的有效性，从而促进项目成功率的提升，缓解创业投资机构的风险。创业投资机构间的合作深度有利于缩短信息传递的路径，提高信息资源传递速度和对资源的整合利用率。杨艳萍和郜钰格（2020）研究指出，信息传递效率与创业投资项目的成功率显著相关。同时，关系深度有利于创业投资机构对创业投资项目的筛选和评估，降低选择到"柠檬"（党兴华等，2011）项目的可能性，增大创业投资项目成功的可能性。孙淑伟和俞春玲（2018）对网络关系深度的研究发现，关系深度越强，其投资的项目质量越高，就越有利于增加项目成功率。另外，金永红等（2021）研究指出，中国创业投资机构之间的合作关系差异性在增大，网络权力也并未集中。因此，创业投资机构注重加强网络关系深度，将有助于增强创业投资机构在网络中的影响力和凝聚力，增强创业投资机构对创业投资项目扶持的能力。创业投资机构借助关系深度优势，加强信息传递速度和准确性以及增大项目选择的权力对于提高创业投资项目的成功率至关重要。因此，对于创业投资机构而言，努力深化网络关系深度，对提高创业投资项目的成功率至关重要。据此，提出以下假设。

假设 2b　创业投资网络关系深度与项目成功率正相关。

3. 创业投资网络关系广度与退出期限

网络关系广度的不断提高意味着创业投资机构的合作更加广泛，能获取到更加广泛的信息和经验。经验的积累不仅有利于降低创业投资项目的风险，还有利于增强创业投资机构后期的增值服务投入，从而有效缩短创业投资机构的退出期限。同时，网络关系广度有利于为创业投资机构自身搭建一个良好的网络关系，而拥有良好网络关系的创业投资机构不仅有助于扩大其投资的范围，同时也显著缩短了创业投资机构的退出时间（胡刘芬和周泽将，2018）。网络关系广度还为创业投资机构提供了一种非正式信息获取渠道，不仅有利于创业投资机构之间的交流，建立密切的关系，而且有利于成员间的知识共享，降低项目选择时的信息不对称（Gulati et al.，2011）。信息不对称极有可能增加创业投资机构选择到"柠檬"企业的可能性。因此，网络关系广度扩大了信息的来源，降低了信息的不对称程度，实现了创业投资机构间的良好合作，从而缓解了创业投资机构的风险。且网络关系广度的扩展有利于吸纳更多的合作伙伴，带来更多的资金，网络的规模也越来越大，从而有助于缩短创业投资机构的退出期限（Ozmel et al.，2013）。据此，提出以下假设。

假设2c 创业投资网络关系广度与退出期限正相关。

4. 创业投资网络关系深度与退出期限

由于创业投资机构的创业投资项目一般存在一定的锁定期限（Smith，2005），创业投资项目退出期限的长短将影响创业投资机构的声誉、地位（董建卫等，2012）和进入下一轮的投资，这会产生一定的机会成本，因此创业投资机构退出期限的缩短也能一定程度上反映创业投资机构的风险得到缓解。而网络关系深度的强化有利于提高创业投资机构之间信息传递的效率和效果以及增强创业投资机构间的信息可信度（杨艳萍和郜钰格，2020），从而有助于加强对创业投资项目的扶持，缩短创业投资机构的退出期限，一定程度上缓解了创业投资机构的风险。同时，网络关系深度的强化有助于加强创业投资机构间深层次的沟通，便于创业投资机构对创业投资项目的监督，从而缓解管理层的短视行为（孙德峰和范从来，2020），促进创业投资项目的正向发展，从而缩短创业投资机构的退出期限。网络关系深度的强化一方面是出于积累更高层次的特定资源的愿望所主导的（Hochberg et al.，2015）。高质量资源的获得有利于弥补自身资源的不足，把外部知识内化为内部知识（罗吉等，2016），从而提高创业投资机构对创业投资项目的增值服务投入能力，缩短创业投资机构的退出期限。另一方面是出于互补资源的积累而深化不同伙伴之间的合作次数，以减轻技术风险或是市场风险对创业投资机构退出期限的影响（Wang et al.，2012）。网络关系的合作深度将会影响到合作伙伴之间对创业投资项目合同的制定（Bottazzi et al.，2016）以及控制权的分配（Bienz & Walz，2010），二者对创业投资机构的退出期限也是至关重要的。据此，提出以下假设。

假设2d 创业投资网络关系深度与退出期限正相关。

7.1.3 创业投资网络能力的调节作用

1. 创业投资网络能力对网络位置与创业投资风险缓解关系的调节作用

（1）创业投资网络能力对网络位置与项目成功率关系的调节作用。

①创业投资机构行业专业化对中心位置与项目成功率关系的调节作用。

在对创业投资风险缓解的研究中，网络位置已成为一个重要的影响因素。然而，当创业投资机构处于良好的网络位置时，它们的项目成功率存在一定的差异。学者们进一步研究发现，潜在的成功率差异与创业投资网络中创业投资机构的网络能力有关。王育晓等（2018）认为，网络能力包括对资源的吸收能力和内化整合能力，创业投资机构的网络能力越高，创业投资项目成功率越高，对创业投资机构的风险缓解越有利。而创业投资机构行业专业化作为重要的网络能力属性特征之一，也将影响创业投资机构中心位置对网络资源的获取和利用优势，进而影响创业投资机构的风险缓解。施皮洛夫（Shipilov，2009）研究指出进行行业专业化投资的创业投资机构可以凭借自身的资源优势，充分利用投资网络信息传输的优势。大多数学者采用赫芬达尔指数衡量创业投资机构的行业专业化。创业投资机构行业专业化是指对某一个行业的经验、知识的累积和资源的获取程度。例如，王曦等（2015）研究表明，创业投资机构的高度专业化会降低其从中心位置获得的收益，因为它们缺乏将网络中心位置提供的资源和机会进行转化的内在能力。换言之，创业投资机构的行业专业化使它们只能在其专业领域建立联盟，从而妨碍它们充分利用占据的中心位置所产生的投资机会。同时，相较于行业多样化，行业专业化程度高的创业投资机构，对所处的创业投资网络的依赖性会降低，这使得网络中心位置对创业投资机构风险缓解的影响减弱。网络中心位置对创业投资机构风险缓解的影响会随着专业化程度的增加而减弱；创业投资机构行业专业化程度对中心位置与创业投资机构风险缓解的正向关系起着负向的调节作用（王曦等，2015）。创业投资机构的行业专业化程度使得创业投资机构专注投资于某一个或某两个行业，对多变的市场风险抵抗能力降低。如萨皮恩扎等（1994）研究欧洲创业投资机构的影响因素，结果表明，行业专业化的创业投资机构面临的非系统性风险更大。因此，相较于行业多样化，创业投资机构的行业专业化程度越高，越能限制创业投资机构充分利用网络中心位置获取资源的优势。据此，提出以下假设。

假设 3a 创业投资机构行业专业化负向调节中心位置与项目成功率的关系。

②创业投资机构区域专业化对中心位置与项目成功率关系的调节作用。投资区域专业化作为网络能力属性的另一个特征，加深了创业投资机构对特定区域信息、知识的理解，同时，这些知识的积累也增强了其对特定区域的学习和理解能力（王育晓等，2015）。但创业投资机构的投资区域专业化在加

强对区域资源优势的整合和利用时，不利于对其他区域相关信息和知识的深入了解和学习，也不利于发现一些隐藏的负面信息，导致创业投资机构选择到"柠檬"项目的可能性增加（党兴华等，2011）。金永红等（2021）研究认为，区域专业化减弱了创业投资网络位置对创业投资项目的创新能力。此外，我国创业投资呈现出集群化、偏好近距离投资和高科技行业的特征，导致创业投资机构区域专业化投资呈现不同的结构特点，这将显著影响不同区域间网络中心位置对创业投资项目的成功率，从而影响创业投资机构的风险缓解。区域产业集聚程度的异质性（杜江等，2019）也会导致专注于区域专业化创业投资机构影响网络中心位置对创业投资机构的风险缓解。例如，覃成林和江嘉琳（2021）对创业投资机构的空间流动机制研究指出，创业投资机构区域专业化会因为考虑信息优势而尽可能考虑在本地投资，这就使得进行区域专业化的创业投资机构选择自己的优势区域创新集聚。这说明较高区域专业化的创业投资机构更加注重对优势区域的投资，不善于借助网络中心位置的辐射能力，从事更加广泛的项目投资，从而减弱了网络中心位置对创业投资项目的积极影响。根据上述分析，我们认为，投资区域的专业化不利于中心位置对项目成功率的积极影响。据此，提出以下假设。

假设 3b 创业投资机构区域专业化负向调节中心位置与项目成功率的关系。

③创业投资机构阶段专业化对中心位置与项目成功率关系的调节作用。网络中心位置被认为对项目成功率有着积极影响。中心位置越高，创业投资项目的成功率越高，但创业投资项目的成功率还会受到创业投资机构阶段专业化的影响。创业投资机构会考虑到创业投资项目的高波动性和信息不对称而倾向于选择分阶段投资（陈艳和罗正英，2018；谢泽中等，2017），以缓解创业投资机构风险。弗兰克等（Franke et al.，2008）认为创业投资机构拥有不同的阶段投资偏好，可以选择在早期阶段，也可以选择多个不同的投资阶段或是在不同的投资阶段同时进行，以缓解创业投资机构风险。王育晓等（2015）研究结果表明，创业投资机构的投资阶段专业化将影响创业投资机构在不同阶段的知识积累。金永红等（2021）认为，在网络位置中，创业投资机构阶段专业化对信息、资源的网络获取和利用能力存在一定的差异。创业投资机构阶段专业化一定程度上削弱了创业投资机构网络中心位置的优势作用。同时，相较于阶段多样化的创业投资机构，有学者认为创业投资机构阶段专业化投资不利于规避风险。例如，宋砚秋等（2018）认为，多阶段投资

的创业投资机构既兼顾了财务和战略目标，又避免了投资集中度的高度不确定性，分散了创业投资机构的风险，从而有助于创业投资项目的成功。由此可知，网络中心位置对创业投资机构风险的缓解会受到创业投资机构阶段专业化投资的影响。创业投资机构的阶段专业化投资一定程度上减弱了网络中心位置对创业投资项目成功率的正向影响。据此，提出以下假设。

假设 3c　创业投资机构阶段专业化负向调节中心位置与项目成功率的关系。

④创业投资机构行业专业化对中介位置与项目成功率关系的调节作用。占据网络中介位置的创业投资机构便于控制节点两端的信息传递，中介位置越有利，越具有信息优势（Burt，2004）。创业投资机构的行业专业化作为网络能力的属性，会影响创业投资机构在网络中对信息资源的获取。但随着创业投资机构行业专业化程度的提高，其对外信息的接收能力越来越差。王曦等（2015）指出，相较于行业多元化的创业投资机构，行业专业化程度越高的创业投资机构对创业投资网络的依赖程度越低，网络中介位置对创业投资机构风险缓解的影响越弱。其中，中介中心性与行业专业化之间的交互项对IPO 退出具有显著的负向影响。这说明创业投资机构行业专业化程度越高，中介中心性对创业投资机构的风险缓解越弱。郑和夏（Zheng & Xia，2018）通过整合资源依赖关系和组织间网络特征研究发现，专注于行业专业化的创业投资机构，不利于缓解创业投资机构的风险，更有可能终止对该行业的投资。同时，创业投资机构行业专业化的高度发展容易选择同质性伙伴（Podolny，2001），处在一个同质化的学习环境中，带来信息的同质化（王育晓等，2015），从而减弱了中介位置对创业投资机构的风险缓解作用。因此，行业专业化程度越高的创业投资机构，越有可能降低创业投资机构中介位置优势，导致同质化信息严重，从而不利于中介位置对创业投资风险的缓解。据此，提出以下假设。

假设 3d　创业投资机构行业专业化负向调节中介位置与项目成功率的关系。

⑤创业投资机构区域专业化对中介位置与项目成功率关系的调节作用。良好的中介位置不仅能接收和控制更多的信息资源（Burt，2004），而且有利于加强创业投资机构的对外合作。创业投资机构区域专业化作为网络能力的属性特征，仅构建本区域的知识积累，不利于创业投资机构对网络中介位置

所提供的大量信息加以整合利用，从而不利于缓解创业投资机构的风险。同时，创业投资网络显著影响组织文化隐性知识获取和组织的嵌入式隐性知识获取（Fan et al.，2014）。处于良好的中介位置便于信息的收集，但创业投资机构区域专业化对本区域知识、文化、制度等资源的构建不利于充分挖掘和整合利用中介位置提供的信息优势，进而不利于创业投资机构的风险缓解。例如，王曦等（2015）研究表明，中介中心性与区域专业化程度的交互项对IPO退出有负向影响。对于区域专业化的创业投资机构而言，更加倾向于对某一个或某两个区域进行创业投资的选择，以便建立稳健和成熟的区域体系知识。但创业投资机构的区域专业化容易造成创业投资机构的短视行为，而错失优质的项目和机会。因而，地域专业化程度会减弱创业投资网络位置对创新能力的正向影响（金永红等，2021）。据此，提出以下假设。

假设3e 创业投资机构区域专业化负向调节中介位置与项目成功率的关系。

⑥创业投资机构阶段专业化对中介位置与项目成功率关系的调节作用。占据良好中介位置的创业投资机构被认为有能力控制和获取更多的非冗余信息（Burt，2004，1992），那些处于较好中介位置的机构能够更方便和全面地进行信息交流与资源互换；且网络资源获取能力显著地调节中介位置与创业投资风险缓解的关系。作为网络能力属性的创业投资机构阶段专业投资会对资源获取产生影响（罗吉等，2016）。创业投资机构阶段专业化投资使得其专注于某一个或某两个投资阶段，处于一个同质化的学习环境中，会限制信息的获取能力（金永红等，2021），从而不利于发挥网络中介位置对信息获取的优势。同时，相较于多样化的阶段投资，创业投资机构的阶段专业化减弱了中介位置对创业投资机构风险缓解的原因可能有以下两个：一是在一个统一的投资环境中，创业投资机构拥有的知识越多样化越有助于提高对行业波动的适应性和对阶段项目投资环境的评估，从而给出更专业化的建议；二是随着新技术的飞速发展和更迭，尤其是信息技术的飞速发展，产业交叉融合的趋势越来越突出，仅掌握某一个或某几个阶段的投资信息将不足以应对整个投资大环境的变化。根据以上分析，阶段专业化减弱了中介信息优势位置，减弱了中介位置对创业投资项目的成功率。据此，提出以下假设。

假设3f 创业投资机构阶段专业化负向调节中介位置与项目成功率的关系。

（2）创业投资网络能力对网络位置与退出期限关系的调节作用。

①创业投资机构行业专业化对中心位置与退出期限关系的调节作用。退出期限作为影响创业投资风险的一个重要因素，不仅会影响投资收益，更重要的是退出期限的长短会影响创业投资机构的声誉和地位，以及未来的筹资能力（董建卫等，2012）。在退出期限的影响因素中，创业投资机构的行业专业化将影响中心位置对资源的获取和利用，进而影响创业投资机构对创业投资项目的增值服务投入和创业投资机构的退出时长。由于创业投资机构行业专业化的不断发展，相似的组织文化和投资经验使得创业投资机构偏好与相似的投资伙伴建立紧密联系（施国平等，2019），但同质的学习环境易形成大量的相似信息。古拉蒂等（2016）研究指出，信息空间的同质化降低了个体间的依赖关系，形成了相对隔离的网络。此外，格雷夫（Greve，2009）等研究发现，内部组织间的密切互动存在相互模仿和学习趋势，导致网络社群内部的资源趋于同质化。换言之，创业投资机构的高度行业专业化在内部积累了大量的同质化信息，限制了资源的获取能力，一定程度上可能减弱网络中心位置对创业投资机构退出期限的积极影响。此外，创业投资机构的行业专业化使得创业投资机构之间发生密切接触，资源和信息交换非常频繁，这都将导致创业投资机构拥有趋于同质化的资源（金永红等，2021）。创业投资机构的行业专业化还易忽视从中心位置获得的其他行业信息知识的借鉴，导致对创业投资项目评估准确性降低（王曦等，2015）。因此，创业投资机构行业专业化减弱了对网络中心位置获得的信息资源的高效利用和多样化资源的补充，从而不利于创业投资机构退出期限的缩短。据此，提出以下假设。

假设 4a　创业投资机构行业专业化负向调节中心位置与退出期限的关系。

②创业投资机构区域专业化对中心位置与退出期限关系的调节作用。网络中心位置越高的创业投资机构对信息资源获取能力越强（王育晓等，2018），对创业投资项目的增值服务能力也越强，还有利于加快创业投资机构的退出，从而缩短创业投资机构的退出时间，缓解创业投资机构的风险。事实上，区域专业化的创业投资机构由于自身资源和投资者能力的限制，接触的创业投资项目信息有限，无法充分利用所获得的网络资源（金永红等，2021）。因此，相较于区域的多样化投资，较高的创业投资机构区域专业化不利于发挥探索其他投资区域新知识的能力，以补充创业投资机构区域专业化知识体系，也不利于发挥中心位置缩短创业投资机构退出期限的优势，缓解

创业投资风险方面的作用；相反，如果创业投资机构区域专业化能及时补充有关其他区域的信息，避免区域专业化内知识冗余、管理技巧相似等因素，将促进网络中心位置优势的发挥，缓解区域专业化带来的区域内资源约束，加快创业投资机构的退出速度，缩短创业投资机构的退出期限（Belderbos et al.，2017）。陈鑫等（2021）研究发现，创业投资机构对前沿性创新的影响多半来自其溢出效应，如果忽略了创业投资的空间外部性，则容易低估其对前沿性创新的边际贡献，说明区域专业化的创业投资机构不应忽视对网络中心位置获得的其他区域信息资源的整合利用。根据以上分析，创业投资机构的区域专业化可能不利于网络中心位置缩短创业投资机构的退出期限，也不利于缓解创业投资机构的风险。据此，提出以下假设。

假设 4b 创业投资机构区域专业化负向调节中心位置与退出期限的关系。

③创业投资机构阶段专业化对中心位置与退出期限关系的调节作用。王育晓等（2015）认为，网络能力显著影响网络中心位置对创业投资机构的退出。创业投资机构阶段专业化投资作为网络能力的属性，将影响占据网络中心位置的创业投资机构对信息资源的获取和利用能力，从而影响创业投资机构的退出期限。一方面，创业投资机构由于投资偏好和风险偏好的不同，可以选择进行种子期、初创期、成熟期或是扩张期投资和多阶段投资，但由于对某一阶段的专业化投资可能仅熟悉和留意该阶段的信息收集与管理技巧的训练（金永红等，2021），相应地增加了所投项目风险的可能性。另一方面，阶段专业化投资会受到自身资源的局限和创业投资机构能力的限制，使得不可能对能接触到的所有网络资源都加以利用。相较于阶段的多样化投资，创业投资机构的阶段专业化投资仅注重吸收利用网络中心位置中获取的特定阶段的信息、知识，而忽视对其他阶段知识的深入了解，从而导致阶段专业化投资对创业投资机构退出绩效产生不同的影响（冯冰等，2016）。相对于投资阶段多样化的创业投资机构，投资阶段专业化的创业投资机构不能充分利用网络中心位置提供的机会，缺乏对信息资源的整合利用能力（Shipilov，2009），进而不利于加快创业投资机构的退出速度，缩短创业投资机构的退出期限。此外，相较于分阶段投资，创业投资机构的阶段专业化投资对创业投资项目的监管和信息不对称、代理问题的缓解不是很明显（Na D，2011）。由此可知，阶段专业化投资在进行知识积累的过程中，会局限于专业化对该阶段相关资源的关注而忽略对多阶段投资管理技能的锻炼和其他阶段信息的收

集及利用，从而不能充分发挥网络中心位置对项目的增值服务投入，不利于对创业投资机构退出期限的风险缓解。据此，提出以下假设。

假设 4c　创业投资机构阶段专业化负向调节中心位置与退出期限的关系。

④创业投资机构行业专业化对中介位置与退出期限关系的调节作用。依据资源基础理论，创业投资机构不仅要依靠自身的内在禀赋，还要依靠创业投资网络中获得的项目信息资源以及行业内的投资经验和技巧，才能获得更加丰富、有效的行业知识，便于为创业投资项目提供有效的增值服务，从而缓解创业投资机构风险。创业投资机构行业专业化作为一种获取和积累行业知识的网络能力属性，对前期行业知识的积累至关重要；但随着中介位置的提升和扩大，会存在同质化的行业信息而局限于同行业圈层的固定思维而错失优质项目的机会，这些将导致风险增大，延长创业投资机构的退出期限（董建卫等，2012；Gulati et al.，2016）。同时，相较于行业多样化，创业投资机构的行业专业化不利于整合从网络中介位置获得其他行业相关的信息资源，进而不利于提高创业投资项目增值服务的投入强度，不利于加快创业投资机构的退出强度。韦瓦尔等（Verwaal et al.，2010）认为，创业投资机构发展的关键在于其整合协调已获得的资金资源、管理资源和项目流程互利资源的能力。换言之，若创业投资机构的行业专业化仅吸收利用相关行业的知识，而从中介位置获取的大量信息的整合利用能力不强，将弱化网络中介位置对创业投资机构退出期限的影响。根据以上分析可知，创业投资机构的行业专业化减弱了网络中介位置对创业投资机构退出期限的正向影响。据此，提出以下假设。

假设 4d　创业投资机构行业专业化负向调节中介位置与退出期限的关系。

⑤创业投资机构区域专业化对中介位置与退出期限关系的调节作用。由于退出期限的长短，不仅关系到创业投资机构风险缓解还关系到其在网络中的声誉和地位（王曦等，2015）。因此，在对区域专业化投资中，需要分析创业投资机构区域专业化的程度是否影响网络中介位置对创业投资机构的风险缓解。由于创业投资机构的区域专业化程度越高，越会产生区域依赖路径，限制了创业投资机构从中介位置获取的有关其他区域相关新知识的关注和战略反应能力（Plummer & Parker，2020），从而不利于网络中介位置对创业投资机构退出期限的正向影响。信息不对称程度的减弱有助于缓解创业投资机构的风险（Makri et al.，2007），但相比于区域多样化，创业投资机构的区域

专业化投资不善于整合网络中介位置获得多样化信息，从而不利于加快创业投资机构的退出速度，缓解创业投资机构的退出风险。此外，创业投资机构区域专业化在信息的收集过程中容易忽视对其他区域隐藏信息的挖掘，因此对创业投资项目的评估和监控不够准确、严格，一定程度上影响了处于中介位置的创业投资机构对信息的控制和对创业投资机构风险的缓解。考虑到创业投资机构对区域路径的依赖（Plummer，2020），将增加退出压力，从而可能弱化中介位置对创业投资机构退出期限的积极影响。据此，提出以下假设。

假设 4e 创业投资机构区域专业化负向调节中介位置与退出期限的关系。

⑥创业投资机构阶段专业化对中介位置与退出期限关系的调节作用。网络整体观认为，处于良好中介位置的创业投资机构被认为是信息获取中心或是中间人（Sapienza et al.，1994），有助于连接广泛的群体成员。而创业投资机构阶段专业化作为一种网络能力属性，往往付出更多的时间吸收和学习中介位置带来的相关信息。因此，有必要考虑创业投资机构阶段专业化与中介位置的交互作用对创业投资机构退出期限的影响。同时，创业投资机构阶段专业化在对知识存量达到一定积累后，也会存在由于较高的专业化带来的冗余信息（Gulati et al.，2012）、重复的管理技巧和缺少与其他阶段信息交换等问题，增加了剔除冗余信息的时间和成本，进而不利于中介位置对创业投资机构退出期限的影响。且相对于多样化阶段投资的灵活性，专业化投资可能选择到"柠檬"企业的可能性更大。因为，在挑选创业投资项目时，由于创业投资项目所处阶段不同，其所需的知识和技能不同，需要的知识和技能的深度与广度差异较大，如果探究投资到不同阶段投资项目的信息，不但会使创业投资机构花费大量时间和金钱，并且会由于信息不对称，造成重要信息点容易错失，或者隐藏的信息不能充分挖掘等。总的来说，高度的阶段专业化投资将减弱中介位置的信息获取优势，不能充分发挥网络中介位置对创业投资机构风险缓解的作用。据此，提出以下假设。

假设 4f 创业投资机构阶段专业化负向调节中介位置与退出期限的关系。

2. 创业投资网络能力对网络关系与创业投资风险缓解关系的调节作用

（1）创业投资网络能力对网络关系与项目成功率关系的调节作用。

①创业投资机构行业专业化对关系广度与项目成功率关系的调节作用。网络关系广度构建了广泛的连接，提供了丰富的信息资源和学习机会（颉茂华等，2021），为缓解创业投资机构的风险提供了重要的资源获取优势。一方

面，创业投资机构的行业专业化作为一种获取资源的网络能力属性，针对所投行业信息资源进行了深度学习和积累。然而，在行业专业化的学习环境中，容易导致获得同质化的信息资源（金永红等，2021），一定程度上弱化了网络关系广度提供的获得丰富信息的机会。另一方面，创业投资机构的行业专业化对其他行业的关注度相对减弱，与其他行业互动不强，进而弱化了网络关系的广度。因此，创业投资机构的行业专业化不利于增强伙伴间网络关系的互动和联结。例如，石琳等（2017）指出，创业投资机构的高度行业专业化使得伙伴间拥有的行业知识高度重合，而且在获得知识的过程中浪费了大量的时间、精力和成本，因而对创业投资机构产生负面效应。此外，相较于行业多样化创业投资机构带来的不同行业信息的交流、知识的学习，创业投资机构的行业专业化应对创业投资项目过程中的要素投入风险、道德风险、资源共享风险、组织协同风险、利益分配风险的能力较弱（吴卫红等，2021），不能够充分发挥网络关系广度的优势。根据以上分析可知，创业投资机构的行业专业化程度不利于网络关系广度的连接和减弱了多样化信息的获取机会，从而减弱了关系广度对创业投资机构风险的缓解能力。据此，提出以下假设。

假设 5a　创业投资机构行业专业化负向调节关系广度与项目成功率的关系。

②创业投资机构区域专业化对关系广度与项目成功率关系的调节作用。区域间网络关系的搭建有利于促进合作伙伴的交流和项目的推荐或是邀请，因此，创业投资机构倾向于加强对区域间伙伴关系维护，以积累人力资源和社会资源。而创业投资机构关系广度的不同将不同程度地影响创业投资机构项目成功率和缓解创业投资机构风险。比如，格尼亚瓦利和马达万（Gnyawali & Madhavan，2001）等认为，网络关系广度能带来低冗余的多样信息。但创业投资机构的区域专业化更加关注所投区域相关的信息，注重区域间关系的维护和伙伴之间的交流，进而不利于加强跨区域间的交流，一定程度上弱化了网络关系广度对创业投资机构风险缓解的优势。由于网络关系广度构建了丰富的联合伙伴资源，而加强对伙伴间资源的联结是可持续竞争优势的重要来源（Eng，2005），但创业投资机构区域专业化仅熟悉区域间的伙伴网络，对跨区域间的交流相对较少，在不同区域间的创业投资项目选择及监管中存在较大的信息不对称，因此不利于网络关系广度对创业投资机构的风险缓解。此外，英（Eng，2005）认为，关系网络中的互动和资源相互依赖

的结果是关系学习的结果。因此，对于区域专业化的创业投资机构需要加强对所处网络关系资源的吸收能力，否则可能弱化网络关系广度对创业投资机构风险缓解的优势。另外，较高的区域专业化网络关系中，成员背景、经验和知识存在高度的相似性，处于同质化的学习环境中（金永红等，2021），一定程度上将弱化关系广度对创业投资机构的风险缓解。据此，提出以下假设。

假设 5b 创业投资机构区域专业化负向调节关系广度与项目成功率的关系。

③创业投资机构阶段专业化对关系广度与项目成功率关系的调节作用。在创业投资网络中，网络关系广度有利于带来丰富的信息知识交流和项目信息传递，从而有助于增加对优质项目的筛选和评估，达到降低项目风险的目的和增加项目的成功率。而阶段专业化更加注重固定的某一个或某几个投资阶段。阶段专业化创业投资机构在深化相关阶段知识、经验的积累时，容易产生冗余信息而忽视阶段外其他隐藏的信息点（王曦等，2015），还易形成阶段性的战略联盟，这在一定程度上不利于扩展关系广度，减弱了关系广度对项目成功率的影响。且创业投资机构阶段专业化不利于应对外部环境的波动（Farina & Vincenzo，2010），降低了关系广度对创业投资项目信息获取的灵活性。同时，相对于投资阶段多样化的创业投资机构，创业投资机构阶段的专业化投资在整合利用网络关系广度提供的多样化信息时，易忽视对其他阶段相关信息的整合利用，对阶段外的互动联系不够紧密，进而不利于促进网络关系广度对创业投资机构的风险缓解。据此，提出以下假设。

假设 5c 创业投资机构阶段专业化负向调节关系广度与项目成功率的关系。

④创业投资机构行业专业化对关系深度与项目成功率关系的调节作用。创业投资机构间的连接有利于提高网络关系深度，促进项目成功率的提升，从而缓解创业投资机构的风险。创业投资机构的行业专业化能利用网络关系促进创业投资机构之间的合作交流，深化行业间的知识吸收和转换（Dyer & Nobeoka，2000），但不利于吸收和整合网络中的隐性知识，以提高创业投资机构间的增值服务投入，从而缓解创业投资机构之间的风险缓解。同时，相较于多样化的创业投资机构，行业专业化的创业投资机构可以减少合作伙伴间的冲突，减少因信息不对称引起的机会主义行为（Nelson，1989），但随着行业专业化程度的不断提高，创业投资机构倾向与相似的创业投资机构进行

联系，容易接收更多相似的信息，导致了信息的冗余，从而弱化了关系深度对信息传递的效率，不利于关系深度对创业投资项目的影响和缓解创业投资机构的风险。石琳等（2017）指出，创业投资机构的行业专业化会带来知识冗余，冗余知识的获取会随着它们之间联结次数的增加而增加，进而会影响创业投资机构的增值服务能力，说明创业投资机构的高行业专业化不利于关系深度对创业投资机构的风险缓解。在关系深度对项目成功率的影响方面，创业投资机构的行业专业化易造成行业内知识、信息同质化严重，因而弱化了关系深度对创业投资项目成功率的正向影响。据此，提出以下假设。

假设 5d　创业投资机构行业专业化负向调节关系深度与项目成功率的关系。

⑤创业投资机构区域专业化对关系深度与项目成功率关系的调节作用。关系深度的强化有利于对某一方面信息、资源、经验的整合，但创业投资机构的高度区域专业化容易接收大量的冗余信息和相似的管理投资经验（王曦等，2015），对专业以外的信息收集度不高，项目评估不到位，以及管理经验带来的偏差，很容易增加选择到"柠檬"企业的可能。同时，创业投资机构区域专业化程度的加深，对区域内相关知识进行了深入解读和挖掘，对网络关系深度的依赖性减弱，进而弱化了关系深度对信息传递的优势，一定程度上减弱了网络关系深度对创业投资项目的积极影响。说明创业投资机构区域专业化在进行专业知识积累过程中，应加强对外的交流，促进信息的交换，增强创业投资网络的吸收能力。且创业投资机构区域专业化可以减少伙伴之间的冲突，减少因信息不对称引起的机会主义行为（庞娟和靳书默，2019），但弱化了对关系深度的依赖和需要花费时间、成本剔除冗余信息，都不利于风险项目的成功率，亦即弱化了对创业投资机构的风险缓解。据此，提出以下假设。

假设 5e　创业投资机构区域专业化负向调节关系深度与项目成功率的关系。

⑥创业投资机构阶段专业化对关系深度与项目成功率关系的调节作用。创业投资机构的阶段专业化作为一种资源获取和利用的网络能力属性，有利于深化对阶段专业化知识的吸收。但随着阶段专业化的不断发展，易形成独立的阶段圈层，减弱关系深度的信息传递优势。同时，相较于多阶段的创业投资机构，创业投资机构的阶段专业化知识覆盖的阶段较少（金永红等，

2021），对其他阶段信息资源的关注度不高，一定程度上减弱了关系深度的优势。在项目选择方面，创业投资机构的阶段专业化更加倾向于从事相似阶段的创业投资项目，因为它们已经在这些领域有所经营和经验积累，而由于自身能力的限制不愿接受不同细分市场的项目邀请，说明创业投资机构的阶段专业化限制了创业投资机构从关系深度提供的机会中获益。且相较于分阶段投资，创业投资机构的阶段专业化不利于加强对创业投资项目的监督，从而减弱了关系深度对项目成功率的积极影响。因为，对创业投资项目监督效果不仅关系到创业投资机构增值服务效率，还关系到项目的成功率。且创业投资机构的阶段专业化更倾向于投资该阶段相关的创业投资项目，而不能加强关系深度对创业投资机构风险的缓解，一些重要的隐藏信息会影响项目的成功率。据此，提出以下假设。

假设 5f 创业投资机构阶段专业化负向调节关系深度与项目成功率的关系。

（2）创业投资网络能力对网络关系与退出期限关系的调节作用。

①创业投资机构行业专业化对关系广度与退出期限关系的调节作用。创业投资机构的行业专业化更加倾向于纵深方向上的关系建立和行业内知识、经验、技巧的积累，却不擅长对外关系的建立和维护，进而削弱了关系广度对缩短创业投资机构退出期限的影响。例如，马卡列维奇（2018）探讨了在美国创业投资行业中，创业投资机构的网络联系如何与其专业化水平相互作用，从而影响创业投资机构的失败风险。研究发现，创业投资机构依赖其网络关系来避免失败，这种效应对多样化的创业投资机构的影响要强于行业专业化的创业投资机构。说明创业投资机构的行业专业化对网络关系广度的依赖降低，从而影响网络关系广度对创业投资机构退出期限的影响。相较于多样化的创业投资机构，行业专业化的创业投资机构仅关注所从事行业的伙伴关系，缺乏利用关系广度加强与自己互补的创业投资机构进行合作以规避技术风险或是市场风险的能力（Wang et al.，2012），不利于缩短创业投资机构的退出期限。同时，创业投资机构的行业专业化利用网络关系提供的机会，增加与合作伙伴的合作次数，积累了丰富的行业投资经验和管理技巧，就有可能减弱对创业投资项目的监管，而对创业投资项目监管的弱化可能成为影响创业投资机构退出期限的一个因素。例如，霍普和卢卡斯（Hopp & Lukas，2014）研究指出，在给定的时间范围内，经验丰富的创业投资机构比经验不

足的创业投资机构更不经常评估和监控它们的投资。根据以上分析，创业投资机构行业专业化有可能减弱创业投资关系广度对创业投资风险缓解关系的作用。据此，提出以下假设。

假设 6a　创业投资机构行业专业化负向调节关系广度与退出期限的关系。

②创业投资机构区域专业化对关系广度与退出期限关系的调节作用。维萨莱宁和哈卡拉（Vesalainen & Hakala, 2014）认为，网络能力是指建立、处理和利用关系，并管理外部关系和从外部关系中获益的能力。创业投资机构在网络关系下对知识溢出的吸收不仅有利于提高自身的网络能力，还有利于提高对创业投资项目的增值服务水平。创业投资项目的正向发展也有助于创业投资机构缩短项目的退出期限，实现双赢，从而缓解创业投资机构的风险。区域专业化的创业投资机构能很好地维护区域关系和对同区域内行业信息、知识溢出的正向吸收（余婕和董静，2021），但由于区域专业化行为和区域的限制，不利于对不同区域的信息交流和多样化信息的吸收、利用，也不利于对关系广度的扩展和跨区域项目的投资，从而不利于充分发挥关系广度的优势，增加与跨区域伙伴的合作次数。同时，随着区域专业化的深化，伙伴间的合作次数也在不断增多，然而创业投资机构区域专业化可能会存在封闭性的网络圈层，从而限制了对多样化信息的吸收和知识体系的更新与完善，进而影响对创业投资项目的增值服务，不利于缩短创业投资机构的退出期限。关系广度提供了丰富的信息资源，蕴含着很多创业投资项目机会（项国鹏等，2018），而创业投资机构的区域专业化能利用积累的相关知识识别潜在的与所投项目相似的有利机会，却不善于整合关系广度提供的跨区域隐藏的机会，因此，关系广度对创业投资机构退出期限的正向效应减弱。由此可知，创业投资机构的区域专业化可能不利于关系广度缓解创业投资风险。据此，提出以下假设。

假设 6b　创业投资机构区域专业化负向调节关系广度与退出期限的关系。

③创业投资机构阶段专业化对关系广度与退出期限关系的调节作用。退出期限和退出的时点不仅关系到创业投资机构最终的收益、风险规避，而且关系到创业投资机构在网络中的口碑、信任以及声誉效应（Sapienza et al.，1994）。关系广度越大，越有助于创业投资机构及时捕捉有用的消息。例如，卡特赖特（Cartwright，2010）指出，网络驱动着今天的经济和数字化可以实现快速融合资源。因此，关系广度被认为将有利于获得广泛的联系，增加伙

伴间合作次数，对新信息的接收和利用，从而有助于提高创业投资项目增值服务投入，缩短创业投资机构的退出期限。但创业投资机构阶段专业化容易对所投的阶段倾注更多的耐心和关注，更多的是积累相关阶段要掌握和注意的事项，不利于从广泛的关系网中接收新的信息和加强对新的伙伴关系的维护，一定程度上减弱了对关系广度的维护。同时，相较于分阶段的创业投资机构，阶段专业化的创业投资机构偏好投资相似的创业投资项目，限制了创业投资项目创新水平的提高（谢泽中等，2017），不擅长利用关系广度提供的各阶段合作伙伴间的信息。总的来说，较高的阶段专业化投资不利于加强关系广度对创业投资机构风险的缓解和加快项目的退出期限。据此，提出以下假设。

假设6c 创业投资机构阶段专业化负向调节关系广度与退出期限的关系。

④创业投资机构行业专业化对关系深度与退出期限关系的调节作用。一般来说，行业内的专业化有利于对某一个或某两个行业相关知识的深厚积累以及管理经验和投资技巧的训练（金永红等，2021），创业投资机构采取多元化投资策略能在价值发现方面具有更多优势，以便更好地适应行业波动。由于创业投资机构行业专业化，可能会忽视新信息的互补性和其他行业带来的旧知识系统的更新。此外，创业投资机构关系深度的强化，有利于加快信息传递的效率，获取更多信息和资源的可能性就更高。但较高的行业专业化会存在信息冗余和网络封闭性情况，还会存在如何从这些冗余信息中提取更有利的信息（杨艳萍和郜钰格，2020）的问题，以便从所在的网络中获取利益。因此，对于行业专业化的创业投资机构，在选择投资行业时，由于不同行业之间的知识属性（知识的深度和广度）差异较大，使得专业化的创业投资机构只愿意接受与自己所处的行业相关的项目，探究新的行业的动力不强，并且也不利于对行业的深入了解。因为在统一的社会背景下，信息有时是相互关联的，对一些新信息的忽略，可能造成重要的影响。另外，在创业投资风险缓解的影响因素中，退出期限的长短至关重要，不仅影响创业投资机构投资绩效，还会影响到创业投资机构在网络关系中的声誉和信任关系。而行业专业化将在一定程度上减弱关系深度对加快退出期限的优势。据此，提出以下假设。

假设6d 创业投资机构行业专业化负向调节关系深度与退出期限的关系。

⑤创业投资机构区域专业化对关系深度与退出期限关系的调节作用。在

退出期限的影响因素中，关系深度有利于提高信息传递的优势和准确性。创业投资机构区域专业化越高，越容易形成路径依赖（Granovetter，1973），区域专业化合作间信息共享循环会导致重复信息的冗余流动，从而弱化关系深度对信息传递的优势。一方面，创业投资机构区域专业化的深化可能会形成密度冗余和结构冗余，导致网络关系的封闭性和刚性（Tsai，2001；Burt，1992），一定程度上降低了关系深度在信息传递效率方面的优势，进而不利于创业投资机构对创业投资项目更好地服务和缩短创业投资机构的退出期限。事实上，创业投资机构接收的非冗余信息资源越多，创业投资机构的增值服务能力越强，越有助于创业投资项目的正向发展（Larcker et al.，2013），从而有利于缩短创业投资机构的退出期限。另一方面，较高的创业投资机构区域专业化交流合作深化的同时，降低了跨区域创业投资机构间资源交换的效果，不利于获取多样化的信息（Rowley et al.，2000），也会影响关系深度对信息的传递效果，不利于缩短创业投资机构的退出期限。同时，相较于区域多样化的创业投资机构，创业投资机构的区域专业化更多的是关注和积累与自己相关的信息资源，一定程度上忽视了对网络关系深度中传递出的外部知识进行管理和整合，以及时补充原有知识体系，使资源得到有效流动和合理配置（Gulati et al.，2000），进而不利于更好地服务创业投资项目，影响关系深度对创业投资机构的风险缓解。由此可知，相对于区域多样化的创业投资机构带来的多样化的信息交换，较高的专业化区域投资不仅需要剔除冗余信息，还需要加强对关系深度传递资源的有效整合。因此，区域专业化的创业投资机构弱化了关系深度对创业投资项目的增值服务投入，不利于缩短创业投资项目的退出期限。据此，提出以下假设。

假设6e 创业投资机构区域专业化负向调节关系深度与退出期限的关系。

⑥创业投资机构阶段专业化对关系深度与退出期限关系的调节作用。退出期限作为创业投资机构风险缓解的一个因素，也能衡量网络关系深度对其的影响。上述大量文献都已经证实了网络关系深度在资源整合、管理能力和经验积累等各方面的优势，这些优势都将有助于提高对项目增值服务投入和对项目后期的监管，从而有利于项目尽快达到退出时点。而创业投资机构阶段专业化作为网络能力的属性会影响其对网络关系中资源的利用率（王育晓，2018）。此外，相较于投资阶段多样化的创业投资机构，阶段专业化程度越高的创业投资机构对网络的依赖程度越低（罗吉等，2016），不利于充分发挥关

系深度对信息传递的优势。对于投资阶段专业化程度较高的创业投资机构，可能更倾向专注投资于某一个或几个特定的阶段，而忽略了对其他阶段投资信息的关注和知识的学习，使得创业投资机构不能从关系深度中更好地理解不同投资阶段的特点和提高资源信息获取与整合的网络能力，以避免选择到"柠檬"企业。阶段专业化高的投资机构由于对来源于网络关系的投资机会信息的依赖程度降低，对外信息交换和信息转介的能力减弱（金永红等，2021），使得创业投资机构难以掌握充分的信息，对项目的监管也会有所减弱，可能导致忽略对自己不利的信息。因此，较高的阶段专业化投资减弱了关系深度对加快退出期限的优势。据此，提出以下假设。

假设6f 创业投资机构阶段专业化负向调节关系深度与退出期限的关系。

综上所述，构建的概念模型如图 7.1 所示。

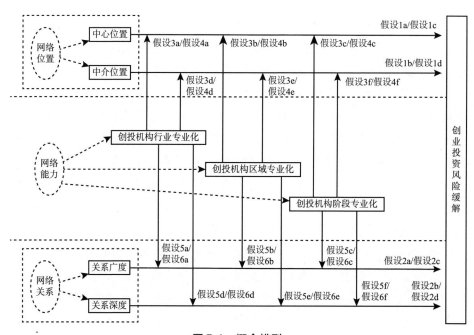

图 7.1 概念模型

7.2　研究设计

7.2.1　数据来源

本书使用 Wind 数据库 2005 年 1 月 1 日至 2019 年 12 月 31 日联合投资项目的数据作为样本。继续沿用 3 年时间窗，并将时间范围划分为三个阶段，其中，第一阶段为 2005 年 1 月 1 日至 2013 年 12 月 31 日，第二阶段为 2008 年 1 月 1 日至 2016 年 12 月 31 日，第三阶段为 2011 年 1 月 1 日至 2019 年 12 月 31 日。对三个阶段联合投资项目所包含的创业投资机构数据进行样本筛选，选取原则为在三个阶段都有联合投资行为的创业投资机构，剔除数据缺失及信息不完整的机构并从三个阶段同时符合条件的机构中取相同的机构，最终得到 124 家机构，这 124 家机构在第一阶段对应 1042 轮联合投资项目数据、在第二阶段对应 1086 轮联合投资项目数据、在第三阶段对应 2271 轮联合投资项目数据。

选取网络位置及网络关系作为自变量衡量其对创业投资风险缓解的直接影响，选取网络能力变量作为调节变量衡量其对网络位置及网络关系与创业投资风险缓解关系之间的调节作用。基于 2005 年 1 月 1 日至 2007 年 12 月 31 日的数据测度第一阶段创业投资机构的网络位置、网络关系及网络能力；基于 2008 年 1 月 1 日至 2010 年 12 月 31 日的数据测度第二阶段创业投资机构的网络位置、网络关系及网络能力；基于 2011 年 1 月 1 日至 2013 年 12 月 31 日的数据测度第三阶段创业投资机构的网络位置、网络关系及网络能力。参照霍克伯格等（2007）的做法，本书用关系网络对联合创业投资数据进行整理。使用 RStudio 得到创业投资机构与创业投资项目之间的二模网络，进一步运用 Ucinet 将得到的二模网络转化为创业投资机构之间的一模网络，并进行三阶段自变量度量。

选取网络规模、小世界商数、投资行业、投资区域、投资阶段、项目联合投资规模、机构性质、机构年龄及投资轮次作为控制变量衡量创业投资项目及创业投资机构特征。基于 2008 年 1 月 1 日至 2010 年 12 月 31 日的数据测度第一阶段的控制变量；基于 2011 年 1 月 1 日至 2013 年 12 月 31 日的数据测度第二阶段的控制变量；基于 2014 年 1 月 1 日至 2016 年 12 月 31 日的数据测度第三阶段的控制变量。

选取项目成功率及退出期限作为因变量衡量创业投资风险缓解。参照钱苹和张帏（2007）的研究（我国创业投资项目的平均投资期为2.25年），本书为所有创业投资机构预留3年的退出时间，基于2011年1月1日至2013年12月31日的数据测度第一阶段创业投资机构的项目成功率及退出期限；基于2014年1月1日至2016年12月31日的数据测度第二阶段创业投资机构的项目成功率及退出期限；基于2017年1月1日至2019年12月31日的数据测度第三阶段创业投资机构的项目成功率及退出期限。

7.2.2 数据筛选

第一步，使用Wind数据库2005年1月1日至2019年12月31日联合投资项目的数据。第一阶段：2005—2007年创业投资项目，2008—2010年创业投资项目，2011—2013年退出项目（IPO或M&A）；第二阶段：2008—2010年创业投资项目，2011—2013年创业投资项目，2014—2016年退出项目（IPO或M&A）；第三阶段：2011—2013年创业投资项目，2014—2016年创业投资项目，2017—2019年退出项目（IPO或M&A）。

第二步，筛选三个阶段有联合投资行为的创业投资机构。剔除第一阶段2005—2007年创业投资项目、2008—2010年创业投资项目中没有进行联合投资的创业投资机构，并将2005—2007年与2008—2010年创业投资项目中剔除后的创业投资机构进行对比，找出相同的创业投资机构271家，即第一阶段确定的有联合投资行为的创业投资机构为271家；剔除第二阶段2008—2010年创业投资项目、2011—2013年创业投资项目中没有进行联合投资的创业投资机构，并将2008—2010年与2011—2013年创业投资项目中剔除后的创业投资机构进行对比，找出相同的创业投资机构447家，即第二阶段确定的有联合投资行为的创业投资机构为447家；剔除第三阶段2011—2013年创业投资项目、2014—2016年创业投资项目中没有进行联合投资的创业投资机构，并将2011—2013年与2014—2016年创业投资项目中剔除后的创业投资机构进行对比，找出相同的创业投资机构609家，即第三阶段确定的有联合投资行为的创业投资机构为609家。将271家创业投资机构、447家创业投资机构与609家创业投资机构进行对比，找出三个阶段共有的创业投资机构，最终得到124家创业投资机构。

第三步，筛选 124 家创业投资机构在三个阶段对应的创业投资项目。筛选 124 家创业投资机构在第一阶段 2005—2007 年创业投资项目中的联合投资项目，作为第一阶段自变量计算样本；筛选 124 家创业投资机构在第一阶段 2008—2010 年创业投资项目中的联合投资项目，作为第一阶段控制变量计算样本（第一阶段研究样本 1042 轮）；筛选 124 家创业投资机构在第一阶段 2011—2013 年退出项目中的 IPO 或 M&A 退出，作为第一阶段因变量计算样本。筛选 124 家创业投资机构在第二阶段 2008—2010 年创业投资项目中的联合投资项目，作为第二阶段自变量计算样本；筛选 124 家创业投资机构在第二阶段 2011—2013 年创业投资项目中的联合投资项目，作为第二阶段控制变量计算样本（第二阶段研究样本 1162 轮）；筛选 124 家创业投资机构在第二阶段 2014—2016 年退出项目中的 IPO 或 M&A 退出，作为第二阶段因变量计算样本。筛选 124 家创业投资机构在第三阶段 2011—2013 年创业投资项目中的联合投资项目，作为第三阶段自变量计算样本；筛选 124 家创业投资机构在第三阶段 2014—2016 年创业投资项目中的联合投资项目，作为第三阶段控制变量计算样本（第三阶段研究样本 2271 轮）；筛选 124 家创业投资机构在第三阶段 2017—2019 年退出项目中的 IPO 或 M&A 退出，作为第三阶段因变量计算样本。

7.2.3　变量说明

1. 自变量和调节变量

选取第 5 章的网络位置变量（中心位置和中介位置）（Hu & Zhang，2018；杨艳萍和刘窈君，2019）、网络关系变量（关系广度和关系深度）（胡刘芬和周泽将，2018；杨艳萍和郜钰格，2020）以及网络能力变量（专业化特征）（金永红等，2021；王曦等，2015）作为本书的自变量和调节变量。

2. 控制变量

为了控制其他影响创业投资风险缓解的因素，本书主要依据已有的创业投资研究文献，引入三种类型的控制变量。

第一类控制变量为网络结构，选取第 5 章的网络结构变量（网络规模和小世界商数）（郭建杰和谢富纪，2020；Fleming et al.，2007）。

第二类控制变量为项目特征，具体包括投资行业、投资区域、投资阶段

（王育晓，2018）、项目联合投资规模（董建卫等，2012；Nahata，2008）。投资行业定义为创业投资项目所处行业，将行业分为 11 类，若项目属于信息技术、可选消费、医疗保健行业则取值 1，其他行业取值 0。投资区域定义为创业投资项目所处地域，将区域分为 4 类，若项目位于京津、珠三角、长三角地区则取值 1，其他地区取值 0。投资阶段定义为创业投资项目所处发展阶段，将阶段分为 4 类，若项目处于初创期、扩张期、成熟期则取值 1，种子期取值 0。项目联合投资规模定义为投资于同一创业投资项目的创业投资机构数量之和。

第三类控制变量为创业投资机构特征，具体包括机构年龄（Gompers，1996）、机构性质（Humphery & Suchard，2013；张学勇和廖理，2011）及首轮轮次（Hochberg et al.，2007）。机构年龄定义为自创业投资机构成立日起到投资某个创业投资项目日止的总年数。机构性质定义为创业投资机构的背景，分为外商独资、中外合资、国有企业 3 类，若创业投资机构是外商独资或中外合资背景则取值 1，是国有背景则取值 0。投资轮次定义为创业投资机构所投项目是否为首轮投资，是取值 1，否取值 0。

3. 因变量

借鉴大多数学者将成功退出视为衡量创业投资风险缓解的标准，并扩展到两个不同指标：项目成功率和退出期限。因此对于成功退出，本书采用国内外相关研究中的常见做法，把创业投资机构在融资后 3 年内通过 IPO 或 M&A 退出界定为成功退出。

退出期限定义为创业投资机构自投资创业投资项目时起至退出时止的总年数（董建卫等，2012）。对于在观测时间段内未成功退出的创业投资项目，退出期限做右截取处理：在第一阶段，对于在 2013 年底之前没有成功退出的创业投资项目，退出期限为 2013 年 12 月 31 日；在第二阶段，对于在 2016 年底之前没有成功退出的创业投资项目，退出期限为 2016 年 12 月 31 日；在第三阶段，对于在 2019 年底之前没有成功退出的创业投资项目，退出期限为 2019 年 12 月 31 日。

项目成功率定义为创业投资机构在观测时间段内退出项目数与总创业投资项目数之比（Sarin et al.，2002），具体为

$$p(i, j) = \frac{\sum_n 1_{nij}}{N_{ij}} \tag{7.1}$$

其中，$j = 1$，2，3，表示第一、第二或第三阶段；i 表示创业投资机构；n 表示创业投资机构在三个阶段分别投资的项目；N_{ij} 表示创业投资机构 i 在 j 阶段投资项目数之和；第一阶段——创业投资机构在 2008 年 1 月 1 日至 2010 年 12 月 31 日投资项目数之和，第二阶段——创业投资机构在 2011 年 1 月 1 日至 2013 年 12 月 31 日投资项目数之和，第三阶段——创业投资机构在 2014 年 1 月 1 日至 2016 年 12 月 31 日投资项目数之和；通过指标函数 1_{nij} 表示项目是否在融资后 3 年内退出：第一阶段——项目在 2011 年 1 月 1 日到 2013 年 12 月 31 日通过 IPO 或 M&A 退出，第二阶段——项目在 2014 年 1 月 1 日到 2016 年 12 月 31 日通过 IPO 或 M&A 退出，第三阶段——项目在 2017 年 1 月 1 日到 2019 年 12 月 31 日通过 IPO 或 M&A 退出。

以上各类变量的说明如表 7.1 所示。

表 7.1 各类变量的说明

变量类型	变量属性	变量内容	变量符号	变量说明
自变量	网络位置	中心位置	CP	创业投资机构在创业投资网络中所拥有直接联系的多寡
	网络能力	中介位置	BP	创业投资机构在创业投资网络中所拥有结构洞的多寡
		投资机构行业专业化程度	VC_IP	创业投资机构的投资项目在各行业的分布情况（赫芬达尔指数）
		投资机构区域专业化程度	VC_DP	创业投资机构的投资项目在各区域的分布情况（赫芬达尔指数）
		投资机构阶段专业化程度	VC_SP	创业投资机构的投资项目在各阶段的分布情况（赫芬达尔指数）
	网络关系	关系广度	TB	创业投资机构在联合投资过程中形成的网络关系数之和
		关系深度	TD	创业投资机构在 2 - 步内可达的合作伙伴数与个体网络规模之比

续表

变量类型	变量属性	变量内容	变量符号	变量说明
控制变量	网络结构	网络规模	NS	不同时期创业投资网络内包含的全部创业投资机构数量
		小世界商数	Q	同一时期创业投资网络的聚类系数比值除以特征路径长度比值
	项目特征	投资行业	II	若项目属于信息技术、可选消费、医疗保健行业则取值1，其他行业取值0
		投资区域	ID	若项目位于京津、珠三角、长三角地区则取值1，其他地区取值0
		投资阶段	IS	若项目处于种子期则取值0，处于初创期、扩张期、成熟期则取值1
		项目联合投资规模	CS	项目的所有创业投资机构的数量之和
	创业投资机构特征	机构年龄	VA	创业投资机构从成立日到项目起始时间的总年数
		机构性质	VN	创业投资机构是外商或中外合资性质则取值1，是国有性质则取值0
		首轮投资	FR	创业投资机构所投项目是否为首轮投资，首轮取值1，非首轮取值0
因变量	创业投资风险缓解	项目成功率	SP	创业投资机构在联合投资过程中的退出次数与该创业投资机构的项目总数之比
		是否退出	WE	创业投资机构若通过 IPO 或 M&A 退出，是则取值1，否则取值0
		退出期限	ED	创业投资机构从投资创业投资项目开始，到通过 IPO 或 M&A 方式退出所跨越的年份，若最终未成功退出，则对退出期限做右截取处理

注：①行业划分依据参照 Wind 数据库分为 11 个大类：能源、材料、工业、可选消费、日常消费、医疗保健、金融、信息技术、电信服务、公用事业及房地产；②区域划分依据基于对投资项目 4 大类区域的划分：京津（北京、天津）、珠三角（广州、深圳、珠海、东莞、佛山、中山、惠州、江门、肇庆）、长三角（上海、南京、无锡、常州、苏州、南通、盐城、扬州、镇江、泰州、杭州、宁波、嘉兴、湖州、绍兴、金华、舟山、台州、合肥、芜湖、马鞍山、安庆、滁州、池州、宣城、铜陵）及其他地区；③阶段划分依据基于对投资轮次按照种子期（Strategy、Pre - Angel、Angel、Angel +、Pre - A、Pre - A +）、初创期（A、A +、A + +、Pre - B、Pre - B +）、扩张期（B、B +、B + +、Pre - C、C、C +）及成熟期（D、E、F、G、H、PIPE、E +、D +）4 个阶段的划分；④机构性质划分依据基于对资本类型按照国有企业、外商独资及中外合资划分。

7.2.4　模型构建

1. 线性回归模型

观察被解释变量 y 与一个或多个解释变量 x_i 的散点图，当发现 y 与 x_i 之间呈现出显著的线性关系时，则应采用线性回归分析的方法，建立 y 关于 x_i 的线性回归模型。在线性回归分析中，根据模型中解释变量的个数，可将线性回归模型分成一元线性回归模型和多元线性回归模型。

一元线性回归模型是指只有一个解释变量的线性回归模型，用于揭示被解释变量与另一个解释变量之间的线性关系；多元线性回归模型是指含有多个解释变量的线性回归模型，用于揭示被解释变量与其他多个解释变量之间的线性关系。两种线性回归模型均常用普通最小二乘估计法，基本出发点是使每个观测点 $(x_i, y_i)(i = 1, 2, \cdots, n)$ 与回归线上的对应点 $[x_i, E(y_i)]$ 在垂直方向上的偏差距离的总和最小。对于一元线性回归方程 $E(y) = \beta_0 + \beta_1 x_1$，最小二乘估计是寻找参数 β_0，β_1 的估计值 $\hat{\beta}_0$，$\hat{\beta}_1$，使公式 $Q(\beta_0, \beta_1) = \sum_{i=1}^{n} (y_i - \beta_0 - \beta_1 x_{i1})^2$ 达到最小。利用已经收集到的样本数据，在该统计拟合准则下得到估计的一元线性回归方程 $\hat{y} = \hat{\beta}_0 + \hat{\beta}_1 x_1$。从几何意义来说，估计的一元线性回归方程是二维平面上的一条直线，即回归直线，其中 $\hat{\beta}_0$ 是回归直线在纵轴上的截距，$\hat{\beta}_1$ 为回归直线的斜率，它表示解释变量 x 每变动一个单位所引起的被解释变量 y 的平均变动值。对于多元线性回归方程 $E(y) = \beta_0 + \beta_1 x_1 + \beta_2 x_2 + \cdots + \beta_p x_p$，最小二乘估计是寻找参数 β_0，β_1，β_2，$\cdots$，β_p 的估计值 $\hat{\beta}_0$，$\hat{\beta}_1$，$\hat{\beta}_2$，$\cdots$，$\hat{\beta}_p$，使公式 $Q(\beta_0, \beta_1, \beta_2, \cdots, \beta_p) = \sum_{i=1}^{n} (y_i - \beta_0 - \beta_1 x_{i1} - \beta_2 x_{i2} - \cdots - \beta_p x_{ip})^2$ 达到最小。利用已经收集到的样本数据，在该统计拟合准则下得到估计的多元线性回归方程 $\hat{y} = \hat{\beta}_0 + \hat{\beta}_1 x_1 + \hat{\beta}_2 x_2 + \cdots + \hat{\beta}_p x_p$，从几何意义来说，估计的多元线性回归方程是 $p + 1$ 维空间上的一个超平面，即回归平面，其中 $\hat{\beta}_i$ 表示当其他解释变量保持不变的情况下，x_i 每变动一个单位所引起的被解释变量 y 的平均变动值。

2. Kaplan – Meier 乘积限法

首先将创业投资机构的退出期限设为 T，则 T 的生存函数为 $S(t) = P(T > t)$。假设样本数据中 n 个创业投资机构的退出期限为 t_1，t_2，$\cdots$，t_n，将数据从小到大排序后，可得 $t_1 \leqslant t_2 \leqslant \cdots \leqslant t_n$，用 δ_1，δ_2，$\cdots$，δ_n 记录数据类型。若 t_i 为确切数据，则记 $\delta_i = 1$；若 t_i 为右删失数据，则记 $\delta_i = 0$。记 n_1，n_2，$\cdots$，n_k，其中 n_k 满足 $t_{n_k} = k$ 且 $t_{nk} + 1 = k + 1$，$k = 1$，2，3，$\cdots$，6。

当 $t \in [k, k+1)$ 时，$S(t) = P(T > t) = P(T \geqslant k+1) = \prod_{i=1}^{n_k} P(T > t_i \mid T > t_{i-1})$。注意到，当 $\delta_i = 1$ 时，t_1，t_2，$\cdots$，t_n 中比 t_i 大的个数为 $n - i$，因此，$\hat{P}(T > t_i \mid T > t_{i-1}) = \dfrac{n-i}{n-i+1}$，$t_0 = 0$；当 $\delta_i = 0$ 时，记 $\hat{P}(T > t_i \mid T > t_{i-1}) = 1$。

综上可得：$t \in [k, k+1)$ 时，$\hat{S}(t) = \prod_{i=1}^{n_k} \left(\dfrac{n-i}{n-i+1} \right)^{\delta_i}$。通过上式即可估计创业投资机构的生存函数。

3. Cox 回归模型

基于 Cox 回归模型主要用于多因素分析，具有不考虑生存时间分布、利用截尾数据、不需要事先假定基准生存函数的具体形式并且建模的灵活性较高等优点，本书以此作为创业投资机构生存估计的基准模型。令 $s(t, X)$ 表示具有危险向量 X 的创业投资机构在时间 t 时的生存率，亦即创业投资机构 i 在 $t-1$ 时期存活而在 t 时期退出的概率。具体而言，在生存分析中，若模型的协变量为 X，退出期限 T 的概率密度函数为 $f(t \mid X)$，生存函数为 $S(t \mid X)$。T 的生存函数满足形式：$\lambda(t \mid X) = \lambda_0(t)g(X)$，其中 $\lambda_0(t)$ 为协变量为 0 时的生存函数。当 $g(X) = \exp(X^T\beta)$ 时，即 $S(t \mid X) = S_0(t)\exp(X^T\beta)$ 时，该模型被称为 Cox 回归模型。其中，t_k 的取值范围为 $l = 1$，2，$\cdots$，6，记 D_l 为 t_k 中正好等于 l 且为确切数据的数据集，即 $D_l = \{k: t_k = l, \delta_k = 1\}$，$d_l = |D_l|$；其中 (t_k, δ_k) 与前文类似，表示一对随机数据集，$\delta_k = 1$ 表示样本个体状态发生转换，$\delta_k = 0$ 则表示样本数据发生删失。记 R_l 为 t_k 中 $\geqslant l$ 的数据集，即 $R_l = \{k: t_k \geqslant l\}$。Cox 回归提出了"部分似然函数"：$L(\beta) = \prod_{l=1}^{6} \dfrac{\prod_{i \in D_l} \exp(X_i^T\beta)}{\left[\sum_{i \in R_l} \exp(X_i^T\beta) \right]^{d_l}}$，并且指出若使得 $L(\beta)$ 达到最大的 β 取值为 $\hat{\beta}$，则可将 $\hat{\beta}$ 视为 β 的估计，可利用此式对创业投资机构生存概率进行 Cox 部分似然估计。

4. 模型设立

本书从两个角度衡量创业投资风险缓解，一是项目成功率，属于发生率模型，即创业投资机构在所有投资的项目中退出项目所占的比值高低，线性回归模型是估计此模型最常用的方法；二是退出期限，属于持续期模型，即创业投资机构从投资某项目到成功退出的持续期到底有多长，生存分析模型是估计此模型最常用的方法，同时由于某些样本创业投资机构在研究时段内并未成功退出，所以样本数据存在删失，在这种情况下，半参数模型 Cox 回归模型是本书的最终选择。

（1）采用多元回归对自变量与退出概率的关系进行实证，模型如下。

模型 1 – 1A/1 – 2A/1 – 3A

$$SP_{1ij} = \alpha_{1ij} + \alpha_{2ij}CP_{ij} + \gamma_{1\_1ij}NS_{ij} + \gamma_{1\_2ij}Q_{ij} + \gamma_{1\_3ij}II_{ij} + \gamma_{1\_4ij}ID_{ij} +$$
$$\gamma_{1\_5ij}IS_{ij} + \gamma_{1\_6ij}CS_{ij} + \gamma_{1\_7ij}VA_{ij} + \gamma_{1\_8ij}VN_{ij} + \gamma_{1\_9ij}FR_{ij} + \varepsilon_{1ij} \quad (7.2)$$

模型 2 – 1A/2 – 2A/2 – 3A

$$SP_{2ij} = \alpha_{3ij} + \alpha_{4ij}BP_{ij} + \gamma_{2\_1ij}NS_{ij} + \gamma_{2\_2ij}Q_{ij} + \gamma_{2\_3ij}II_{ij} + \gamma_{2\_4ij}ID_{ij} +$$
$$\gamma_{2\_5ij}IS_{ij} + \gamma_{2\_6ij}CS_{ij} + \gamma_{2\_7ij}VA_{ij} + \gamma_{2\_8ij}VN_{ij} + \gamma_{2\_9ij}FR_{ij} + \varepsilon_{2ij} \quad (7.3)$$

模型 3 – 1A/3 – 2A/3 – 3A

$$SP_{3ij} = \alpha_{5ij} + \alpha_{6ij}TB_{ij} + \gamma_{3\_1ij}NS_{ij} + \gamma_{3\_2ij}Q_{ij} + \gamma_{3\_3ij}II_{ij} + \gamma_{3\_4ij}ID_{ij} +$$
$$\gamma_{3\_5ij}IS_{ij} + \gamma_{3\_6ij}CS_{ij} + \gamma_{3\_7ij}VA_{ij} + \gamma_{3\_8ij}VN_{ij} + \gamma_{3\_9ij}FR_{ij} + \varepsilon_{3ij} \quad (7.4)$$

模型 4 – 1A/4 – 2A/4 – 3A

$$SP_{4ij} = \alpha_{7ij} + \alpha_{8ij}TD_{ij} + \gamma_{4\_1ij}NS_{ij} + \gamma_{4\_2ij}Q_{ij} + \gamma_{4\_3ij}II_{ij} + \gamma_{4\_4ij}ID_{ij} +$$
$$\gamma_{4\_5ij}IS_{ij} + \gamma_{4\_6ij}CS_{ij} + \gamma_{4\_7ij}VA_{ij} + \gamma_{4\_8ij}VN_{ij} + \gamma_{4\_9ij}FR_{ij} + \varepsilon_{4ij} \quad (7.5)$$

模型 5 – 1A/5 – 2A/5 – 3A

$$SP_{5ij} = \alpha_{9ij} + \alpha_{10ij}CP_{ij} + \alpha_{11ij}VC\_IP_{ij} + \alpha_{12ij}CP_{ij} \times VC\_IP_{ij} +$$
$$\gamma_{5\_1ij}NS_{ij} + \gamma_{5\_2ij}Q_{ij} + \gamma_{5\_3ij}II_{ij} + \gamma_{5\_4ij}ID_{ij} + \gamma_{5\_5ij}IS_{ij} +$$
$$\gamma_{5\_6ij}CS_{ij} + \gamma_{5\_7ij}VA_{ij} + \gamma_{5\_8ij}VN_{ij} + \gamma_{5\_9ij}FR_{ij} + \varepsilon_{5ij} \quad (7.6)$$

模型 6 – 1A/6 – 2A/6 – 3A

$$SP_{6ij} = \alpha_{13ij} + \alpha_{14ij}CP_{ij} + \alpha_{15ij}VC\_DP_{ij} + \alpha_{16ij}CP_{ij} \times VC\_DP_{ij} + \gamma_{6\_1ij}NS_{ij} +$$
$$\gamma_{6\_2ij}Q_{ij} + \gamma_{6\_3ij}II_{ij} + \gamma_{6\_4ij}ID_{ij} + \gamma_{6\_5ij}IS_{ij} + \gamma_{6\_6ij}CS_{ij} + \gamma_{6\_7ij}VA_{ij} +$$
$$\gamma_{6\_8ij}VN_{ij} + \gamma_{6\_9ij}FR_{ij} + \varepsilon_{6ij} \quad (7.7)$$

模型 7 − 1A/7 − 2A/7 − 3A

$$SP_{7ij} = \alpha_{17ij} + \alpha_{18ij}CP_{ij} + \alpha_{19ij}VC\_SP_{ij} + \alpha_{20ij}CP_{ij} \times VC\_SP_{ij} + \gamma_{7\_1ij}NS_{ij} +$$
$$\gamma_{7\_2ij}Q_{ij} + \gamma_{7\_3ij}II_{ij} + \gamma_{7\_4ij}ID_{ij} + \gamma_{7\_5ij}IS_{ij} + \gamma_{7\_6ij}CS_{ij} +$$
$$\gamma_{7\_7ij}VA_{ij} + \gamma_{7\_8ij}VN_{ij} + \gamma_{7\_9ij}FR_{ij} + \varepsilon_{7ij} \qquad (7.8)$$

模型 8 − 1A/8 − 2A/8 − 3A

$$SP_{8ij} = \alpha_{21ij} + \alpha_{22ij}CP_{ij} + \alpha_{23ij}VC\_IP_{ij} + \alpha_{24ij}CP_{ij} \times VC\_IP_{ij} + \gamma_{8\_1ij}NS_{ij} +$$
$$\gamma_{8\_2ij}Q_{ij} + \gamma_{8\_3ij}II_{ij} + \gamma_{8\_4ij}ID_{ij} + \gamma_{8\_5ij}IS_{ij} + \gamma_{8\_6ij}CS_{ij} +$$
$$\gamma_{8\_7ij}VA_{ij} + \gamma_{8\_8ij}VN_{ij} + \gamma_{8\_9ij}FR_{ij} + \varepsilon_{8ij} \qquad (7.9)$$

模型 9 − 1A/9 − 2A/9 − 3A

$$SP_{9ij} = \alpha_{25ij} + \alpha_{26ij}CP_{ij} + \alpha_{27ij}VC\_DP_{ij} + \alpha_{28ij}CP_{ij} \times VC\_DP_{ij} +$$
$$\gamma_{9\_1ij}NS_{ij} + \gamma_{9\_2ij}Q_{ij} + \gamma_{9\_3ij}II_{ij} + \gamma_{9\_4ij}ID_{ij} + \gamma_{9\_5ij}IS_{ij} +$$
$$\gamma_{9\_6ij}CS_{ij} + \gamma_{9\_7ij}VA_{ij} + \gamma_{9\_8ij}VN_{ij} + \gamma_{9\_9ij}FR_{ij} + \varepsilon_{9ij} \qquad (7.10)$$

模型 10 − 1A/10 − 2A/10 − 3A

$$SP_{10ij} = \alpha_{29ij} + \alpha_{30ij}CP_{ij} + \alpha_{31ij}VC_{SP_{ij}} + \alpha_{32ij}CP_{ij} \times VC_{SP_{ij}} +$$
$$\gamma_{10\_1ij}NS_{ij} + \gamma_{10\_2ij}Q_{ij} + \gamma_{10\_3ij}II_{ij} + \gamma_{10\_4ij}ID_{ij} +$$
$$\gamma_{10\_5ij}IS_{ij} + \gamma_{10\_6ij}CS_{ij} + \gamma_{10\_7ij}VA_{ij} + \gamma_{10\_8ij}VN_{ij} +$$
$$\gamma_{10\_9ij}FR_{ij} + \varepsilon_{10ij} \qquad (7.11)$$

模型 11 − 1A/11 − 2A/11 − 3A

$$SP_{11ij} = \alpha_{33ij} + \alpha_{34ij}BP_{ij} + \alpha_{35ij}VC_{BP_{ij}} + \alpha_{36ij}BP_{ij} \times VC_{IP_{ij}} +$$
$$\gamma_{11\_1ij}NS_{ij} + \gamma_{11\_2ij}Q_{ij} + \gamma_{11\_3ij}II_{ij} + \gamma_{11\_4ij}ID_{ij} + \gamma_{11\_5ij}IS_{ij} +$$
$$\gamma_{11\_6ij}CS_{ij} + \gamma_{11\_7ij}VA_{ij} + \gamma_{11\_8ij}VN_{ij} + \gamma_{11\_9ij}FR_{ij} + \varepsilon_{11ij} \qquad (7.12)$$

模型 12 − 1A/12 − 2A/12 − 3A

$$SP_{12ij} = \alpha_{37ij} + \alpha_{38ij}BP_{ij} + \alpha_{39ij}VC_{DP_{ij}} + \alpha_{40ij}BP_{ij} \times VC_{DP_{ij}} + \gamma_{12\_1ij}NS_{ij} +$$
$$\gamma_{12\_2ij}Q_{ij} + \gamma_{12\_3ij}II_{ij} + \gamma_{12\_4ij}ID_{ij} + \gamma_{12\_5ij}IS_{ij} + \gamma_{12\_6ij}CS_{ij} +$$
$$\gamma_{12\_7ij}VA_{ij} + \gamma_{12\_8ij}VN_{ij} + \gamma_{12\_9ij}FR_{ij} + \varepsilon_{12ij} \qquad (7.13)$$

模型 13 − 1A/13 − 2A/13 − 3A

$$SP_{13ij} = \alpha_{41ij} + \alpha_{42ij}BP_{ij} + \alpha_{43ij}VC_{SP_{ij}} + \alpha_{44ij}BP_{ij} \times VC_{SP_{ij}} +$$
$$\gamma_{13\_1ij}NS_{ij} + \gamma_{13\_2ij}Q_{ij} + \gamma_{13\_3ij}II_{ij} + \gamma_{13\_4ij}ID_{ij} + \gamma_{13\_5ij}IS_{ij} +$$
$$\gamma_{13\_6ij}CS_{ij} + \gamma_{13\_7ij}VA_{ij} + \gamma_{13\_8ij}VN_{ij} + \gamma_{13\_9ij}FR_{ij} + \varepsilon_{13ij} \qquad (7.14)$$

模型 14 - 1A/14 - 2A/14 - 3A

$$SP_{14ij} = \alpha_{45ij} + \alpha_{46ij}BP_{ij} + \alpha_{47ij}VC\_IP_{ij} + \alpha_{48ij}BP_{ij} \times VC\_IP_{ij} + \gamma_{14\_1ij}NS_{ij} +$$
$$\gamma_{14\_2ij}Q_{ij} + \gamma_{14\_3ij}II_{ij} + \gamma_{14\_4ij}ID_{ij} + \gamma_{14\_5ij}IS_{ij} + \gamma_{14\_6ij}CS_{ij} +$$
$$\gamma_{14\_7ij}VA_{ij} + \gamma_{14\_8ij}VN_{ij} + \gamma_{14\_9ij}FR_{ij} + \varepsilon_{14ij} \qquad (7.15)$$

模型 15 - 1A/15 - 2A/15 - 3A

$$SP_{15ij} = \alpha_{49ij} + \alpha_{50ij}BP_{ij} + \alpha_{51ij}VC\_DP_{ij} + \alpha_{52ij}BP_{ij} \times VC\_DP_{ij} + \gamma_{15\_1ij}NS_{ij} +$$
$$\gamma_{15\_2ij}Q_{ij} + \gamma_{15\_3ij}II_{ij} + \gamma_{15\_4ij}ID_{ij} + \gamma_{15\_5ij}IS_{ij} + \gamma_{15\_6ij}CS_{ij} +$$
$$\gamma_{15\_7ij}VA_{ij} + \gamma_{15\_8ij}VN_{ij} + \gamma_{15\_9ij}FR_{ij} + \varepsilon_{15ij} \qquad (7.16)$$

模型 16 - 1A/16 - 2A/16 - 3A

$$SP_{16ij} = \alpha_{53ij} + \alpha_{54ij}BP_{ij} + \alpha_{55ij}VC\_SP_{ij} + \alpha_{56ij}BP_{ij} \times VC\_SP_{ij} + \gamma_{16\_1ij}NS_{ij} +$$
$$\gamma_{16\_2ij}Q_{ij} + \gamma_{16\_3ij}II_{ij} + \gamma_{16\_4ij}ID_{ij} + \gamma_{16\_5ij}IS_{ij} + \gamma_{16\_6ij}CS_{ij} +$$
$$\gamma_{16\_7ij}VA_{ij} + \gamma_{16\_8ij}VN_{ij} + \gamma_{16\_9ij}FR_{ij} + \varepsilon_{16ij} \qquad (7.17)$$

式（7.2）~式（7.17）中，SP 表示项目成功率，$j = 1$、2、3，表示第一、第二或第三阶段。CP_{ij}、BP_{ij}、VC_IP_{ij}、VC_DP_{ij}、VC_SP_{ij}、TB_{ij}、TD_{ij}、NS_{ij}、Q_{ij}、II_{ij}、ID_{ij}、IS_{ij}、CS_{ij}、VA_{ij}、VN_{ij}、FR_{ij} 表示第 j 阶段第 i 个创业投资机构的中心位置、中介位置、投资机构行业专业化程度、投资机构区域专业化程度、投资机构阶段专业化程度、关系广度、关系深度、网络规模、小世界商数、投资行业、投资区域、投资阶段、项目联合投资规模、机构年龄、机构性质和首轮投资。回归系数 α 表示当其他变量保持不变时，自变量每变动一个单位，因变量会变动 α 个单位。

（2）采用 Cox 回归对自变量与退出期限的关系进行实证，模型如下。

模型 1 - 1B/1 - 2B/1 - 3B

$$S_{17}(t_{ij} \mid X_{ij}) = S_{17}(t_{ij})\exp(\beta_{1ij}CP_{ij} + \gamma_{17\_1ij}NS_{ij} + \gamma_{17\_2ij}Q_{ij} + \gamma_{17\_3ij}II_{ij} +$$
$$\gamma_{17\_4ij}ID_{ij} + \gamma_{17\_5ij}IS_{ij} + \gamma_{17\_6ij}CS_{ij} + \gamma_{17\_7ij}VA_{ij} +$$
$$\gamma_{17\_8ij}VN_{ij} + \gamma_{17\_9ij}FR_{ij}) \qquad (7.18)$$

模型 2 - 1B/2 - 2B/2 - 3B

$$S_{18}(t_{ij} \mid X_{ij}) = S_{18}(t_{ij})\exp(\beta_{2ij}BP_{ij} + \gamma_{18\_1ij}NS_{ij} + \gamma_{18\_2ij}Q_{ij} + \gamma_{18\_3ij}II_{ij} +$$
$$\gamma_{18\_4ij}ID_{ij} + \gamma_{18\_5ij}IS_{ij} + \gamma_{18\_6ij}CS_{ij} + \gamma_{18\_7ij}VA_{ij} +$$
$$\gamma_{18\_8ij}VN_{ij} + \gamma_{18\_9ij}FR_{ij}) \qquad (7.19)$$

模型 3 − 1B/3 − 2B/3 − 3B

$$S_{19}(t_{ij} \mid X_{ij}) = S_{19}(t_{ij}) \exp(\beta_{3ij}CP_{ij} + \gamma_{19\_1ij}NS_{ij} + \gamma_{19\_2ij}Q_{ij} +$$
$$\gamma_{19\_3ij}II_{ij} + \gamma_{19\_4ij}ID_{ij} + \gamma_{19\_5ij}IS_{ij} + \gamma_{19\_6ij}CS_{ij} + \gamma_{19\_7ij}VA_{ij} +$$
$$\gamma_{19\_8ij}VN_{ij} + \gamma_{19\_9ij}FR_{ij}) \tag{7.20}$$

模型 4 − 1B/4 − 2B/4 − 3B

$$S_{20}(t_{ij} \mid X_{ij}) = S_{20}(t_{ij}) \exp(\beta_{4ij}CP_{ij} + \gamma_{20\_1ij}NS_{ij} + \gamma_{20\_2ij}Q_{ij} + \gamma_{20\_3ij}II_{ij} +$$
$$\gamma_{20\_4ij}ID_{ij} + \gamma_{20\_5ij}IS_{ij} + \gamma_{20\_6ij}CS_{ij} + \gamma_{20\_7ij}VA_{ij} +$$
$$\gamma_{20\_8ij}VN_{ij} + \gamma_{20\_9ij}FR_{ij}) \tag{7.21}$$

模型 5 − 1B/5 − 2B/5 − 3B

$$S_{21}(t_{ij} \mid X_{ij}) = S_{21}(t_{ij}) \exp(\beta_{5ij}CP_{ij} + \beta_{6ij}VC_{IP_{ij}} + \beta_{7ij}CP_{ij} \times VC_{IP_{ij}} +$$
$$\gamma_{21\_1ij}NS_{ij} + \gamma_{21\_2ij}Q_{ij} + \gamma_{21\_3ij}II_{ij} + \gamma_{21\_4ij}ID_{ij} +$$
$$\gamma_{21\_5ij}IS_{ij} + \gamma_{21\_6ij}CS_{ij} + \gamma_{21\_7ij}VA_{ij} + \gamma_{21\_8ij}VN_{ij} + \gamma_{21\_9ij}FR_{ij}) \tag{7.22}$$

模型 6 − 1B/6 − 2B/6 − 3B

$$S_{22}(t_{ij} \mid X_{ij}) = S_{22}(t_{ij}) \exp(\beta_{8ij}CP_{ij} + \beta_{9ij}VC_{DP_{ij}} + \beta_{10ij}CP_{ij} \times VC_{DP_{ij}} +$$
$$\gamma_{22\_1ij}NS_{ij} + \gamma_{22\_2ij}Q_{ij} + \gamma_{22\_3ij}II_{ij} + \gamma_{22\_4ij}ID_{ij} + \gamma_{22\_5ij}IS_{ij} +$$
$$\gamma_{22\_6ij}CS_{ij} + \gamma_{22\_7ij}VA_{ij} + \gamma_{22\_8ij}VN_{ij} + \gamma_{22\_9ij}FR_{ij}) \tag{7.23}$$

模型 7 − 1B/7 − 2B/7 − 3B

$$S_{23}(t_{ij} \mid X_{ij}) = S_{23}(t_{ij}) \exp(\beta_{11ij}CP_{ij} + \beta_{12ij}VC_{SP_{ij}} + \beta_{13ij}CP_{ij} \times VC_{SP_{ij}} +$$
$$\gamma_{23\_1ij}NS_{ij} + \gamma_{23\_2ij}Q_{ij} + \gamma_{23\_3ij}II_{ij} + \gamma_{23\_4ij}ID_{ij} + \gamma_{23\_5ij}IS_{ij} +$$
$$\gamma_{23\_6ij}CS_{ij} + \gamma_{23\_7ij}VA_{ij} + \gamma_{23\_8ij}VN_{ij} + \gamma_{23\_9ij}FR_{ij}) \tag{7.24}$$

模型 8 − 1B/8 − 2B/8 − 3B

$$S_{24}(t_{ij} \mid X_{ij}) = S_{24}(t_{ij}) \exp(\beta_{14ij}BP_{ij} + \beta_{15ij}VC_{IP_{ij}} + \beta_{16ij}BP_{ij} \times VC_{IP_{ij}} +$$
$$\gamma_{24\_1ij}NS_{ij} + \gamma_{24\_2ij}Q_{ij} + \gamma_{24\_3ij}II_{ij} + \gamma_{24\_4ij}ID_{ij} + \gamma_{24\_5ij}IS_{ij} +$$
$$\gamma_{24\_6ij}CS_{ij} + \gamma_{24\_7ij}VA_{ij} + \gamma_{24\_8ij}VN_{ij} + \gamma_{24\_9ij}FR_{ij}) \tag{7.25}$$

模型 9 − 1B/9 − 2B/9 − 3B

$$S_{25}(t_{ij} \mid X_{ij}) = S_{25}(t_{ij}) \exp(\beta_{17ij}BP_{ij} + \beta_{18ij}VC_{DP_{ij}} + \beta_{19ij}BP_{ij} \times VC_{DP_{ij}} +$$
$$\gamma_{25\_1ij}NS_{ij} + \gamma_{25\_2ij}Q_{ij} + \gamma_{25\_3ij}II_{ij} + \gamma_{25\_4ij}ID_{ij} + \gamma_{25\_5ij}IS_{ij} +$$
$$\gamma_{25\_6ij}CS_{ij} + \gamma_{25\_7ij}VA_{ij} + \gamma_{25\_8ij}VN_{ij} + \gamma_{25\_9ij}FR_{ij}) \tag{7.26}$$

模型 $10 - 1\text{B}/10 - 2\text{B}/10 - 3\text{B}$

$$S_{26}(t_{ij} \mid X_{ij}) = S_{26}(t_{ij}) \exp(\beta_{20ij}BP_{ij} + \beta_{21ij}VC_{SP_{ij}} + \beta_{22ij}BP_{ij} \times VC_{SP_{ij}} +$$
$$\gamma_{26\_1ij}NS_{ij} + \gamma_{26\_2ij}Q_{ij} + \gamma_{26\_3ij}II_{ij} + \gamma_{26\_4ij}ID_{ij} + \gamma_{26\_5ij}IS_{ij} +$$
$$\gamma_{26\_6ij}CS_{ij} + \gamma_{26\_7ij}VA_{ij} + \gamma_{26\_8ij}VN_{ij} + \gamma_{26\_9ij}FR_{ij}) \tag{7.27}$$

模型 $11 - 1\text{B}/11 - 2\text{B}/11 - 3\text{B}$

$$S_{27}(t_{ij} \mid X_{ij}) = S_{27}(t_{ij}) \exp(\beta_{23ij}TB_{ij} + \beta_{24ij}VC_{IP_{ij}} + \beta_{25ij}TB_{ij} \times VC_{IP_{ij}} +$$
$$\gamma_{27\_1ij}NS_{ij} + \gamma_{27\_2ij}Q_{ij} + \gamma_{27\_3ij}II_{ij} + \gamma_{27\_4ij}ID_{ij} + \gamma_{27\_5ij}IS_{ij} +$$
$$\gamma_{27\_6ij}CS_{ij} + \gamma_{27\_7ij}VA_{ij} + \gamma_{27\_8ij}VN_{ij} + \gamma_{27\_9ij}FR_{ij}) \tag{7.28}$$

模型 $12 - 1\text{B}/12 - 2\text{B}/12 - 3\text{B}$

$$S_{28}(t_{ij} \mid X_{ij}) = S_{28}(t_{ij}) \exp(\beta_{26ij}TB_{ij} + \beta_{27ij}VC_{DP_{ij}} + \beta_{28ij}TB_{ij} \times VC_{DP_{ij}} +$$
$$\gamma_{28\_1ij}NS_{ij} + \gamma_{28\_2ij}Q_{ij} + \gamma_{28\_3ij}II_{ij} + \gamma_{28\_4ij}ID_{ij} + \gamma_{28\_5ij}IS_{ij} +$$
$$\gamma_{28\_6ij}CS_{ij} + \gamma_{28\_7ij}VA_{ij} + \gamma_{28\_8ij}VN_{ij} + \gamma_{28\_9ij}FR_{ij}) \tag{7.29}$$

模型 $13 - 1\text{B}/13 - 2\text{B}/13 - 3\text{B}$

$$S_{29}(t_{ij} \mid X_{ij}) = S_{29}(t_{ij}) \exp(\beta_{29ij}TB_{ij} + \beta_{30ij}VC_{SP_{ij}} + \beta_{31ij}TB_{ij} \times VC_{SP_{ij}} +$$
$$\gamma_{29\_1ij}NS_{ij} + \gamma_{29\_2ij}Q_{ij} + \gamma_{29\_3ij}II_{ij} + \gamma_{29\_4ij}ID_{ij} + \gamma_{29\_5ij}IS_{ij} +$$
$$\gamma_{29\_6ij}CS_{ij} + \gamma_{29\_7ij}VA_{ij} + \gamma_{29\_8ij}VN_{ij} + \gamma_{29\_9ij}FR_{ij}) \tag{7.30}$$

模型 $14 - 1\text{B}/14 - 2\text{B}/14 - 3\text{B}$

$$S_{30}(t_{ij} \mid X_{ij}) = S_{30}(t_{ij}) \exp(\beta_{32ij}TD_{ij} + \beta_{33ij}VC_{IP_{ij}} + \beta_{34ij}TD_{ij} \times$$
$$VC_{IP_{ij}} + \gamma_{30\_1ij}NS_{ij} + \gamma_{30\_2ij}Q_{ij} + \gamma_{30\_3ij}II_{ij} + \gamma_{30\_4ij}ID_{ij} +$$
$$\gamma_{30\_5ij}IS_{ij} + \gamma_{30\_6ij}CS_{ij} + \gamma_{30\_7ij}VA_{ij} + \gamma_{30\_8ij}VN_{ij} + \gamma_{30\_9ij}FR_{ij}) \tag{7.31}$$

模型 $15 - 1\text{B}/15 - 2\text{B}/15 - 3\text{B}$

$$S_{31}(t_{ij} \mid X_{ij}) = S_{31}(t_{ij}) \exp(\beta_{35ij}TD_{ij} + \beta_{36ij}VC_{DP_{ij}} + \beta_{37ij}TD_{ij} \times VC_{DP_{ij}} +$$
$$\gamma_{22\_1ij}NS_{ij} + \gamma_{22\_2ij}Q_{ij} + \gamma_{22\_3ij}II_{ij} + \gamma_{22\_4ij}ID_{ij} + \gamma_{22\_5ij}IS_{ij} +$$
$$\gamma_{22\_6ij}CS_{ij} + \gamma_{22\_7ij}VA_{ij} + \gamma_{22\_8ij}VN_{ij} + \gamma_{22\_9ij}FR_{ij}) \tag{7.32}$$

模型 $16 - 1\text{B}/16 - 2\text{B}/16 - 3\text{B}$

$$S_{32}(t_{ij} \mid X_{ij}) = S_{32}(t_{ij}) \exp(\beta_{38ij}TD_{ij} + \beta_{39ij}VC_{SP_{ij}} + \beta_{40ij}TD_{ij} \times VC_{SP_{ij}} +$$
$$\gamma_{23\_1ij}NS_{ij} + \gamma_{23\_2ij}Q_{ij} + \gamma_{23\_3ij}II_{ij} + \gamma_{23\_4ij}ID_{ij} +$$
$$\gamma_{23\_5ij}IS_{ij} + \gamma_{23\_6ij}CS_{ij} + \gamma_{23\_7ij}VA_{ij} + \gamma_{23\_8ij}VN_{ij} + \gamma_{23\_9ij}FR_{ij})$$
$$\tag{7.33}$$

式（7.18）~式（7.33）中，$S(t, X)$ 表示生存函数，即创业投资机构在 t 时刻的生存率，具体指创业投资机构在 t 时刻成功退出的概率，$j = 1$、2、3，表示第一、第二或第三阶段。$X_{ij} = (CP_{ij}$、BP_{ij}、VC_IP_{ij}、VC_DP_{ij}、VC_SP_{ij}、TB_{ij}、TD_{ij}、NS_{ij}、Q_{ij}、II_{ij}、ID_{ij}、IS_{ij}、CS_{ij}、VA_{ij}、VN_{ij}、$FR_{ij})$ 表示第 j 阶段第 i 个投资机构的所有协变量，回归系数 β 为对应生存率的自然对数，表示当其他变量不变时，自变量每变动一个单位，生存率降低（$\exp\beta - 1$）个单位。若 $\beta > 0$，则该自变量为危险因素，会降低因变量发生的概率；若 $\beta < 0$，则该自变量为保护因素，会提高因变量发生的概率。但是，对于本书的创业投资机构而言，降低项目存续的可能性有利于缩短创业投资机构的退出期限。因此，危险因素在本书中为有利因素，能缓解创业投资机构风险。

7.3 检验与分析

7.3.1 描述性统计与相关性分析

1. 第一阶段描述性统计与皮尔森相关性分析

表 7.2 提供了第一阶段描述性统计与皮尔森相关性分析，从描述性统计结果来看，创业投资机构的项目成功率均值只有 0.136，说明通过 IPO 或 M&A 退出的项目较少；创业投资机构的退出期限均值在 4.000 附近。从相关性分析结果可以看出中心位置、中介位置、关系广度、关系深度、创业投资机构行业专业化、创业投资机构区域专业化、创业投资机构阶段专业化、网络规模、小世界商数、投资行业、投资阶段及项目联合投资规模与项目成功率呈正相关关系；投资区域、机构年龄、机构性质及首轮投资与项目成功率呈负相关关系。中心位置、关系深度、投资区域、机构年龄、机构性质及首轮投资与退出期限呈正相关关系；中介位置、关系广度、创业投资机构行业专业化、创业投资机构区域专业化、创业投资机构阶段专业化、网络规模、小世界商数、投资行业、投资阶段及项目联合投资规模与退出期限呈负相关关系。

表7.2 第一阶段描述性统计与皮尔森相关性分析

相关性	均值(标准差)	退出期限	项目成功率	中心位置	中介位置	关系广度	关系深度	创业投资机构行业专业化	创业投资机构区域专业化	创业投资机构阶段专业化	网络规模	小世界商数	投资行业	投资区域	投资阶段	项目联合投资规模	机构性质	机构年龄	首轮投资
退出期限	4.049(1.188)																		
项目成功率	0.136(0.179)	-0.456**																	
中心位置	5.179(4.200)	0.001	0.127**																
中介位置	3.918(5.281)	-0.130**	0.348**	0.770**															
关系广度	32.590(29.708)	-0.012	0.141**	0.988**	0.753**														
关系深度	31.006(17.794)	0.052	0.042	0.879**	0.619**	0.846**													
创业投资机构行业专业化	0.391(0.172)	-0.064*	0.264**	-0.243**	-0.327**	-0.213**	-0.265**												
创业投资机构区域专业化	0.477(0.217)	-0.114**	0.171**	-0.568**	-0.437**	-0.542**	-0.667**	0.568**											
创业投资机构阶段专业化	0.602(0.179)	-0.123**	0.260**	-0.284**	0.039	-0.284**	-0.263**	0.128**	0.201**										
网络规模	791.830(154.040)	-0.363**	0.039	-0.021	-0.004	-0.015	-0.032	-0.063*	0.014	-0.012									
小世界商数	70.929(17.287)	-0.565**	0.061*	-0.062*	-0.013	-0.053	-0.091**	-0.062*	0.070*	0.011	0.787**								
投资行业	0.636(0.481)	-0.011	0.028	0.146**	0.034	0.154**	0.166**	0.127**	-0.032	-0.072*	-0.003	-0.005							
投资区域	0.703(0.457)	0.038	-0.037	0.069*	-0.037	0.061*	0.140**	0.059	-0.060	-0.035	0.012	0.012	0.290**						

续表

相关性	均值（标准差）	退出期限	项目成功率	中心位置	中介位置	关系广度	关系深度	创业投资机构行业专业化	创业投资机构区域专业化	创业投资机构阶段专业化	网络规模	小世界商数	投资行业	投资区域	投资阶段	项目联合投资规模	机构性质	机构年龄	首轮投资
投资阶段	0.488 (0.500)	-0.002	0.013	0.032	0.040	0.036	0.024	-0.066*	-0.071*	-0.048	0.005	0.006	-0.094**	-0.078**					
项目联合投资规模	3.074 (1.916)	-0.107**	0.017	0.138**	0.051	0.125**	0.187**	0.023	-0.061	-0.032	-0.018	-0.025	0.064**	0.039	-0.088**				
机构性质	0.473 (0.499)	0.240**	-0.265**	0.370**	-0.128**	0.367**	0.525**	0.079*	-0.290**	-0.453**	-0.084**	-0.150**	0.226**	0.201**	0.015	0.108**			
机构年龄	15.628 (17.799)	0.134**	-0.133**	0.176**	-0.004	0.133**	0.145**	-0.096*	-0.137**	-0.173**	-0.015	-0.086**	0.006	0.005	0.006	0.092**	0.233**		
首轮投资	0.470 (0.499)	0.006	-0.058	-0.072*	-0.068*	-0.079*	-0.055	0.016	-0.021	-0.016	-0.011	-0.003	-0.090**	-0.062	0.017	0.031	-0.001	0.037	

注：* 表示在 0.05 级别（双尾），相关性显著。

2. 第二阶段描述性统计与皮尔森相关性分析

表 7.3 提供了第二阶段描述性统计与皮尔森相关性分析。从描述性统计结果来看，创业投资机构的项目成功率均值只有 0.174，说明通过 IPO 或 M&A 退出的项目较少；创业投资机构的退出期限均值在 4.400 附近。从相关性分析结果可以看出中心位置、中介位置、关系广度、关系深度、创业投资机构区域专业化、网络规模、小世界商数、投资阶段及首轮投资与项目成功率呈正相关关系；创业投资机构行业专业化、创业投资机构阶段专业化、投资行业、投资区域、机构年龄、机构性质及项目联合投资规模与项目成功率呈负相关关系。小世界商数、投资区域、投资阶段及首轮投资与退出期限呈正相关关系；中心位置、中介位置、关系广度、关系深度、创业投资机构行业专业化、创业投资机构区域专业化、创业投资机构阶段专业化、网络规模、投资行业、机构性质及项目联合投资规模与退出期限呈负相关关系。

3. 第三阶段描述性统计与皮尔森相关性分析

表 7.4 提供了第三阶段描述性统计与皮尔森相关性分析。从描述性统计结果来看，创业投资机构的项目成功率均值只有 0.030，说明通过 IPO 或 M&A 退出的项目较少；创业投资机构的退出期限均值在 4.400 附近。从相关性分析结果可以看出中心位置、中介位置、关系广度、关系深度、创业投资机构区域专业化、创业投资机构阶段专业化、小世界商数、投资阶段及首轮投资与项目成功率呈正相关关系；创业投资机构行业专业化、网络规模、投资行业、投资区域、机构年龄、机构性质及项目联合投资规模与项目成功率呈负相关关系。创业投资机构行业专业化、小世界商数、机构性质及项目联合投资规模与退出期限呈正相关关系；中心位置、中介位置、关系广度、关系深度、创业投资机构阶段专业化、网络规模、投资行业、投资区域、投资阶段、机构年龄及首轮投资与退出期限呈负相关关系。

表7.3 第二阶段描述性统计与皮尔森相关性分析

相关性	均值（标准差）	退出期限	项目成功率	中心位置	中介位置	关系广度	关系深度	创业投资机构行业专业化	创业投资机构区域专业化	创业投资机构阶段专业化	网络规模	小世界商数	投资行业	投资区域	投资阶段	项目联合投资规模	机构性质	机构年龄	首轮投资
退出期限	4.442 (1.071)																		
项目成功率	0.174 (0.199)	-0.222**																	
中心位置	2.631 (1.642)	-0.067*	0.203*																
中介位置	2.094 (2.244)	-0.088**	0.345**	0.912**															
关系广度	29.692 (18.928)	-0.052	0.123**	0.982**	0.867**														
关系深度	25.081 (12.014)	-0.041	0.225**	0.849**	0.774**	0.826**													
创业投资机构行业专业化	0.368 (0.173)	-0.046	-0.229**	-0.488**	-0.469**	-0.468**	-0.501**												
创业投资机构区域专业化	0.501 (0.213)	-0.106**	0.014	-0.540**	-0.441**	-0.552**	-0.602**	0.465**											
创业投资机构阶段专业化	0.526 (0.192)	-0.008	-0.081**	-0.546**	-0.456**	-0.519**	-0.458**	0.334**	0.506**										
网络规模	1404.280 (66.225)	-0.306**	0.014	0.042	0.053	0.013	0.039	0.017	0.016	-0.036									
小世界商数	128.688 (9.517)	0.624**	0.092**	-0.045	0.001	-0.063*	-0.001	-0.090**	-0.058*	-0.001	-0.133**								
投资行业	0.665 (0.472)	-0.061*	-0.270**	-0.051	-0.144**	-0.017	-0.072*	0.227**	0.071*	0.038	0.023	-0.180**							
投资区域	0.758 (0.428)	0.025	-0.173**	-0.026	-0.119**	0.006	-0.014	0.147**	0.034	0.047	-0.031	-0.117**	0.225**						

230

续表

相关性	均值（标准差）	退出期限	项目成功率	中心位置	中介位置	关系广度	关系深度	创业投资机构行业化	创业投资机构区域化	创业投资机构阶段专业化	网络规模	小世界界南数	投资行业	投资区域	投资阶段	项目联合投资规模	机构性质	机构年龄	首轮投资
投资阶段	0.961 (0.193)	0.005	0.118**	0.064*	0.097**	0.056**	0.053	-0.150**	-0.012	-0.050	-0.086**	0.073**	-0.114**	-0.082**					
项目联合投资规模	3.249 (1.960)	-0.021	-0.031	0.001	-0.051	0.022	0.001	0.028	-0.007	0.002	-0.057	0.063**	0.046	0.045	0.103**				
机构性质	0.488 (0.500)	-0.003	-0.486**	-0.065*	-0.308**	-0.003	-0.122**	0.293**	0.016	-0.041	-0.002	-0.189**	0.336**	0.251**	-0.125**	0.074*			
机构年龄	14.491 (14.692)	0.000	-0.106**	0.019	-0.057	0.013	-0.012	0.011	0.023	-0.076**	0.002	-0.026	0.045	-0.030	0.007	-0.005	0.174**		
首轮投资	0.330 (0.470)	0.075*	0.110**	0.026	0.101**	0.007	0.014	-0.067*	-0.015	0.045	0.002	0.116**	-0.150**	-0.095**	-0.163**	-0.208**	-0.185**	0.003	

注：*表示在0.05级别（双尾），相关性显著。

231

表7.4 第三阶段描述性统计与皮尔森相关性分析

相关性	均值（标准差）	退出期限	项目成功率	中心位置	中介位置	关系广度	关系深度	创业投资机构行业专业化	创业投资机构区域专业化	创业投资机构阶段专业化	网络规模	小世界商数	投资行业	投资区域	投资阶段	项目联合投资规模	机构性质	机构年龄	首轮投资
退出期限	4.408 (0.882)																		
项目成功率	0.030 (0.081)	-0.211**																	
中心位置	2.492 (1.676)	-0.078*	0.064*																
中介位置	2.215 (2.6346)	-0.101**	0.217**	0.885**															
关系广度	43.928 (32.498)	-0.070*	0.025	0.977**	0.866**														
关系深度	20.703 (9.414)	-0.058*	0.024	0.945**	0.858**	0.919**													
创业投资机构行业专业化	0.465 (0.167)	0.002	-0.103**	-0.322**	-0.364**	-0.232**	-0.362**												
创业投资机构区域专业化	0.453 (0.163)	0.000	0.005	-0.393**	-0.326**	-0.374**	-0.428**	0.428**											
创业投资机构阶段专业化	0.476 (0.162)	-0.024	0.274**	-0.366**	-0.167**	-0.366**	-0.454**	0.101**	0.359**										
网络规模	2202.690 (650.267)	-0.713**	-0.103**	0.088**	0.058**	0.090**	0.081**	0.001	-0.026	-0.071**									
小世界商数	198.267 (44.217)	0.245**	0.018	0.118**	0.133**	0.126**	0.109**	-0.037	-0.052*	-0.016	-0.290**								
投资行业	0.870 (0.336)	-0.008	-0.173**	0.007	-0.030	0.022	0.015	0.082*	-0.023	-0.070*	0.083*	-0.043*							
投资区域	0.914 (0.280)	-0.024	-0.135**	0.005	-0.048*	0.012	0.025	0.096**	-0.023	-0.132**	0.034	-0.053**	0.152**						

续表

相关性	均值（标准差）	退出期限	项目成功率	中心位置	中介位置	关系广度	关系深度	创业投资机构行业专业化	创业投资机构区域专业化	创业投资机构阶段专业化	网络规模	小世界商数	投资行业	投资区域	投资阶段	项目联合投资规模	机构性质	机构年龄	首轮投资
投资阶段	0.891 (0.311)	-0.010	0.046*	0.015	0.045*	0.009	0.016	-0.076**	0.018	0.055*	-0.031	-0.009	-0.034	-0.026					
项目联合投资规模	1.931 (1.061)	0.110**	-0.094**	-0.037	-0.075**	-0.031	-0.054**	0.070**	0.110**	0.017	-0.087**	0.025	0.108**	0.054**	0.169**				
机构性质	0.684 (0.465)	0.098**	-0.407**	0.183**	-0.049**	0.212**	0.192**	0.236**	-0.008	-0.337**	0.010	-0.026	0.108**	0.130**	0.024	0.124**			
机构年龄	15.141 (16.072)	-0.046*	-0.044*	-0.193**	-0.169**	-0.208**	-0.200**	-0.058*	0.096**	0.012	0.068*	-0.035	-0.044*	-0.024	0.049*	0.080*	0.173**		
首轮投资	0.122 (0.326)	-0.009	0.024	0.039	0.012	0.043*	0.034	-0.030	-0.077**	-0.038	0.014	0.037	-0.140**	-0.040	-0.281**	-0.094**	-0.077**	-0.028	

注：* 表示在 0.05 级别（双尾），相关性显著。

7.3.2 多元回归分析

1. 创业投资网络位置、网络关系对项目成功率的影响

本部分采用层次回归方法研究各个阶段网络位置和网络关系对项目成功率的影响。其中，网络位置中的中心位置用程度中心性进行衡量，网络位置中的中介位置用中间中心性进行衡量，网络关系中的关系广度用联合投资过程中形成的网络关系数之和进行衡量，网络关系中的关系深度用 2 - 步可达性进行衡量，同时采取线性拟合方法绘制三阶段回归分析图。实证结果如表7.5 ~ 表7.7、图7.2 ~ 图7.5 所示。

（1）第一阶段创业投资网络位置、网络关系对项目成功率的影响。表7.5 是第一阶段创业投资网络位置、网络关系对项目成功率的多元回归结果。模型 0 - 1A 是第一阶段创业投资网络位置和网络关系对项目成功率的数学模型。从表7.5 可以看出，在网络规模、小世界商数、投资行业、投资区域、投资阶段、项目联合投资规模、机构性质、机构年龄和首轮投资 9 个控制变量中，投资行业和项目联合投资规模对项目成功率有显著正向影响；机构性质、机构年龄和首轮投资对项目成功率有显著负向影响；网络规模、小世界商数和投资阶段对项目成功率有正向影响但不显著；投资区域对项目成功率有负向影响但不显著。

模型 1 - 1A 和模型 2 - 1A 在控制变量的基础上，分别加入中心位置和中介位置以测度第一阶段网络位置对项目成功率的影响。模型 1 - 1A 的结果表明，第一阶段中心位置对项目成功率有显著正向影响（$\alpha_{2i1} = 0.259$，$p < 0.01$），$\alpha_{2i1} = 0.259$ 表示当控制变量保持不变时，中心位置变量每增加一个单位，项目成功率平均增加25.9%，即该阶段创业投资机构的中心位置的提高能显著促进项目成功率的提升，假设 1a 在第一阶段成立。模型 2 - 1A 的结果表明，第一阶段中介位置对项目成功率有显著正向影响（$\alpha_{4i1} = 0.313$，$p < 0.01$），$\alpha_{4i1} = 0.313$ 表示当控制变量保持不变时，中介位置变量每增加一个单位，项目成功率平均增加31.3%，即该阶段创业投资机构的中介位置的提高能显著促进项目成功率的提升，假设 1b 在第一阶段成立。

模型 3 - 1A 和模型 4 - 1A 在控制变量的基础上，分别加入关系深度和关系广度以测度第一阶段网络关系对项目成功率的影响。模型 3 - 1A 的结果表明，第一阶段关系广度对项目成功率有显著正向影响（$\alpha_{6i1} = 0.269$，$p <$

0.01 ），$\alpha_{6i1} = 0.269$ 表示当控制变量保持不变时，关系广度每增加一个单位，项目成功率平均增加 26.9% ，即该阶段创业投资机构的关系广度的增强能显著促进项目成功率的提升，假设 2a 在第一阶段成立。模型 4 – 1A 的结果表明，第一阶段关系深度对项目成功率有显著正向影响（$\alpha_{8i1} = 0.243$，$p <$ 0.01 ），$\alpha_{8i1} = 0.243$ 表示当控制变量保持不变时，关系深度变量每增加一个单位，项目成功率平均增加 24.3% ，即该阶段创业投资机构的关系深度的增强能显著促进项目成功率的提升，假设 2b 在第一阶段成立。

　　由上述结果可知，在第一阶段中创业投资机构的网络位置和网络关系对项目成功率产生以下影响：相较于位于网络边缘位置的创业投资机构，位于网络中心位置的创业投资机构项目成功率更高，这与石琳等（2016）和李智超等（2015）的结论一致，说明处于较中心位置的创业投资机构在网络中连接的其他机构更多，其所拥有的资源优于其他机构，信息的不对称性带来投资成本的降低，从而有较大概率能缓解创业投资风险，提高创业投资项目成功率。同时，创业投资机构在网络中的中介位置与项目投资成功率呈正相关，这与罗吉等（2016）的结论是一致的。位于中介位置的创业投资机构发挥网络中的"桥梁"作用，是信息传递和交换的枢纽，具有较高的信息转移主动性。研究结果表明，处于中介位置的创业投资机构具有强大的网络控制能力，能够缓解创业投资风险从而提高创业投资项目成功率。此外，创业投资机构在网络中的关系广度与项目投资成功率呈正相关。也就是说，当机构的网络关系广度相较于其他机构具有优势时，其项目成功率会提升。网络关系广度具有优势的创业投资机构相较于其他机构能利用网络伙伴优势突破地理和行业边界，拓宽投资选择渠道；同时，关系广度的增强有利于创业企业通过网络伙伴所提供的各方面帮助实现资源共享，为创业企业提供增值服务来缓解投资风险，提高投资成功率。最后，创业投资机构在网络中的关系深度与项目投资成功率呈正相关。网络关系深度具有优势的创业投资机构与其他机构之间的路径距离更短，知识信息传递速度更快，质量更高，信息被扭曲的可能性更小，有较大概率能缓解创业投资中因不确定性信息所带来的风险，从而提高创业投资项目成功率。

表 7.5   第一阶段创业投资网络位置、网络关系对项目成功率的多元回归结果

变量	模型 0-1A	模型 1-1A	模型 2-1A	模型 3-1A	模型 4-1A
网络位置					
中心位置		0.259 *** (8.222)			
中介位置			0.313 *** (10.953)		
关系广度				0.269 *** (8.584)	
关系深度					0.243 *** (7.001)
控制变量					
网络规模	0.014 (0.298)	0.006 (0.128)	0.005 (0.115)	0.005 (0.103)	0.001 (0.017)
小世界商数	0.002 (0.037)	0.010 (0.207)	0.020 (0.428)	0.009 (0.194)	0.016 (0.332)
投资行业	0.089 *** (2.725)	0.069 ** (2.175)	0.067 *** (2.166)	0.065 ** (2.045)	0.082 ** (2.559)
投资区域	−0.013 (−0.404)	−0.006 (−0.204)	−0.004 (−0.123)	−0.003 (−0.085)	−0.019 (−0.618)
投资阶段	0.026 (0.871)	0.016 (0.556)	0.001 (0.367)	0.015 (0.523)	0.018 (0.613)
项目联合投资规模	0.053 * (1.753)	0.028 (0.946)	0.031 (1.090)	0.029 (1.000)	0.020 (0.674)
机构性质	−0.279 *** (−8.458)	−0.361 *** (−10.775)	−0.228 *** (−7.200)	−0.366 *** (−10.946)	−0.398 *** (−10.916)
机构年龄	−0.075 ** (−2.439)	−0.098 *** (−3.283)	−0.082 *** (−2.816)	−0.087 *** (−2.931)	−0.079 *** (−2.616)
首轮投资	−0.055 * (−1.852)	−0.035 (−1.209)	−0.033 (−1.159)	−0.033 (−1.139)	−0.041 (−1.414)
R^2	0.089	0.145	0.184	0.150	0.131
调整后 R^2	0.081	0.137	0.176	0.142	0.122

注：括号内为 t 统计量；*** 表示 $p < 0.01$，** 表示 $p < 0.05$，* 表示 $p < 0.10$。

（2）第二阶段创业投资网络位置、网络关系对项目成功率的影响。
表 7.6 是第二阶段创业投资网络位置、网络关系对项目成功率的多元回归结果。模型 0 - 2A 是第二阶段创业投资网络位置和网络关系对项目成功率的数学模型。模型 1 - 2A 和模型 2 - 2A 在控制变量的基础上分别加入中心位置和中介位置，测度第二阶段网络位置对项目成功率的影响。模型 1 - 2A 的结果表明，第二阶段中心位置对项目成功率有显著正向影响（$\alpha_{2i2} = 0.166$，$p < 0.01$），$\alpha_{2i2} = 0.166$ 表示当控制变量保持不变时，中心位置变量每增加一个单位，项目成功率平均增加 16.6%，即该阶段创业投资机构中心位置的提高能显著促进项目成功率的提升，假设 1a 在第二阶段成立。模型 2 - 2A 的结果表明，第二阶段中介位置对项目成功率有正向影响，但不显著，假设 1b 在第二阶段不成立。

模型 3 - 2A 和模型 4 - 2A 在控制变量的基础上分别加入关系广度和关系深度，测度第二阶段网络关系对项目成功率的影响。模型 3 - 2A 的结果表明，第二阶段关系广度对项目成功率有显著正向影响（$\alpha_{6i2} = 0.116$，$p < 0.01$），$\alpha_{6i2} = 0.116$ 表示当控制变量保持不变时，关系广度变量每增加一个单位，项目成功率平均增加 11.6%，即该阶段创业投资机构关系广度的增强能显著促进项目成功的提升，假设 2a 在第二阶段成立。模型 4 - 2A 的结果表明，第二阶段关系深度对项目成功率有显著正向影响（$\alpha_{8i2} = 0.164$，$p < 0.01$），$\alpha_{8i2} = 0.164$ 表示当控制变量保持不变时，关系深度变量每增加一个单位，项目成功率平均增加 16.4%，即该阶段创业投资机构关系深度的增强能显著促进项目成功率的提升，假设 2b 在第二阶段成立。

由上述结果可知，在第二阶段中创业投资机构在网络中的中心位置、中介位置、关系广度和关系深度都对项目成功率有显著正向影响，这与第一阶段的结论是一致的。

表 7.6　第二阶段创业投资网络位置、网络关系对项目成功率的多元回归结果

变量	模型 0 - 2A	模型 1 - 2A	模型 2 - 2A	模型 3 - 2A	模型 4 - 2A
网络位置		0.166 *** (6.569)			

续表

变量	模型 0 - 2A	模型 1 - 2A	模型 2 - 2A	模型 3 - 2A	模型 4 - 2A
中心位置					
中介位置			0.207 (7.856)		
关系广度				0.116 *** (4.578)	
关系深度					0.164 *** (6.493)
控制变量					
网络规模	0.017 (0.659)	0.011 (0.423)	0.007 (0.288)	0.016 (0.622)	0.011 (0.417)
小世界商数	− 0.019 (− 0.718)	− 0.008 (− 0.311)	− 0.005 (0.194)	− 0.010 (− 0.394)	− 0.015 *** (− 0.567)
投资行业	− 0.111 *** (− 4.016)	− 0.106 *** (− 3.872)	− 0.103 *** (− 3.816)	− 0.109 *** (− 3.951)	− 0.105 *** (− 3.836)
投资区域	− 0.037 (− 1.397)	− 0.037 (− 1.402)	− 0.030 (− 1.146)	− 0.039 (− 1.451)	− 0.042 (− 1.578)
投资阶段	0.055 ** (2.057)	0.044 * (1.686)	0.039 (1.508)	0.047 * (1.799)	0.048 * (1.839)
项目联合投资规模	0.010 (0.363)	0.007 (0.286)	0.013 (0.498)	0.006 (0.239)	0.008 (0.302)
机构性质	− 0.427 *** (− 14.889)	− 0.418 *** (− 14.812)	− 0.370 *** (− 12.826)	− 0.427 *** (− 15.009)	− 0.408 *** (− 14.406)
机构年龄	− 0.029 (− 1.120)	− 0.034 (− 1.324)	− 0.027 (− 1.056)	− 0.030 (− 1.185)	− 0.031 (− 1.201)
首轮投资	0.024 (0.887)	0.019 (0.711)	0.012 (0.461)	0.021 (0.771)	0.024 (0.897)
R^2	0.254	0.281	0.292	0.268	0.281
调整后 R^2	0.248	0.275	0.286	0.261	0.274

注：括号内为 t 统计量；*** 表示 $p < 0.01$，** 表示 $p < 0.05$，* 表示 $p < 0.10$。

（3）第三阶段创业投资网络位置、网络关系对项目成功率的影响。表 7.7 是第三阶段创业投资网络位置、网络关系对项目成功率的多元回归结果。模型 0 – 3A 是第三阶段创业投资网络位置和网络关系对项目成功率的数学模型。模型 1 – 3A 和模型 2 – 3A 在控制变量的基础上，分别加入中心位置和中介位置以测度第三阶段网络位置对项目成功率的影响。模型 1 – 3A 的结果表明，第三阶段中心位置对项目成功率有显著正向影响（$\alpha_{2i3} = 0.172$，$p < 0.01$），$\alpha_{2i3} = 0.172$ 表示当控制变量保持不变时，中心位置变量每增加一个单位，项目成功率平均增加 17.2%，即该阶段创业投资机构中心位置的提高能显著促进项目成功率的提升，假设 1a 在第三阶段成立。模型 2 – 3A 的结果表明，第三阶段中介位置对项目成功率有显著正向影响（$\alpha_{4i3} = 0.214$，$p < 0.01$），$\alpha_{4i3} = 0.214$ 表示当控制变量保持不变时，中介位置变量每增加一个单位，项目成功率平均增加 21.4%，即该阶段创业投资机构中介位置的提高能显著促进项目成功率的提升，假设 1b 在第三阶段成立。

模型 3 – 3A 和模型 4 – 3A 在控制变量的基础上，分别加入关系广度和关系深度以测度第三阶段网络关系对项目成功率的影响。模型 3 – 3A 的结果表明，第三阶段关系广度对项目成功率有显著正向影响（$\alpha_{6i3} = 0.148$，$p < 0.01$），$\alpha_{6i3} = 0.148$ 表示当控制变量保持不变时，关系广度变量每增加一个单位，项目成功率平均增加 14.8%，即该阶段创业投资机构关系广度的增强显著促进项目成功率的提升，假设 2a 在第三阶段成立。模型 4 – 3A 的结果表明，第三阶段关系深度对项目成功率有显著正向影响（$\alpha_{8i3} = 0.131$，$p < 0.01$），$\alpha_{8i3} = 0.131$ 表示当控制变量保持不变时，关系深度变量每增加一个单位，项目成功率平均增加 13.1%，即该阶段创业投资机构关系深度的增强能显著促进项目成功率的提升，假设 2b 在第三阶段成立。

由上述结果可知，在第三阶段中创业投资机构在网络中的中心位置、中介位置、关系广度和关系深度都对项目成功率有显著正向影响，这与第一阶段和第二阶段的结论是一致的。

表 7.7　第三阶段创业投资网络位置、网络关系对项目成功率的多元回归结果

变量	模型 0 – 3A	模型 1 – 3A	模型 2 – 3A	模型 3 – 3A	模型 4 – 3A
网络位置					
中心位置		0. 172 *** (8. 175)			
中介位置			0. 214 *** (11. 266)		
关系广度				0. 148 *** (7. 331)	
关系深度					0. 131 *** (6. 584)
控制变量					
网络规模	− 0. 100 *** (− 5. 060)	− 0. 126 *** (− 6. 365)	− 0. 125 *** (− 6. 441)	− 0. 123 *** (− 6. 186)	− 0. 118 *** (− 5. 949)
小世界商数	− 0. 026 (− 1. 336)	− 0. 053 *** (− 2. 714)	− 0. 060 *** (− 3. 110)	− 0. 051 ** (− 2. 574)	− 0. 045 ** (− 2. 305)
投资行业	− 0. 108 *** (− 5. 511)	− 0. 104 *** (− 5. 435)	− 0. 103 *** (− 5. 392)	− 0. 106 *** (− 5. 512)	− 0. 106 *** (− 5. 475)
投资区域	− 0. 062 *** (− 3. 225)	− 0. 058 *** (− 3. 087)	− 0. 054 *** (− 2. 872)	− 0. 059 *** (− 3. 111)	− 0. 062 *** (− 3. 243)
投资阶段	0. 051 ** (2. 566)	0. 043 ** (2. 201)	0. 036 * (1. 866)	0. 045 ** (2. 282)	0. 044 ** (2. 250)
项目联合投资规模	− 0. 050 ** (− 2. 589)	− 0. 044 ** (− 2. 275)	− 0. 037 * (− 1. 961)	− 0. 045 ** (− 2. 347)	− 0. 042 ** (− 2. 197)
机构性质	− 0. 387 *** (− 19. 888)	− 0. 429 *** (− 21. 715)	− 0. 387 *** (− 20. 409)	− 0. 427 *** (− 21. 354)	− 0. 420 *** (− 21. 080)
机构年龄	0. 024 (1. 250)	0. 065 *** (3. 329)	0. 061 *** (3. 191)	0. 062 *** (3. 148)	0. 056 *** (2. 852)
首轮投资	− 0. 011 (− 0. 563)	− 0. 020 (− 1. 007)	− 0. 013 (− 0. 677)	− 0. 019 (− 0. 982)	− 0. 017 (− 0. 873)
R^2	0. 201	0. 226	0. 243	0. 219	0. 216
调整后 R^2	0. 197	0. 223	0. 240	0. 216	0. 212

注：括号内为 t 统计量；*** 表示 $p < 0.01$，** 表示 $p < 0.05$，* 表示 $p < 0.10$。

（4）三个阶段创业投资网络特征对项目成功率的线性回归分析比较。图 7.2 的回归线分别显示了三个阶段各自的中心位置对其项目成功率的影响。其中，第一阶段中心位置与项目成功率的线性回归系数为 0.0246，第二阶段中心位置与项目成功率的线性回归系数为 0.0054，第三阶段中心位置与项目成功率的线性回归系数为 0.0032。从图 7.2 可以直观地看出，三个阶段的中心位置均正向影响其项目成功率。通过斜率比较发现：三个阶段的中心位置影响项目成功率的斜率系数呈总体下降趋势。说明随着阶段的发展，中心位置始终积极影响着创业投资机构的项目成功率，有助于缓解创业投资机构风险，但正向影响程度随着阶段的发展逐渐减弱。其原因可能是：随着现代信息技术的不断发展，创业投资领域的信息不对称随着信息传播速度的加快而减弱，相对位于网络边缘的创业投资机构可能会和位于网络中心位置的创业投资机构在一定时期内获取到相同投资机会的信息。位于网络中的不同创业投资机构之间信息不对称的减弱使网络中心位置的优势相应减弱，从而导致了网络中心位置正向影响项目成功率的效率也减弱了。

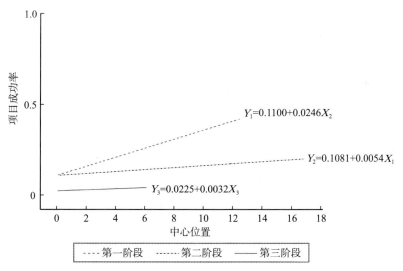

图 7.2　不同阶段中心位置与项目成功率回归分析

图 7.3 的回归线分别显示了三个阶段各自的中介位置对其项目成功率的影响。其中，第一阶段中介位置与项目成功率的线性回归系数为 0.0307，第二阶段中介位置与项目成功率的线性回归系数为 0.0118，第三阶段中介位置

与项目成功率的线性回归系数为 0.0067。从图 7.3 可以直观地看出，三个阶段的中介位置均正向影响其项目成功率。通过斜率比较发现：三个阶段的中介位置影响项目成功率的斜率系数呈总体下降趋势，与中心位置影响项目成功率的线性回归系数的变化一致。说明随着阶段的发展，网络位置（中心位置、中介位置）始终积极影响着创业投资机构的项目成功率，有助于缓解创业投资机构风险，但正向影响程度随着阶段的发展呈现减弱趋势。除了上述信息不对称减弱的原因，还有可能是在阶段演进过程中，早期积累了一定网络资源的创业投资机构中网络位置影响项目成功率最为显著，随着基于联合投资的创业投资网络的扩大，网络内的创业投资机构数量增多、关系变得复杂，导致创业投资机构所处的网络位置对其自身项目成功率的积极影响在整个网络大环境下被冲淡。

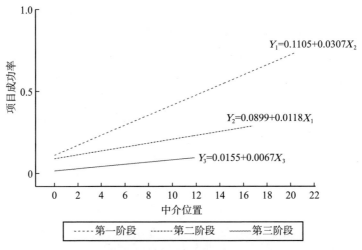

图 7.3　不同阶段中介位置与项目成功率回归分析

图 7.4 的回归线分别显示了三个阶段各自的关系广度对其项目成功率的影响。其中，第一阶段关系广度与项目成功率的线性回归系数为 0.0013，第二阶段关系广度与项目成功率的线性回归系数为 0.0009，第三阶段关系广度与项目成功率的线性回归系数为 0.0001。从图 7.4 可以直观地看出，三个阶段的关系广度均正向影响其项目成功率。通过斜率比较发现：三个阶段的关系广度影响项目成功率的斜率系数呈总体下降趋势。说明随着阶段的发展，

关系广度始终积极影响着创业投资机构的项目成功率，能起到缓解创业投资风险的作用，但正向影响程度随着阶段的发展逐渐减弱。

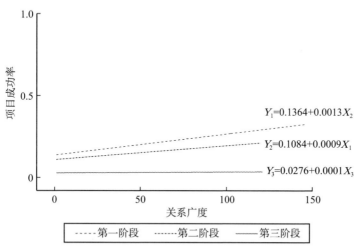

图 7.4　不同阶段关系广度与项目成功率回归分析

　　图 7.5 的回归线分别显示了三个阶段各自的关系深度对其项目成功率的影响。其中，第一阶段关系深度与项目成功率的线性回归系数为 0.0004，第二阶段关系深度与项目成功率的线性回归系数为 0.0001，第三阶段关系深度与项目成功率的线性回归系数为 0.00002。从图 7.5 可以直观地看出，三个阶段的关系深度均正向影响其项目成功率。通过斜率比较发现：三个阶段的关系深度影响项目成功率的斜率系数呈总体下降趋势。与关系广度影响项目成功率的线性回归系数的变化一致。说明随着阶段的发展，网络关系（关系广度、关系深度）始终积极影响着创业投资机构的项目成功率，有利于缓解创业投资风险，但正向影响程度随着阶段的发展呈现减弱趋势。其原因可能是在阶段演进过程中，创业投资机构的联合投资范围逐渐扩大、联合投资程度逐步加深，同时也带来创业投资机构项目选择范围的扩大，导致创业投资机构的网络关系对其自身项目成功率的积极影响被减弱。

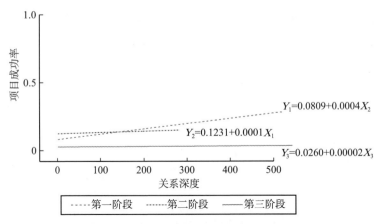

图 7.5 不同阶段关系深度与项目成功率回归分析

2. 创业投资网络位置、网络关系对退出期限的影响

本部分采用 Cox 回归模型的方法研究各个阶段网络位置和网络关系对退出期限的影响，同时采取 Kaplan – Meier 估计绘制三个阶段生存分析图。实证结果如表 7.8 ~ 表 7.10、图 7.6 ~ 图 7.9 所示。

（1）第一阶段创业投资网络位置、网络关系对退出期限的影响。表 7.8 是第一阶段创业投资网络位置、网络关系对退出期限的 Cox 回归分析结果。模型 0 – 1B 是第一阶段创业投资网络位置和网络关系对退出期限的框架模型。模型 1 – 1B 和模型 2 – 1B 在控制变量的基础上分别加入中心位置和中介位置，测度第一阶段网络位置对退出期限的影响。模型 1 – 1B 的回归方程系数 β_{1i1} = 0.082（$p < 0.01$），则第一阶段中心位置为危险因子，具体表现为当其他变量不变时，中心位置变量每增加一个单位，项目生存概率降低 0.085 个单位，表明创业投资机构中心位置的提高降低了项目存续的可能性。换言之，该阶段网络中心位置的提高显著缩短了创业投资机构的退出期限，有助于缓解创业投资机构风险，假设 1c 在第一阶段成立。模型 2 – 1B 的回归方程系数 β_{2i1} = 0.060（$p < 0.01$），则第一阶段中介位置为危险因子，具体表现为当其他变量不变时，中介位置变量每增加一个单位，项目生存概率降低 0.062 个单位，表明创业投资机构中介位置的提高降低了项目存续的可能性。换言之，该阶段中介位置的提高显著缩短了创业投资机构的退出期限，有助于缓解创业投资机构风险，假设 1d 在第一阶段成立。

表 7.8　第一阶段创业投资网络位置、网络关系对退出期限的 Cox 回归分析结果

变量	模型 0 – 1B 风险率	模型 0 – 1B 系数	模型 1 – 1B 风险率	模型 1 – 1B 系数	模型 2 – 1B 风险率	模型 2 – 1B 系数	模型 3 – 1B 风险率	模型 3 – 1B 系数	模型 4 – 1B 风险率	模型 4 – 1B 系数
网络位置										
中心位置			1.085	0.082 *** (15.412)						
中介位置					1.062	0.060 *** (20.088)				
关系广度							1.013	0.013 *** (18.314)		
关系深度									1.014	0.014 *** (7.237)
控制变量										
网络规模	0.866	−0.144 (0.253)	0.837	−0.177 (0.381)	0.852	−0.160 (0.311)	0.834	−0.181 (0.396)	0.831	−0.186 (0.416)
小世界商数	0.725	−0.321 ** (4.012)	0.737	−0.305 (3.613)	0.744	−0.295 * (3.375)	0.737	−0.305 * (3.601)	0.741	−0.300 * (3.492)
投资行业	1.357	0.306 (2.600)	1.338	0.291 (2.289)	1.361	0.308 (2.540)	1.326	0.282 (2.143)	1.376	0.319 * (2.771)
投资区域	0.746	−0.294 (2.470)	0.732	−0.312 * (2.814)	0.723	−0.324 * (2.989)	0.740	−0.300 (2.621)	0.716	−0.334 * (0.188)
投资阶段	1.276	0.244 (0.116)	1.211	0.192 (0.071)	1.066	0.064 (0.008)	1.200	0.183 (0.065)	1.198	0.181 (0.064)

245

续表

变量	模型 0 - 1B 风险率	模型 0 - 1B 系数	模型 1 - 1B 风险率	模型 1 - 1B 系数	模型 2 - 1B 风险率	模型 2 - 1B 系数	模型 3 - 1B 风险率	模型 3 - 1B 系数	模型 4 - 1B 风险率	模型 4 - 1B 系数
项目联合投资规模	1.161	0.150*** (31.960)	1.138	0.130*** (23.845)	1.134	0.126*** (22.957)	1.139	0.130*** (24.203)	1.140	0.131*** (23.387)
机构性质	0.411	-0.889*** (20.795)	0.320	-1.140*** (29.123)	0.458	-0.780*** (15.063)	0.306	-1.184*** (30.207)	0.323	-1.129*** (28.172)
机构年龄	0.985	-0.015 (2.661)	0.984	-0.016* (3.065)	0.987	-0.013 (2.234)	0.984	-0.016* (2.871)	0.987	-0.013 (2.385)
首轮投资	0.972	-0.029 (0.029)	1.012	0.012 (0.005)	1.008	0.008 (0.002)	1.021	0.021 (0.015)	0.993	-0.007 (0.002)
对数似然值	-964.5470		-924.6155		-922.6760		-923.3655		-928.2085	
样本量	5470						1042			

注：括号内为瓦尔德统计量；*** 表示 $p < 0.01$，** 表示 $p < 0.05$，* 表示 $p < 0.10$。

模型 3 – 1B 和模型 4 – 1B 在控制变量的基础上分别加入关系广度和关系深度，测度第一阶段网络关系对退出期限的影响。模型 3 – 1B 的回归方程系数 $\beta_{3i1} = 0.013$（$p < 0.01$），则第一阶段关系广度为危险因子，具体表现为当其他变量不变时，关系广度变量每增加一个单位，项目生存概率降低 0.013 个单位，表明创业投资机构关系广度的增强降低了项目存续的可能性。换言之，该阶段网络关系广度的增强显著缩短了创业投资机构的退出期限，有助于缓解创业投资机构风险，假设 2c 在第一阶段成立。模型 4 – 1B 的回归方程系数 $\beta_{4i1} = 0.014$（$p < 0.01$），则第一阶段关系深度为危险因子，具体表现为当其他变量不变时，关系深度变量每增加一个单位，项目生存概率降低 0.014 个单位，表明创业投资机构关系深度的增强降低了项目存续的可能性。换言之，该阶段关系深度的增强显著缩短了创业投资机构的退出期限，有助于缓解创业投资机构风险，假设 2d 在第一阶段成立。

由上述结果可知，在第一阶段中创业投资机构的网络位置和网络关系对退出期限产生以下影响：相较于位于网络边缘位置的创业投资机构，位于网络中心位置的创业投资机构的退出期限更短，这与董建卫等（2012）的结论是一致的。同时，创业投资机构在网络中的中介位置越高，其退出期限就越短。从网络关系来看，创业投资机构的关系广度和关系深度越强，其项目退出期限就越短。也就是说，当创业投资机构的关系广度和关系深度相较于其他创业投资机构具有优势时，其退出期限会缩短。

（2）第二阶段创业投资网络位置、网络关系对退出期限的影响。表 7.9 是第二阶段创业投资网络位置、网络关系对退出期限的 Cox 回归分析结果。模型 0 – 2B 是第二阶段创业投资网络位置和网络关系对退出期限的框架模型。模型 1 – 2B 和模型 2 – 2B 在控制变量的基础上分别加入中心位置和中介位置，测度第二阶段网络位置对退出期限的影响。模型 1 – 2B 的回归方程系数 $\beta_{1i2} = 0.140$（$p < 0.01$），则第二阶段中心位置为危险因子，具体表现为当其他变量不变时，中心位置变量每增加一个单位，项目生存概率降低 0.151 个单位，表明创业投资机构中心位置的提高降低了项目存续的可能性。换言之，该阶段网络中心位置的提高显著缩短了创业投资机构的退出期限，有助于缓解创业投资机构风险，假设 1c 在第二阶段成立。模型 2 – 2B 的回归方程系数 $\beta_{2i2} = 0.115$（$p < 0.01$），则第二阶段中介位置为危险因子，具体表现为当其

表7.9 第二阶段创业投资网络位置、网络关系对退出期限的 Cox 回归分析结果

变量	模型 0-2B		模型 1-2B		模型 2-2B		模型 3-2B		模型 4-2B	
	风险率	系数	风险率	系数	风险率	系数	风险率	系数	风险率	系数
网络位置										
中心位置			1.151	0.140*** (10.116)						
中介位置					1.121	0.115*** (15.341)				
关系广度							1.009	0.009** (5.009)		
关系深度									1.015	0.015*** (6.790)
控制变量										
网络规模	1.086	0.083 (0.520)	1.055	0.054 (0.218)	1.051	0.050 (0.189)	1.074	0.072 (0.391)	1.056	0.055 (0.227)
小世界商数	0.680	-0.386*** (7.132)	0.678	-0.388*** (7.155)	0.682	-0.382*** (6.900)	0.680	-0.386*** (7.081)	0.675	-0.393*** (7.374)
投资行业	0.735	-0.309** (4.132)	0.766	-0.266* (3.064)	0.772	-0.259* (2.886)	0.754	-0.282* (3.444)	0.761	-0.273* (3.216)
投资区域	0.923	-0.080 (0.261)	0.930	-0.072 (0.212)	0.952	-0.049 (0.097)	0.922	-0.082 (0.271)	0.900	-0.105 (0.446)
投资阶段	102711.528	11.540 (0.006)	94581.174	11.457 (0.006)	96110.753	11.473 (0.006)	96655.188	11.479 (0.006)	98665.588	11.499 (0.006)

续表

变量	模型 0－2B		模型 1－2B		模型 2－2B		模型 3－2B		模型 4－2B	
	风险率	系数	风险率	系数	风险率	系数	风险率	系数	风险率	系数
项目联合投资规模	1.073	0.070** (4.724)	1.073	0.071** (4.863)	1.076	0.073** (5.089)	1.072	0.069** (4.64)	1.072	0.070** (4.710)
机构性质	0.310	-1.172*** (40.172)	0.308	-1.176*** (40.334)	0.301	-1.041*** (30.022)	0.303	-1.193*** (41.459)	0.323	-1.131*** (37.138)
机构年龄	0.995	-0.006 (0.435)	0.994	-0.006 (0.516)	0.353	-0.006 (0.443)	0.994	-0.006 (0.473)	0.994	-0.006 (0.561)
首轮投资	0.836	-0.180 (1.332)	0.831	-0.185 (1.401)	0.818	-0.201 (1.654)	-0.182 (1.366)	-0.182 (1.366)	0.841	-0.173 (1.241)
对数似然值	-1325.4775		-1320.5690		-1318.7240		-1323.0425		-1322.0265	
样本量					1162					

注：括号内为内瓦尔德统计量；*** 表示 $p < 0.01$，** 表示 $p < 0.05$，* 表示 $p < 0.10$。

他变量不变时，中介位置变量每增加一个单位，项目生存概率降低 0.121 个单位，表明创业投资机构中介位置的提高降低了项目存续的可能性。换言之，该阶段中介位置的提高显著缩短了创业投资机构的退出期限，有助于缓解创业投资机构风险，假设 1d 在第二阶段成立。

模型 3-2B 和模型 4-2B 在控制变量的基础上分别加入关系广度和关系深度，测度第二阶段网络关系对退出期限的影响。模型 3-2B 的回归方程系数 $\beta_{3i2} = 0.009$（$p < 0.01$），则第二阶段关系广度为危险因子，具体表现为当其他变量不变时，关系广度变量每增加一个单位，项目生存概率降低 0.009 个单位，表明创业投资机构关系广度的增强降低了项目存续的可能性。换言之，该阶段网络关系广度的增强显著缩短了创业投资机构的退出期限，有助于缓解创业投资机构风险，假设 2c 在第二阶段成立。模型 4-2B 的回归方程系数 $\beta_{4i2} = 0.015$（$p < 0.01$），则第二阶段关系深度为危险因子，具体表现为当其他变量不变时，关系深度变量每增加一个单位，项目生存概率降低 0.015 个单位，表明创业投资机构关系深度的增强降低了项目存续的可能性。换言之，该阶段关系深度的增强显著缩短了创业投资机构的退出期限，有助于缓解创业投资机构风险，假设 2d 在第二阶段成立。

由上述结果可知，在第二阶段中创业投资机构在网络中的中心位置和中介位置越高，其项目退出期限就越短；关系广度和关系深度越强，其项目退出期限就越短。这与第一阶段的结论是一致的。

（3）第三阶段创业投资网络位置、网络关系对退出期限的影响。表 7.10 是第三阶段创业投资网络位置、网络关系对退出期限的 Cox 回归分析结果。模型 0-3B 是第三阶段创业投资网络位置和网络关系对退出期限的框架模型。模型 1-3B 和模型 2-3B 在控制变量的基础上分别加入中心位置和中介位置，测度第三阶段网络位置对退出期限的影响。模型 1-3B 的回归方程系数 $\beta_{13} = 0.193$（$p < 0.01$），则第三阶段中心位置为危险因子，具体表现为当其他变量不变时，中心位置变量每增加一个单位，项目生存概率降低 0.213 个单位，表明创业投资机构中心位置的提高降低了项目存续的可能性。换言之，该阶段网络中心位置的提高显著缩短了创业投资机构的退出期限，有助于缓解创

表 7.10　第三阶段创业投资网络位置、网络关系对退出期限的 Cox 回归分析结果

变量	模型 0 - 3B		模型 1 - 3B		模型 2 - 3B		模型 3 - 3B		模型 4 - 3B	
	风险率	系数	风险率	系数	风险率	系数	风险率	系数	风险率	系数
网络位置										
中心位置			1.213	0.193** (6.516)						
中介位置					1.106	0.101*** (9.247)				
关系广度							1.010	0.010** (5.829)		
关系深度									1.020	0.020 (2.189)
控制变量										
网络规模	0.143	-1.944*** (14.236)	0.149	-1.907*** (13.659)	0.152	-1.885*** (13.334)	0.147	-1.914*** (13.773)	0.147	-1.918*** (13.837)
小世界商数	1.758	0.564 (0.489)	1.609	0.476 (0.347)	1.609	0.476 (0.347)	1.616	0.480 (0.353)	1.679	0.518 (0.412)
投资行业	0.250	-1.386*** (25.579)	0.258	-1.355*** (24.766)	0.250	-1.387*** (26.125)	0.253	-1.373*** (25.505)	0.255	-1.365*** (24.973)
投资区域	1.699	0.530 (2.199)	1.713	0.538 (2.282)	1.736	0.551 (2.408)	1.692	0.526 (2.187)	1.669	0.512 (2.060)
投资阶段	642305.797	13.373 (0.002)	337191.839	12.728 (0.003)	517892.369	13.158 (0.002)	293055.761	12.588 (0.003)	336880.519	12.727*** (0.003)

251

续表

变量	模型 0－3B		模型 1－3B		模型 2－3B		模型 3－3B		模型 4－3B	
	风险率	系数	风险率	系数	风险率	系数	风险率	系数	风险率	系数
项目联合投资规模	0.832	-0.184 (1.360)	0.859	-0.152 (0.915)	0.866	-0.144 (0.817)	0.854	0.268 (0.689)	0.850	-0.162 (1.043)
机构性质	0.102	-2.279*** (40.350)	0.099	-2.311*** (40.711)	0.116	-2.153*** (34.207)	0.096	-2.344*** (41.723)	0.101	-2.295*** (40.564)
机构年龄	0.996	-0.004 (0.091)	1.005	0.005 (0.153)	1.005	0.005 (0.165)	1.005	0.005 (0.141)	1.000	0.000 (0.001)
首轮投资	1.173	0.160 (0.251)	1.316	0.275 (0.726)	1.347	0.298 (0.840)	1.307	0.268 (0.689)	1.241	0.216 (0.454)
对数似然值	-414.8020		-411.6400		-410.6685		-412.0265		-413.6975	
样本量	2271									

注：括号内为瓦尔德统计量；*** 表示 $p<0.01$，** 表示 $p<0.05$。

业投资机构风险，假设 1c 在第三阶段成立。模型 2 – 3B 的回归方程系数 $\beta_{2i3} = 0.101$（$p < 0.01$），则第三阶段中介位置为危险因子，具体表现为当其他变量不变时，中介位置变量每增加一个单位，项目生存概率降低 0.106 个单位，表明创业投资机构中介位置的提高降低了项目存续的可能性。换言之，该阶段中介位置的提高显著缩短了创业投资机构的退出期限，有助于缓解创业投资机构风险，假设 1d 在第三阶段成立。

模型 3 – 3B 和模型 4 – 3B 在控制变量的基础上分别加入关系广度和关系深度，测度第三阶段网络关系对退出期限的影响。模型 3 – 3B 的回归方程系数 $\beta_{3i3} = 0.010$（$p < 0.01$），则第三阶段关系广度为危险因子，具体表现为当其他变量不变时，关系广度变量每增加一个单位，项目生存概率降低 0.010 个单位，表明创业投资机构关系广度的增强降低了项目存续的可能性。换言之，该阶段网络关系广度的增强显著缩短了创业投资机构的退出期限，有助于缓解创业投资机构风险，假设 2c 在第三阶段成立。模型 4 – 3B 的回归方程系数 $\beta_{4i3} = 0.020$（$p > 0.10$），结果不显著，假设 2d 在第三阶段不成立。

由上述结果可知，在第三阶段中创业投资机构在网络中的中心位置和中介位置越高，其项目退出期限就越短；关系广度和关系深度越强，其项目退出期限就越短。这与第一阶段和第二阶段的结论是一致的。

（4）三个阶段创业投资网络特征对退出期限的 Kaplan – Meier 估计比较。为了进一步探究三个阶段不同网络位置、网络能力及网络关系与项目退出期限的关系，本书按照均值法对三个阶段的研究样本进行分类研究，若所研究变量大于其均值则为高，反之则为低。

图 7.6 的生存曲线分别显示了三个阶段内部不同中心位置的创业投资机构退出期限情况。观察发现：三个阶段内部的高中心位置创业投资机构的 Kaplan – Meier 生存曲线均下降迅速、退出期限均较短，证实了位于高中心位置的创业投资机构比位于低中心位置的创业投资机构具有更小的生存概率，更能实现较快退出。同时，随着阶段的发展，不同中心位置下创业投资机构退出期限之间的差异在逐步减弱。

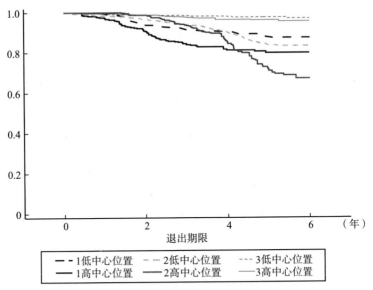

图7.6　三个阶段内部不同中心位置的创业投资机构退出期限生存曲线

　　图7.7 的生存曲线分别显示了三个阶段内部不同中介位置的创业投资机构退出期限情况。观察发现：三个阶段内部的高中介位置创业投资机构的 Kaplan－Meier 生存曲线均下降迅速、退出期限均较短，证实了位于高中介位置的创业投资机构比位于低中介位置的创业投资机构具有更小的生存概率，更能实现较快退出。同时，随着阶段的发展，不同中介位置下创业投资机构退出期限之间的差异在逐步减弱。与网络位置（中心位置、中介位置）对创业投资机构项目成功率影响的相关结论一致，在阶段演进过程中，网络位置始终对创业投资机构退出期限有着重要影响，创业投资机构的网络位置越有利（居于核心、占据较多结构洞），则退出期限越短，但这种由网络位置带来的退出期限差异随着阶段的发展在逐步减弱。可能的原因是，基于联合投资的创业投资网络在扩大的同时，不仅改变了创业投资机构的投资环境，也影响了创业投资机构的项目选择，导致创业投资机构所处的网络位置对其自身退出期限的差异影响被削弱。

　　图7.8 的生存曲线分别显示了三个阶段内部不同关系广度的创业投资机构退出期限情况。观察发现：三个阶段内部的强关系广度创业投资机构的 Kaplan－Meier 生存曲线下降迅速、退出期限较短。证实了位于关系广度强的创业投资机构比关系广度弱的创业投资机构具有更小的生存概率，更能实现

较快退出。同时，随着阶段的发展，不同关系广度下创业投资机构退出期限之间的差异在逐步减弱。

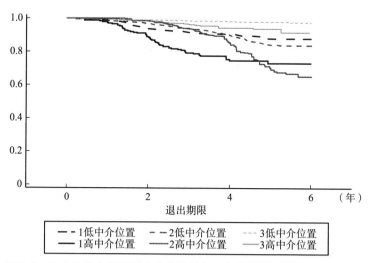

图 7.7　三个阶段内部不同中介位置的创业投资机构退出期限生存曲线

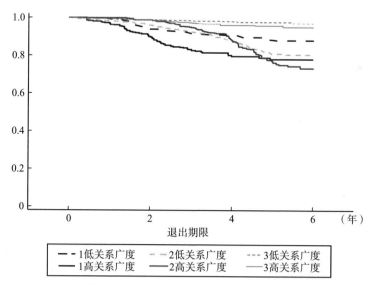

图 7.8　三个阶段内部不同关系广度的创业投资机构退出期限生存曲线

图7.9的生存曲线分别显示了三个阶段内部不同关系深度的创业投资机构退出期限情况。观察发现：第一阶段和第二阶段内部的强关系深度创业投资机构的 Kaplan – Meier 生存曲线下降迅速、退出期限较短。证实了位于关系深度强的创业投资机构比关系深度弱的创业投资机构具有更小的生存概率，更能实现较快退出。同时，随着阶段的发展，不同关系深度下创业投资机构退出期限之间的差异在逐步减弱。第三阶段内部的强关系深度对创业投资机构退出期限的差异影响不显著，与上述的分析结果存在差异，可能的原因是控制变量的加入改变了创业投资机构关系深度对其自身退出期限的影响。

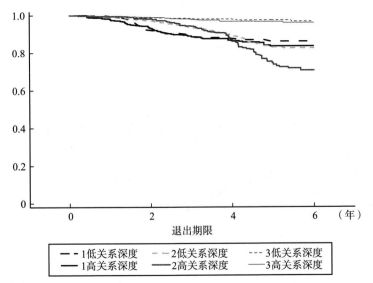

图7.9　三个阶段内部不同关系深度的创业投资机构退出期限生存曲线

3. 创业投资网络能力对网络位置与项目成功率关系的调节作用

本部分采用层次回归方法研究三个阶段创业投资网络能力对网络位置与项目成功率之间调节作用的影响，同时绘制三个阶段创业投资网络能力对网络位置与项目成功率关系的调节效应图。实证结果如表 7.11 ~ 表 7.13 和图 7.10 ~ 图 7.15 所示。

（1）第一阶段创业投资网络能力对网络位置与项目成功率关系的调节作用。表7.11是第一阶段创业投资网络能力对网络位置与项目成功率关系之间调节作用的多元线性回归分析结果。

表 7.11　　**第一阶段创业投资网络能力对网络位置与项目成功率**

关系之间调节作用的多元线性回归分析结果

变量	模型 5 – 1A	模型 6 – 1A	模型 7 – 1A	模型 8 – 1A	模型 9 – 1A	模型 10 – 1A
网络位置						
中心位置	0.379 *** (13.056)	− 0.206 *** (− 3.621)	0.314 *** (9.637)			
中介位置				0.308 *** (9.608)	− 0.196 *** (− 3.152)	0.297 *** (10.254)
网络能力						
创业投资 机构行业 专业化	0.181 *** (5.294)			0.259 *** (7.604)		
创业投资 机构区域 专业化		− 0.518 *** (− 7.561)			− 0.155 *** (− 3.046)	
创业投资 机构阶段 专业化			0.291 *** (7.148)			0.219 *** (6.538)
交互项						
中心位置 × 创业投资 机构行业 专业化	− 0.325 *** (− 9.808)					
中心位置 × 创业投资 机构区域 专业化		− 0.804 *** (− 13.660)				
中心位置 × 创业投资 机构阶段 专业化			0.099 *** (2.692)			
中介位置 × 创业投资 机构行业 专业化				− 0.287 *** (− 7.975)		

续表

变量	模型 5 - 1A	模型 6 - 1A	模型 7 - 1A	模型 8 - 1A	模型 9 - 1A	模型 10 - 1A
中介位置 × 创业投资机构区域专业化					-0.732 *** (-12.377)	
中介位置 × 创业投资机构阶段专业化						0.082 *** (2.657)
控制变量						
网络规模	0.001 (0.027)	0.013 (0.303)	0.002 (0.042)	0.013 (0.316)	0.020 (0.498)	0.006 (0.136)
小世界商数	0.058 (1.381)	0.006 (0.149)	0.027 (0.588)	0.059 (1.448)	0.026 (0.634)	0.030 (0.653)
投资行业	0.032 (1.147)	0.036 (1.272)	0.090 *** (2.887)	0.034 (1.262)	0.034 (0.245)	0.088 *** (2.863)
投资区域	-0.007 (-0.248)	0.033 (1.213)	-0.027 (-0.887)	-0.022 (0.858)	0.010 (0.383)	-0.025 (-0.859)
投资阶段	0.023 (0.890)	0.009 (0.357)	0.020 (0.711)	0.029 (1.163)	0.028 (1.114)	0.016 (0.575)
项目联合投资规模	-0.003 (-0.112)	0.061 ** (2.327)	0.016 (0.564)	-0.001 (-0.020)	0.035 (1.373)	0.022 (0.768)
机构性质	-0.361 *** (-10.784)	-0.168 *** (-5.243)	-0.244 *** (-6.619)	-0.145 (-4.887)	-0.066 ** (-2.214)	-0.124 *** (-3.542)
机构年龄	-0.104 *** (-3.874)	-0.112 *** (-4.225)	-0.074 ** (-2.512)	-0.032 (-1.260)	-0.044 * (-1.712)	-0.059 ** (-2.027)
首轮投资	-0.021 (-0.809)	-0.009 (-0.338)	-0.032 (-1.121)	-0.032 (-1.294)	0.001 (0.041)	-0.032 (-1.145)
R^2	0.340	0.331	0.188	0.384	0.362	0.217
调整后 R^2	0.332	0.324	0.179	0.376	0.355	0.208

注：括号内为 t 统计量；*** 表示 $p < 0.01$，** 表示 $p < 0.05$，* 表示 $p < 0.10$。

表 7.11 中，模型 5 - 1A 的结果表明，中心位置与创业投资机构行业专业化交互项对项目成功率有显著的负向影响（$\alpha_{12i1} = -0.325$，$p < 0.01$）。$\alpha_{12i1} = -0.325$ 表示当控制变量保持不变时，创业投资机构行业专业化变量每增加一个单位，中心位置对项目成功率的正向影响就减弱 0.325 个单位。这说明，创业投资机构行业专业化程度越高，中心位置对项目成功率的正向影响越弱，假设 3a 在第一阶段成立。

模型 6 - 1A 的结果表明，中心位置与创业投资机构区域专业化交互项对项目成功率有显著的负向影响（$\alpha_{16i1} = -0.804$，$p < 0.01$）。$\alpha_{16i1} = -0.804$ 表示当控制变量保持不变时，创业投资机构区域专业化变量每增加一个单位，中心位置对项目成功率的正向影响就减弱 0.804 个单位。这说明创业投资机构区域专业化程度越高，中心位置对项目成功率的正向影响越弱，假设 3b 在第一阶段成立。

模型 7 - 1A 的结果表明，中心位置与创业投资机构阶段专业化交互项对项目成功率有显著的正向影响（$\alpha_{20i1} = 0.099$，$p < 0.01$）。$\alpha_{20i1} = 0.099$ 表示当控制变量保持不变时，创业投资机构阶段专业化变量每增加一个单位，中介位置对项目成功率的正向影响就增强 0.099 个单位。这说明创业投资机构阶段专业化程度越高，中心位置对项目成功率的正向影响越强，假设 3c 在第一阶段不成立。

模型 8 - 1A 的结果表明，中介位置与创业投资机构行业专业化交互项对项目成功率有显著的负向影响（$\alpha_{24i1} = -0.287$，$p < 0.01$）。$\alpha_{24i1} = -0.287$ 表示当控制变量保持不变时，创业投资机构行业专业化变量每增加一个单位，中介位置对项目成功率的正向影响就减弱 0.287 个单位。这说明创业投资机构行业专业化程度越高，中介位置对项目成功率的正向影响越弱，假设 3d 在第一阶段成立。

模型 9 - 1A 的结果表明，中介位置与创业投资机构区域专业化交互项对项目成功率有显著的负向影响（$\alpha_{28i1} = -0.732$，$p < 0.01$）。$\alpha_{28i1} = -0.732$ 表示当控制变量保持不变时，创业投资机构区域专业化变量每增加一个单位，中介位置对项目成功率的正向影响就减弱 0.732 个单位。这说明创业投资机构区域专业化程度越高，中介位置对项目成功率的正向影响越弱，假设 3e 在第一阶段成立。

模型 10 - 1A 的结果表明，中介位置与创业投资机构阶段专业化交互项对项目成功率有显著的正向影响（$\alpha_{32i1} = 0.082$，$p < 0.01$）。$\alpha_{32i1} = 0.082$ 表示当控制变量保持不变时，创业投资机构阶段专业化变量每增加一个单位，中介位置对项目成功率的正向影响就增强 0.082 个单位。这说明创业投资机构阶段专业化程度越高，中介位置对项目成功率的正向影响越强，假设 3f 在第一阶段不成立。

由上述结果可知，在第一阶段中创业投资网络能力对网络位置与项目成功率关系之间调节作用产生以下影响。

从中心位置角度来看，网络能力中的行业专业化对网络位置中的中心位置与项目成功率之间负向调节，即行业专业化会减弱中心位置对项目成功率的正向影响。也就是说，创业投资机构在投资过程中，投资行业的多样性更有助于增强其网络中心位置对项目成功率的正向影响，缓解创业投资风险。网络能力中的区域专业化对网络位置中的中心位置与项目成功率之间负向调节。区域单一化会减弱中心位置对项目成功率的正向影响，投资区域的多样性更有助于增强其网络中心位置对项目成功率的正向影响。网络能力中的阶段专业化对网络位置中的中心位置与项目成功率之间正向调节，投资阶段专业化会增强中心位置对项目成功率的正向影响。也就是说，创业投资机构在投资过程中，单一阶段布局的投资更有助于增强其网络中心位置对项目成功率的正向影响，缓解创业投资风险。

从中介位置角度来看，网络能力中的行业专业化对网络位置中的中介位置与项目成功率之间负向调节，即行业专业化会减弱中介位置对项目成功率的正向影响。投资行业的多样性更有助于增强其网络中介位置对项目成功率的正向影响。网络能力中的区域专业化对网络位置中的中介位置与项目成功率之间负向调节，创业投资机构在投资过程中，投资区域的多样性更有助于增强其网络中介位置对项目成功率的正向影响，缓解创业投资风险。网络能力中的阶段专业化对网络位置中的中介位置与项目成功率之间正向调节，即投资阶段专业化会增强中介位置对项目成功率的正向影响。也就是说，创业投资机构在投资过程中，单一阶段布局的投资更有助于增强其网络中介位置对项目成功率的正向影响，缓解创业投资风险。

（2）第二阶段创业投资网络能力对网络位置与项目成功率关系的调节作用。表 7.12 是第二阶段创业投资网络能力对网络位置与项目成功率关系之间调节作用的多元线性回归分析结果。

表 7.12 第二阶段创业投资网络能力对网络位置与项目成功率
关系之间调节作用的多元线性回归分析结果

变量	模型 5 – 2A	模型 6 – 2A	模型 7 – 2A	模型 8 – 2A	模型 9 – 2A	模型 10 – 2A
网络位置						
中心位置	0.075 ** (2.414)	0.206 *** (6.129)	0.117 *** (3.525)			
中介位置				0.026 (0.640)	0.200 *** (4.317)	0.104 ** (2.586)
网络能力						
创业投资机构行业专业化	– 0.210 *** (– 5.034)			– 0.210 *** (– 4.706)		
创业投资机构区域专业化		0.056 (1.231)			0.050 (0.939)	
创业投资机构阶段专业化			– 0.096 ** (– 2.326)			– 0.128 *** (– 2.875)
交互项						
中心位置 × 创业投资机构行业专业化	– 0.267 *** (– 7.748)					
中心位置 × 创业投资机构区域专业化		– 0.131 *** (– 3.421)				
中心位置 × 创业投资机构阶段专业化			– 0.115 *** (– 3.279)			
中介位置 × 创业投资机构行业专业化				– 0.271 *** (– 6.528)		

续表

变量	模型 5 – 2A	模型 6 – 2A	模型 7 – 2A	模型 8 – 2A	模型 9 – 2A	模型 10 – 2A
中介位置 × 创业投资机构区域专业化					-0.117^{**} (-2.295)	
中介位置 × 创业投资机构阶段专业化						-0.161^{***} (-3.887)
控制变量						
网络规模	-0.003 (-0.123)	0.008 (0.313)	0.005 (0.195)	-0.004 (-0.144)	0.005 (0.214)	-0.001 (-0.031)
小世界商数	-0.027 (-1.061)	0.010 (0.389)	0.002 (0.061)	-0.021 (-0.820)	0.010 (0.376)	0.006 (0.221)
投资行业	-0.086^{***} (-3.213)	-0.113^{***} (-4.207)	-0.099^{***} (-3.635)	-0.091^{***} (-3.381)	-0.111^{***} (-4.170)	-0.094^{***} (-3.487)
投资区域	-0.017 (-0.664)	-0.041 (-1.599)	-0.035 (-1.132)	-0.009 (-0.338)	-0.034 (-1.310)	-0.025 (-0.974)
投资阶段	0.039 (1.512)	0.033 (1.298)	0.042 (1.635)	0.041 (1.596)	0.031 (1.227)	0.039 (1.502)
项目联合投资规模	0.010 (0.396)	0.005 (0.211)	0.011 (0.446)	0.021 (0.815)	0.014 (0.561)	0.021 (0.825)
机构性质	-0.361^{***} (-12.377)	-0.394^{***} (-14.073)	-0.406^{***} (-14.288)	-0.335^{***} (-11.525)	-0.339^{***} (-11.710)	-0.367^{***} (-12.523)
机构年龄	-0.021 (-0.861)	-0.030 (-1.179)	-0.033 (-1.310)	-0.015 (-0.605)	-0.026 (-1.059)	-0.025 (-0.986)
首轮投资	0.003 (0.122)	0.013 (0.503)	0.018 (0.672)	0.004 (0.145)	0.008 (0.306)	0.011 (0.418)
R^2	0.317	0.309	0.288	0.318	0.314	0.301
调整后 R^2	0.310	0.302	0.281	0.311	0.307	0.294

注：括号内为 t 统计量；*** 表示 $p < 0.01$，** 表示 $p < 0.05$。

表 7.12 中，模型 5 - 2A 的结果表明，中心位置与创业投资机构行业专业化交互项对项目成功率有显著的负向影响（$\alpha_{12i2} = -0.267$，$p < 0.01$）。$\alpha_{12i2} = -0.267$ 表示当控制变量保持不变时，创业投资机构行业专业化变量每增加一个单位，中心位置对项目成功率的正向影响就减弱 0.267 个单位。这说明创业投资机构行业专业化程度越高，中心位置对项目成功率的正向影响越弱，假设 3a 在第二阶段成立。

模型 6 - 2A 的结果表明，中心位置与创业投资机构区域专业化交互项对项目成功率有显著的负向影响（$\alpha_{16i2} = -0.131$，$p < 0.01$）。$\alpha_{16i2} = -0.131$ 表示当控制变量保持不变时，创业投资机构区域专业化变量每增加一个单位，中心位置对项目成功率的正向影响就减弱 0.131 个单位。这说明创业投资机构区域专业化程度越高，中心位置对项目成功率的正向影响越弱，假设 3b 在第二阶段成立。

模型 7 - 2A 的结果表明，中心位置与创业投资机构阶段专业化交互项对项目成功率有显著的负向影响（$\alpha_{20i2} = -0.115$，$p < 0.01$）。$\alpha_{20i2} = -0.115$ 表示当控制变量保持不变时，创业投资机构阶段专业化变量每减少一个单位，中介位置对项目成功率的正向影响就减弱 0.115 个单位。这说明创业投资机构阶段专业化程度越高，中心位置对项目成功率的正向影响越弱，假设 3c 在第二阶段成立。

模型 8 - 2A 的结果表明，中介位置与创业投资机构行业专业化交互项对项目成功率有显著的负向影响（$\alpha_{24i2} = -0.271$，$p < 0.01$）。$\alpha_{24i2} = -0.271$ 表示当控制变量保持不变时，创业投资机构行业专业化变量每增加一个单位，中介位置对项目成功率的正向影响就减弱 0.271 个单位。这说明创业投资机构行业专业化程度越高，中介位置对项目成功率的正向影响越弱，假设 3d 在第二阶段成立。

模型 9 - 2A 的结果表明，中介位置与创业投资机构区域专业化交互项对项目成功率有显著的负向影响（$\alpha_{28i2} = -0.117$，$p < 0.01$）。$\alpha_{28i2} = -0.117$ 表示当控制变量保持不变时，创业投资机构区域专业化变量每增加一个单位，中介位置对项目成功率的正向影响就减弱 0.117 个单位。这说明创业投资机构区域专业化程度越高，中介位置对项目成功率的正向影响越弱，假设 3e 在第二阶段成立。

模型 10 - 2A 的结果表明，中介位置与创业投资机构阶段专业化交互项对项目成功率有显著的负向影响（$\alpha_{32i2} = -0.161$，$p < 0.01$）。$\alpha_{32i2} = -0.161$ 表示当控制变量保持不变时，创业投资机构阶段专业化变量每增加一个单位，中介位置对项目成功率的正向影响就减弱 0.161 个单位。这说明创业投资机构阶段专业化程度越高，中介位置对项目成功率的正向影响越弱，假设 3f 在第二阶段成立。

由上述结果可知，在第二阶段中创业投资网络能力对网络位置与项目成功率关系之间的调节作用都为负向。

（3）第三阶段创业投资网络能力对网络位置与项目成功率关系的调节作用。表 7.13 是第三阶段创业投资网络能力对网络位置与项目成功率关系之间调节作用的多元线性回归分析结果。

表 7.13　第三阶段创业投资网络能力对网络位置与项目成功率关系之间调节作用的多元线性回归分析结果

变量	模型 5 - 3A	模型 6 - 3A	模型 7 - 3A	模型 8 - 3A	模型 9 - 3A	模型 10 - 3A
网络位置						
中心位置	0.099 *** (4.502)	0.118 *** (5.109)	0.252 *** (12.572)			
中介位置				0.051 ** (2.084)	0.074 ** (2.452)	0.213 *** (11.210)
网络能力						
创业投资机构行业专业化	- 0.131 *** (- 5.186)			- 0.079 *** (- 3.310)		
创业投资机构区域专业化		- 0.125 *** (- 4.096)			- 0.118 *** (- 3.628)	
创业投资机构阶段专业化			0.426 *** (13.943)			0.291 *** (12.692)
交互项						
中心位置×创业投资机构行业专业化	- 0.336 *** (- 15.068)					

续表

变量	模型 5 – 3A	模型 6 – 3A	模型 7 – 3A	模型 8 – 3A	模型 9 – 3A	模型 10 – 3A
中心位置 × 创业投资机构区域专业化		− 0. 232 *** (− 8. 364)				
中心位置 × 创业投资机构阶段专业化			0. 257 *** (9. 311)			
中介位置 × 创业投资机构行业专业化				− 0. 329 *** (− 13. 816)		
中介位置 × 创业投资机构区域专业化					− 0. 239 *** (− 7. 061)	
中介位置 × 创业投资机构阶段专业化						0. 193 *** (8. 799)
控制变量						
网络规模	− 0. 104 *** (− 5. 498)	− 0. 114 *** (− 5. 837)	− 0. 084 *** (− 4. 364)	− 0. 088 *** (− 4. 686)	− 0. 105 *** (− 5. 409)	− 0. 078 *** (− 4. 054)
小世界商数	− 0. 041 ** (− 2. 216)	− 0. 046 ** (− 2. 373)	− 0. 040 ** (− 2. 112)	− 0. 040 ** (− 2. 713)	− 0. 048 ** (− 2. 471)	− 0. 040 ** (− 2. 127)
投资行业	− 0. 092 *** (− 5. 053)	− 0. 100 *** (− 5. 277)	− 0. 103 *** (− 5. 600)	− 0. 097 *** (− 5. 324)	− 0. 106 *** (− 5. 640)	− 0. 104 *** (− 5. 638)
投资区域	− 0. 050 *** (− 2. 770)	− 0. 056 *** (− 3. 031)	− 0. 031 * (− 1. 720)	− 0. 049 *** (− 2. 750)	− 0. 059 *** (− 3. 162)	− 0. 032 * (− 1. 748)
投资阶段	0. 046 ** (2. 444)	0. 051 *** (2. 643)	0. 028 (1. 489)	0. 047 ** (2. 524)	0. 042 ** (2. 191)	0. 030 (1. 609)
项目联合投资规模	− 0. 038 ** (− 2. 097)	− 0. 041 ** (− 2. 154)	− 0. 049 *** (− 2. 687)	− 0. 036 ** (− 2. 010)	− 0. 042 ** (− 2. 250)	− 0. 041 ** (− 2. 260)

变量	模型 5 – 3A	模型 6 – 3A	模型 7 – 3A	模型 8 – 3A	模型 9 – 3A	模型 10 – 3A
机构性质	– 0. 354 *** (– 16. 669)	– 0. 424 *** (– 21. 806)	– 0. 286 *** (– 13. 142)	– 0. 311 *** (– 15. 453)	– 0. 364 *** (– 19. 189)	– 0. 270 *** (– 13. 227)
机构年龄	0. 056 *** (2. 936)	0. 067 *** (3. 501)	0. 048 ** (2. 550)	0. 048 *** (2. 603)	0. 048 ** (2. 556)	0. 011 (2. 230)
首轮投资	0. 010 (0. 515)	– 0. 019 (– 1. 005)	0. 007 (0. 363)	0. 016 (0. 865)	– 0. 004 (– 0. 217)	0. 011 (0. 563)
R^2	0. 304	0. 253	0. 289	0. 311	0. 263	0. 295
调整后 R^2	0. 300	0. 249	0. 285	0. 307	0. 259	0. 291

注：括号内为 t 统计量； *** 表示 $p < 0.01$， ** 表示 $p < 0.05$， * 表示 $p < 0.10$。

表 7. 13 中，模型 5 – 3A 的结果表明，中心位置与创业投资机构行业专业化交互项对项目成功率有显著的负向影响（$\alpha_{12i3} = -0.336$，$p < 0.01$）。$\alpha_{12i3} = -0.336$ 表示当控制变量保持不变时，创业投资机构行业专业化变量每增加一个单位，中心位置对项目成功率的正向影响就减弱 0.336 个单位。这说明创业投资机构行业专业化程度越高，中心位置对项目成功率的正向影响越弱，假设 3a 在第三阶段成立。

模型 6 – 3A 的结果表明，中心位置与创业投资机构区域专业化交互项对项目成功率有显著的负向影响（$\alpha_{16i3} = -0.232$，$p < 0.01$）。$\alpha_{16i3} = -0.232$ 表示当控制变量保持不变时，创业投资机构区域专业化变量每增加一个单位，中心位置对项目成功率的正向影响就减弱 0.232 个单位。这说明创业投资机构区域专业化程度越高，中心位置对项目成功率的正向影响越弱，假设 3b 在第三阶段成立。

模型 7 – 3A 的结果表明，中心位置与创业投资机构阶段专业化交互项对项目成功率有显著的正向影响（$\alpha_{20i3} = 0.257$，$p < 0.01$）。$\alpha_{20i3} = 0.257$ 表示当控制变量保持不变时，创业投资机构阶段专业化变量每增加一个单位，中介位置对项目成功率的正向影响就增强 0.257 个单位。这说明创业投资机构阶段专业化程度越高，中心位置对项目成功率的正向影响越强，假设 3c 在第三阶段不成立。

模型 8 - 3A 的结果表明，中介位置与创业投资机构行业专业化交互项对项目成功率有显著的负向影响（$\alpha_{24i3} = -0.329$，$p < 0.01$）。$\alpha_{24i3} = -0.329$ 表示当控制变量保持不变时，创业投资机构行业专业化变量每增加一个单位，中介位置对项目成功率的正向影响就减弱 0.329 个单位。这说明创业投资机构行业专业化程度越高，中介位置对项目成功率的正向影响越弱，假设 3d 在第三阶段成立。

模型 9 - 3A 的结果表明，中介位置与创业投资机构区域专业化交互项对项目成功率有显著的负向影响（$\alpha_{28i3} = -0.239$，$p < 0.01$）。$\alpha_{28i3} = -0.239$ 表示当控制变量保持不变时，创业投资机构区域专业化变量每增加一个单位，中介位置对项目成功率的正向影响就减弱 0.239 个单位。这说明创业投资机构区域专业化程度越高，中介位置对项目成功率的正向影响越弱，假设 3e 在第三阶段成立。

模型 10 - 3A 的结果表明，中介位置与创业投资机构阶段专业化交互项对项目成功率有显著的正向影响（$\alpha_{32i3} = 0.193$，$p < 0.01$）。$\alpha_{32i3} = 0.193$ 表示当控制变量保持不变时，创业投资机构阶段专业化变量每增加一个单位，中介位置对项目成功率的正向影响就增强 0.193 个单位。这说明创业投资机构阶段专业化程度越高，中介位置对项目成功率的正向影响越强，假设 3f 在第三阶段不成立。

由上述结果可知，在第三阶段中创业投资网络能力对网络位置与项目成功率关系之间调节作用与第一阶段的结论是一致的。

（4）三个阶段创业投资网络能力对网络位置与项目成功率关系调节效应的进一步讨论。图 7.10 显示了三个阶段创投机构行业专业化对中心位置与项目成功率的调节作用。具体而言，行业专业化程度越低的创业投资机构，其中心位置对项目成功率的负向作用越强；行业专业化程度越高的创业投资机构，其中心位置对项目成功率的负向作用越弱。因此，行业专业化程度低的创业投资机构，其中心位置高有助于缓解创业投资风险；而行业专业化程度高的创业投资机构，其中心位置低对创业投资风险缓解更有利。

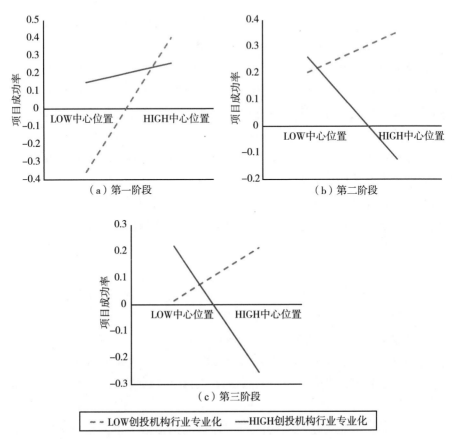

图 7.10　三个阶段创投机构行业专业化对中心位置与项目成功率的调节作用

　　图 7.11 显示了三个阶段创投机构区域专业化对中心位置与项目成功率的调节作用。具体而言，创业投资机构的区域专业化程度越低，其项目成功率受中心位置的负向作用越强；创业投资机构的区域专业化程度越高，其项目成功率受中心位置的负向作用越弱。因此，区域专业化程度低的创业投资机构，其中心位置高有助于缓解创业投资风险；而区域专业化程度高的创业投资机构，其中心位置低对创业投资风险缓解更有利。

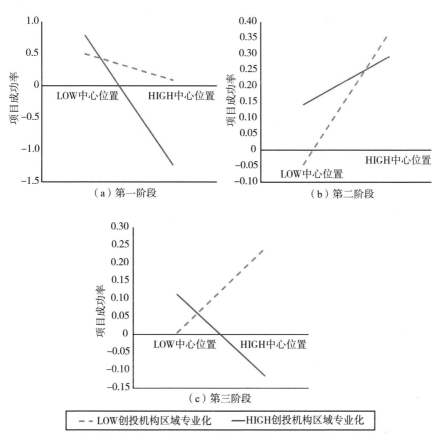

图 7.11　三个阶段创投机构区域专业化对中心位置与项目成功率的调节作用

图 7.12 说明，第一阶段创业投资机构阶段专业化正向调节网络位置与项目成功率之间的关系，当创业投资机构的阶段专业化越高时，其中心位置对项目成功率的正向作用越强；第二阶段创业投资机构阶段专业化负向调节网络位置与项目成功率之间的关系，当创业投资机构的阶段专业化越高时，其中心位置对项目成功率的负向作用越弱；第三阶段创业投资机构阶段专业化正向调节网络位置与项目成功率之间的关系，当创业投资机构的阶段专业化越高时，其中心位置对项目成功率的正向作用越强。

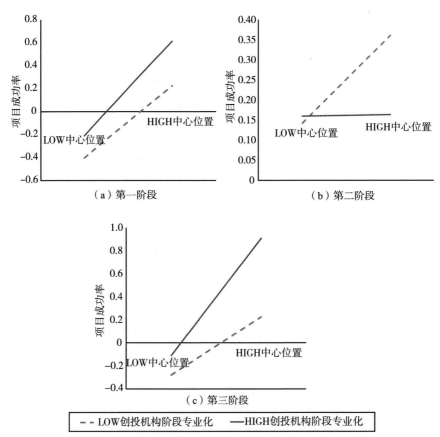

图 7.12　三个阶段创投机构阶段专业化对中心位置与项目成功率的调节作用

图 7.13 显示了三个阶段创投机构行业专业化对中介位置与项目成功率的调节作用。具体而言，行业专业化程度越低的创业投资机构，其中介位置对项目成功率的负向作用越强；行业专业化程度越高的创业投资机构，其中介位置对项目成功率的负向作用越弱。因此，行业专业化程度低的创业投资机构，其中介位置高有助于缓解创业投资风险，对行业专业化程度高的创业投资机构来说，较低的中介位置对创业投资风险缓解更有利。

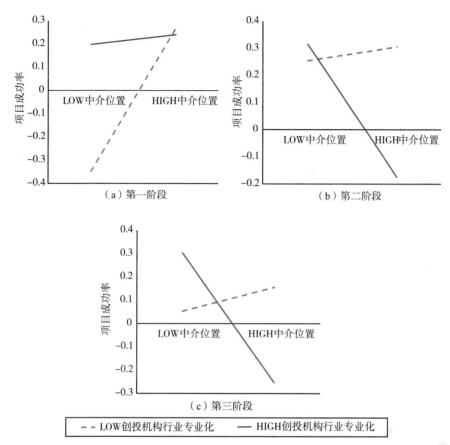

（a）第一阶段

（b）第二阶段

（c）第三阶段

- - - LOW创投机构行业专业化 —— HIGH创投机构行业专业化

图 7.13　三个阶段创投机构行业专业化对中介位置与项目成功率的调节作用

图 7.14 显示了三个阶段创投机构区域专业化对中介位置与项目成功率的调节作用。具体而言，创业投资机构的区域专业化程度越低，其项目成功率受中介位置的负向作用越强；创业投资机构的区域专业化程度越高，其项目成功率受中介位置的负向作用越弱。因此，区域专业化程度低的创业投资机构，其中介位置高有助于缓解创业投资风险；而区域专业化程度高的创业投资机构，其中介位置低对创业投资风险缓解更有利。

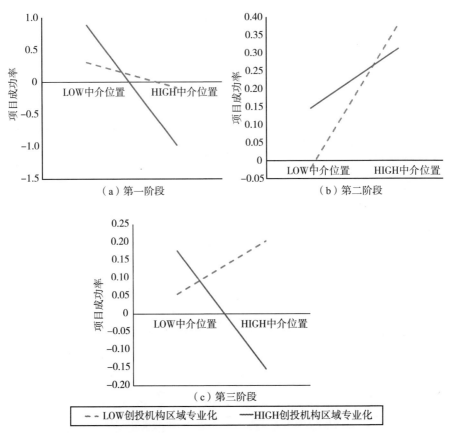

图7.14　三个阶段创投机构区域专业化对中介位置与项目成功率的调节作用

图7.15说明，第一阶段创业投资机构阶段专业化正向调节网络位置与项目成功率之间的关系，当创业投资机构的阶段专业化越高时，其中介位置对项目成功率的正向作用越强；第二阶段创业投资机构阶段专业化负向调节网络位置与项目成功率之间的关系，当创业投资机构的阶段专业化越高时，其中介位置对项目成功率的负向作用越弱；第三阶段创业投资机构阶段专业化正向调节网络位置与项目成功率之间的关系，当创业投资机构的阶段专业化越高时，其中介位置对项目成功率的正向作用越强。

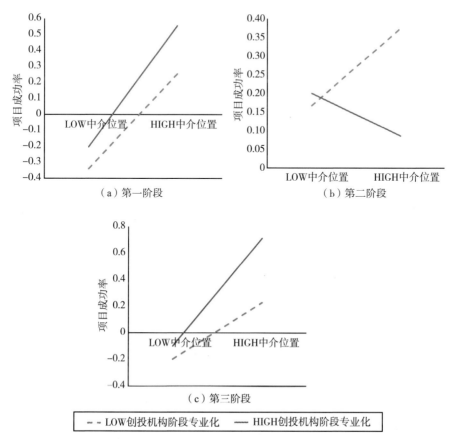

图 7.15　三个阶段创投机构阶段专业化对中介位置与项目成功率的调节作用

4. 创业投资网络能力对网络位置与退出期限关系的调节作用

本部分采用层次回归方法研究三个阶段创业投资网络能力对网络位置与退出期限之间调节作用的影响，同时绘制三个阶段创业投资网络能力对网络位置与退出期限关系的调节效应图。实证结果如表 7.14 ~ 表 7.16 和图 7.16 ~ 图 7.21 所示。

（1）第一阶段创业投资网络能力对网络位置与退出期限关系的调节作用。表 7.14 是第一阶段创业投资网络能力对网络位置与退出期限关系之间调节作用的多元线性回归分析结果。

表7.14　第一阶段创业投资网络能力对网络位置与退出期限关系之间调节作用的多元线性回归分析结果

变量	模型5-1B 风险率	模型5-1B 系数	模型6-1B 风险率	模型6-1B 系数	模型7-1B 风险率	模型7-1B 系数	模型8-1B 风险率	模型8-1B 系数	模型9-1B 风险率	模型9-1B 系数	模型10-1B 风险率	模型10-1B 系数
网络位置												
中心位置	1.126	0.119^{***} (28.281)	0.906	-0.099^{*} (2.832)	1.091	0.087^{***} (16.937)						
中介位置							1.091	0.087^{***} (15.999)	0.954	-0.047 (0.824)	1.063	0.061^{***} (19.210)
网络能力												
创业投资机构行业专业化	5.255	1.659^{***} (9.269)					10.281	2.330^{***} (19.564)				
创业投资机构区域专业化			0.065	-2.729^{*} (5.779)					1.207	0.188 (0.056)		
创业投资机构阶段专业化					3.395	1.222^{**} (4.087)					2.852	1.048^{*} (3.854)
交互项												
中心位置×创业投资机构行业专业化	0.792	-0.234^{*} (3.200)										

续表

变量	模型 5-1B 风险率	模型 5-1B 系数	模型 6-1B 风险率	模型 6-1B 系数	模型 7-1B 风险率	模型 7-1B 系数	模型 8-1B 风险率	模型 8-1B 系数	模型 9-1B 风险率	模型 9-1B 系数	模型 10-1B 风险率	模型 10-1B 系数
中心位置×创业投资机构区域专业化			0.277	-1.284*** (22.848)								
中心位置×创业投资机构阶段专业化					0.974	-0.026 (0.071)						
中介位置×创业投资机构行业专业化							0.881	-0.127 (0.728)				
中介位置×创业投资机构区域专业化									0.402	-0.912*** (11.307)		
中介位置×创业投资机构阶段专业化											0.976	-0.025 (0.085)

续表

变量	模型 5 – 1B 风险率	模型 5 – 1B 系数	模型 6 – 1B 风险率	模型 6 – 1B 系数	模型 7 – 1B 风险率	模型 7 – 1B 系数	模型 8 – 1B 风险率	模型 8 – 1B 系数	模型 9 – 1B 风险率	模型 9 – 1B 系数	模型 10 – 1B 风险率	模型 10 – 1B 系数
控制变量												
网络规模	0.816	-0.203 (0.502)	0.850	-0.163 (0.319)	0.815	-0.205 (0.506)	0.842	-0.173 (0.360)	0.904	-0.101 (0.123)	0.835	-0.181 (0.394)
小世界商数	0.806	-0.216 (1.794)	0.736	-0.307 (3.593)	0.765	-0.267* (2.744)	0.814	-0.206 (1.634)	0.745	-0.294* (3.336)	0.766	-0.267* (2.738)
投资行业	1.150	0.140 (0.531)	1.174	0.160 (0.705)	1.378	0.321* (2.753)	1.171	0.158 (0.660)	1.215	0.195 (1.023)	1.395	0.333* (2.939)
投资区域	0.798	-0.225 (0.099)	0.898	-0.108 (0.329)	0.714	-0.337* (3.230)	0.768	-0.264 (1.980)	0.808	-0.214 (1.270)	0.708	-0.346* (3.341)
投资阶段	1.257	0.228 (0.099)	0.989	-0.012 (0.000)	1.242	0.216 (0.090)	1.189	0.173 (0.058)	1.185	0.170 (0.056)	1.106	0.101 (0.020)
项目联合投资规模	1.125	0.118*** (19.410)	1.130	0.122*** (23.107)	1.135	0.127*** (22.506)	1.122	0.115*** (19.106)	1.118	0.111*** (19.162)	1.133	0.125*** (22.336)
机构性质	0.301	-1.201*** (28.256)	0.503	-0.687*** (7.881)	0.387	-0.949*** (14.103)	0.491	-0.711*** (9.506)	0.715	-0.336 (2.326)	0.546	-0.606** (6.399)
机构年龄	0.983	-0.018* (2.889)	0.987	-0.013* (3.179)	0.985	-0.015* (2.509)	0.988	-0.012 (1.291)	0.993	-0.007 (0.851)	0.988	-0.012 (1.796)
首轮投资	1.087	0.083 (0.237)	1.143	0.133 (0.599)	1.027	0.027 (0.025)	1.069	0.067 (0.154)	1.127	0.12 (0.483)	1.017	0.017 (0.010)
对数似然值	-907.2345		-898.7105		-921.4830		-903.5180		-902.2480		-920.5310	
样本量						1042						

注：括号内为瓦尔德统计计量；*** 表示 $p<0.01$，** 表示 $p<0.05$，* 表示 $p<0.10$。

表 7.14 中，模型 5 - 1B 的结果表明，中心位置与创业投资机构行业专业化交互项对退出期限有显著的负向影响（$\beta_{8i1} = -0.234$，$p < 0.01$）。$\beta_{8i1} = -0.234$ 表示当控制变量保持不变时，创业投资机构行业专业化变量每增加一个单位，中心位置对退出期限的正向影响就减弱 0.234 个单位。这说明创业投资机构行业专业化程度越高，中心位置对退出期限的正向影响越弱，假设 4a 在第一阶段成立。

模型 6 - 1B 的结果表明，中心位置与创业投资机构区域专业化交互项对退出期限有显著的负向影响（$\beta_{12i1} = -1.284$，$p < 0.01$）。$\beta_{12i1} = -1.284$ 表示当控制变量保持不变时，创业投资机构区域专业化变量每增加一个单位，中心位置对退出期限的正向影响就减弱 1.284 个单位。这说明创业投资机构区域专业化程度越高，中心位置对退出期限的正向影响越弱，假设 4b 在第一阶段成立。

模型 7 - 1B 的结果表明，中心位置与创业投资机构阶段专业化交互项对退出期限有负向影响，但并不显著，假设 4c 在第一阶段不成立。从模型 7 - 1B 中我们还可以看出，创业投资机构阶段专业化对退出期限有显著正向影响，说明创业投资机构的阶段专业化水平越高，其项目的退出期限越短，投资风险越小。

模型 8 - 1B 的结果表明，中介位置与创业投资机构行业专业化交互项对退出期限有负向影响，但并不显著，假设 4d 在第一阶段不成立。从模型 8 - 1B 中我们同样可以看出，创业投资机构行业专业化对退出期限有显著正向影响，说明创业投资机构的行业专业化水平越高，其项目的退出期限越短，投资风险越小。

模型 9 - 1B 的结果表明，中介位置与创业投资机构区域专业化交互项对退出期限有显著的负向影响（$\beta_{24i1} = -0.912$，$p < 0.01$）。$\beta_{24i1} = -0.912$ 表示当控制变量保持不变时，创业投资机构区域专业化变量每增加一个单位，中介位置对退出期限的正向影响就减弱 0.912 个单位。这说明创业投资机构区域专业化程度越高，中介位置对退出期限的正向影响越弱，假设 4e 在第一阶段成立。

模型 10 - 1B 的结果表明，中介位置与创业投资机构阶段专业化交互项对退出期限有负向影响，但并不显著，假设 4f 在第一阶段不成立。

由上述结果可知，在第一阶段中创业投资网络能力对网络位置与退出期限关系之间调节作用产生以下影响。

从中心位置来看，网络能力中的行业专业化对网络位置中的中心位置与退出期限之间负向调节，即行业专业化会减弱中心位置对退出期限的影响。也就是说，创业投资机构在投资过程中，投资行业的多样性更有助于增强其网络中心位置对退出期限的影响，缓解创业投资风险。网络能力中的区域专业化对网络位置中的中心位置与退出期限之间负向调节，即区域单一化会减弱中心位置对退出期限的影响。在创业投资机构投资过程中，投资区域的多样性更有助于增强其网络中心位置对退出期限的影响。网络能力中的阶段专业化对网络位置中的中心位置与退出期限之间负向调节，即投资阶段单一性会减弱中心位置对退出期限的影响，但这一作用并不显著。

从中介角度来看，网络能力中的行业专业化对网络位置中的中介位置与退出期限之间负向调节，即行业专业化会减弱中介位置对退出期限的影响，但这一作用也不显著。网络能力中的区域专业化对网络位置中的中介位置与退出期限之间负向调节，即区域单一化会减弱中介位置对退出期限的影响。也就是说，创业投资机构在投资过程中，投资区域的多样性更有助于增强其网络中介位置对退出期限的影响，缓解创业投资风险。网络能力中的阶段专业化对网络位置中的中介位置与退出期限之间负向调节，即投资阶段单一性会减弱中介位置对退出期限的影响，这一作用同样不显著。

（2）第二阶段创业投资网络能力对网络位置与退出期限关系的调节作用。表 7.15 是第二阶段创业投资网络能力对网络位置与退出期限关系之间调节作用的多元线性回归分析结果。

表 7.15 中，模型 5-2B 的结果表明，中心位置与创业投资机构行业专业化交互项对退出期限有显著的负向影响（$\beta_{8i2} = -0.374$，$p < 0.01$）。$\beta_{8i2} = -0.374$ 表示当控制变量保持不变时，创业投资机构行业专业化变量每增加一个单位，中心位置对退出期限的正向影响就减弱 0.374 个单位。这说明创业投资机构行业专业化程度越高，中心位置对退出期限的正向影响越弱，假设 4a 在第二阶段成立。

表7.15 第二阶段创业投资网络能力对网络位置与退出期限关系之间调节作用的多元线性回归分析结果

变量	模型 5－2B 风险率	系数	模型 6－2B 风险率	系数	模型 7－2B 风险率	系数	模型 8－2B 风险率	系数	模型 9－2B 风险率	系数	模型 10－2B 风险率	系数
网络位置												
中心位置	1.022	0.022 (0.097)	1.253	0.225*** (14.069)	1.112	0.106* (3.123)						
中介位置							0.970	－0.031 (0.182)	1.164	0.152*** (7.144)	1.058	0.056 (1.608)
网络能力												
创业投资 机构行业 专业化	0.168	－1.785* (3.842)					0.210	－1.563 (2.654)				
创业投资 区域 专业化			2.870	1.054* (2.995)					3.044	1.113* (2.739)		
创业投资 阶段 专业化					0.476	－0.742 (1.272)					0.457	－0.783 (1.652)
交互项												
中心位置× 创业投资 机构行业 专业化	0.688	－0.374*** (10.787)										

续表

变量	模型 5 – 2B 风险率	模型 5 – 2B 系数	模型 6 – 2B 风险率	模型 6 – 2B 系数	模型 7 – 2B 风险率	模型 7 – 2B 系数	模型 8 – 2B 风险率	模型 8 – 2B 系数	模型 9 – 2B 风险率	模型 9 – 2B 系数	模型 10 – 2B 风险率	模型 10 – 2B 系数
中心位置×创业投资机构区域专业化			0.890	-0.116 (1.248)								
中心位置×创业投资机构阶段专业化					0.786	-0.241** (5.809)						
中介位置×创业投资机构行业专业化							0.645	-0.439** (6.430)				
中介位置×创业投资区域专业化									0.933	-0.069 (0.197)		
中介位置×创业投资机构阶段专业化											0.713	-0.338** (6.651)

续表

变量	模型 5-2B		模型 6-2B		模型 7-2B		模型 8-2B		模型 9-2B		模型 10-2B	
	风险率	系数	风险率	系数	风险率	系数	风险率	系数	风险率	系数	风险率	系数
控制变量												
网络规模	1.021	0.021 (0.033)	1.041	0.040 (0.123)	1.027	0.027 (0.053)	1.031	0.030 (0.069)	1.042	0.041 (0.128)	1.015	0.014 (0.015)
小世界商数	0.660	-0.145^{***} (8.128)	0.726	-0.320^{**} (4.762)	0.713	-0.338^{**} (5.255)	0.679	-0.387^{***} (6.986)	0.727	-0.319^{**} (4.662)	0.722	-0.325^{**} (4.814)
投资行业	0.806	-0.216 (1.970)	0.746	-0.293^{*} (3.682)	0.789	-0.237 (2.403)	0.789	-0.236 (2.347)	0.746	-0.294^{*} (3.671)	0.797	-0.227 (2.209)
投资区域	0.992	-0.008 (0.003)	0.907	-0.098 (0.384)	0.933	-0.070 (0.197)	1.018	0.018 (0.012)	0.939	-0.063 (0.155)	0.961	-0.049 (0.066)
投资阶段	94523.583	11.457 (0.006)	89746.469	11.405 (0.006)	92794.099	11.438 (0.006)	114611.135	11.649 (0.005)	102689.219	11.539 (0.005)	95235.806	11.464 (0.006)
项目联合投资规模	1.074	0.071^{**} (5.036)	1.073	0.071^{**} (4.691)	1.075	0.073^{**} (5.099)	1.082	0.079^{**} (6.034)	1.078	0.075^{**} (5.209)	1.083	0.080^{**} (6.128)
机构性质	0.351	-1.048^{***} (30.238)	0.320	-1.139^{***} (36.550)	0.315	-1.156^{***} (38.693)	0.370	-0.994^{***} (26.449)	0.381	-0.964^{***} (25.258)	0.361	-1.018^{***} (28.232)
机构年龄	0.997	-0.003 (0.125)	0.993	-0.007 (0.600)	0.994	-0.006 (0.429)	0.997	-0.003 (0.106)	0.994	-0.006 (0.507)	0.996	-0.004 (0.260)
首轮投资	0.802	-0.220 (1.997)	0.810	-0.210 (1.813)	0.818	-0.201 (1.658)	0.802	-0.221 (1.998)	0.798	-0.226 (2.093)	0.808	-0.213 (1.847)
对数似然值	-1314.4095		-1312.2020		-1317.4125		-1314.6615		-1311.8065		-1315.0220	
样本量	1162											

注：括号内为瓦尔德统计量；*** 表示 $p<0.01$，** 表示 $p<0.05$，* 表示 $p<0.10$。

281

模型 6 – 2B 的结果表明，中心位置与创业投资机构区域专业化交互项对退出期限有负向影响，但并不显著，假设 4b 在第二阶段不成立。

模型 7 – 2B 的结果表明，中心位置与创业投资机构阶段专业化交互项对退出期限有显著负向影响（$\beta_{16i2} = -0.241$，$p < 0.01$）。$\beta_{16i2} = -0.241$ 表示当控制变量保持不变时，创业投资机构阶段专业化变量每增加一个单位，中心位置对退出期限的正向影响就减弱 0.241 个单位。这说明创业投资机构阶段专业化程度越高，中心位置对退出期限的正向影响越弱，假设 4c 在第二阶段成立。

模型 8 – 2B 的结果表明，中介位置与创业投资机构行业专业化交互项对退出期限有显著负向影响（$\beta_{20i2} = -0.439$，$p < 0.01$）。$\beta_{20i2} = -0.439$ 表示当控制变量保持不变时，创业投资机构阶段专业化变量每增加一个单位，中介位置对退出期限的正向影响就减弱 0.439 个单位。这说明创业投资机构行业专业化程度越高，中介位置对退出期限的正向影响越弱，假设 4d 在第二阶段成立。

模型 9 – 2B 的结果表明，中介位置与创业投资机构区域专业化交互项对退出期限有负向影响，但并不显著，假设 4e 在第二阶段不成立。

模型 10 – 2B 的结果表明，中介位置与创业投资机构阶段专业化交互项对退出期限有显著负向影响（$\beta_{28i2} = -0.338$，$p < 0.01$）。$\beta_{28i2} = -0.338$ 表示当控制变量保持不变时，创业投资机构阶段专业化变量每增加一个单位，中介位置对退出期限的正向影响就减弱 0.338 个单位。这说明创业投资机构阶段专业化程度越高，中介位置对退出期限的正向影响越弱，假设 4f 在第二阶段成立。

由上述结果可知，在第二阶段中创业投资网络能力对网络位置与退出期限关系之间调节作用都为负向，但其中有部分作用不显著：区域专业化和中心位置交互项对退出期限影响不显著；区域专业化和中介位置交互项对退出期限影响不显著。

（3）第三阶段创业投资网络能力对网络位置与退出期限关系的调节作用。表 7.16 是第三阶段创业投资网络能力对网络位置与退出期限关系之间调节作用的多元线性回归分析结果。

表 7.16　第三阶段创业投资网络能力对网络位置与退出期限关系之间调节作用的多元线性回归分析结果

变量	模型 5 – 3B		模型 6 – 3B		模型 7 – 3B		模型 8 – 3B		模型 9 – 3B		模型 10 – 3B	
	风险率	系数	风险率	系数	风险率	系数	风险率	系数	风险率	系数	风险率	系数
网络位置												
中心位置	0.928	−0.075 (0.251)	1.086	0.082 (0.541)	1.352	0.302*** (7.500)						
中介位置							0.727	−0.319* (3.785)	1.041	0.040 (0.239)	1.199	0.181*** (8.020)
网络能力												
创业投资机构行业专业化	0.169	−1.780 (1.510)					0.081	−2.509 (2.124)				
创业投资机构区域专业化			0.346	−1.061 (0.686)					1.090	0.087 (0.005)		
创业投资机构阶段专业化					7.127	1.964* (3.705)					4.898	1.589** (4.081)
交互项												
中心位置×创业投资机构行业专业化	0.492	−0.710*** (15.077)										

续表

变量	模型 5 – 3B 风险率	模型 5 – 3B 系数	模型 6 – 3B 风险率	模型 6 – 3B 系数	模型 7 – 3B 风险率	模型 7 – 3B 系数	模型 8 – 3B 风险率	模型 8 – 3B 系数	模型 9 – 3B 风险率	模型 9 – 3B 系数	模型 10 – 3B 风险率	模型 10 – 3B 系数
中心位置×创业投资机构区域专业化			0.689	-0.373**(5.570)								
中心位置×创业投资机构阶段专业化					0.882	-0.126(0.669)						
中介位置×创业投资机构行业化							0.333	-1.099***(8.909)				
中介位置×创业投资机构区域专业化									0.786	-0.240(1.255)		
中介位置×创业投资机构阶段专业化											0.807	-0.214(1.958)

续表

变量	模型 5－3B 风险率	模型 5－3B 系数	模型 6－3B 风险率	模型 6－3B 系数	模型 7－3B 风险率	模型 7－3B 系数	模型 8－3B 风险率	模型 8－3B 系数	模型 9－3B 风险率	模型 9－3B 系数	模型 10－3B 风险率	模型 10－3B 系数
控制变量												
网络规模	0.154	−1.868*** (13.111)	0.153	−1.874*** (13.192)	0.153	−1.879*** (13.157)	0.163	−1.814*** (12.341)	0.154	−1.868*** (13.095)	0.150	−1.896*** (13.387)
小世界商数	1.867	0.624 (0.597)	1.705	0.543 (0.436)	1.613	0.478 (0.350)	1.885	0.634 (0.615)	1.710	0.536 (0.440)	1.612	0.478 (0.349)
投资行业	0.255	−1.368*** (23.896)	0.252	−1.377*** (25.541)	0.260	−1.346*** (23.841)	0.239	−1.430*** (25.777)	0.240	−1.428*** (27.013)	0.259	−1.352*** (23.971)
投资区域	2.295	0.831** (4.931)	1.679	0.518 (2.083)	1.871	0.627* (3.079)	2.237	0.805** (4.700)	1.697	0.529 (2.119)	1.889	0.636* (3.168)
投资阶段	400820.531	12.901 (0.003)	549659.862	13.217 (0.002)	552205.607	13.222 (0.002)	548654.311	13.215 (0.002)	475755.457	13.073 (0.002)	352436.337	12.773 (0.003)
项目联合投资规模	0.893	−0.114 (0.521)	0.872	−0.136 (0.738)	0.876	−0.132 (0.720)	0.873	−0.136 (0.726)	0.857	−0.154 (0.958)	0.878	−0.130 (0.689)
机构性质	0.124	−2.091*** (30.044)	0.102	−2.284*** (40.046)	0.122	−2.107*** (25.001)	0.137	−1.988*** (27.326)	0.118	−2.141*** (33.776)	0.138	−1.982*** (26.24)
机构年龄	1.008	0.008 (0.322)	1.000	0.000 (0.000)	0.999	−0.001 (0.007)	1.006	0.006 (0.202)	1.002	0.002 (0.012)	0.999	−0.001 (0.006)
首轮投资	1.776	0.574* (3.027)	1.382	0.323 (0.974)	1.436	0.362 (1.162)	1.753	0.561* (2.835)	1.389	0.328 (0.992)	1.400	0.337 (1.016)
对数似然值	−397.7670		−407.4580		−406.4980		−400.4330		−408.8510		−406.1630	
样本量						2271						

注：括号内为瓦尔德统计量；*** 表示 $p<0.01$，** 表示 $p<0.05$，* 表示 $p<0.10$。

表 7.16 中，模型 5－3B 的结果表明，中心位置与创业投资机构行业专业化交互项对退出期限有显著的负向影响（$\beta_{8i3} = -0.710$，$p < 0.01$）。$\beta_{8i3} = -0.710$ 表示当控制变量保持不变时，创业投资机构行业专业化变量每增加一个单位，中心位置对退出期限的正向影响就减弱 0.710 个单位。这说明创业投资机构行业专业化程度越高，中心位置对退出期限的正向影响越弱，假设 4a 在第三阶段成立。

模型 6－3B 的结果表明，中心位置与创业投资机构区域专业化交互项对退出期限有显著的负向影响（$\beta_{12i3} = -0.373$，$p < 0.01$）。$\beta_{12i3} = -0.373$ 表示当控制变量保持不变时，创业投资机构区域专业化变量每增加一个单位，中心位置对退出期限的正向影响就减弱 0.373 个单位。这说明创业投资机构区域专业化程度越高，中心位置对退出期限的正向影响越弱，假设 4b 在第三阶段成立。

模型 7－3B 的结果表明，中心位置与创业投资机构阶段专业化交互项对退出期限有负向影响，但并不显著，假设 4c 在第三阶段不成立。

模型 8－3B 的结果表明，中介位置与创业投资机构行业专业化交互项对退出期限有显著负向影响（$\beta_{20i3} = -1.099$，$p < 0.01$）。$\beta_{20i3} = -1.099$ 表示当控制变量保持不变时，创业投资机构行业专业化变量每增加一个单位，中介位置对退出期限的正向影响就减弱 1.099 个单位。这说明创业投资机构行业专业化程度越高，中介位置对退出期限的正向影响越弱，假设 4d 在第三阶段成立。

模型 9－3B 的结果表明，中介位置与创业投资机构区域专业化交互项对退出期限有负向影响，但并不显著，假设 4e 在第三阶段不成立。

模型 10－3B 的结果表明，中介位置与创业投资机构阶段专业化交互项对退出期限有负向影响，但并不显著，假设 4f 在第三阶段不成立。

由上述结果可知，在第三阶段中创业投资网络能力对网络位置与退出期限关系之间调节作用都为负向，但其中有部分作用不显著：阶段专业化和中心位置交互项对退出期限影响不显著；区域专业化和中介位置交互项对退出期限影响不显著；阶段专业化和中介位置交互项对退出期限影响不显著。

（4）三个阶段网络能力对网络位置与退出期限关系调节效应的进一步讨论。图 7.16 显示了三个阶段创投机构行业专业化对中心位置与退出期限的调节作用。具体而言，行业专业化程度越低的创业投资机构，其中心位置对退出期限的负向作用越强；行业专业化程度越高的创业投资机构，其中心位置对退出期限的负向作用越弱。因此，行业专业化程度低的创业投资机构，其中心位置高有助于缓解创业投资风险；而行业专业化程度高的创业投资机构，其中心位置低对创业投资风险缓解更有利。

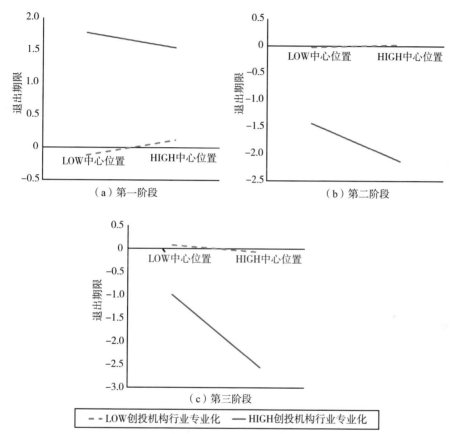

图 7.16　三个阶段创投机构行业专业化对中心位置与退出期限的调节作用

图 7.17 显示了三个阶段创投机构区域专业化对中心位置与退出期限的调节作用，但第二阶段的负向调节关系不显著。具体而言，创业投资机构的区域专业化程度越低，其退出期限受中心位置的负向作用越强；创业投资机构的区域专业化程度越高，其退出期限受中心位置的负向作用越弱。因此，区域专业化程度低的创业投资机构，其中心位置高有助于缓解创业投资风险；

而区域专业化程度高的创业投资机构，其中心位置越低对创业投资风险缓解越有利。

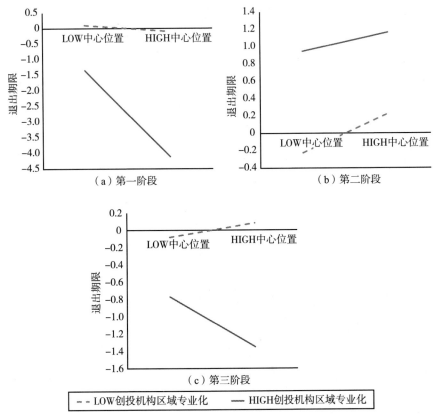

图7.17 三个阶段创投机构区域专业化对中心位置与退出期限的调节作用

图7.18说明，第一阶段创业投资机构阶段专业化负向调节中心位置与退出期限之间的关系，但不显著；第二阶段创业投资机构阶段专业化负向调节中心位置与退出期限之间的关系，当创业投资机构的阶段专业化越高时，其中心位置对退出期限的负向作用越弱；第三阶段创业投资机构阶段专业化负向调节中心位置与退出期限之间的关系，但不显著。

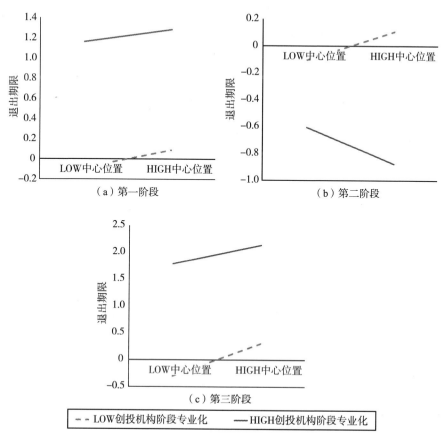

图 7.18　三个阶段创投机构阶段专业化对中心位置与退出期限的调节作用

图 7.19 显示，在三个阶段中行业专业化负向调节中介位置与退出期限之间的关系，但只有第一阶段的负向调节关系不显著。具体而言，行业专业化程度越低的创业投资机构，其中介位置对退出期限的负向作用越强；行业专业化程度越高的创业投资机构，其中介位置对退出期限的负向作用越弱。因此，行业专业化程度低的创业投资机构，其中介位置高有助于缓解创业投资风险；而行业专业化程度高的创业投资机构，其中介位置低对创业投资风险缓解更有利。

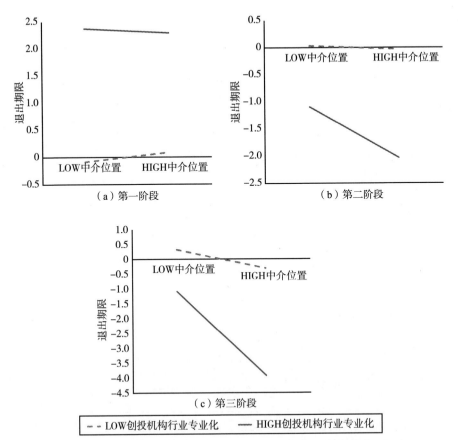

图 7. 19　三个阶段创投机构行业专业化对中介位置与退出期限的调节作用

　　三个阶段创投机构区域专业化对中介位置与退出期限的调节作用如图7.20所示。由图7.20可知，在三个阶段中区域专业化负向调节中介位置与退出期限之间的关系，但第二阶段的负向关系不显著。即创业投资机构的区域专业化程度越低，其退出期限受中介位置的负向作用越强；创业投资机构的区域专业化程度越高，其退出期限受中介位置的负向作用越弱。因此，区域专业化程度低的创业投资机构，其中介位置高有助于缓解创业投资风险，而区域专业化程度高的创业投资机构，其中介位置越低对创业投资风险缓解越有利。

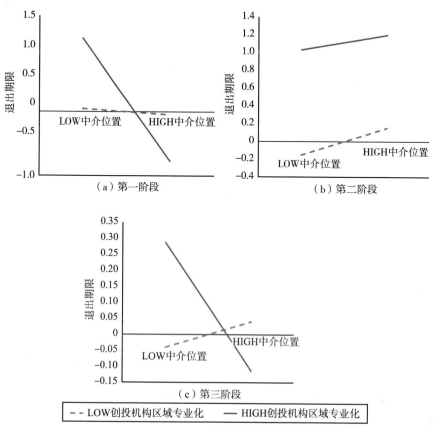

图 7.20　三个阶段创投机构区域专业化对中介位置与退出期限的调节作用

图 7.21 说明，在三个阶段中阶段专业化都负向调节中介位置与退出期限之间的关系，但第一阶段和第三阶段的负向关系不显著。阶段专业化程度越低的创业投资机构，其中介位置对退出期限的负向作用越强于阶段专业化程度高的创业投资机构。因此，创业投资机构的阶段专业化程度越低，越高的中介位置对创业投资风险缓解越有利，而阶段专业化程度高的创业投资机构，其中介位置低更能降低创业投资风险。

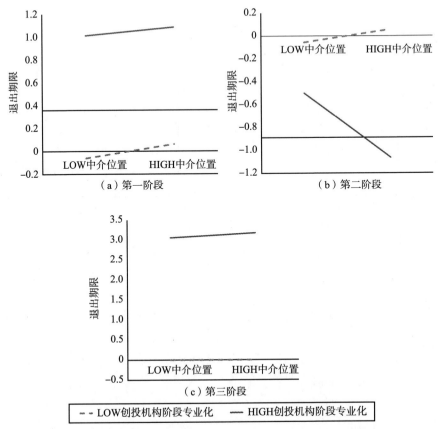

图 7.21　三个阶段创投机构阶段专业化对中介位置与退出期限的调节作用

5. 创业投资网络能力对网络关系与项目成功率关系的调节作用

本部分采用层次回归方法研究三个阶段网络能力对网络位置与项目成功率之间调节作用的影响，同时绘制三个阶段网络能力对网络关系与项目成功率关系的调节效应图。实证结果如表 7.17 ~ 表 7.19 和图 7.22 ~ 图 7.27 所示。

（1）第一阶段创业投资网络能力对网络关系与项目成功率关系的调节作用。表 7.17 是第一阶段创业投资网络能力对网络关系与项目成功率关系之间调节作用的多元线性回归分析结果。

表 7.17　第一阶段创业投资网络能力对网络关系与项目成功率关系之间调节作用的多元线性回归分析结果

变量	模型 11 – 1A	模型 12 – 1A	模型 13 – 1A	模型 14 – 1A	模型 15 – 1A	模型 16 – 1A
网络关系						
关系广度	0.380 *** (13.235)	– 0.304 *** (– 4.573)	0.347 *** (10.146)			
关系深度				0.393 *** (11.747)	0.261 *** (6.101)	0.256 *** (7.382)
网络能力						
创业投资机构行业专业化	0.169 *** (4.924)					
创业投资机构区域专业化		– 0.589 *** (– 7.581)		0.279 *** (8.340)		
创业投资机构阶段专业化			0.312 *** (7.477)		– 0.136 *** (– 2.775)	
交互项						0.164 *** (3.840)
关系广度 × 创业投资机构行业专业化	– 0.323 *** (– 9.648)					
关系广度 × 创业投资机构区域专业化		– 0.865 *** (– 12.503)				
关系广度 × 创业投资机构阶段专业化			0.127 *** (3.309)			
关系深度 × 创业投资机构行业专业化				– 0.246 *** (– 7.875)		
关系深度 × 创业投资机构区域专业化					– 0.586 *** (– 15.172)	
关系深度 × 创业投资机构阶段专业化						– 0.038 (– 0.985)

变量	模型 11 – 1A	模型 12 – 1A	模型 13 – 1A	模型 14 – 1A	模型 15 – 1A	模型 16 – 1A
控制变量						
网络规模	− 0.001 (− 0.018)	0.012 (0.274)	0.000 (− 0.004)	− 0.003 (− 0.001)	− 0.002 (− 0.054)	0.003 (0.064)
小世界商数	0.055 (1.308)	0.003 (0.060)	0.028 (0.612)	0.058 (1.363)	0.002 (0.059)	0.025 (0.539)
投资行业	0.027 (0.970)	0.038 (1.328)	0.086 *** (2.754)	0.050 * (1.757)	0.041 (1.492)	0.100 *** (3.154)
投资区域	− 0.001 (− 0.044)	0.037 (1.338)	− 0.024 (− 0.803)	− 0.022 (− 0.786)	0.025 (0.951)	− 0.034 (− 1.109)
投资阶段	0.022 (0.872)	0.009 (0.429)	0.018 (0.649)	0.025 (0.964)	0.010 (0.413)	0.026 (0.901)
项目联合投资规模	0.000 (0.001)	0.057 ** (2.156)	0.016 (0.557)	− 0.017 (− 0.649)	0.028 (1.075)	0.014 (0.489)
机构性质	− 0.374 *** (− 12.280)	− 0.171 *** (− 5.171)	− 0.245 *** (− 6.714)	− 0.445 *** (− 12.853)	− 0.265 *** (− 7.942)	− 0.337 *** (− 7.958)
机构年龄	− 0.069 ** (− 2.589)	− 0.092 *** (− 3.428)	− 0.062 ** (− 2.112)	− 0.051 * (− 1.901)	− 0.080 *** (− 3.072)	− 0.069 ** (− 2.289)
首轮投资	− 0.019 (− 0.749)	− 0.007 (− 0.281)	− 0.029 (− 1.040)	− 0.029 (− 1.125)	− 0.004 (− 0.164)	− 0.037 (− 1.294)
R^2	0.337	0.316	0.196	0.318	0.359	0.159
调整后 R^2	0.329	0.308	0.187	0.310	0.352	0.150

注：括号内为 t 统计量；*** 表示 $p < 0.01$，** 表示 $p < 0.05$，* 表示 $p < 0.10$。

表 7.17 中，模型 11 – 1A 的结果表明，关系广度与创业投资机构行业专业化交互项对项目成功率有显著的负向影响（$\alpha_{36i1} = -0.323$，$p < 0.01$）。$\alpha_{36i1} = -0.323$ 表示当控制变量保持不变时，创业投资机构行业专业化变量每增加一个单位，关系广度对项目成功率的正向影响就减弱 0.323 个单位。这说明创业投资机构行业专业化程度越高，关系广度对项目成功率的正向影响越弱，假设 5a 在第一阶段成立。

模型 12 – 1A 的结果表明，关系广度与创业投资机构区域专业化交互项对项目成功率有显著的负向影响（$\alpha_{40i1} = -0.865$，$p < 0.01$）。$\alpha_{40i1} = -0.865$ 表示当控制变量保持不变时，创业投资机构区域专业化变量每增加一个单位，关系广度对项目成功率的正向影响就减弱 0.865 个单位。这说明创业投资机构区域专业化程度越高，关系广度对项目成功率的正向影响越弱，假设 5b 在第一阶段成立。

模型 13 - 1A 的结果表明，关系广度与创业投资机构阶段专业化交互项对项目成功率有显著的正向影响（$\alpha_{44i1} = 0.127$，$p < 0.01$）。$\alpha_{44i1} = 0.127$ 表示当控制变量保持不变时，创业投资机构阶段专业化变量每增加一个单位，关系广度对项目成功率的正向影响就增强 0.127 个单位。这说明创业投资机构阶段专业化程度越高，关系广度对项目成功率的正向影响越强，假设 5c 在第一阶段不成立。

模型 14 - 1A 的结果表明，关系深度与创业投资机构行业专业化交互项对项目成功率有显著的负向影响（$\alpha_{48i1} = -0.246$，$p < 0.01$）。$\alpha_{48i1} = -0.246$ 表示当控制变量保持不变时，创业投资机构行业专业化变量每增加一个单位，关系深度对项目成功率的正向影响就减弱 0.246 个单位。这说明创业投资机构行业专业化程度越高，关系深度对项目成功率的正向影响越弱，假设 5d 在第一阶段成立。

模型 15 - 1A 的结果表明，关系深度与创业投资机构区域专业化交互项对项目成功率有显著的负向影响（$\alpha_{52i1} = -0.586$，$p < 0.01$）。$\alpha_{52i1} = -0.586$ 表示当控制变量保持不变时，创业投资机构区域专业化变量每增加一个单位，关系深度对项目成功率的正向影响就减弱 0.586 个单位。这说明创业投资机构区域专业化程度越高，关系深度对项目成功率的正向影响越弱，假设 5e 在第一阶段成立。

模型 16 - 1A 的结果表明，关系深度与创业投资机构阶段专业化交互项对项目成功率有负向影响，但并不显著，假设 5f 在第一阶段不成立。

由上述结果可知，在第一阶段中创业投资网络能力对网络关系与项目成功率关系之间调节作用产生以下影响：从关系广度角度来看，网络能力中的行业专业化对网络关系中的关系广度与项目成功率之间负向调节，即行业专业化会减弱关系广度对项目成功率的正向影响。也就是说，创业投资机构在投资过程中，投资行业的多样性更有助于增强其网络关系广度对项目成功率的正向影响，缓解创业投资风险。网络能力中的区域专业化对网络位置中的关系广度与项目成功率之间负向调节，区域单一化会减弱关系广度对项目成功率的正向影响。投资区域的多样性更有助于增强其网络关系广度对项目成功率的正向影响。网络能力中的阶段专业化对网络关系中的关系广度与项目成功率之间正向调节，投资阶段专业化会增强关系广度对项目成功率的正向影响。单一阶段布局的投资更有助于增强其网络关系中的关系广度对项目成功率的正向影响，缓解创业投资风险。

从关系深度角度来看，网络能力中的行业专业化对网络关系中的关系深度与项目成功率之间负向调节，即行业专业化会减弱关系深度对项目成功率的正向影响。也就是说，创业投资机构在投资过程中，投资行业的多样性更有助于增强其网络关系深度对项目成功率的正向影响，缓解创业投资风险。网络能力中的区域专业化对网络位置中的关系深度与项目成功率之间负向调节，区域单一化会减弱关系深度对项目成功率的正向影响。投资区域的多样性更有助于增强其网络关系深度对项目成功率的正向影响，缓解创业投资风险。网络能力中的阶段专业化对网络关系中的关系深度与项目成功率之间同样为负向调节，这一调节作用并不显著。

（2）第二阶段创业投资网络能力对网络关系与项目成功率关系的调节作用。表7.18是第二阶段创业投资网络能力对网络关系与项目成功率关系之间调节作用的多元线性回归分析结果。

表7.18　　第二阶段创业投资网络能力对网络关系与项目成功率
关系之间调节作用的多元线性回归分析结果

变量	模型11-2A	模型12-2A	模型13-2A	模型14-2A	模型15-2A	模型16-2A
网络关系						
关系广度	0.029 (0.958)	0.140*** (3.917)	0.047 (1.440)			
关系深度				0.122*** (4.201)	0.240*** (7.139)	0.152*** (5.415)
网络能力						
创业投资机构行业专业化	-0.223*** (-5.304)			-0.190*** (-4.785)		

变量	模型 11 - 2A	模型 12 - 2A	模型 13 - 2A	模型 14 - 2A	模型 15 - 2A	模型 16 - 2A
创业投资机构区域专业化		0.030 (0.610)			0.074 (1.612)	
创业投资机构阶段专业化			-0.141*** (-3.488)			-0.108*** (-3.434)
交互项						
关系广度×创业投资机构行业专业化	-0.244*** (-7.026)					
关系广度×创业投资机构区域专业化		-0.118*** (-2.884)				
关系广度×创业投资机构阶段专业化			-0.121*** (-3.488)			
关系深度×创业投资机构行业专业化				-0.261*** (-7.817)		
关系深度×创业投资机构区域专业化					-0.148*** (-3.964)	
关系深度×创业投资机构阶段专业化						-0.181*** (-6.093)
控制变量						
网络规模	0.007 (0.266)	0.017 (0.652)	0.008 (0.311)	-0.008 (-0.319)	0.003 (0.140)	-0.004 (-0.168)
小世界商数	-0.029 (-1.114)	0.006 (0.217)	-0.001 (-0.022)	-0.033 (-1.292)	-0.001 (-0.040)	0.003 (0.127)
投资行业	-0.089*** (-3.258)	-0.116*** (-4.249)	-0.101*** (-3.680)	-0.085*** (-3.145)	-0.112*** (-4.217)	-0.096*** (-3.585)

续表

变量	模型 11-2A	模型 12-2A	模型 13-2A	模型 14-2A	模型 15-2A	模型 16-2A
投资区域	-0.022 (-0.829)	-0.043 (-1.644)	-0.036 (-1.360)	-0.021 (-0.802)	-0.049* (-1.889)	-0.044* (-1.690)
投资阶段	0.040 (1.526)	0.039 (1.514)	0.046* (1.743)	0.043* (1.701)	0.038 (0.348)	0.037 (1.420)
项目联合投资规模	0.007 (0.289)	0.003 (0.121)	0.011 (0.426)	0.016 (0.635)	0.348 (1.504)	0.013 (0.497)
机构性质	-0.370*** (-12.475)	-0.411*** (-14.450)	-0.418*** (-14.666)	-0.352*** (-12.111)	-0.375*** (-13.427)	-0.364*** (-12.506)
机构年龄	-0.021 (-0.827)	-0.024 (-0.949)	-0.033 (-1.304)	-0.025 (-0.991)	-0.024 (-0.973)	-0.033 (-1.324)
首轮投资	0.005 (0.175)	0.016 (0.595)	0.022 (0.814)	0.016 (0.626)	0.024 (0.930)	0.022 (0.842)
R^2	0.298	0.286	0.277	0.317	0.317	0.317
调整后 R^2	0.291	0.279	0.269	0.310	0.310	0.310

注：括号内为 t 统计量；*** 表示 $p < 0.01$，* 表示 $p < 0.10$。

表7.18 中，模型 11-2A 的结果表明，关系广度与创业投资机构行业专业化交互项对项目成功率有显著的负向影响（$\alpha_{36i2} = -0.244$，$p < 0.01$）。$\alpha_{36i2} = -0.244$ 表示当控制变量保持不变时，创业投资机构行业专业化变量每增加一个单位，关系广度对项目成功率的正向影响就减弱 0.244 个单位。这说明创业投资机构行业专业化程度越高，关系广度对项目成功率的正向影响越弱，假设 5a 在第二阶段成立。

模型 12-2A 的结果表明，关系广度与创业投资机构区域专业化交互项对项目成功率有显著的负向影响（$\alpha_{40i2} = -0.118$，$p < 0.01$）。$\alpha_{40i2} = -0.118$ 表示当控制变量保持不变时，创业投资机构区域专业化变量每增加一个单位，关系广度对项目成功率的正向影响就减弱 0.118 个单位。这说明创业投资机构区域专业化程度越高，关系广度对项目成功率的正向影响越弱，假设 5b 在第二阶段成立。

模型 13 - 2A 的结果表明，关系广度与创业投资机构阶段专业化交互项对项目成功率有显著的负向影响（$\alpha_{44i2} = -0.121$，$p < 0.01$）。$\alpha_{44i2} = -0.121$ 表示当控制变量保持不变时，创业投资机构阶段专业化变量每增加一个单位，关系广度对项目成功率的正向影响就减弱 0.121 个单位。这说明创业投资机构阶段专业化程度越高，关系广度对项目成功率的正向影响越弱，假设 5c 在第二阶段成立。

模型 14 - 2A 的结果表明，关系深度与创业投资机构行业专业化交互项对项目成功率有显著的负向影响（$\alpha_{48i2} = -0.261$，$p < 0.01$）。$\alpha_{48i2} = -0.261$ 表示当控制变量保持不变时，创业投资机构行业专业化变量每增加一个单位，关系深度对项目成功率的正向影响就减弱 0.261 个单位。这说明创业投资机构行业专业化程度越高，关系深度对项目成功率的正向影响越弱，假设 5d 在第二阶段成立。

模型 15 - 2A 的结果表明，关系深度与创业投资机构区域专业化交互项对项目成功率有显著的负向影响（$\alpha_{52i2} = -0.148$，$p < 0.01$）。$\alpha_{52i2} = -0.148$ 表示当控制变量保持不变时，创业投资机构区域专业化变量每增加一个单位，关系深度对项目成功率的正向影响就减弱 0.148 个单位。这说明创业投资机构区域专业化程度越高，关系深度对项目成功率的正向影响越弱，假设 5e 在第二阶段成立。

模型 16 - 2A 的结果表明，关系深度与创业投资机构阶段专业化交互项对项目成功率有显著负向影响（$\alpha_{56i2} = -0.181$，$p < 0.01$）。$\alpha_{56i2} = -0.181$ 表示当控制变量保持不变时，创业投资机构阶段专业化变量每增加一个单位，关系深度对项目成功率的正向影响就减弱 0.181 个单位。这说明创业投资机构阶段专业化程度越高，关系深度对项目成功率的正向影响越弱，假设 5f 在第二阶段成立。

由上述结果可知，在第二阶段中创业投资网络能力对网络关系与项目成功率关系之间的调节作用都为负向。

（3）第三阶段创业投资网络能力对网络关系与项目成功率关系的调节作用。表 7.19 是第三阶段网络能力对网络关系与项目成功率关系之间调节作用的多元线性回归分析结果。

表 7.19 第三阶段创业投资网络能力对网络关系与项目成功率关系之间调节作用的多元线性回归分析结果

变量	模型 11 - 3A	模型 12 - 3A	模型 13 - 3A	模型 14 - 3A	模型 15 - 3A	模型 16 - 3A
网络关系						
关系广度	0.120 *** (5.876)	0.075 *** (3.108)	0.251 *** (12.178)			
关系深度				0.088 *** (3.953)	0.114 *** (5.109)	0.208 *** (9.840)
网络能力						
创业投资机构行业专业化	-0.162 *** (-6.795)			-0.161 *** (-6.056)		
创业投资机构区域专业化		-0.157 *** (-4.876)			-0.116 *** (-3.785)	
创业投资机构阶段专业化			0.453 *** (14.535)			0.410 *** (13.447)
交互项						
关系广度×创业投资机构行业专业化	-0.360 *** (-16.558)					
关系广度×创业投资机构区域专业化		-0.246 *** (-8.273)				
关系广度×创业投资机构阶段专业化			0.297 *** (10.642)			
关系深度×创业投资机构行业专业化				-0.352 *** (-15.419)		
关系深度×创业投资机构区域专业化					-0.212 *** (-7.620)	
关系深度×创业投资机构阶段专业化						0.229 *** (8.212)

变量	模型 11 - 3A	模型 12 - 3A	模型 13 - 3A	模型 14 - 3A	模型 15 - 3A	模型 16 - 3A
控制变量						
网络规模	-0.104*** (-5.527)	-0.108*** (-5.514)	-0.080*** (-4.137)	-0.106*** (-5.609)	-0.117*** (-5.976)	-0.082*** (-4.214)
小世界商数	-0.042** (-2.256)	-0.042** (-2.160)	-0.037** (-1.973)	-0.034* (-1.831)	-0.044** (-2.248)	-0.034* (-1.775)
投资行业	-0.096*** (-5.280)	-0.102*** (-5.373)	-0.107*** (-5.798)	-0.089*** (-4.866)	-0.100*** (-5.217)	-0.104*** (-5.602)
投资区域	-0.051*** (-2.825)	-0.056*** (-3.014)	-0.033* (-1.795)	-0.052*** (-2.863)	-0.058*** (-3.086)	-0.034* (-1.862)
投资阶段	0.043** (2.321)	0.052*** (2.697)	0.029 (1.542)	0.041** (2.199)	0.046** (2.362)	0.030 (1.595)
项目联合投资规模	-0.039** (-2.126)	-0.042** (-2.195)	-0.050*** (-2.702)	-0.040** (-2.175)	-0.041** (-2.160)	-0.048*** (-2.605)
机构性质	-0.357*** (-17.240)	-0.422*** (-21.367)	-0.278*** (-12.752)	-0.343*** (-15.938)	-0.411*** (-20.771)	-0.299*** (-13.976)
机构年龄	0.057*** (2.977)	0.065*** (3.360)	0.044** (2.327)	0.058*** (3.032)	0.061*** (3.159)	0.042** (2.168)
首轮投资	0.008 (0.451)	-0.020 (-1.037)	0.009 (0.470)	0.006 (0.321)	-0.019 (-0.954)	0.003 (0.150)
R^2	0.307	0.244	0.286	0.296	0.238	0.275
调整后 R^2	0.303	0.240	0.282	0.292	0.234	0.271

注：括号内为 t 统计量；*** 表示 $p < 0.01$，** 表示 $p < 0.05$，* 表示 $p < 0.10$。

表 7.19 中，模型 11 - 3A 的结果表明，关系广度与创业投资机构行业专业化交互项对项目成功率有显著的负向影响（$\alpha_{36i3} = -0.360$，$p < 0.01$）。$\alpha_{36i3} = -0.360$ 表示当控制变量保持不变时，创业投资机构行业专业化变量每增加一个单位，关系广度对项目成功率的正向影响就减弱 0.360 个单位。这说明创业投资机构行业专业化程度越高，关系广度对项目成功率的正向影响越弱，假设 5a 在第三阶段成立。

模型 12 - 3A 的结果表明，关系广度与创业投资机构区域专业化交互项对项目成功率有显著负向影响（$\alpha_{40i3} = -0.246$，$p < 0.01$）。$\alpha_{40i3} = -0.246$ 表示当控制变量保持不变时，创业投资机构区域专业化变量每增加一个单位，关系广度对项目成功率的正向影响就减弱 0.246 个单位。这说明创业投资机构区域专业化程度越高，关系广度对项目成功率的正向影响越弱，假设 5b 在第三阶段成立。

模型 13 – 3A 的结果表明，关系广度与创业投资机构阶段专业化交互项对项目成功率有显著正向影响（$\alpha_{44i3} = 0.297$，$p < 0.01$）。$\alpha_{44i3} = 0.297$ 表示当控制变量保持不变时，创业投资机构阶段专业化变量每增加一个单位，关系广度对项目成功率的正向影响就增强 0.297 个单位。这说明创业投资机构阶段专业化程度越高，关系广度对项目成功率的正向影响越强，假设 5c 在第三阶段不成立。

模型 14 – 3A 的结果表明，关系深度与创业投资机构行业专业化交互项对项目成功率有显著负向影响（$\alpha_{48i3} = -0.352$，$p < 0.01$）。$\alpha_{48i3} = -0.352$ 表示当控制变量保持不变时，创业投资机构行业专业化变量每增加一个单位，关系深度对项目成功率的正向影响就减弱 0.352 个单位。这说明创业投资机构行业专业化程度越高，关系深度对项目成功率的正向影响越弱，假设 5d 在第三阶段成立。

模型 15 – 3A 的结果表明，关系深度与创业投资机构区域专业化交互项对项目成功率有显著负向影响（$\alpha_{52i3} = -0.212$，$p < 0.01$）。$\alpha_{52i3} = -0.212$ 表示当控制变量保持不变时，创业投资机构区域专业化变量每增加一个单位，关系深度对项目成功率的正向影响就减弱 0.212 个单位。这说明创业投资机构区域专业化程度越高，关系深度对项目成功率的正向影响越弱，假设 5e 在第三阶段成立。

模型 16 – 3A 的结果表明，关系深度与创业投资机构阶段专业化交互项对项目成功率有显著正向影响（$\alpha_{56i3} = 0.229$，$p < 0.01$）。$\alpha_{56i3} = 0.229$ 表示当控制变量保持不变时，创业投资机构阶段专业化变量每增加一个单位，关系深度对项目成功率的正向影响就增强 0.229 个单位。这说明创业投资机构阶段专业化程度越高，关系深度对项目成功率的正向影响越强，假设 5f 在第三阶段不成立。

由上述结果可知，在第三阶段中创业投资网络能力对网络关系与项目成功率关系之间调节作用与第一阶段的结论基本一致。不同的是在第一阶段中关系深度对创业投资机构阶段专业化与项目成功率之间负向调节，但不显著；而在第三阶段中关系深度对创业投资机构阶段专业化与项目成功率之间存在显著正向调节的关系。

（4）三个阶段网络能力对网络关系与项目成功率关系调节效应的进一步讨论。图 7.22 显示了三个阶段创投机构行业专业化对关系广度与项目成功率的调节作用。具体而言，行业专业化程度越低的创业投资机构，其关系广度对项目成功率的负向作用越强；行业专业化程度越高的创业投资机构，其关系广度对项目成功率的负向作用越弱。因此，行业专业化程度低的创业投资机构，其关系广度高有助于缓解创业投资风险，而行业专业化程度高的创业投资机构，其关系广度低对创业投资风险缓解更有利。

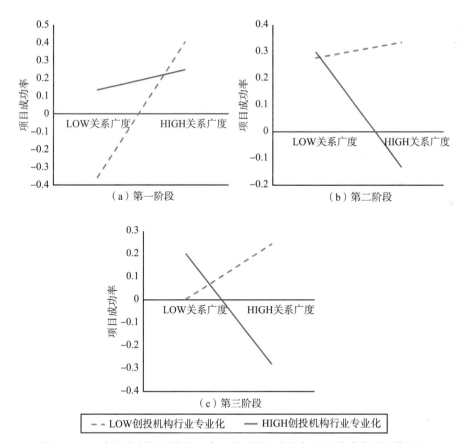

图 7.22　三个阶段创投机构行业专业化对关系广度与项目成功率的调节作用

　　由图7.23可知，在三个阶段中区域专业化负向调节关系广度与项目成功率之间的关系。即创业投资机构的区域专业化程度越低，其项目成功率受关系广度的负向作用越强；创业投资机构的区域专业化程度越高，其项目成功率受关系广度的负向作用越弱。因此，区域专业化程度低的创业投资机构，其关系广度高有助于缓解创业投资风险，而区域专业化程度高的创业投资机构，其关系广度越低对创业投资风险缓解越有利。

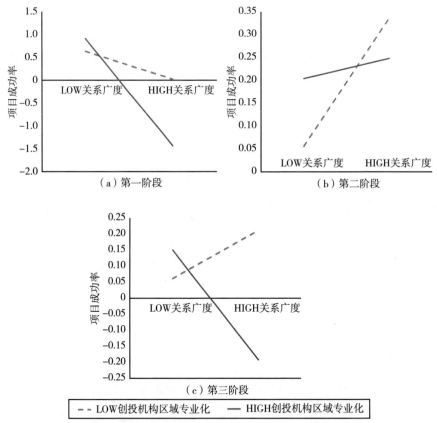

图7.23　三个阶段创投机构区域专业化对关系广度与项目成功率的调节作用

　　图7.24说明，第一阶段创业投资机构阶段专业化正向调节关系广度与项目成功率之间的关系，当创业投资机构的阶段专业化越高时，其关系广度对项目成功率的正向作用越强；第二阶段创业投资机构阶段专业化负向调节关

系广度与项目成功率之间的关系，当阶段专业化程度越低的创业投资机构其
关系广度对项目成功率的负向作用越强于阶段专业化程度高的创业投资机构；
第三阶段创业投资机构阶段专业化正向调节关系广度与项目成功率之间的关
系，当创业投资机构的阶段专业化越高时，其关系广度对项目成功率的正向
作用越强。

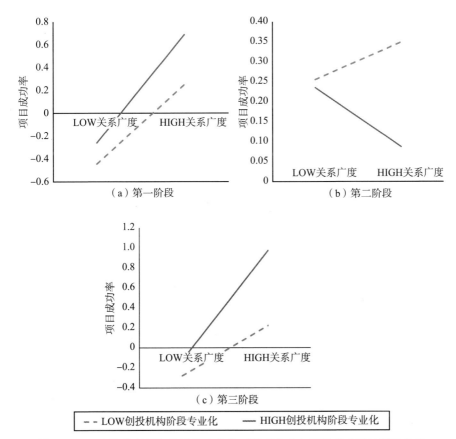

图 7.24　三个阶段创投机构阶段专业化对关系广度与项目成功率的调节作用

　　图 7.25 显示，在三个阶段中行业专业化负向调节关系深度与项目成功率
之间的关系。具体而言，行业专业化程度越低的创业投资机构，其关系深度
对项目成功率的负向作用越强；行业专业化程度越高的创业投资机构，其关
系深度对项目成功率的负向作用越弱。因此，行业专业化程度低的创业投资

机构，其关系深度高有助于创业投资风险的缓解，而行业专业化程度高的创业投资机构，其关系深度低对创业投资风险缓解更有利。

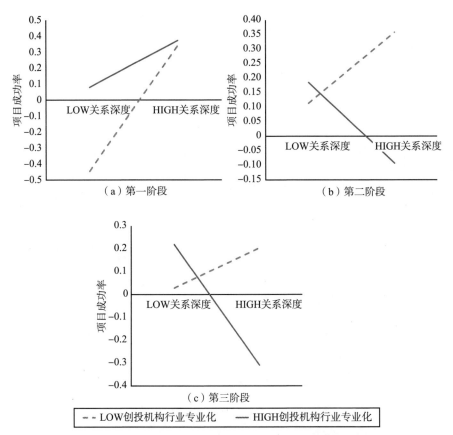

图 7.25 三个阶段创投机构行业专业化对关系深度与项目成功率的调节作用

由图 7.26 可知，在三个阶段中区域专业化负向调节关系深度与项目成功率之间的关系。即创业投资机构的区域专业化程度越低，其项目成功率受关系深度的负向作用越强；创业投资机构的区域专业化程度越高，其项目成功率受关系深度的负向作用越弱。因此，区域专业化程度低的创业投资机构，其关系深度高有助于缓解创业投资风险，而区域专业化程度高的创业投资机构，其关系深度越低对创业投资风险缓解越有利。

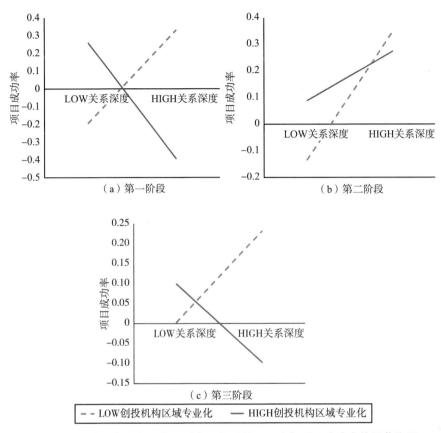

图 7.26　三个阶段创投机构区域专业化对关系深度与项目成功率的调节作用

图 7.27 说明，在第一阶段和第二阶段中阶段专业化负向调节关系深度与项目成功率之间的关系，但第一阶段的负向调节关系不显著。阶段专业化程度越低的创业投资机构其关系深度对项目成功率的负向作用越强于阶段专业化程度高的创业投资机构。在第三阶段中，阶段专业化正向调节关系深度与项目成功率之间的关系，创业投资机构的阶段专业化程度越低，其项目成功率受关系深度的正向作用越弱。

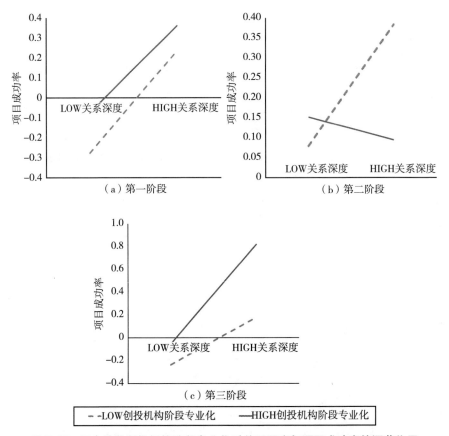

图7.27 三个阶段创投机构阶段专业化对关系深度与项目成功率的调节作用

6. 创业投资网络能力对网络关系与退出期限关系的调节作用

本部分采用层次回归方法研究三个阶段创业投资网络能力对网络关系与退出期限之间调节作用的影响，同时绘制三个阶段创业投资网络能力对网络关系与退出期限关系的调节效应图。实证结果如表7.20～表7.22和图7.28～图7.33所示。

（1）第一阶段创业投资网络能力对网络关系与退出期限关系的调节作用。表7.20是第一阶段创业投资网络能力对网络关系与退出期限关系之间调节作用的多元线性回归分析结果。

表 7.20 第一阶段创业投资网络能力对网络关系与退出期限关系之间调节作用的多元线性回归分析结果

变量	模型 11–1B 风险率	模型 11–1B 系数	模型 12–1B 风险率	模型 12–1B 系数	模型 13–1B 风险率	模型 13–1B 系数	模型 14–1B 风险率	模型 14–1B 系数	模型 15–1B 风险率	模型 15–1B 系数	模型 16–1B 风险率	模型 16–1B 系数
网络关系												
关系广度	1.017	0.017*** (29.907)	0.981	−0.02** (4.315)	1.014	0.014*** (18.464)						
关系深度							1.030	0.030*** (23.404)	1.026	0.026*** (6.994)	1.018	0.018*** (9.474)
网络能力												
创业投资机构行业专业化	4.722	1.552*** (7.967)					7.823	2.057*** (13.877)				
创业投资机构区域专业化			0.043	−3.152*** (6.836)					0.481	−0.732 (0.626)		
创业投资机构阶段专业化					3.731	1.317** (4.682)					1.686	0.523 (0.609)
交互项												
关系广度×创业投资机构行业专业化	0.768	−0.264* (3.325)										
关系广度×创业投资机构区域专业化			0.226	−1.485*** (21.502)								
关系广度×创业投资机构阶段专业化					0.996	−0.004 (0.002)						

309

续表

变量	模型11-1B 风险率	模型11-1B 系数	模型12-1B 风险率	模型12-1B 系数	模型13-1B 风险率	模型13-1B 系数	模型14-1B 风险率	模型14-1B 系数	模型15-1B 风险率	模型15-1B 系数	模型16-1B 风险率	模型16-1B 系数
关系深度×创业投资机构行业专业化							0.918	-0.086 (1.354)				
关系深度×创业投资机构区域专业化									0.496	-0.700*** (32.105)		
关系深度×创业投资机构阶段专业化											0.886	-0.122 (1.747)
控制变量												
网络规模	0.814	-0.206 (0.514)	0.851	-0.162 (0.315)	0.812	-0.209 (0.525)	0.800	-0.223 (0.602)	0.805	-0.217 (0.562)	0.808	-0.213 (0.546)
小世界商数	0.804	-0.218 (1.821)	0.729	-0.316 (3.833)	0.767	-0.266* (2.714)	0.805	-0.217 (1.811)	0.726	-0.320** (3.909)	0.765	-0.268* (2.766)
投资行业	1.140	0.131 (0.467)	1.172	0.159 (0.693)	1.369	0.314 (2.631)	1.204	0.186 (0.935)	1.164	0.152 (0.629)	1.395	0.333* (3.001)
投资区域	0.814	-0.206 (1.233)	0.908	-0.097 (0.268)	0.720	-0.328* (3.076)	0.746	-0.292 (2.386)	0.897	-0.109 (0.326)	0.710	-0.342* (3.331)
投资阶段	1.222	0.200 (0.076)	0.968	-0.033 (0.002)	1.215	0.195 (0.073)	1.338	0.291 (0.160)	1.007	0.007 (0.000)	1.312	0.271 (0.142)
项目联合投资规模	1.127	0.120*** (20.077)	1.132	0.124*** (23.684)	1.135	0.126*** (22.427)	1.124	0.117*** (18.182)	1.117	0.111*** (18.527)	1.138	0.129*** (22.767)

续表

变量	模型 11 – 1B		模型 12 – 1B		模型 13 – 1B		模型 14 – 1B		模型 15 – 1B		模型 16 – 1B	
	风险率	系数	风险率	系数	风险率	系数	风险率	系数	风险率	系数	风险率	系数
机构性质	0.286	-1.252*** (30.324)	0.477	-0.740*** (8.931)	0.380	-0.968*** (14.594)	0.268	-1.316*** (32.021)	0.428	-0.849*** (12.476)	0.326	-1.121*** (17.248)
机构年龄	0.983	-0.017 (2.419)	0.988	-0.012 (2.391)	0.986	-0.014 (2.209)	0.987	-0.013 (1.798)	0.990	-0.010 (1.843)	0.987	-0.013 (2.330)
首轮投资	1.097	0.093 (0.295)	1.155	0.144 (0.695)	1.036	0.035 (0.041)	1.054	0.052 (0.094)	1.160	0.148 (0.743)	1.018	0.017 (0.010)
对数似然值	-906.4205		-899.4000		-920.1395		-911.4655		-895.8070		-925.0870	
样本量	1042											

注：括号内为瓦尔德统计量；*** 表示 $p < 0.01$，** 表示 $p < 0.05$，* 表示 $p < 0.10$。

311

表 7.20 中，模型 11 – 1B 的结果表明，关系广度与创业投资机构行业专业化交互项对退出期限有显著的负向影响（$\beta_{32i1} = -0.264$，$p < 0.01$）。$\beta_{32i1} = -0.264$ 表示当控制变量保持不变时，创业投资机构行业专业化变量每增加一个单位，关系广度对退出期限的正向影响就减弱 0.264 个单位。这说明创业投资机构行业专业化程度越高，关系广度对退出期限的正向影响越弱，假设 6a 在第一阶段成立。

模型 12 – 1B 的结果表明，关系广度与创业投资机构区域专业化交互项对退出期限有显著的负向影响（$\beta_{36i1} = -1.485$，$p < 0.01$）。$\beta_{36i1} = -1.485$ 表示当控制变量保持不变时，创业投资机构区域专业化变量每增加一个单位，关系广度对退出期限的正向影响就减弱 1.485 个单位。这说明创业投资机构区域专业化程度越高，关系广度对退出期限的正向影响越弱，假设 6b 在第一阶段成立。

模型 13 – 1B 的结果表明，关系广度与创业投资机构阶段专业化交互项对退出期限有负向影响，但并不显著，假设 6c 在第一阶段不成立。

模型 14 – 1B 的结果表明，关系深度与创业投资机构行业专业化交互项对退出期限有负向影响，但并不显著，假设 6d 在第一阶段不成立。

模型 15 – 1B 的结果表明，关系深度与创业投资机构区域专业化交互项对退出期限有显著的负向影响（$\beta_{48i1} = -0.700$，$p < 0.01$）。$\beta_{48i1} = -0.700$ 表示当控制变量保持不变时，创业投资机构区域专业化变量每增加一个单位，关系深度对退出期限的正向影响就减弱 0.700 个单位。这说明创业投资机构区域专业化程度越高，关系深度对退出期限的正向影响越弱，假设 6e 在第一阶段成立。

模型 16 – 1B 的结果表明，关系深度与创业投资机构阶段专业化交互项对退出期限有负向影响，但并不显著，假设 6f 在第一阶段不成立。

由上述结果可知，在第一阶段中网络能力对网络关系与退出期限之间调节作用产生如下影响：从关系广度来看，网络能力中的行业专业化对网络关系中的关系广度与退出期限之间负向调节，即行业专业化会减弱关系广度对退出期限的影响。也就是说，创业投资机构在投资过程中，投资行业的多样性更有助于增强其网络关系广度对退出期限的影响，缓解创业投资风险。网络能力中的区域专业化对网络位置中的关系广度与退出期限之间负向调节，区域单一化会减弱关系广度对退出期限的影响。投资区域的多样性更有助于增强其网络关系广度对退出期限的影响。网络能力中的阶段专业化对网络位置中的关系广度与退出期限之间负向调节，但这一作用不显著。

从关系深度来看，网络能力中的行业专业化对网络关系中的关系深度与退出期限之间负向调节，但这一调节作用也不显著。网络能力中的区域专业化对网络位置中的关系深度与退出期限之间负向调节，即区域单一化会减弱关系深度对退出期限的影响。也就是说，创业投资机构在投资过程中，投资区域的多样性更有助于增强其网络关系深度对退出期限的影响，缓解创业投资风险。网络能力中的阶段专业化对网络位置中的关系深度与退出期限之间负向调节，这一影响同样不显著。

（2）第二阶段创业投资网络能力对网络关系与退出期限关系的调节作用。表 7.21 是第二阶段创业投资网络能力对网络关系与退出期限关系之间调节作用的多元线性回归分析结果。

表 7.21 中，模型 11 - 2B 的结果表明，关系广度与创业投资机构行业专业化交互项对退出期限有显著的负向影响（$\beta_{32i2} = -0.386$，$p < 0.01$）。$\beta_{32i2} = -0.386$ 表示当控制变量保持不变时，创业投资机构行业专业化变量每增加一个单位，关系广度对退出期限的正向影响就减弱 0.386 个单位。这说明创业投资机构行业专业化程度越高，关系广度对退出期限的正向影响越弱，假设 6a 在第二阶段成立。

模型 12 - 2B 的结果表明，关系广度与创业投资机构区域专业化交互项对退出期限有负向影响，但并不显著，假设 6b 在第二阶段不成立。

模型 13 - 2B 的结果表明，关系广度与创业投资机构阶段专业化交互项对退出期限有显著负向影响（$\beta_{40i2} = -0.273$，$p < 0.01$）。$\beta_{40i2} = -0.273$ 表示当控制变量保持不变时，创业投资机构阶段专业化变量每增加一个单位，关系广度对退出期限的正向影响就减弱 0.273 个单位。这说明创业投资机构阶段专业化程度越高，关系广度对退出期限的正向影响越弱，假设 6c 在第二阶段成立。

表7.21　第二阶段创业投资网络能力对网络关系与退出期限关系之间调节作用的多元线性回归分析结果

变量	模型11-2B 风险率	模型11-2B 系数	模型12-2B 风险率	模型12-2B 系数	模型13-2B 风险率	模型13-2B 系数	模型14-2B 风险率	模型14-2B 系数	模型15-2B 风险率	模型15-2B 系数	模型16-2B 风险率	模型16-2B 系数
网络关系												
关系广度	0.998	-0.002 (0.109)	1.015	0.015*** (7.172)	1.004	0.004 (0.551)						
关系深度							1.005	0.005 (0.381)	1.029	0.029*** (11.843)	1.012	0.012* (3.010)
网络能力												
创业投资机构行业专业化	0.119	-2.130** (5.359)					0.187	-1.678* (3.840)				
创业投资机构区域专业化			2.257	0.814 (1.519)					3.013	1.103* (3.085)		
创业投资机构阶段专业化					0.296	-1.219* (3.464)					0.459	-0.778 (1.948)
交互项												
关系广度×创业投资机构行业专业化	0.679	-0.386*** (10.941)										
关系广度×创业投资机构区域专业化			0.892	-0.115 (1.008)								

续表

变量	模型11-2B 风险率	模型11-2B 系数	模型12-2B 风险率	模型12-2B 系数	模型13-2B 风险率	模型13-2B 系数	模型14-2B 风险率	模型14-2B 系数	模型15-2B 风险率	模型15-2B 系数	模型16-2B 风险率	模型16-2B 系数
关系广度×创业投资机构阶段专业化					0.761	-0.273*** (7.191)						
关系深度×创业投资机构行业专业化							0.749	-0.288*** (9.862)				
关系深度×创业投资机构区域专业化									0.901	-0.104 (1.285)		
关系深度×创业投资机构阶段专业化											0.792	-0.233*** (9.136)
控制变量												
网络规模	1.048	0.047 (0.164)	1.070	0.067 (0.343)	1.035	0.034 (0.089)	1.014	0.013 (0.013)	1.033	0.032 (0.079)	1.017	0.017 (0.021)
小世界商数	0.659	-0.416*** (8.201)	0.722	-0.326** (4.970)	0.714	-0.337** (5.236)	0.647	-0.435*** (8.938)	0.702	-0.354** (5.964)	0.699	-0.359** (6.074)
投资行业	0.804	-0.218 (1.995)	0.733	-0.311** (4.137)	0.778	-0.251 (2.707)	0.816	-0.204 (1.722)	0.755	-0.280* (3.341)	0.801	-0.222 (2.092)
投资区域	0.979	-0.021 (0.018)	0.894	-0.112 (0.505)	0.925	-0.078 (0.245)	0.960	-0.040 (0.064)	0.853	-0.159 (1.014)	0.893	-0.113 (0.515)

续表

变量	模型 11 - 2B		模型 12 - 2B		模型 13 - 2B		模型 14 - 2B		模型 15 - 2B		模型 16 - 2B	
	风险率	系数	风险率	系数	风险率	系数	风险率	系数	风险率	系数	风险率	系数
投资阶段	93762.677	11.449 (0.006)	91376.858	11.423 (0.006)	94580.225	11.457 (0.006)	98071.052	11.493 (0.006)	94763.975	11.459 (0.006)	93844.022	11.449 (0.006)
项目联合投资规模	1.072	0.069 ** (4.765)	1.070	0.068 ** (4.326)	1.074	0.072 ** (4.991)	1.077	0.075 ** (5.456)	1.073	0.071 ** (4.675)	1.076	0.073 ** (5.111)
机构性质	0.350	-1.049 *** (30.322)	0.309	-1.174 *** (38.637)	0.305	-1.188 *** (40.540)	0.367	-1.003 (0.006)	0.352	-1.045 *** (31.025)	0.358	-1.026 *** (28.809)
机构年龄	0.997	-0.003 (0.132)	0.994	-0.006 (0.496)	0.995	-0.005 (0.413)	0.995	-0.005 (0.359)	0.992	-0.008 (0.750)	0.993	-0.007 (0.613)
首轮投资	0.803	-0.219 (1.985)	0.817	-0.202 (1.680)	0.826	-0.191 (1.493)	0.828	-0.188 (1.467)	0.835	-0.18 (1.348)	0.833	-0.182 (1.367)
对数似然值		-1317.2210		-1316.8415		-1319.4785		-1316.9420		-1314.1515		-1317.4365
样本量	1162											

注：括号内为瓦尔德统计量；*** 表示 $p < 0.01$，** 表示 $p < 0.05$，* 表示 $p < 0.10$。

模型 14 - 2B 的结果表明,关系深度与创业投资机构行业专业化交互项对退出期限有显著负向影响 ($\beta_{44i2} = -0.288$, $p < 0.01$)。$\beta_{44i2} = -0.288$ 表示当控制变量保持不变时,创业投资机构行业专业化变量每增加一个单位,关系深度对退出期限的正向影响就减弱 0.288 个单位。这说明创业投资机构行业专业化程度越高,关系深度对退出期限的正向影响越弱,假设 6d 在第二阶段成立。

模型 15 - 2B 的结果表明,关系深度与创业投资机构区域专业化交互项对退出期限有负向影响,但并不显著,假设 6e 在第二阶段不成立。

模型 16 - 2B 的结果表明,关系深度与创业投资机构阶段专业化交互项对退出期限有显著负向影响 ($\beta_{52i2} = -0.233$, $p < 0.01$)。$\beta_{52i2} = -0.233$ 表示当控制变量保持不变时,创业投资机构阶段专业化变量每增加一个单位,关系深度对退出期限的正向影响就减弱 0.233 个单位。这说明创业投资机构阶段专业化程度越高,关系深度对退出期限的正向影响越弱,假设 6f 在第二阶段成立。

由上述结果可知,在第二阶段中创业投资网络能力对网络关系与退出期限之间调节作用都为负向,但其中有部分作用不显著:区域专业化和关系广度交互项对退出期限影响不显著;区域专业化和关系深度交互项对退出期限影响不显著。

(3) 第三阶段创业投资网络能力对网络关系与退出期限关系的调节作用。表 7.22 是第三阶段创业投资网络能力对网络关系与退出期限关系之间调节作用的多元线性回归分析结果。

表 7.22 中,模型 11 - 3B 的结果表明,关系广度与创业投资机构行业专业化交互项对退出期限有显著负向影响 ($\beta_{32i3} = -0.799$, $p < 0.01$)。$\beta_{32i3} = -0.799$ 表示当控制变量保持不变时,创业投资机构行业专业化变量每增加一个单位,关系广度对退出期限的正向影响就减弱 0.799 个单位。这说明创业投资机构行业专业化程度越高,关系广度对退出期限的正向影响越弱,假设 6a 在第三阶段成立。

表7.22　第三阶段创业投资网络能力对网络关系与退出期限关系之间调节作用的多元线性回归分析结果

变量	模型11-3B		模型12-3B		模型13-3B		模型14-3B		模型15-3B		模型16-3B	
	风险率	系数	风险率	系数	风险率	系数	风险率	系数	风险率	系数	风险率	系数
网络关系												
关系广度	0.994	-0.006 (0.588)	1.002	0.002 (1.110)	1.013	0.013** (4.968)						
关系深度							1.012	0.011 (0.338)	1.017	0.017 (0.938)	1.030	0.030 (2.319)
网络能力												
创业投资机构行业专业化	0.106	-2.242 (2.246)					0.358	-1.027 (0.627)				
创业投资机构区域专业化			0.220	-1.512 (1.110)					0.435	-0.833 (0.436)		
创业投资机构阶段专业化					8.878	2.184** (4.290)					22.488	3.113*** (7.839)
交互项												
关系广度×创业投资机构行业专业化	0.450	-0.799*** (14.992)										
关系广度×创业投资机构区域专业化			0.645	-0.438** (5.153)								

续表

变量	模型 11 - 3B		模型 12 - 3B		模型 13 - 3B		模型 14 - 3B		模型 15 - 3B		模型 16 - 3B	
	风险率	系数	风险率	系数	风险率	系数	风险率	系数	风险率	系数	风险率	系数
关系广度×创业投资机构阶段专业化					0.958	-0.042 (0.067)						
关系深度×创业投资行业专业化							0.649	-0.432*** (15.648)				
关系深度×创业投资机构区域专业化									0.789	-0.237** (4.734)		
关系深度×创业投资机构阶段专业化											1.056	0.055 (0.186)
控制变量												
网络规模	0.155	-1.863*** (13.024)	0.153	-1.875*** (13.195)	0.154	-1.870*** (13.032)	0.151	-1.888*** (13.386)	0.151	-1.893*** (13.462)	0.162	-1.821*** (12.405)
小世界商数	1.899	0.641 (0.630)	1.724	0.545 (0.454)	1.639	0.494 (0.373)	1.897	0.640 (0.628)	1.716	0.540 (0.447)	1.690	0.525 (0.422)
投资行业	0.250	-1.386*** (24.873)	0.249	-1.391*** (26.122)	0.251	-1.383*** (25.463)	0.258	-1.355*** (23.342)	0.255	-1.367*** (24.904)	0.247	-1.399*** (26.073)
投资区域	2.243	0.808** (4.690)	1.682	0.520* (2.104)	1.840	0.610* (2.930)	2.304	0.835** (4.714)	1.729	0.548 (2.301)	1.824	0.601* (2.849)

319

续表

变量	模型 11 – 3B		模型 12 – 3B		模型 13 – 3B		模型 14 – 3B		模型 15 – 3B		模型 16 – 3B	
	风险率	系数	风险率	系数	风险率	系数	风险率	系数	风险率	系数	风险率	系数
投资阶段	533044.138	13.186 (0.002)	447662.000	13.012 (0.003)	451923.892	13.021 (0.002)	339154.772	12.734 (0.003)	484632.693	13.091 (0.002)	717239.042	13.483 (0.002)
项目联合投资规模	0.887	-0.120 (0.583)	0.867	-0.143 (0.807)	0.871	-0.139 (0.788)	0.887	-0.120 (0.581)	0.869	-0.140 (0.782)	0.877	-0.131 (0.705)
机构性质	0.130	-2.039*** (27.941)	0.101	-2.295*** (40.191)	0.127	-2.067*** (23.344)	0.122	-2.102*** (29.419)	0.106	-2.242*** (38.533)	0.156	-1.861*** (21.614)
机构年龄	1.005	0.005 (0.127)	1.000	0.000 (0.001)	0.998	-0.002 (0.020)	1.004	0.004 (0.071)	0.996	-0.004 (0.061)	0.992	-0.008 (0.264)
首轮投资	1.774	0.573* (2.993)	1.361	0.308 (0.889)	1.452	0.373 (1.241)	1.634	0.491 (2.251)	1.301	0.263 (0.650)	1.488	0.397 (1.412)
对数似然值	-398.3395		-408.1995		-407.5445		-401.6115		-410.4915		-408.1735	
样本量	2271											

注：括号内为瓦尔德统计量；*** 表示 $p < 0.01$，** 表示 $p < 0.05$，* 表示 $p < 0.10$。

模型 12 - 3B 的结果表明，关系广度与创业投资机构区域专业化交互项对退出期限有显著的负向影响（$\beta_{36i3} = -0.438$，$p < 0.01$）。$\beta_{36i3} = -0.438$ 表示当控制变量保持不变时，创业投资机构区域专业化变量每增加一个单位，关系广度对退出期限的正向影响就减弱 0.438 个单位。这说明创业投资机构区域专业化程度越高，关系广度对退出期限的正向影响越弱，假设 6b 在第三阶段成立。

模型 13 - 3B 的结果表明，关系广度与创业投资机构阶段专业化交互项对退出期限有负向影响，但并不显著，假设 6c 在第三阶段不成立。

模型 14 - 3B 的结果表明，关系深度与创业投资机构行业专业化交互项对退出期限有显著负向影响（$\beta_{44i3} = -0.432$，$p < 0.01$）。$\beta_{44i3} = -0.432$ 表示当控制变量保持不变时，创业投资机构行业专业化变量每增加一个单位，关系深度对退出期限的正向影响就减弱 0.432 个单位。这说明创业投资机构行业专业化程度越高，关系深度对退出期限的正向影响越弱，假设 6d 在第三阶段成立。

模型 15 - 3B 的结果表明，关系深度与创业投资机构区域专业化交互项对退出期限有显著负向影响（$\beta_{48i3} = -0.237$，$p < 0.01$）。$\beta_{48i3} = -0.237$ 表示当控制变量保持不变时，创业投资机构区域专业化变量每增加一个单位，关系深度对退出期限的正向影响就减弱 0.237 个单位。这说明创业投资机构区域专业化程度越高，关系深度对退出期限的正向影响越弱，假设 6e 在第三阶段成立。

模型 16 - 3B 的结果表明，关系深度与创业投资机构阶段专业化交互项对退出期限有正向影响，但并不显著，假设 6f 在第三阶段不成立。

由上述结果可知，在第三阶段中，除了阶段专业化和关系深度交互项对退出期限影响为正向不显著外，其他的调节作用都为负向。在负向调节作用中，阶段专业化和关系广度交互项对退出期限影响为负向不显著，其他的负向调节都显著。

（4）三个阶段创业投资网络能力对网络关系与退出期限关系调节效应的进一步讨论。图 7.28 显示，在三个阶段中行业专业化负向调节关系广度与退出期限之间的关系。具体而言，行业专业化程度越低的创业投资机构，其关系广度对退出期限的负向作用越强；行业专业化程度越高的创业投资机构，其关系广度对退出期限的负向作用越弱。因此，行业专业化程度低的创业投资机构，其关系广度高有助于创业投资风险的缓解，而行业专业化程度高的创业投资机构，其关系广度低对创业投资风险缓解更有利。

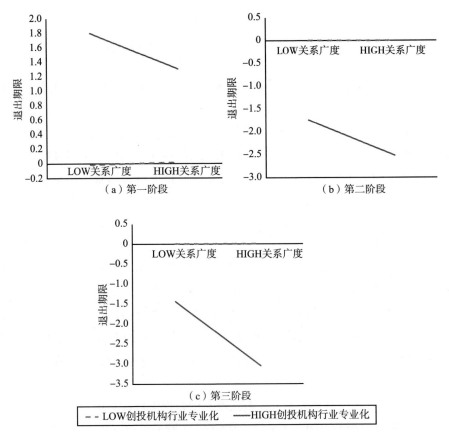

图 7.28　三个阶段创投机构行业专业化对关系广度与退出期限的调节作用

　　由图 7.29 可知，在三个阶段中区域专业化负向调节关系广度与退出期限之间的关系，但第二阶段的负向调节关系不显著。即创业投资机构的区域专业化程度越低，其退出期限受关系广度的负向作用越强；创业投资机构的区域专业化程度越高，其退出期限受关系广度的负向作用越弱。因此，区域专业化程度低的创业投资机构，其关系广度高有助于缓解创业投资风险，而区域专业化程度高的创业投资机构，其关系广度越低对创业投资风险缓解越有利。

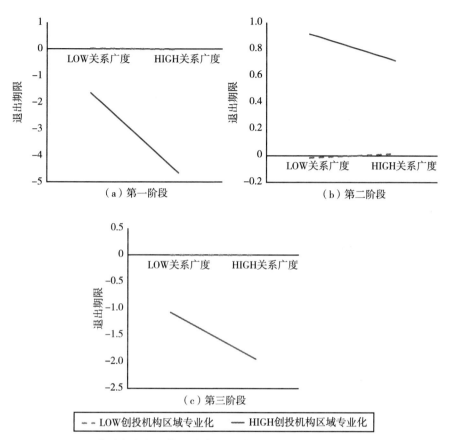

图 7.29　三个阶段创投机构区域专业化对关系广度与退出期限的调节作用

图 7.30 说明，在三个阶段中阶段专业化负向调节关系广度与退出期限之间的关系，但第一阶段和第三阶段的负向调节关系不显著。阶段专业化程度越低的创业投资机构其关系广度对退出期限的负向作用越强于阶段专业化程度高的创业投资机构。因此，创业投资机构的阶段专业化程度越低，越高的关系广度对创业投资风险缓解越有利，而阶段专业化程度高的创业投资机构，其关系广度低更能降低创业投资风险。

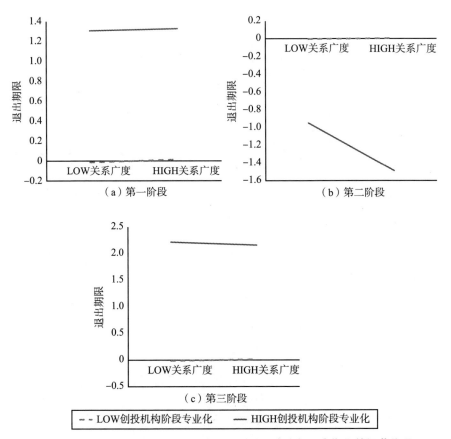

图7.30 三个阶段创投机构阶段专业化对关系广度与退出期限的调节作用

图7.31显示，在三个阶段中行业专业化负向调节关系深度与退出期限之间的关系，但第一阶段的负向调节关系不显著。具体而言，行业专业化程度越低的创业投资机构，其关系深度对退出期限的负向作用越强；行业专业化程度越高的创业投资机构，其关系深度对退出期限的负向作用越弱。因此，行业专业化程度低的创业投资机构，其关系深度高有助于创业投资风险的缓解；而行业专业化程度高的创业投资机构，其关系深度低对创业投资风险缓解更有利。

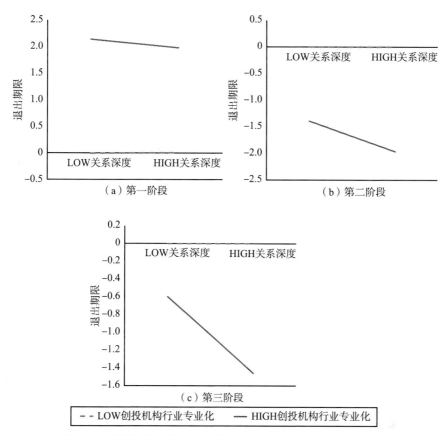

图 7.31　三个阶段创投机构行业专业化对关系深度与退出期限的调节作用

由图 7.32 可知，在三个阶段中区域专业化负向调节关系深度与退出期限之间的关系，但第一阶段的负向调节关系不显著。即创业投资机构的区域专业化程度越低，其退出期限受关系深度的负向作用越强；创业投资机构的区域专业化程度越高，其退出期限受关系深度的负向作用越弱。因此，区域专业化程度低的创业投资机构，其关系深度高有助于缓解创业投资风险；而区域专业化程度高的创业投资机构，其关系深度越低对创业投资风险缓解越有利。

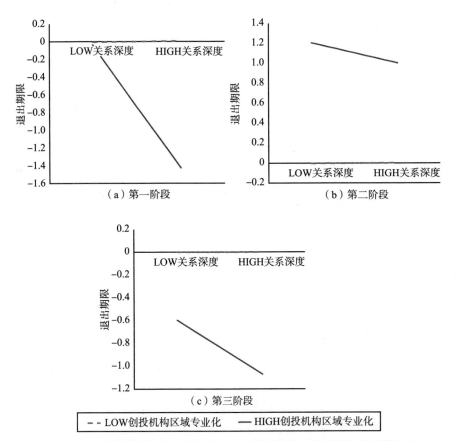

图7.32　三个阶段创投机构区域专业化对关系深度与退出期限的调节作用

图7.33说明，在第一阶段和第二阶段中阶段专业化负向调节关系深度与退出期限之间的关系，且第一阶段的负向调节关系不显著。阶段专业化程度越低的创业投资机构，其关系深度对退出期限的负向作用越强于阶段专业化程度高的创业投资机构。在第三阶段中，阶段专业化正向调节关系深度与退出期限之间的关系，阶段专业化程度越高的创业投资机构，其关系深度对退出期限的正向作用越强于阶段专业化程度低的创业投资机构。

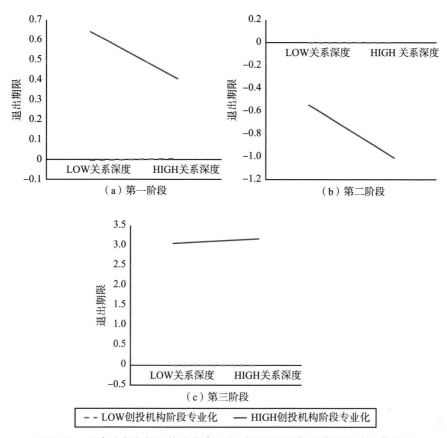

图 7.33 三个阶段创投机构阶段专业化对关系深度与退出期限的调节作用

7.3.3 稳健性检验

进行稳健性检验的主要目的是验证实证结果是否随着参数设置的改变而保持适当的可信度。如果在改变参数设置后，实证结果的符号和显著性基本不变，说明实证结果具有适当的稳健性，反之则说明模型估计不具有稳健性。因此，为了进一步验证研究结果的可靠性，本书采用替换变量重新回归的方法进行稳健性检验。对于网络位置中的中心位置和中介位置，用"特征向量中心性"和"有效规模"作为替代变量，对于项目成功率，用"（创业投资机构 IPO 项目数×2＋回购、兼并收购项目数）/创业投资机构投资项目总数"作为替代变量，保持其他变量不变的情况下分别代入原模型进行回归分析。

模型的回归结果具体如下。

1. 替换中心位置和中介位置测度变量的再检验

本部分从以下两个方面进行稳健性检验。首先，考虑到佩特科娃等（Petkova et al.，2014）使用特征向量中心性近似表示中心位置，因此本书以特征向量中心性指标对程度中心性进行替代。其次，以创业投资机构在网络位置中的中间中心性对中介位置进行测度，而相关文献经常使用伯特给出的结构洞指标计算创业投资机构拥有的结构洞数量以此来表示中介位置，故选用伯特给出的有效规模指标替代中间中心度（刘军，2019）。

由表 7.23、表 7.25 和表 7.27 可知，各个阶段的中心位置和中介位置对项目投资成功率都为正向影响且显著，这一结论与前文一致。对于网络能力对网络位置和网络关系与项目成功率之间的调节效应，除在第一阶段中网络能力中的阶段专业化对中心位置与项目成功率之间的调节不一致外，其余所有的网络能力变量在各个阶段都起到了与原模型的结果相同的调节效用。总体而言，检验结果具有较好的稳健性。

从表 7.24、表 7.26 和表 7.28 可以看出，各个阶段的中心位置和中介位置均能显著缩短创业投资机构的退出期限，这一检验结果同样与前文结果是保持一致的。在调节作用方面，第三阶段网络能力中的专业化对中心位置与退出期限之间的调节效应与前文的实证结果不一致，其余的检验结果均相同。由于采用的指标不同，回归结果可能存在一定的差异，但是检验结果对前文假设的验证基本一致。

2. 替换项目成功率测度变量的再检验

本部分将实证模型中的被解释变量项目成功率进行近似替换。考虑到创业投资的退出方式有 IPO、回购和兼并收购、清算和破产，其中 IPO 被公认是创业投资最理想的退出方式，而回购和兼并收购是在上市不顺畅的情况下最值得考虑的退出渠道。故在赫格等（2009）的研究基础上用"（创业投资机构 IPO 项目数 ×2 + 回购、兼并收购项目数）/创业投资机构投资项目总数"作为项目成功率的替代变量，检验结果与原模型的检验结果是否一致。

表7.23　第一阶段网络位置与项目成功率之间网络能力调节作用的检验结果

变量	模型0-1C	模型1-1C	模型2-1C	模型3-1C	模型4-1C	模型5-1C	模型6-1C	模型7-1C	模型8-1C
常量	0.137	0.134	0.033	0.216	0.003	0.124	0.009	0.309	-0.089
网络位置									
中心位置		0.226*** (5.868)	0.323*** (8.566)	-0.046 (-0.748)	0.213*** (3.148)				
中介位置						0.264*** (8.653)	0.369*** (13.090)	-0.306*** (-4.988)	0.313*** (10.135)
网络能力									
创业投资机构行业专业化			0.218*** (6.415)				0.185*** (5.330)		
创业投资机构区域专业化				-0.255*** (-3.839)				-0.590*** (-8.188)	
创业投资机构阶段专业化					0.159** (2.559)				0.293*** (7.409)
交互项									
中心位置×创业投资机构行业专业化			-0.168*** (-4.836)						
中心位置×创业投资机构区域专业化				-0.468*** (-7.657)					

续表

变量	模型 0-1C	模型 1-1C	模型 2-1C	模型 3-1C	模型 4-1C	模型 5-1C	模型 6-1C	模型 7-1C	模型 8-1C
中心位置×创业投资机构阶段专业化					-0.080 (-1.304)				
中介位置×创业投资机构行业专业化							-0.325*** (-9.754)		
中介位置×创业投资机构区域专业化								-0.888*** (-14.030)	
中介位置×创业投资机构阶段专业化									0.109*** (3.103)
控制变量									
网络规模	0.014 (0.298)	0.009 (0.186)	0.009 (0.197)	0.016 (0.347)	0.014 (0.294)	0.006 (0.119)	0.002 (0.052)	0.016 (0.377)	0.002 (0.046)
小世界商数	0.002 (0.037)	0.004 (0.083)	0.028 (0.625)	-0.015 (-0.327)	0.012 (0.258)	0.011 (0.223)	0.059 (1.427)	0.013 (0.311)	0.028 (0.596)
投资行业	0.089*** (2.725)	0.073*** (2.261)	0.048 (1.582)	0.065** (2.103)	0.091*** (2.877)	0.069** (2.162)	0.031 (1.107)	0.037 (1.318)	0.090*** (2.904)
投资区域	-0.013 (-0.404)	-0.006 (-0.186)	-0.001 (-0.040)	0.018 (0.612)	-0.022 (-0.719)	-0.004 (-0.133)	-0.006 (-0.240)	0.030 (1.119)	-0.026 (-0.853)
投资阶段	0.026 (0.871)	0.023 (0.780)	0.032 (1.160)	0.016 (0.560)	0.033 (1.150)	0.014 (0.472)	0.022 (0.881)	0.018 (0.724)	0.018 (0.628)

续表

变量	模型 0-1C	模型 1-1C	模型 2-1C	模型 3-1C	模型 4-1C	模型 5-1C	模型 6-1C	模型 7-1C	模型 8-1C
项目联合投资规模	-0.075** (-2.439)	0.035 (1.175)	0.024 (0.855)	0.065** (2.267)	-0.034 (0.995)	0.029 (0.990)	-0.003 (-0.106)	0.052** (2.019)	0.017 (0.592)
机构性质	-0.279*** (-8.458)	-0.413*** (-10.405)	-0.491*** (-12.961)	-0.309*** (-7.635)	-0.340*** (-8.450)	-0.344*** (-10.496)	-0.327*** (-10.878)	-0.143*** (-4.573)	-0.218*** (-6.002)
机构年龄	-0.055* (-1.852)	-0.093** (-3.039)	-0.086*** (-2.924)	-0.110*** (-3.740)	-0.083*** (-2.765)	-0.098*** (-3.281)	-0.099*** (-3.723)	-0.109*** (-4.126)	-0.072** (-2.435)
首轮投资	0.053* (1.753)	-0.041 (-1.379)	-0.036 (-1.293)	-0.035 (-1.253)	-0.034 (-1.191)	-0.033 (-1.147)	-0.019 (-0.752)	-0.007 (-0.274)	-0.030 (-1.060)
R^2	0.089	0.119	0.227	0.193	0.159	0.151	0.350	0.345	0.196
调整后 R^2	0.081	0.110	0.218	0.184	0.149	0.143	0.342	0.337	0.186

注：括号内为 t 统计量；*** 表示 $p < 0.01$，** 表示 $p < 0.05$，* 表示 $p < 0.10$。

331

表 7.24　第一阶段网络位置与退出期限之间网络能力调节作用的检验结果

变量	模型0-1D 风险率	系数	模型1-1D 风险率	系数	模型2-1D 风险率	系数	模型3-1D 风险率	系数	模型4-1D 风险率	系数	模型5-1D 风险率	系数	模型6-1D 风险率	系数	模型7-1D 风险率	系数	模型8-1D 风险率	系数
网络位置																		
中心位置			1.034	0.033*** (11.025)	1.014	0.040*** (16.255)	0.968	−0.330** (1.898)	1.023	0.023** (1.755)								
中介位置			1.020	0.019*** (16.661)	1.030	0.030*** (34.213)	0.984	−0.016** (1.653)	1.021	0.021*** (19.156)								
网络能力																		
创业投资机构行业专业化					4.392	1.480 (8.148)							5.136	1.636 (7.118)				
创业投资机构区域专业化							0.062	−2.775 (5.521)							0.040	−3.232 (6.578)		
创业投资机构阶段专业化									1.548	0.437 (0.230)							3.433	1.233 (3.920)
交互项																		
中心位置 × 创业投资机构行业专业化					0.909	−0.096 (0.445)												
中心位置 × 创业投资机构区域专业化							0.300	−1.204 (14.187)										
中心位置 × 创业投资机构阶段专业化									0.789	−0.238 (1.487)								
中介位置 × 创业投资机构行业专业化													0.831	−0.186 (2.745)				
中介位置 × 创业投资机构区域专业化															0.279	−1.275 (21.757)		

续表

变量	模型 0-1D 风险率	模型 0-1D 系数	模型 1-1D 风险率	模型 1-1D 系数	模型 2-1D 风险率	模型 2-1D 系数	模型 3-1D 风险率	模型 3-1D 系数	模型 4-1D 风险率	模型 4-1D 系数	模型 5-1D 风险率	模型 5-1D 系数	模型 6-1D 风险率	模型 6-1D 系数	模型 7-1D 风险率	模型 7-1D 系数	模型 8-1D 风险率	模型 8-1D 系数
中介位置 × 创业投资机构阶段专业化																	0.984	-0.016^* (0.031)
控制变量																		
网络规模	0.866	-0.144 (0.253)	0.833	-0.183 (0.406)	0.814	-0.203 (0.513)	0.862	-0.148 (0.265)	0.819	-0.199 (0.478)	0.840	-0.175 (0.370)	0.821	-0.198 (0.472)	0.873	-0.136 (0.222)	0.818	-0.201 (0.489)
小世界商数	0.725	-0.321^* (4.012)	0.729	-0.316 (3.879)	0.766	-0.266 (2.715)	0.694	-0.366 (5.088)	0.751	-0.286 (3.121)	0.738	-0.304 (3.583)	0.807	-0.215 (1.774)	0.744	-0.296 (3.343)	0.766	-0.267 (2.738)
投资行业	1.357	0.306 (2.600)	1.316	0.275 (2.064)	1.163	0.151 (0.627)	1.214	0.194 (1.046)	1.333	0.287 (2.259)	1.339	0.292 (2.301)	1.152	0.142 (0.542)	1.197	0.180 (0.882)	1.381	0.323 (2.785)
投资区域	0.746	-0.294 (2.470)	0.752	-0.285 (2.064)	0.809	-0.212 (1.274)	0.866	-0.144 (0.598)	0.746	-0.293 (2.507)	0.734	-0.309 (2.759)	0.797	-0.227 (1.483)	0.871	-0.138 (0.541)	0.715	-0.336 (3.203)
投资阶段	1.276	0.244 (0.116)	1.402	0.338 (0.219)	1.576	0.455 (0.385)	1.335	0.289 (0.160)	1.543	0.434 (0.360)	1.166	0.154 (0.046)	1.222	0.200 (0.076)	1.082	0.079 (0.012)	1.192	0.176 (0.060)
项目联合投资规模	1.161	0.150^{***} (31.960)	1.149	0.139^{**} (27.197)	1.150	0.140^{**} (26.474)	1.159	0.147^{**} (31.086)	1.151	0.140^{**} (26.695)	1.137	0.129^{**} (23.699)	1.124	0.117 (19.345)	1.127	0.120^{**} (22.014)	1.134	0.126^{**} (22.327)
机构性质	0.411	-0.889^{***} (20.795)	0.255	-1.367 (29.792)	0.236	-1.446 (33.034)	0.318	-1.146 (16.824)	0.296	-1.217 (21.574)	0.337	-1.089 (27.726)	0.325	-1.125 (25.197)	0.525	-0.644 (7.721)	0.414	-0.883 (12.327)
机构年龄	0.985	-0.015 (2.661)	0.982	-0.180^{**} (3.369)	0.979	-0.021^{**} (3.522)	0.983	-0.017^{**} (3.919)	0.981	-0.019^{**} (3.295)	0.984	-0.016^{**} (2.975)	0.983	-0.017^{***} (2.632)	0.988	-0.012^{***} (2.730)	0.986	-0.014^{***} (2.367)
首轮投资	0.972	-0.029 (0.029)	1.014	0.014 (0.007)	1.058	0.057 (0.109)	1.073	0.071 (0.169)	1.036	0.035 (0.043)	1.016	0.016 (0.009)	1.090	0.086 (0.255)	1.141	0.130 (1.653)	1.030	0.029 (0.029)
对数似然值	-931.7815		-926.7845		-916.8345		-911.9655		-922.5365		-924.0805		-906.1475		-899.2385		-921.0355	
样本量									1042									

注: 括号内为瓦尔德统计量; *表示 $p<0.10$。

333

表7.25　第二阶段网络位置与项目成功率之间网络能力调节作用的检验结果

变量	模型 0 − 2C	模型 1 − 2C	模型 2 − 2C	模型 3 − 2C	模型 4 − 2C	模型 5 − 2C	模型 6 − 2C	模型 7 − 2C	模型 8 − 2C
网络位置									
中心位置		0.163 *** (6.371)	0.090 ** (3.145)	0.164 *** (4.599)	0.124 *** (4.253)				
中介位置						0.168 *** (6.655)	0.067 ** (2.118)	0.196 *** (5.665)	0.113 *** (3.265)
网络能力									
创业投资机构 行业专业化			−0.234 *** (−6.128)				−0.215 *** (−5.072)		
创业投资机构 区域专业化				−0.004 (−0.076)				0.036 (0.763)	
创业投资机构 阶段专业化					−0.093 *** (−2.849)				−0.100 ** (−2.359)
交互项									
中心位置 × 创业投资机构 行业专业化			−0.302 *** (−9.291)						
中心位置 × 创业投资机构 区域专业化				−0.185 *** (−4.659)					
中心位置 × 创业投资机构 阶段专业化					−0.111 *** (−3.735)				

续表

变量	模型 0-2C	模型 1-2C	模型 2-2C	模型 3-2C	模型 4-2C	模型 5-2C	模型 6-2C	模型 7-2C	模型 8-2C
中介位置 × 创业投资机构行业专业化							-0.269*** (-7.673)		
中介位置 × 创业投资机构区域专业化								-0.152*** (-3.842)	
中介位置 × 创业投资机构阶段专业化									-0.120*** (-3.321)
控制变量									
网络规模	0.017 (0.659)	0.015 (0.587)	0.002 (0.091)	0.013 (0.536)	0.008 (0.328)	0.010 (0.400)	-0.003 (0.111)	0.008 (0.320)	0.005 (0.181)
小世界商数	-0.019 (-0.718)	-0.008 (-0.295)	-0.027 (-1.080)	0.012 (0.456)	0.005 (0.201)	-0.008 (-0.316)	-0.027 (-1.036)	0.011 (0.419)	0.001 (0.056)
投资行业	-0.111*** (-4.016)	-0.113*** (-4.130)	-0.093*** (-3.488)	-0.122*** (-4.576)	-0.106*** (-3.910)	-0.104*** (-3.828)	-0.086*** (-3.192)	-0.111*** (-4.139)	-0.098*** (-3.601)
投资区域	-0.037 (-1.397)	-0.046* (-1.755)	-0.340 (-1.341)	-0.058** (-2.231)	-0.048* (-1.829)	-0.036 (-1.361)	-0.015 (-0.560)	-0.040 (-1.559)	-0.034 (-1.282)
投资阶段	0.055** (2.057)	0.047* (1.815)	0.037 (1.480)	0.042 (1.643)	0.043 (1.645)	0.043* (1.649)	0.039 (1.511)	0.031 (1.220)	0.041 (1.592)
项目联合投资规模	0.010 (0.363)	0.004 (0.171)	0.003 (0.126)	-0.001 (0.039)	0.006 (0.238)	0.008 (0.310)	0.012 (0.459)	0.007 (0.273)	0.013 (0.509)

续表

变量	模型 0-2C	模型 1-2C	模型 2-2C	模型 3-2C	模型 4-2C	模型 5-2C	模型 6-2C	模型 7-2C	模型 8-2C
机构性质	-0.427*** (-14.889)	-0.449*** (-15.802)	-0.387*** (-13.202)	-0.432*** (-15.283)	-0.431*** (-15.044)	-0.410*** (-14.522)	-0.356*** (-12.248)	-0.382*** (-13.613)	-0.400*** (-14.048)
机构年龄	-0.029 (-1.120)	-0.033 (-1.299)	-0.025 (-1.033)	-0.023 (-0.891)	-0.038 (-1.495)	-0.032 (-1.274)	-0.020 (-0.807)	-0.028 (-1.097)	-0.032 (-1.240)
首轮投资	0.024 (0.887)	0.024 (0.881)	0.008 (0.304)	0.020 (0.778)	0.022 (0.842)	0.017 (0.053)	0.003 (0.132)	0.012 (0.446)	0.017 (0.626)
R^2	0.254	0.280	0.330	0.312	0.289	0.282	0.317	0.312	0.289
调整后 R^2	0.248	0.273	0.323	0.305	0.282	0.276	0.310	0.305	0.281

注：括号内为 t 统计量；*** 表示 $p < 0.01$，** 表示 $p < 0.05$，* 表示 $p < 0.10$。

表 7.26　第二阶段网络位置与退出期限之间网络能力调节作用的检验结果

变量	模型0-2D		模型1-2D		模型2-2D		模型3-2D		模型4-2D		模型5-2D		模型6-2D		模型7-2D		模型8-2D	
	风险率	系数	风险率	系数	风险率	系数	风险率	系数	风险率	系数	风险率	系数	风险率	系数	风险率	系数	风险率	系数
网络位置																		
中心位置			1.033	0.032*** (8.974)	1.001	0.001 (0.002)	1.044	0.043** (6.535)	1.023	0.023* (2.981)								
中介位置											1.016	0.015*** (10.406)	1.001	0.001 (0.021)	1.024	0.024*** (11.785)	1.011	0.011 (2.625)
网络能力																		
创业投资机构行业专业化					0.079	-2.534*** (8.366)							0.169	-1.780* (10.019)				
创业投资机构区域专业化							1.659	0.506 (0.499)							2.606	0.958* (2.241)		
创业投资机构阶段专业化									0.421	-0.865 (2.232)							0.471	-0.753 (1.270)
交互项																		
中心位置×创业投资机构行业专业化					0.639	-0.448*** (17.144)												
中心位置×创业投资机构区域专业化							0.830	-0.187 (2.491)										
中心位置×创业投资机构阶段专业化									0.787	-0.239*** (6.922)								
中介位置×创业投资机构行业专业化													0.678	-0.388*** (10.019)				
中介位置×创业投资机构区域专业化															0.868	-0.141 (1.563)		

337

续表

变量	模型0-2D 风险率	模型0-2D 系数	模型1-2D 风险率	模型1-2D 系数	模型2-2D 风险率	模型2-2D 系数	模型3-2D 风险率	模型3-2D 系数	模型4-2D 风险率	模型4-2D 系数	模型5-2D 风险率	模型5-2D 系数	模型6-2D 风险率	模型6-2D 系数	模型7-2D 风险率	模型7-2D 系数	模型8-2D 风险率	模型8-2D 系数
中介位置×创业投资机构阶段专业化																	0.776	-0.254** (5.772)
控制变量																		
网络规模	1.086	0.083 (0.520)	1.064	0.062 (0.292)	1.035	0.035 (0.091)	1.059	0.057 (0.246)	1.039	0.038 (0.110)	1.055	0.053 (0.213)	1.024	0.024 (0.044)	1.043	0.042 (0.133)	1.026	0.025 (0.048)
小世界商数	0.680	-0.386*** (7.132)	0.684	-0.380*** (6.866)	0.658	-0.419*** (8.294)	0.727	-0.319** (4.805)	0.717	-0.333*** (5.123)	0.677	-0.389*** (7.193)	0.662	-0.412*** (8.006)	0.728	-0.318** (4.677)	0.713	-0.338** (5.249)
投资行业	0.735	-0.309** (4.132)	0.749	-0.289* (3.613)	0.817	-0.203 (1.737)	0.722	-0.326** (4.558)	0.779	-0.250** (2.665)	0.769	-0.263* (2.981)	0.806	-0.215* (1.950)	0.749	-0.289* (3.584)	0.791	-0.235* (2.348)
投资区域	0.923	-0.080 (0.261)	0.880	-0.128 (0.656)	0.928	-0.075 (0.222)	0.829	-0.188 (1.400)	0.871	-0.138 (0.758)	0.936	-0.066 (0.180)	1.000	0.000 (0.000)	0.911	-0.093 (0.348)	0.938	-0.064 (0.166)
投资阶段	102711.528	11.540 (0.006)	96517.914	11.477 (0.006)	90734.858	11.416 (0.006)	92985.116	11.440 (0.006)	96061.087	11.441 (0.006)	94213.628	11.453 (0.006)	96236.349	11.475 (0.006)	89414.964	11.401 (0.006)	92098.448	11.431*** (37.358)
项目联合投资规模	1.073	0.070** (4.724)	1.070	0.067** (4.370)	1.068	0.065** (4.218)	1.067	0.064* (3.839)	1.070	0.068** (4.359)	1.073	0.071** (4.899)	1.067	0.073** (5.255)	1.073	0.071** (4.728)	1.077	0.074** (5.291)
机构性质	0.310	-1.172*** (40.172)	0.287	-1.247*** (44.852)	0.347	-1.059*** (31.010)	0.294	-1.224*** (40.989)	0.298	-1.212*** (41.722)	0.315	-1.156*** (38.870)	0.354	-1.039*** (29.833)	0.334	-1.097*** (33.776)	0.321	-1.138*** (37.358)
机构年龄	0.995	-0.006 (0.435)	0.993	-0.007 (0.614)	0.996	-0.004 (0.299)	0.993	-0.007 (0.651)	0.992	-0.008 (0.776)	0.994	-0.006 (0.490)	0.998	0.002 (0.110)	0.994	-0.006 (0.546)	0.995	-0.005 (0.383)
首轮投资	0.836	-0.180 (1.332)	0.842	-0.172 (1.222)	0.809	-0.212 (1.864)	0.829	-0.187 (1.456)	0.828	-0.189 (1.467)	0.829	-0.187 (1.444)	0.802	-0.220 (1.996)	0.806	-0.215 (1.906)	0.816	-0.203 (1.682)
对数似然值	-1325.4775		-1321.0875		-1312.0495		-1313.1745		-1317.5635		-1320.465		-1314.5435		-1311.8065		-1317.2725	
样本量									1162									

注：括号内为瓦尔德统计量；* 表示 $p < 0.10$。

338

表7.27 第三阶段网络位置与项目成功率之间网络能力调节作用的检验结果

变量	模型0-3C	模型1-3C	模型2-3C	模型3-3C	模型4-3C	模型5-3C	模型6-3C	模型7-3C	模型8-3C
网络位置									
中心位置		0.068*** (2.915)	0.034 (1.406)	0.026 (1.031)	0.207*** (7.662)				
中介位置						0.171*** (8.705)	0.085*** (3.840)	0.106*** (4.525)	0.244*** (12.311)
网络能力									
创业投资机构行业专业化			-0.122*** (-4.918)				-0.138*** (-5.401)		
创业投资机构区域专业化				-0.153*** (-5.337)				-0.132*** (-4.291)	
创业投资机构阶段专业化					0.361*** (9.161)				0.413*** (13.840)
交互项									
中心位置×创业投资机构行业专业化			-0.245*** (-10.638)						
中心位置×创业投资机构区域专业化				-0.220*** (-8.126)					
中心位置×创业投资机构阶段专业化					0.183*** (5.353)				

续表

变量	模型0-3C	模型1-3C	模型2-3C	模型3-3C	模型4-3C	模型5-3C	模型6-3C	模型7-3C	模型8-3C
中介位置×创业投资机构行业专业化							-0.344*** (-15.344)		
中介位置×创业投资机构区域专业化								-0.239*** (-8.476)	
中介位置×创业投资机构阶段专业化									0.253*** (9.340)
控制变量									
网络规模	-0.100*** (-5.060)	-0.111*** (-5.520)	-0.108*** (-5.478)	-0.109*** (-5.481)	-0.097*** (-4.891)	-0.125*** (-6.334)	-0.100*** (-5.322)	-0.111*** (-5.715)	-0.082*** (-4.237)
小世界商数	-0.026 (-1.136)	-0.036* (-1.803)	-0.028 (-1.419)	-0.032 (-1.637)	-0.032* (-1.658)	-0.053*** (-2.704)	-0.040** (-2.171)	-0.045** (-2.328)	-0.039** (-2.063)
投资行业	-0.108*** (-5.511)	-0.108*** (-5.538)	-0.105*** (-5.506)	-0.098*** (-5.096)	-0.109*** (-5.721)	-0.105*** (-5.445)	-0.093*** (-5.089)	-0.101*** (-5.329)	-0.104*** (-5.641)
投资区域	-0.062*** (-3.225)	-0.063*** (-3.297)	-0.064*** (-3.407)	-0.054*** (-2.865)	-0.047** (-2.489)	-0.058*** (-3.058)	-0.050*** (-2.758)	-0.057*** (-3.065)	-0.031* (-1.684)
投资阶段	0.051** (2.566)	0.050** (2.519)	0.046** (2.338)	0.055*** (2.818)	0.039** (2.021)	0.043** (2.185)	0.045** (2.410)	0.051*** (2.618)	0.028 (1.508)

续表

变量	模型 0 - 3C	模型 1 - 3C	模型 2 - 3C	模型 3 - 3C	模型 4 - 3C	模型 5 - 3C	模型 6 - 3C	模型 7 - 3C	模型 8 - 3C
项目联合投资规模	-0.050** (-2.589)	-0.050 (-2.583)	-0.051*** (-2.709)	-0.043** (-2.216)	-0.062*** (-3.250)	-0.043** (-2.228)	-0.038** (-2.097)	-0.041** (-2.174)	-0.047** (-2.539)
机构性质	-0.387*** (-19.888)	-0.424*** (-18.300)	-0.414*** (-16.990)	-0.438*** (-18.918)	-0.374*** (-15.944)	-0.423*** (-21.586)	-0.338*** (-15.986)	-0.415*** (-21.496)	-0.280*** (-12.944)
机构年龄	0.024 (1.250)	0.041** (2.050)	0.039* (1.939)	0.053*** (2.662)	0.041** (2.066)	0.064*** (3.269)	0.050*** (2.635)	0.064*** (3.343)	0.046** (2.454)
首轮投资	-0.011 (-0.563)	-0.015 (-0.766)	-0.007 (-0.344)	-0.023 (-1.167)	-0.001 (-0.062)	-0.020 (-1.019)	0.011 (0.605)	-0.019 (-0.988)	0.007 (0365)
R^2	0.201	0.203	0.242	0.226	0.238	0.226	0.306	0.254	0.287
调整后 R^2	0.197	0.200	0.238	0.222	0.234	0.223	0.302	0.250	0.284

注：括号内为 t 统计量；*** 表示 $p < 0.01$，** 表示 $p < 0.05$，* 表示 $p < 0.10$。

表 7.28　第三阶段网络位置与退出期限之间网络能力调节作用的检验结果

变量	模型 0－3D 风险率	系数	模型 1－3D 风险率	系数	模型 2－3D 风险率	系数	模型 3－3D 风险率	系数	模型 4－3D 风险率	系数	模型 5－3D 风险率	系数	模型 6－3D 风险率	系数	模型 7－3D 风险率	系数	模型 8－3D 风险率	系数
网络位置																		
中心位置			50.866	3.929 (1.973)	0.065	−2.728 (0.463)	0.468	−0.760 (0.040)	293.526	5.682* (3.475)								
中介位置											1.014	0.013** (6.249)	0.988	−0.013 (1.084)	1.004	0.004 (0.274)	1.021	0.021*** (6.858)
网络能力																		
创业投资机构行业专业化					0.027	−3.630** (5.240)							0.101	−2.292 (2.269)				
创业投资机构区域专业化							0.009	−4.760** (5.611)							0.347	−1.060 (0.686)		
创业投资机构阶段专业化									15.129	2.717** (3.935)							7.216	1.976** (3.980)
交互项																		
中心位置×创业投资机构行业专业化					0.444	−0.811*** (17.086)												
中心位置×创业投资机构区域专业化							0.455	−0.787*** (10.410)										
中心位置×创业投资机构阶段专业化									1.054	0.052 (0.087)								
中心位置×创业投资机构行业专业化													0.449	−0.800*** (15.381)				

342

续表

变量	模型 0-3D 风险率	模型 0-3D 系数	模型 1-3D 风险率	模型 1-3D 系数	模型 2-3D 风险率	模型 2-3D 系数	模型 3-3D 风险率	模型 3-3D 系数	模型 4-3D 风险率	模型 4-3D 系数	模型 5-3D 风险率	模型 5-3D 系数	模型 6-3D 风险率	模型 6-3D 系数	模型 7-3D 风险率	模型 7-3D 系数	模型 8-3D 风险率	模型 8-3D 系数
中介位置×创业投资机构区域专业化															0.686	-0.377** (5.294)		
中介位置×创业投资机构阶段专业化																	0.891	-0.115 (0.570)
控制变量																		
网络规模	0.143	-1.944*** (14.236)	0.143	-1.948*** (14.282)	0.139	-1.975*** (14.004)	0.145	-1.930*** (14.004)	0.151	-1.893*** (13.420)	0.149	-1.906*** (13.649)	0.154	-1.872*** (13.154)	0.153	-1.875*** (13.208)	0.153	-1.877*** (13.124)
小世界商数	1.758	0.564 (0.489)	1.685	0.522 (0.418)	1.935	0.660 (0.667)	1.737	0.552 (0.467)	1.711	0.537 (0.442)	1.615	0.479 (0.352)	1.942	0.664 (0.673)	1.723	0.544 (0.274)	1.624	0.485 (0.360)
投资行业	0.250	-1.386*** (25.579)	0.248	-1.394*** (25.970)	0.262	-1.339*** (23.271)	0.273	-1.297* (22.273)	0.244	-1.410*** (26.533)	0.257	-1.359*** (24.903)	0.256	-1.364*** (23.691)	0.249	-1.388*** (25.982)	0.259	-1.352*** (24.004)
投资区域	1.699	0.530 (2.199)	1.616	0.480 (1.790)	2.097	0.740* (3.842)	1.835	0.607* (2.790)	1.725	0.545 (2.311)	1.724	0.545 (2.336)	2.294	0.830** (4.960)	1.658	0.506 (1.978)	1.883	0.633* (3.140)
投资阶段	642305.797	13.373 (0.002)	690878.915	13.446 (0.002)	401558.608	12.903 (0.003)	355082.584	12.780 (0.003)	749461.267	13.523 (0.002)	342992.645	12.745 (0.003)	472263.067	13.066 (0.002)	583653.343	13.277 (0.002)	286930.853	12.567 (0.003)
项目联合投资规模	0.832	-0.184 (1.360)	0.825	-0.192 (1.473)	0.858	-0.153 (0.956)	0.880	-0.128 (0.636)	0.837	-0.178 (1.328)	0.860	-0.151 (0.905)	0.887	-0.120 (0.596)	0.868	-0.143 (0.800)	0.876	-0.132 (0.715)
机构性质	0.102	-2.279*** (40.350)	0.079	-2.536*** (38.200)	0.095	-2.358*** (29.148)	0.071	-2.644*** (38.005)	0.104	-2.261*** (22.799)	0.102	-2.287*** (39.886)	0.132	-2.023*** (28.241)	0.105	-2.250*** (38.850)	0.127	-2.064*** (25.189)
机构年龄	0.996	-0.004 (0.091)	1.000	0.000 (0.000)	0.993	-0.007 (0.186)	0.997	-0.003 (0.044)	0.990	-0.011 (0.376)	1.005	0.005 (0.137)	1.007	0.007 (0.235)	0.999	-0.001 (0.004)	0.998	-0.002 (0.011)
首轮投资	1.173	0.160 (0.251)	1.229	0.206 (0.413)	1.481	0.393 (1.475)	1.208	0.189 (0.341)	1.448	0.370 (1.195)	1.305	0.266 (0.682)	1.767	0.569* (2.973)	1.366	0.312 (0.904)	1.421	0.351 (1.099)
对数似然值		-414.8020		-413.8265		-401.0030		-406.7875		-409.3280		-411.7975		-397.5795		-407.7800		-406.8405
样本量									2271									

注：括号内为瓦尔德统计量；*表示 p<0.10。

343

检验结果（见表 7.29 ~ 表 7.34）表明，从网络位置角度来看，各个阶段的中心位置和中介位置对项目投资成功率均呈正向影响且显著；从网络关系角度来看，各个阶段的关系广度和关系深度对项目成功率也都存在显著正向影响。这一结果与前文一致，故可以认为前文的回归结果是可信的。关于网络能力对网络位置和网络关系与项目成功率之间的调节作用，除在第一阶段网络能力中的阶段专业化对中心位置与项目成功率之间的负向调节不显著外，其余所有的网络能力变量在各个阶段都起到了与原模型的结果相同的调节效用。检验结果与原模型的检验结果具有一致性，表明模型通过了稳健性检验。

3. 替换中心位置、中介位置、项目成功率测度变量的再检验

为进一步验证以上研究结果的可靠性，本节从以下三个方面进行稳健性检验：用"特征向量中心性"替代"程度中心性"作为中心位置的测度指标；用"有效规模"替换中间中心性作为中介位置的测度指标；同时用"（创业投资机构 IPO 项目数 × 2 + 回购、兼并收购项目数）/ 创业投资机构投资项目总数"作为替代变量测度项目成功，以此来检验前文实证结果的稳健性。

表 7.35、表 7.36 和表 7.37 分别报告了第一阶段、第二阶段和第三阶段网络位置与项目成功率之间网络能力调节作用的检验结果。从表中可以看出，首先，各个阶段中心位置和中介位置对项目成功率的正向影响与前文高度一致。其次，投资行业和投资区域的调节效应在三个阶段中均负向调节网络位置与项目成功率的正向影响，而投资阶段的调节效应与投资行业和投资区域的调节效应相比有些许不同，在三个阶段中没有保持一致性，但这与前文的实证结果是一致的。故检验结果与原模型的检验结果具有一致性，表明模型通过了稳健性检验。

7.3.4　假设检验结果汇总

本书以 124 家创业投资机构 2005—2019 年的数据为基础，沿用 3 年时间窗将时间范围划分为三个阶段，首先分析三个阶段网络位置/网络关系与创业投资风险缓解的直接关系，其次引入网络能力探讨三个阶段网络能力对网络位置/网络关系与创业投资风险缓解关系之间的调节作用，最后分别构建线性回归模型和生存分析模型，验证本书假设。

表 7.29　第一阶段网络位置与项目成功率之间网络能力调节作用的检验结果

变量	模型 0 – 1E	模型 1 – 1E	模型 2 – 1E	模型 3 – 1E	模型 4 – 1E	模型 5 – 1E	模型 6 – 1E	模型 7 – 1E	模型 8 – 1E
网络位置									
中心位置		0.290 *** (9.394)	0.396 *** (13.777)	−0.202 *** (−3.703)	0.352 *** (11.128)				
中介位置						0.342 *** (12.273)	0.325 *** (10.212)	−0.183 *** (−3.058)	0.325 *** (11.565)
网络能力									
创业投资机构行业专业化			0.136 *** (4.005)				0.219 *** (6.487)		
创业投资机构区域专业化				−0.551 *** (−8.376)				−0.162 *** (−3.326)	
创业投资机构阶段专业化					0.325 *** (8.115)				0.239 *** (7.376)
交互项									
中心位置 × 创业投资机构行业专业化			−0.331 *** (−10.068)						
中心位置 × 创业投资机构区域专业化				−0.842 *** (−14.904)					
中心位置 × 创业投资机构阶段专业化					0.117 *** (3.254)				

续表

变量	模型 0－1E	模型 1－1E	模型 2－1E	模型 3－1E	模型 4－1E	模型 5－1E	模型 6－1E	模型 7－1E	模型 8－1E
中介位置 × 创业投资机构行业专业化							-0.285*** (-7.982)		
中介位置 × 创业投资机构区域专业化								-0.752*** (-13.235)	
中介位置 × 创业投资机构阶段专业化									0.088*** (2.944)
控制变量									
网络规模	0.002 (0.046)	-0.007 (-0.157)	-0.013 (-0.315)	-0.001 (-0.019)	-0.012 (-0.271)	-0.008 (-0.175)	-0.001 (-0.027)	0.007 (0.188)	-0.007 (-0.158)
小世界商数	0.020 (0.418)	0.029 (0.627)	0.075* (1.818)	0.026 (0.634)	0.049 (1.081)	0.040 (0.882)	0.076* (1.895)	0.046 (1.175)	0.051 (1.149)
投资行业	0.082** (2.550)	0.060* (1.929)	0.027 (0.959)	0.026 (0.944)	0.083*** (2.744)	0.058* (1.932)	0.029 (1.078)	0.025 (0.935)	0.081*** (2.722)
投资区域	-0.027 (-0.855)	-0.019 (-0.646)	-0.019 (-0.717)	0.022 (0.825)	-0.042 (-1.443)	-0.017 (-0.573)	-0.035 (-1.347)	-0.003 (-0.103)	-0.040 (-1.410)
投资阶段	0.020 (0.684)	0.009 (0.321)	0.014 (0.533)	0.001 (0.058)	0.013 (0.485)	0.003 (0.113)	0.020 (0.801)	0.021 (0.871)	0.009 (0.345)
项目联合投资规模	0.050* (1.667)	0.022 (0.752)	-0.007 (-0.290)	0.056** (2.247)	0.009 (0.306)	0.026 (0.932)	-0.004 (-0.165)	0.030 (1.219)	0.016 (0.572)

续表

变量	模型 0 – 1E	模型 1 – 1E	模型 2 – 1E	模型 3 – 1E	模型 4 – 1E	模型 5 – 1E	模型 6 – 1E	模型 7 – 1E	模型 8 – 1E
机构性质	-0.310 *** (-9.524)	-0.402 *** (-12.262)	-0.393 *** (-12.961)	-0.201 *** (-6.507)	-0.271 *** (-7.570)	-0.254 *** (-8.248)	-0.172 *** (-5.826)	-0.090 *** (-3.110)	-0.140 *** (-4.156)
机构年龄	-0.084 *** (-2.768)	-0.110 *** (-3.759)	-0.120 *** (-4.528)	-0.125 *** (-4.891)	-0.083 *** (-2.889)	-0.092 *** (-3.231)	-0.047 * (-1.843)	-0.053 ** (-2.137)	-0.066 ** (-2.364)
首轮投资	-0.059 ** (-1.994)	-0.036 (-1.276)	-0.022 (-0.852)	-0.009 (-0.366)	-0.033 (-1.188)	-0.034 (-1.241)	-0.033 (1.364)	0.000 (0.014)	-0.033 (-1.229)
R^2	0.113	0.183	0.352	0.384	0.236	0.226	0.395	0.412	0.265
调整后 R^2	0.105	0.175	0.345	0.376	0.227	0.218	0.388	0.405	0.256

注：括号内为 t 统计量；*** 表示 $p < 0.01$，** 表示 $p < 0.05$，* 表示 $p < 0.10$。

347

表 7.30　第一阶段网络关系与项目成功率之间网络能力调节作用的检验结果

变量	模型 9-1E	模型 10-1E	模型 11-1E	模型 12-1E	模型 13-1E	模型 14-1E	模型 15-1E	模型 16-1E
网络关系								
关系广度	0.301*** (9.836)	0.400*** (14.083)	-0.304*** (-4.757)	0.390*** (11.763)				
关系深度					0.243*** (7.001)	0.393*** (11.747)	0.261*** (6.101)	0.256*** (7.382)
网络能力								
创业投资机构 行业专业化		0.126*** (3.716)				0.279*** (8.340)		
创业投资机构 区域专业化			-0.626*** (-8.380)				-0.136*** (-2.775)	
创业投资机构 阶段专业化				0.348*** (8.614)				0.164*** (3.840)
交互项								
关系广度 × 创业投资机构 行业专业化		-0.325*** (-9.796)						
关系广度 × 创业投资机构 区域专业化			-0.907*** (-13.641)					
关系广度 × 创业投资机构 阶段专业化				0.146*** (3.948)				

续表

变量	模型 9－1E	模型 10－1E	模型 11－1E	模型 12－1E	模型 13－1E	模型 14－1E	模型 15－1E	模型 16－1E
关系深度 × 创业投资机构行业专业化						-0.246*** (-7.875)		
关系深度 × 创业投资机构区域专业化							-0.586*** (-15.172)	
关系深度 × 创业投资机构阶段专业化								-0.038 (-0.985)
控制变量								
网络规模	-0.009 (-0.187)	-0.015 (-0.360)	-0.002 (-0.049)	-0.014 (-0.325)	0.001 (0.017)	-0.003 (-0.061)	-0.002 (-0.054)	0.003 (0.064)
小世界商数	0.028 (0.615)	0.072* (1.737)	0.022 (0.539)	0.050 (1.113)	0.016 (0.332)	0.058 (1.363)	0.002 (0.059)	0.025 (0.539)
投资行业	0.055* (1.780)	0.021 (0.764)	0.027 (0.997)	0.078** (2.591)	0.082** (2.559)	0.050 (1.757)	0.041 (1.492)	0.100*** (3.154)
投资区域	-0.015 (-0.511)	-0.013 (-0.500)	0.026 (0.976)	-0.039 (-1.351)	-0.019 (-0.618)	-0.022 (-0.786)	0.025 (0.951)	-0.034 (-1.109)
投资阶段	0.008 (0.283)	0.013 (0.515)	0.001 (0.028)	0.011 (0.413)	0.018 (0.613)	0.025 (0.964)	0.010 (0.413)	0.026 (0.901)
项目联合投资规模	0.023 (0.811)	-0.004 (-0.175)	0.052** (2.062)	0.008 (0.296)	0.020 (0.674)	-0.017 (-0.649)	0.028 (1.075)	0.014 (0.489)

续表

变量	模型 9 – 1E	模型 10 – 1E	模型 11 – 1E	模型 12 – 1E	模型 13 – 1E	模型 14 – 1E	模型 15 – 1E	模型 16 – 1E
机构性质	-0.408*** (-12.468)	-0.408*** (-13.541)	-0.203*** (-6.412)	-0.272*** (-7.709)	-0.398*** (-10.916)	-0.445*** (-12.853)	-0.265*** (-7.942)	-0.337*** (-7.958)
机构年龄	-0.098*** (-3.360)	-0.084*** (-3.190)	-0.103*** (-3.994)	-0.069** (-2.440)	-0.079*** (-2.616)	-0.051* (-1.901)	-0.080*** (-3.072)	-0.069** (-2.289)
首轮投资	-0.034 (-1.195)	-0.020 (-0.784)	-0.007 (-0.294)	-0.030 (-1.093)	-0.041 (-1.414)	-0.029 (-1.125)	-0.004 (-0.164)	-0.037 (-1.294)
R^2	0.189	0.350	0.368	0.246	0.131	0.318	0.359	0.159
调整后 R^2	0.181	0.342	0.360	0.237	0.122	0.310	0.352	0.150

注：括号内为 t 统计量；*** 表示 $p < 0.01$，** 表示 $p < 0.05$，* 表示 $p < 0.10$。

表 7.31　第二阶段网络位置与项目成功率之间网络能力调节作用的检验结果

变量	模型 0 – 2E	模型 1 – 2E	模型 2 – 2E	模型 3 – 2E	模型 4 – 2E	模型 5 – 2E	模型 6 – 2E	模型 7 – 2E	模型 8 – 2E
网络位置									
中心位置		0.166 *** (6.569)	0.075 *** (2.414)	0.206 *** (6.129)	0.117 *** (3.525)				
中介位置						0.207 *** (7.856)	0.026 (0.640)	0.200 *** (4.317)	0.104 ** (2.586)
网络能力									
创业投资机构行业专业化			-0.210 *** (-5.034)				-0.210 *** (-4.706)		
创业投资机构区域专业化				0.056 (1.231)				0.050 (0.939)	
创业投资机构阶段专业化					-0.096 ** (-2.326)				-0.128 *** (-2.875)
交互项									
中心位置 × 创业投资机构行业专业化			-0.267 *** (-7.748)						
中心位置 × 创业投资机构区域专业化				-0.131 *** (-3.421)					

续表

变量	模型 0 – 2E	模型 1 – 2E	模型 2 – 2E	模型 3 – 2E	模型 4 – 2E	模型 5 – 2E	模型 6 – 2E	模型 7 – 2E	模型 8 – 2E
中心位置 × 创业投资机构 阶段专业化					−0.115*** （−3.279）				
中介位置 × 创业投资机构 行业专业化							−0.271*** （−6.528）		
中介位置 × 创业投资机构 区域专业化								−0.117** （−2.295）	
中介位置 × 创业投资机构 阶段专业化									−0.161*** （−3.887）
控制变量									
网络规模	0.017 （0.659）	0.011 （0.423）	−0.003 （−0.123）	0.008 （0.313）	0.005 （0.195）	0.007 （0.288）	−0.004 （−0.144）	0.005 （0.214）	−0.001 （−0.031）
小世界商数	−0.019 （−0.718）	−0.008 （−0.310）	−0.027 （−1.061）	0.010 （0.389）	0.002 （0.061）	−0.005 （−0.194）	−0.021 （−0.820）	0.010 （0.376）	0.006 （0.221）
投资行业	−0.111*** （−4.016）	−0.106*** （−3.872）	−0.086*** （−3.213）	−0.113*** （−4.207）	−0.099*** （−3.635）	−0.103*** （−3.816）	−0.091*** （−3.381）	−0.111*** （−4.170）	−0.094*** （−3.487）
投资区域	−0.037* （−1.397）	−0.037* （−1.402）	0.017 （−0.664）	−0.041* （−1.599）	−0.035 （−1.332）	−0.030 （−1.146）	−0.009 （−0.338）	−0.034 （−1.310）	−0.025 （−0.974）

续表

变量	模型 0 – 2E	模型 1 – 2E	模型 2 – 2E	模型 3 – 2E	模型 4 – 2E	模型 5 – 2E	模型 6 – 2E	模型 7 – 2E	模型 8 – 2E
投资阶段	0.055 ** (2.057)	0.044 (1.686)	0.039 (1.562)	0.033 (1.298)	0.042 (1.635)	0.039 (1.508)	0.041 (1.596)	0.031 (1.227)	0.039 (1.502)
项目联合投资规模	0.010 (0.363)	0.007 (0.286)	0.010 (0.396)	0.005 (0.211)	0.011 (0.446)	0.013 (0.498)	0.021 (0.815)	0.014 (0.561)	0.021 (0.825)
机构性质	-0.427 *** (-14.889)	-0.418 *** (-14.812)	-0.361 *** (-12.377)	-0.394 *** (-14.073)	-0.406 *** (-14.288)	-0.370 *** (-12.826)	-0.335 *** (-11.525)	-0.339 *** (-11.710)	-0.367 *** (-12.523)
机构年龄	-0.029 (-1.120)	-0.034 (-1.324)	-0.021 (-0.861)	-0.030 (-1.179)	-0.033 (-1.310)	-0.027 (-1.056)	-0.015 (-0.605)	-0.026 (-1.069)	-0.025 (-0.986)
首轮投资	0.024 (0.887)	0.019 (0.711)	0.003 (0.122)	0.013 (0.503)	0.018 (0.672)	0.012 (0.461)	0.004 (0.145)	0.008 (0.306)	0.011 (0.418)
R^2	0.254	0.281	0.317	0.309	0.288	0.292	0.318	0.314	0.301
调整后 R^2	0.248	0.275	0.310	0.302	0.281	0.286	0.311	0.307	0.294

注：括号内为 t 统计量；*** 表示 $p < 0.01$，** 表示 $p < 0.05$，* 表示 $p < 0.10$。

表7.32　第二阶段网络关系与项目成功率之间网络能力调节作用的检验结果

变量	模型9-2E	模型10-2E	模型11-2E	模型12-2E	模型13-2E	模型14-2E	模型15-2E	模型16-2E
网络关系								
关系广度	0.116*** (4.578)	0.029 (0.958)	0.140*** (3.917)	0.047 (1.440)				
关系深度					0.164*** (6.493)	0.122*** (4.201)	0.240*** (7.139)	0.152*** (5.415)
网络能力								
创业投资机构行业专业化		-0.223*** (-5.304)				-0.190*** (-4.785)		
创业投资机构区域专业化			0.030 (0.610)				0.074 (1.612)	
创业投资机构阶段专业化				-0.141*** (-3.488)				-0.108*** (-3.434)
交互项								
关系广度 × 创业投资机构行业专业化		-0.244*** (-7.026)						
关系广度 × 创业投资机构区域专业化			-0.118*** (-2.884)					

续表

变量	模型 9 - 2E	模型 10 - 2E	模型 11 - 2E	模型 12 - 2E	模型 13 - 2E	模型 14 - 2E	模型 15 - 2E	模型 16 - 2E
关系广度 × 创业投资机构阶段专业化				-0.121 *** (-3.488)				
关系深度 × 创业投资机构行业专业化						-0.261 *** (-7.817)		
关系深度 × 创业投资机构区域专业化							-0.148 *** (-3.964)	
关系深度 × 创业投资机构阶段专业化								-0.181 *** (-6.093)
控制变量								
网络规模	0.016 (0.622)	0.007 (0.266)	0.017 (0.652)	0.008 (0.311)	0.011 (0.417)	-0.008 (-0.319)	0.003 (0.140)	-0.004 (-0.168)
小世界商数	-0.010 (-0.394)	-0.029 (-1.114)	0.006 (0.217)	-0.001 (-0.022)	-0.015 (-0.567)	-0.033 (-1.292)	-0.001 (-0.040)	0.003 (0.127)
投资行业	-0.109 *** (-3.951)	-0.089 *** (-3.258)	-0.116 *** (-4.249)	-0.101 *** (-3.680)	-0.105 *** (-3.836)	-0.085 *** (-3.145)	-0.112 *** (-4.217)	-0.096 *** (-3.585)
投资区域	-0.039 * (-1.451)	-0.022 (-0.829)	-0.043 (-1.644)	-0.036 (-1.360)	-0.042 ** (-1.578)	-0.021 (-0.802)	-0.049 ** (-1.889)	-0.044 ** (-1.690)

续表

变量	模型 9 - 2E	模型 10 - 2E	模型 11 - 2E	模型 12 - 2E	模型 13 - 2E	模型 14 - 2E	模型 15 - 2E	模型 16 - 2E
投资阶段	0.047 * (1.799)	0.040 (1.526)	0.039 (1.514)	0.046 * (1.743)	0.048 * (1.839)	0.043 * (1.701)	0.038 (1.504)	0.037 (1.420)
项目联合投资 规模	0.006 (0.239)	0.007 (0.289)	0.003 (0.121)	0.011 (0.426)	0.008 (0.302)	0.016 (1.635)	0.009 (0.348)	0.013 (0.497)
机构性质	- 0.427 *** (- 15.009)	- 0.370 *** (- 12.475)	- 0.411 *** (- 14.450)	- 0.418 *** (- 14.666)	- 0.408 *** (- 14.406)	- 0.352 *** (- 12.111)	- 0.375 *** (- 13.427)	- 0.364 *** (- 12.506)
机构年龄	- 0.030 (- 1.185)	- 0.021 (- 0.827)	- 0.024 (- 0.949)	- 0.033 (- 1.304)	- 0.031 (- 1.201)	- 0.025 (- 0.991)	- 0.024 (- 0.973)	- 0.033 (- 1.324)
首轮投资	0.021 (0.771)	0.005 (0.175)	0.016 (0.595)	0.022 (0.814)	0.024 (0.897)	0.016 (0.626)	0.024 (0.930)	0.022 (0.842)
R^2	0.268	0.298	0.286	0.277	0.281	0.317	0.317	0.304
调整后 R^2	0.261	0.291	0.279	0.269	0.274	0.310	0.310	0.296

注：括号内为 t 统计量；*** 表示 $p < 0.01$，** 表示 $p < 0.05$，* 表示 $p < 0.10$。

表 7.33　第三阶段网络位置与项目成功率之间网络能力调节作用的检验结果

变量	模型 0－3E	模型 1－3E	模型 2－3E	模型 3－3E	模型 4－3E	模型 5－3E	模型 6－3E	模型 7－3E	模型 8－3E
网络位置									
中心位置		0.172*** (8.715)	0.099*** (4.502)	0.118*** (5.109)	0.252*** (12.572)				
中介位置						0.214*** (11.266)	0.051** (2.084)	0.074** (2.452)	0.213*** (11.210)
网络能力									
创业投资机构行业专业化			-0.131*** (-5.186)				-0.079*** (-3.310)		
创业投资机构区域专业化				-0.125*** (-4.096)				-0.118*** (-3.628)	
创业投资机构阶段专业化					0.426*** (13.943)				0.291*** (12.692)
交互项									
中心位置 × 创业投资机构行业专业化			-0.336*** (-15.068)						
中心位置 × 创业投资机构区域专业化				-0.232*** (-8.364)					
中心位置 × 创业投资机构阶段专业化					0.257*** (9.311)				

357

续表

变量	模型 0 – 3E	模型 1 – 3E	模型 2 – 3E	模型 3 – 3E	模型 4 – 3E	模型 5 – 3E	模型 6 – 3E	模型 7 – 3E	模型 8 – 3E
中介位置 × 创业投资机构行业专业化							-0.329 *** (-13.816)		
中介位置 × 创业投资机构区域专业化								-0.239 *** (-7.061)	
中介位置 × 创业投资机构阶段专业化									0.193 *** (8.799)
控制变量									
网络规模	-0.100 *** (-5.060)	-0.126 *** (-6.365)	-0.104 *** (-5.498)	-0.114 *** (-5.834)	-0.084 *** (-4.364)	-0.125 *** (-6.441)	-0.088 *** (-4.686)	-0.105 *** (-5.409)	-0.078 *** (-4.054)
小世界商数	-0.026 (-1.336)	-0.053 *** (-2.714)	-0.041 ** (-2.216)	-0.046 ** (-2.377)	-0.040 ** (-2.112)	-0.060 *** (-3.110)	-0.040 ** (-2.173)	-0.048 ** (-2.471)	-0.040 ** (-2.127)
投资行业	-0.108 *** (-5.511)	-0.104 *** (-5.435)	-0.092 *** (-5.053)	-0.100 *** (-5.277)	-0.103 *** (-5.600)	-0.103 *** (-5.392)	-0.097 *** (-5.324)	-0.106 *** (-5.640)	-0.104 *** (-5.638)
投资区域	-0.062 ** (-3.225)	-0.058 *** (-3.087)	-0.050 ** (-2.770)	-0.056 *** (-3.031)	-0.031 * (-1.720)	-0.054 *** (-2.872)	-0.049 *** (-2.750)	-0.059 *** (-3.162)	-0.032 * (-1.748)
投资阶段	0.051 ** (2.566)	0.043 ** (2.201)	0.046 ** (2.444)	0.051 *** (2.643)	0.028 (1.489)	0.036 * (1.866)	0.047 ** (2.524)	0.042 ** (2.191)	0.030 (1.609)

续表

变量	模型 0–3E	模型 1–3E	模型 2–3E	模型 3–3E	模型 4–3E	模型 5–3E	模型 6–3E	模型 7–3E	模型 8–3E
项目联合投资规模	-0.050** (-2.589)	-0.044** (-2.275)	-0.038** (-2.097)	-0.041** (-2.154)	-0.049*** (-2.687)	-0.037* (-1.961)	-0.036** (-2.010)	-0.042** (-2.250)	-0.041** (-2.260)
机构性质	-0.387*** (-19.888)	-0.429*** (-21.715)	-0.354*** (-16.669)	-0.424*** (-21.806)	-0.286*** (-13.142)	-0.387*** (-20.409)	-0.311*** (-15.453)	-0.364*** (-19.189)	-0.270*** (-13.277)
机构年龄	0.024 (1.250)	0.065*** (3.329)	0.056*** (2.936)	0.067*** (3.501)	0.048** (2.550)	0.061*** (3.191)	0.048*** (2.603)	0.048** (2.556)	0.041** (2.230)
首轮投资	-0.011 (-0.563)	-0.020 (-1.007)	0.010 (0.515)	-0.019 (-1.005)	0.007 (0.363)	-0.013 (-0.677)	0.016 (0.865)	-0.004 (-0.217)	0.011 (0.563)
R^2	0.201	0.226	0.304	0.253	0.289	0.243	0.311	0.263	0.295
调整后 R^2	0.197	0.223	0.300	0.249	0.285	0.240	0.307	0.259	0.291

注：括号内为 t 统计量；*** 表示 $p<0.01$，** 表示 $p<0.05$，* 表示 $p<0.10$。

表 7.34 第三阶段网络关系与项目成功率之间网络能力调节作用的检验结果

变量	模型 9 – 3E	模型 10 – 3E	模型 11 – 3E	模型 12 – 3E	模型 13 – 3E	模型 14 – 3E	模型 15 – 3E	模型 16 – 3E
网络关系								
关系广度	0.148 *** (7.331)	0.120 *** (5.876)	0.075 *** (3.108)	0.251 *** (12.178)				
关系深度					0.131 *** (6.584)	0.088 *** (3.953)	0.114 *** (5.109)	0.208 *** (9.840)
网络能力								
创业投资机构行业专业化		−0.162 *** (−6.795)				−0.161 *** (−6.050)		
创业投资机构区域专业化			−0.157 *** (−4.876)				−0.116 *** (−3.785)	
创业投资机构阶段专业化				0.453 *** (14.535)				0.410 *** (13.447)
交互项								
关系广度 × 创业投资机构行业专业化		−0.360 *** (−16.558)						
关系广度 × 创业投资机构区域专业化			−0.246 *** (−8.273)					
关系广度 × 创业投资机构阶段专业化				0.297 *** (10.642)				

续表

变量	模型 9－3E	模型 10－3E	模型 11－3E	模型 12－3E	模型 13－3E	模型 14－3E	模型 15－3E	模型 16－3E
关系深度×创业投资机构行业专业化						-0.352^{***} (-15.419)		
关系深度×创业投资机构区域专业化							-0.212^{***} (-7.620)	
关系深度×创业投资机构阶段专业化								0.229^{***} (8.212)
控制变量								
网络规模	-0.123^{***} (-6.186)	-0.104^{***} (-5.527)	-0.108^{***} (-5.514)	-0.080^{***} (-4.137)	-0.118^{***} (-5.949)	-0.106^{***} (-5.609)	-0.117^{***} (-5.976)	-0.082 (-4.214)
小世界商数	-0.051^{**} (-2.574)	-0.042^{**} (-2.256)	-0.042^{**} (-2.160)	-0.037^{**} (-1.973)	-0.045^{**} (-2.305)	-0.034^{*} (-1.831)	-0.044^{**} (-2.248)	-0.034^{*} (-1.775)
投资行业	-0.106^{***} (-5.512)	-0.096^{***} (-5.280)	-0.102^{***} (-5.373)	-0.107^{***} (-5.798)	-0.106^{***} (-5.475)	-0.089^{***} (-4.866)	-0.100^{***} (-5.217)	-0.104^{***} (-5.602)
投资区域	-0.059^{***} (-3.111)	-0.051^{**} (-2.285)	-0.056^{***} (-3.014)	-0.033^{*} (-1.795)	-0.062^{***} (-3.243)	-0.052^{**} (-2.863)	-0.058^{***} (-3.086)	-0.034^{*} (-1.862)
投资阶段	0.045^{**} (2.282)	0.043^{**} (2.321)	0.052^{***} (2.697)	0.029 (1.542)	0.044^{**} (2.250)	0.041^{**} (2.199)	0.046^{**} (2.362)	0.030^{*} (1.595)
项目联合投资规模	-0.045^{**} (-2.347)	-0.039^{**} (-2.126)	-0.042^{**} (-2.195)	-0.050^{***} (-2.702)	-0.042^{**} (-2.197)	-0.040^{**} (-2.175)	-0.041^{**} (-2.160)	-0.048^{***} (-2.605)

续表

变量	模型 9-3E	模型 10-3E	模型 11-3E	模型 12-3E	模型 13-3E	模型 14-3E	模型 15-3E	模型 16-3E
机构性质	-0.427*** (-21.354)	-0.357*** (-17.240)	-0.422*** (-21.367)	-0.278*** (-12.752)	-0.420*** (-21.080)	-0.343*** (-15.938)	-0.411*** (-20.771)	-0.299*** (-13.976)
机构年龄	0.062*** (3.148)	0.057*** (2.977)	0.065*** (3.360)	0.044** (2.327)	0.056*** (2.852)	0.058*** (3.032)	0.061*** (3.159)	0.042** (2.168)
首轮投资	-0.019 (-0.982)	0.008 (0.451)	-0.020 (-1.37)	0.009 (0.470)	-0.017 (-0.873)	0.006 (0.321)	-0.019 (-0.954)	0.003 (0.150)
R^2	0.219	0.307	0.244	0.286	0.216	0.296	0.238	0.275
调整后 R^2	0.216	0.303	0.240	0.282	0.212	0.292	0.234	0.271

注：括号内为 t 统计量；*** 表示 $p < 0.01$，** 表示 $p < 0.05$，* 表示 $p < 0.10$。

表7.35 第一阶段网络位置与项目成功率之间网络能力调节作用的检验结果

变量	模型0-1F	模型1-1F	模型2-1F	模型3-1F	模型4-1F	模型5-1F	模型6-1F	模型7-1F	模型8-1F
网络位置									
中心位置		0.254*** (6.705)	0.347*** (9.257)	-0.044 (-0.734)	0.276*** (4.538)				
中介位置						0.295*** (9.880)	0.386*** (13.822)	-0.308*** (-5.252)	0.349*** (11.660)
网络能力									
创业投资机构行业专业化			0.167*** (4.938)				0.142*** (4.136)		
创业投资机构区域专业化				-0.288*** (-4.441)				-0.628*** (-9.105)	
创业投资机构阶段专业化					0.215*** (3.536)				0.325*** (8.464)
交互项									
中心位置 × 创业投资机构行业专业化			-0.180*** (-5.206)						
中心位置 × 创业投资机构区域专业化				-0.500*** (-8.374)					

续表

变量	模型 0 - 1F	模型 1 - 1F	模型 2 - 1F	模型 3 - 1F	模型 4 - 1F	模型 5 - 1F	模型 6 - 1F	模型 7 - 1F	模型 8 - 1F
中心位置 × 创业投资机构阶段专业化					-0.042 (-0.699)				
中介位置 × 创业投资机构行业专业化							-0.327*** (-9.895)		
中介位置 × 创业投资机构区域专业化								-0.933*** (-15.383)	
中介位置 × 创业投资机构阶段专业化									0.124*** (3.623)
控制变量									
网络规模	0.002 (0.046)	-0.004 (-0.086)	-0.005 (-0.123)	0.002 (0.053)	-0.001 (-0.027)	-0.008 (-0.168)	-0.012 (-0.288)	0.002 (0.057)	-0.012 (-0.263)
小世界商数	0.020 (0.418)	0.023 (0.478)	0.046 (1.017)	0.003 (0.077)	0.034 (0.743)	0.030 (0.647)	0.077* (1.860)	0.033 (0.828)	0.049 (1.089)
投资行业	0.082** (2.550)	0.064** (2.025)	0.043 (1.407)	0.057* (1.867)	0.085*** (2.727)	0.059* (1.916)	0.025 (0.917)	0.027 (0.990)	0.083*** (2.763)
投资区域	-0.027 (-0.855)	-0.019 (-0.616)	-0.013 (-0.439)	0.006 (0.221)	-0.037 (-1.232)	-0.017 (-0.567)	-0.019 (-0.711)	0.019 (0.724)	-0.041 (-1.403)

续表

变量	模型 0 – 1F	模型 1 – 1F	模型 2 – 1F	模型 3 – 1F	模型 4 – 1F	模型 5 – 1F	模型 6 – 1F	模型 7 – 1F	模型 8 – 1F
投资阶段	0.020 (0.684)	0.017 (0.579)	0.023 (0.822)	0.008 (0.295)	0.027 (0.938)	0.006 (0.225)	0.013 (0.522)	0.011 (0.452)	0.011 (0.393)
项目联合投资规模	0.050* (1.667)	0.030 (1.011)	0.019 (0.699)	0.062** (2.204)	0.021 (0.752)	0.023 (0.803)	-0.007 (-0.277)	0.047* (1.919)	0.010 (0.344)
机构性质	-0.310*** (-9.254)	-0.461*** (-11.811)	-0.533*** (-14.151)	-0.349*** (-8.834)	-0.383*** (-9.743)	-0.382*** (-11.948)	-0.359*** (-12.047)	-0.172*** (-5.772)	-0.243*** (-6.898)
机构年龄	-0.084*** (-2.768)	-0.104*** (-3.466)	-0.104*** (-3.561)	-0.123*** (-4.275)	-0.091*** (-3.113)	-0.110*** (-3.758)	-0.115*** (-4.357)	-0.121*** (-4.800)	-0.080*** (-2.815)
首轮投资	-0.059** (-1.994)	-0.042 (-1.462)	-0.036 (-1.316)	-0.037 (-1.358)	-0.036 (-1.264)	-0.034 (-1.206)	-0.020 (-0.797)	-0.007 (-0.292)	-0.031 (-1.117)
R^2	0.113	0.150	0.237	0.230	0.197	0.189	0.362	0.399	0.244
调整后 R^2	0.105	0.142	0.228	0.221	0.188	0.182	0.354	0.392	0.235

注：括号内为 t 统计量；*** 表示 $p < 0.01$，** 表示 $p < 0.05$，* 表示 $p < 0.10$。

表 7.36　第二阶段网络位置与项目成功率之间网络能力调节作用的检验结果

变量	模型 0 – 2F	模型 1 – 2F	模型 2 – 2F	模型 3 – 2F	模型 4 – 2F	模型 5 – 2F	模型 6 – 2F	模型 7 – 2F	模型 8 – 2F
网络位置									
中心位置		0.207 *** (8.079)	0.130 *** (4.541)	0.227 *** (6.344)	0.144 *** (4.938)				
中介位置						0.211 *** (8.318)	0.093 *** (2.930)	0.235 *** (6.769)	0.109 *** (3.150)
网络能力									
创业投资机构行业专业化			−0.243 *** (−6.320)				−0.252 *** (−5.961)		
创业投资机构区域专业化				0.033 (0.704)				0.029 (0.614)	
创业投资机构阶段专业化					−0.147 *** (−4.510)				−0.184 *** (−4.338)
交互项									
中心位置 × 创业投资机构行业专业化			−0.298 *** (−9.129)						
中心位置 × 创业投资机构区域专业化				−0.141 *** (−3.511)					
中心位置 × 创业投资机构阶段专业化					−0.091 *** (−3.048)				

续表

变量	模型 0-2F	模型 1-2F	模型 2-2F	模型 3-2F	模型 4-2F	模型 5-2F	模型 6-2F	模型 7-2F	模型 8-2F
中介位置×创业投资机构行业专业化							-0.301*** (-8.592)		
中介位置×创业投资机构区域专业化								-0.155*** (-3.881)	
中介位置×创业投资机构阶段专业化									-0.136*** (-3.765)
控制变量									
网络规模	0.034 (1.302)	0.031 (1.233)	0.019 (0.773)	0.030 (1.184)	0.024 (0.931)	0.026 (1.001)	0.011 (0.460)	0.024 (0.940)	0.018 (0.710)
小世界指数	0.008 (0.288)	0.022 (0.846)	0.002 (0.091)	0.040 (0.541)	0.030 (1.042)	0.021 (0.814)	0.000 (0.016)	0.040 (1.549)	0.029 (0.117)
投资行业	-0.143*** (-5.161)	-0.145*** (-5.300)	-0.124*** (-4.635)	-0.155*** (-5.744)	-0.136*** (-4.999)	-0.135*** (-4.921)	-0.113*** (-4.201)	-0.141*** (-5.241)	-0.126*** (-4.613)
投资区域	-0.046* (-1.676)	-0.057** (-2.147)	-0.044* (-1.718)	-0.067*** (-2.582)	-0.053** (-2.026)	-0.044 (-1.648)	-0.019 (-0.743)	-0.048* (-1.848)	-0.038 (-1.458)
投资阶段	0.056** (2.073)	0.047* (1.779)	0.036 (1.408)	0.042 (1.619)	0.041 (1.577)	0.041 (1.577)	0.035 (1.392)	0.030 (1.150)	0.039 (1.499)

续表

变量	模型 0 - 2F	模型 1 - 2F	模型 2 - 2F	模型 3 - 2F	模型 4 - 2F	模型 5 - 2F	模型 6 - 2F	模型 7 - 2F	模型 8 - 2F
项目联合投资规模	0.018 (0.665)	0.011 (0.432)	0.010 (0.409)	0.007 (0.263)	0.015 (0.566)	0.016 (0.610)	0.020 (0.795)	0.015 (0.578)	0.023 (0.890)
机构性质	-0.384*** (-13.227)	-0.412*** (-14.468)	-0.348*** (-11.822)	-0.402*** (-14.078)	-0.398*** (-13.869)	-0.364*** (-12.868)	-0.301*** (-10.380)	-0.335*** (-11.906)	-0.361*** (-12.649)
机构年龄	-0.001 (-0.029)	-0.006 (-0.233)	0.001 (0.056)	0.001 (0.031)	-0.014 (-0.548)	-0.005 (-0.197)	0.009 (0.342)	0.000 (0.007)	-0.008 (-0.312)
首轮投资	0.008 (0.292)	0.007 (0.274)	-0.008 (-0.320)	0.005 (0.190)	0.010 (0.359)	0.000 (-0.011)	-0.016 (-0.610)	-0.006 (-0.230)	0.003 (0.129)
R^2	0.233	0.274	0.324	0.300	0.287	0.277	0.320	0.306	0.289
调整后 R^2	0.227	0.268	0.317	0.293	0.280	0.270	0.313	0.299	0.282

注：括号内为 t 统计量；*** 表示 $p < 0.01$，** 表示 $p < 0.05$，* 表示 $p < 0.10$。

表 7.37　第三阶段网络位置与项目成功率之间网络能力调节作用的检验结果

变量	模型 0－3F	模型 1－3F	模型 2－3F	模型 3－3F	模型 4－3F	模型 5－3F	模型 6－3F	模型 7－3F	模型 8－3F
网络位置									
中心位置		0.053** (2.345)	0.006 (0.239)	0.020 (0.841)	0.170*** (6.424)				
中介位置						0.193*** (10.157)	0.082*** (3.826)	0.161*** (7.038)	0.259*** (13.254)
网络能力									
创业投资机构 行业专业化			－0.152*** (－6.205)				－0.196*** (－7.926)		
创业投资机构 区域专业化				－0.123*** (－4.406)				－0.059* (－1.961)	
创业投资机构 阶段专业化					0.307*** (7.926)				0.405*** (13.980)
交互项									
中心位置 × 创业投资机构 行业专业化			－0.189*** (－8.331)						
中心位置 × 创业投资机构 区域专业化				－0.194*** (－7.330)					
中心位置 × 创业投资机构 阶段专业化					0.169*** (5.044)				

续表

变量	模型 0 – 3F	模型 1 – 3F	模型 2 – 3F	模型 3 – 3F	模型 4 – 3F	模型 5 – 3F	模型 6 – 3F	模型 7 – 3F	模型 8 – 3F
中介位置 × 创业投资机构行业专业化							-0.348 *** (-15.991)		
中介位置 × 创业投资机构区域专业化								-0.180 *** (-0.549)	
中介位置 × 创业投资机构阶段专业化									0.274 *** (10.452)
控制变量									
网络规模	-0.101 *** (-5.222)	-0.110 *** (-5.570)	-0.104 *** (-5.354)	-0.108 *** (-5.545)	-0.097 *** (-4.957)	-0.129 *** (-6.735)	-0.101 *** (-5.514)	-0.119 *** (-6.297)	-0.084 *** (-4.462)
小世界商数	-0.024 (-1.232)	-0.031 (-1.604)	-0.024 (-1.235)	-0.028 (-1.446)	-0.028 (-1.439)	-0.054 *** (-2.833)	-0.039 ** (-2.174)	-0.048 ** (-2.540)	-0.039 ** (-2.119)
投资行业	-0.125 *** (-6.554)	-0.125 *** (-6.575)	-0.121 *** (-6.440)	-0.116 *** (-6.158)	-0.127 *** (-6.762)	-0.121 *** (-6.518)	-0.108 *** (-6.119)	-0.117 *** (-6.348)	-0.122 *** (-6.828)
投资区域	-0.074 *** (-3.950)	-0.075 *** (-4.007)	-0.072 *** (-3.907)	-0.067 *** (-3.661)	-0.062 *** (-3.349)	-0.069 *** (-3.781)	-0.059 *** (-3.370)	-0.067 *** (-3.723)	-0.044 ** (-2.486)
投资阶段	0.056 *** (2.883)	0.055 *** (2.844)	0.047 ** (2.432)	0.060 *** (3.129)	0.046 ** (2.420)	0.047 ** (2.454)	0.045 ** (2.473)	0.053 *** (2.815)	0.033 * (1.807)

续表

变量	模型0-3F	模型1-3F	模型2-3F	模型3-3F	模型4-3F	模型5-3F	模型6-3F	模型7-3F	模型8-3F
项目联合投资规模	-0.047** (-2.468)	-0.047** (-2.461)	-0.045** (-2.379)	-0.041** (-2.191)	-0.056*** (-3.008)	-0.038** (-2.052)	-0.031* (-1.784)	-0.041** (-2.207)	-0.041** (-2.302)
机构性质	-0.423*** (-22.286)	-0.452*** (-19.993)	-0.419*** (-17.457)	-0.466*** (-20.593)	-0.409*** (-17.748)	-0.464*** (-24.461)	-0.359*** (-17.527)	-0.460*** (-24.444)	-0.321*** (-15.321)
机构年龄	0.028 (0.475)	0.041** (2.098)	0.028 (1.431)	0.052*** (2.652)	0.040** (2.042)	0.073*** (3.833)	0.048** (2.581)	0.073*** (3.905)	0.053*** (2.927)
首轮投资	-0.030 (-1.522)	-0.033* (-1.713)	-0.027 (-1.409)	-0.039** (-2.049)	-0.021 (-1.096)	-0.040** (-2.107)	-0.009 (-0.482)	-0.037** (-1.969)	-0.013 (-0.682)
R^2	0.240	0.242	0.265	0.260	0.265	0.273	0.348	0.293	0.331
调整后 R^2	0.237	0.238	0.261	0.256	0.261	0.270	0.345	0.290	0.327

注：括号内为 t 统计量；*** 表示 $p<0.01$，** 表示 $p<0.05$，* 表示 $p<0.10$。

371

假设检验的结果见表 7.38，绝大部分假设均通过检验。①创业投资网络中心位置与项目成功率的正相关在三个阶段均成立，假设 1a 得到验证。创业投资网络中介位置与项目成功率的正相关在第一和第三阶段成立，在第二阶段不成立，假设 1b 没有得到验证。创业投资网络中心位置/中介位置与退出期限的正相关在三个阶段均成立，假设 1c 和假设 1d 得到验证。②创业投资网络关系广度/关系深度与项目成功率的正相关在三个阶段均成立，假设 2a 和假设 2b 得到验证。创业投资网络关系广度与退出期限的正相关在三个阶段均成立，假设 2c 得到验证。创业投资网络关系深度与退出期限的正相关在第一和第二阶段成立，在第三阶段不成立，假设 2d 没有得到验证。③引入网络能力的调节变量后，结果表明创业投资机构行业专业化和区域专业化在三个阶段均负向调节中心位置/中介位置与项目成功率的关系，而创业投资机构阶段专业化对中心位置/中介位置与项目成功率的负向调节在第二阶段成立，在第一和第三阶段不成立，假设 3a、假设 3b、假设 3d 和假设 3e 得到验证，而假设 3c 和假设 3f 没有得到验证。④创业投资机构行业专业化在三个阶段均负向调节中心位置与退出期限的关系，创业投资机构区域专业化对中心位置与退出期限的负向调节在第一和第三阶段成立，在第二阶段不成立，创业投资机构阶段专业化对中心位置与退出期限的负向调节在第二阶段成立，在第一和第三阶段不成立，假设 4a 得到验证，而假设 4b 和假设 4c 没有得到验证。创业投资机构行业专业化对中介位置与退出期限的负向调节在第二和第三阶段成立，在第一阶段不成立，创业投资机构区域专业化对中介位置与退出期限的负向调节在第一阶段成立，在第二和第三阶段不成立，创业投资机构阶段专业化对中介位置与退出期限的负向调节在第二阶段成立，在第一和第三阶段不成立，假设 4d、假设 4e 和假设 4f 没有得到验证。⑤引入网络能力的调节变量后，结果表明创业投资机构行业专业化和区域专业化对关系广度与项目成功率的负向调节作用在三个阶段均成立，而创业投资机构阶段专业化对关系广度与项目成功率的负向调节作用在第二阶段成立，在第一和第三阶段不成立，假设 5a 和假设 5b 得到验证，而假设 5c 没有得到验证。创业投资机构行业专业化和区域专业化对关系深度与项目成功率的负向调节作用在三个阶段均成立，而创业投资机构阶段专业化对关系深度与项目成功率的负向调节作用在第二阶段成立，在第一和第三阶段不成立，假设 5d 和假设 5e 得到验证，而假设 5f 没有得到验证。⑥创业投资机构行业专业化在三个阶段均

负向调节关系广度与退出期限的关系，创业投资机构区域专业化对关系广度
与退出期限的负向调节在第一和第三阶段成立，在第二阶段不成立，创业投
资机构阶段专业化对关系广度与退出期限的负向调节在第二阶段成立，在第
一和第三阶段不成立，假设 6a 得到验证，而假设 6b 和假设 6c 没有得到验证。
创业投资机构行业专业化对关系深度与退出期限的负向调节在第二和第三阶
段成立，在第一阶段不成立，创业投资机构区域专业化对关系深度与退出期
限的负向调节在第一和第三阶段成立，在第二阶段不成立，创业投资机构阶
段专业化对关系深度与退出期限的负向调节在第二阶段成立，在第一和第三
阶段不成立，假设 6d、假设 6e 和假设 6f 没有得到验证。

表 7.38　　　　　　　　　　　　假设检验结果

名称	研究假设	第一阶段	第二阶段	第三阶段
假设 1a	创业投资网络中心位置与项目成功率正相关	√	√	√
假设 1b	创业投资网络中介位置与项目成功率正相关	√	×	√
假设 1c	创业投资网络中心位置与退出期限正相关	√	√	√
假设 1d	创业投资网络中介位置与退出期限正相关	√	√	√
假设 2a	创业投资网络关系广度与项目成功率正相关	√	√	√
假设 2b	创业投资网络关系深度与项目成功率正相关	√	√	√
假设 2c	创业投资网络关系广度与退出期限正相关	√	√	√
假设 2d	创业投资网络关系深度与退出期限正相关	√	√	×
假设 3a	创业投资机构行业专业化负向调节中心位置与项目成功率的关系	√	√	√
假设 3b	创业投资机构区域专业化负向调节中心位置与项目成功率的关系	√	√	√
假设 3c	创业投资机构阶段专业化负向调节中心位置与项目成功率的关系	×	√	×
假设 3d	创业投资机构行业专业化负向调节中介位置与项目成功率的关系	√	√	√
假设 3e	创业投资机构区域专业化负向调节中介位置与项目成功率的关系	√	√	√

名称	研究假设	第一阶段	第二阶段	第三阶段
假设 3f	创业投资机构阶段专业化负向调节中介位置与项目成功率的关系	×	√	×
假设 4a	创业投资机构行业专业化负向调节中心位置与退出期限的关系	√	√	√
假设 4b	创业投资机构区域专业化负向调节中心位置与退出期限的关系	√	×	√
假设 4c	创业投资机构阶段专业化负向调节中心位置与退出期限的关系	×	√	×
假设 4d	创业投资机构行业专业化负向调节中介位置与退出期限的关系	×	√	√
假设 4e	创业投资机构区域专业化负向调节中介位置与退出期限的关系	√	×	×
假设 4f	创业投资机构阶段专业化负向调节中介位置与退出期限的关系	×	√	×
假设 5a	创业投资机构行业专业化负向调节关系广度与项目成功率的关系	√	√	√
假设 5b	创业投资机构区域专业化负向调节关系广度与项目成功率的关系	√	√	√
假设 5c	创业投资机构阶段专业化负向调节关系广度与项目成功率的关系	×	√	×
假设 5d	创业投资机构行业专业化负向调节关系深度与项目成功率的关系	√	√	√
假设 5e	创业投资机构区域专业化负向调节关系深度与项目成功率的关系	√	√	√
假设 5f	创业投资机构阶段专业化负向调节关系深度与项目成功率的关系	×	√	×
假设 6a	创业投资机构行业专业化负向调节关系广度与退出期限的关系	√	√	√
假设 6b	创业投资机构区域专业化负向调节关系广度与退出期限的关系	√	×	√

名称	研究假设	第一阶段	第二阶段	第三阶段
假设 6c	创业投资机构阶段专业化负向调节关系广度与退出期限的关系	×	√	×
假设 6d	创业投资机构行业专业化负向调节关系深度与退出期限的关系	×	√	√
假设 6e	创业投资机构区域专业化负向调节关系深度与退出期限的关系	√	×	√
假设 6f	创业投资机构阶段专业化负向调节关系深度与退出期限的关系	×	√	×

第8章 多维策略与政策建议

创业投资网络是一个复杂的社会经济系统，系统的运行具有层次化、结构化、网络化的特性。联合投资日益成为创业投资的主要形式，并且通过理论分析和实证检验发现，创业投资网络对创业投资风险的缓解起到积极的作用。而对投资风险的缓解受到创业投资网络结构、网络位置、网络关系和网络能力的直接或间接影响。创业投资网络作用的发挥离不开资源获取机制、信息流动机制、学习机制、信任机制和网络治理机制的交互作用。本书研究结果表明网络位置和网络关系与风险缓解呈现显著的正相关关系，网络能力在网络位置和网络关系对风险缓解的影响中起到一定的调节作用。随着创业投资机构的日益增多，投资网络的规模越来越大，结构呈现复杂性的特征，在一定程度上加快了信息传播的速度，对投资网络的效率以及网络的稳定性、安全性提出了更高的要求。因此，本章依据相关分析结果，分别从政府、创业投资机构和创业企业的视角提出针对性的建议，以最大限度发挥创业投资网络的作用和风险缓解的效果，更好地服务实体经济。

8.1 创业投资机构培育优化创业投资网络缓解投资风险的策略与建议

创业投资可以看作关于投资机会的认知、发现和追逐市场机会以及整合资源进而促使风险企业能取得异质性产出、获取利润的过程。创业投资机构利用特殊禀赋和经验，洞察到其他机构未能发现的资源价值，并将这些未开发的投资机会付诸行动。如果创业投资机构的认知和判断是正确的，并能在项目投资和实施过程中有效地整合资源、控制风险，将获得巨额投资收益。反之，将可能发生投资风险，产生损失。

创业投资网络在信息的传递、资源的整合、投资风险的降低等方面，发挥着积极的作用。但每个创业投资机构自身条件参差不齐，在网络中的位置、沟通交际能力、投资行业专业化、区域专业化和阶段专业化等方面有所区别，因此在网络中的地位、作用以及投资结果必然存在显著差异。研究表明，创业投资网络对投资成功率和缓解风险能力的影响受到网络结构、网络位置、网络关系和网络能力的制约，但创业投资网络并非规模越大越好，网络密度、网络平均度、稳定性等指标也是重点考虑的因素。创业投资机构在投资网络中所处的位置越中心越重要，沟通交际能力越强，越容易接触到丰富的信息，越能为创业投资提供更多的优质资源，获得更多投资机会和市场影响力，提高投资业绩和成功退出的概率，降低创业投资的风险。

目前，我国的创业投资市场依然处于发展初期，创业投资机构应该广泛参与投资网络，尤其是中小投资机构。在资源有限的情况下，一方面，应该充分利用投资网络，学习投资经验，拓展自己的网络空间，提高对网络资源的获取、控制和整合能力；另一方面，创业投资机构通过自己业务水平和能力的提高反哺创业投资网络，优化创业投资网络结构、深化网络关系，提高网络的稳定性，凸显风险缓解的效果。具体体现在以下几个方面。

8.1.1　优化创业投资网络结构

通过研究发现，自 2005 年以来，活跃在我国创业投资市场的创业投资机构呈现逐年增加的趋势，但网络内的创业投资机构大多集中于网络的边缘区，仅有少数机构居于中心地位，整个网络的核心—边缘结构分区现象较明显。一方面，随着网络规模的扩张容易出现信息传递成本的提高，因此创业投资网络规模也并非越大越好，而网络效率与对风险的缓解能力及网络规模之间呈现出倒 U 型的关系；另一方面，随着创业投资机构的增加，处于投资网络边缘位置的创业投资机构会逐步丧失投资机会，直至淘汰。优胜劣汰的自然法则在创业投资网络中同样适用。因此，优化投资网络结构重点是加强投资机构之间的合作，提高投资网络的平均度，增强网络的信息传递速度，提升网络效率。

在信息不对称的市场环境下，创业企业相对创业投资机构具有信息优势，地理距离和文化差异加剧了这一信息的不对称。区域内的创业投资机构会对信息的传播设置一定的障碍，为其他机构进入该区域进行投资带来一定的困难，联合投资提高了网络整体的信息获取和风险缓解能力，但合作伙伴若选取不当，也会增加沟通成本和投资网络成员的道德风险。因此，第一，创业投资机构应加强自身能力建设，不能单纯地为了获取投资项目而盲目进行联合投资，而要从未来的合作效果、网络作用的发挥上综合衡量。第二，要选择差异性大的创业投资机构分工合作。在以往的投资中，每个创投机构根据自身所拥有的资源、擅长的领域，形成了自己的投资偏好和投资风格，在对创业企业的选择上存在一定的差异。在进行合作伙伴的选择中，既存在同类偏好的选择，利于优势加强，提高沟通的效率；也存在互补性选择，通过对差异性投资伙伴的选择，实现资源叠加，提高合作网络的异质性，达到互补的效果。第三，保持适度的网络规模，增强创业投资机构社会关系网络的资源获取作用，降低网络的交易费用和网络维护治理费用，提高决策制定的速度。第四，加大与创业企业产业链上的企业合作。合作伙伴并不一定是创投机构，也可以是与创业企业有产业链关系的上下游公司。通过上下游公司的介入，为创业企业提供产业链信息和资源整合的帮助，提高投资绩效。因此，创业投资机构在选择合作伙伴时，应根据创业企业的状况和自身条件，综合考虑，谨慎选择。

8.1.2 提高创业投资机构网络位置

实证研究发现，创业投资网络位置与项目成功率呈正相关，无论是中心位置还是中介位置，这一结论都成立。处于中心位置的创业投资机构能摆脱时间和空间的限制，降低因为联合投资而产生的代理成本。而且，网络位置越中心的创业投资机构，往往投资经验较为丰富，其网络资源获取能力和提供增值服务的能力就越强，越容易获取优质项目，增加退出的成功率，对市场风险和波动能及时采取必要措施，缓解创业投资机构风险。

处于中介位置的创业投资机构能在一定程度上促进网络内成员之间的沟通，加强信息的流动，起到了"桥梁"作用。中介位置的强弱可以通过占有的结构洞数量来衡量。创业投资机构所在的中介位置显著影响项目退出的效率和退出的效益。其中，创业投资机构的网络中介位置越有利，接触到的信息量就越丰富，其投资的创业投资项目的质量就越高。

1. 通过声誉建设，提高网络中心位置

创业投资机构的声誉是市场对该机构的认可度，是业内根据机构以往投资经验和管理能力做出的综合评判，是投资机构的一项无形资产。声誉存在一定的溢价效应，当创业投资项目有较高声誉的机构参与时，往往意味着该项目质量较好。一般来说，拥有较高声誉的创投机构所处的网络位置也相对较高，拥有较高的信息获取能力和较低的道德风险。相反，缺乏投资经验的机构更倾向于联合投资，在网络中所处的位置也通常较低，容易产生"搭便车"的行为。创投机构在寻找合作伙伴时，偏好拥有较高声誉的创投机构。创业投资网络的稳定性取决于网络内机构的整体素质，如果创业投资机构具备较好的声誉和素质，则会增加彼此之间的信任，对网络的稳定起到积极的作用。在联合投资的过程中，创业投资机构应该审视自己的行为，在合作中诚实守信，造就良好的企业声誉，在追求投资绩效的同时规范投资行为，积极发挥在投资网络中的作用，担负起优化风险投资网络的责任，提高自身的声誉以获取更多的资源、寻求更多的投资机会。

2. 加强沟通协调能力，提高网络中介位置

在创业投资网络中，创投机构的中介位置由其沟通协调能力和行业中的声望决定。创业投资网络可以分散风险，整合资源，但信息的不对称容易引发逆向选择和道德风险，影响网络的稳定性。在创业投资的过程中，创业投资机构之间也难免会出现意见分歧，这个时候沟通交流的艺术和魅力就更能体现出来。创投企业应该积极履行自己的职责，获取其他合作伙伴的信任与认可，提高业内知名度和网络位置中介性，加强信息的流动，降低意见分歧带来的负面效果，减缓创业投资网络的整体风险。

目前，联合投资作为创业投资的主要模式，经常以主投和跟投的形式进行，主投机构作为事件的发起者，在投资网络的决策中起到主导作用，也具有选择合作伙伴的主导权。主投机构对创投项目掌握的信息往往更加全面，其在寻找投资伙伴的时候，存在刻意隐瞒项目风险，诱导跟投机构的可能。同样，跟投机构为了参与创投项目，有刻意隐藏自身风险、夸大投资能力的动机。在合作的过程中，网络成员也存在"搭便车"的倾向，因此加强网络成员之间的沟通，不但能降低信息不对称所引发的风险，还能增强彼此之间的信任，提高网络的稳定性，增加以后再次合作的机会。当意见出现分歧时，如果是主投和跟投模式，这个时候主投机构往往有较大的话语权，虽然能以强硬的态度解决意见分歧，但也会破坏网络的稳定和和谐。当网络中的创投机构持有的份额相当时出现了意见分歧，有效的沟通更能促进投资的成功，为今后的再次合作打下基础。

3. 提高创业投资机构高管团队的管理能力，增强产业链服务能力

创业投资机构的资源基础不仅是创业企业所需的资金，还包括如专业技能、所掌握的市场信息、管理能力等其他无形的资源。创业企业在选择创投机构的时候会考虑机构的资金实力，因为企业可能存在后续的融资，创投机构资金实力雄厚，便于在随后的融资中继续为企业提供服务。此外，创业企业还会考虑创投机构为企业带来的产业链增值服务。创业投资有别于普通的投资，创业投资机构不仅为被投企业提供资金支持，还会在发展的过程中监督被投企业。在项目中，创业投资机构经常既充当出资人又充当管理者。创投机构利用自身的资源和经营管理能力，帮助创业企业改善经营状况，寻找战略合作伙伴，提供供应链资源，促进被投企业加速成长，提高创新能力和管理能力，实现快速增值，以获取更高的投资回报。因此，创业投资是专业化程度更高的行业，创业投资高管团队管理知识、经验等对创业投资风险管理具有重要的作用，对创业投资机构高管团队提出了更高的要求。我国创业投资发展较晚，投资经验、专业知识和相关人才相对匮乏，特别是在"百年未有之大变局"的形势下，创业投资高管团队需要有战略的眼光、先进的投资理念、独特的投资视角、丰富的管理经验、产业链的服务能力等，才能紧跟科技经济发展走势，投资具有潜力的项目，缓解投资过程中的各类风险。创业投资机构可以根据自身的投资战略目标，聘用具有相应复合知识结构和投资经验背景的高管人员，也可以加强高层管理人员的培训，采取多种措施促进管理人员之间的学习交流，同时，还要结合创业企业的性质，充分利用高管团队的资源优势，制定出最有利的投资策略。

8.1.3 深化和规范创业投资网络关系

1. 加强网络关系深度，增强创业投资机构网络中的凝聚力

在创业投资机构中，网络关系广度是创业投资机构的网络关系总数，是对创业投资机构在创业投资领域中合作关系的量化，为创业投资机构搭建更加广泛的信息资源的获取渠道和信息共享通道。网络关系广度越大，机构之间合作次数的可能性就越多，尤其是作为主投的创业投资机构邀请其他机构投资某项目的次数越多，未来其被邀请入驻其他机构项目的机会就越大。网络关系广度越大，伙伴间的连接越丰富，信息交流的层面就越宽泛，越有利

于获取异质性信息，降低信息的不对称，从而增大项目的成功率。

关系深度反映了创业投资机构之间关系的紧密度，关系深度强有利于深化创业投资机构间合作效率和提高信息传递的有效性，从而促进项目成功率的提升，缓解创业投资机构的风险。创业投资机构间的合作深度有利于缩短信息传递的路径，提高信息资源传递速度和对资源的整合利用率。创业投资机构注重加强网络关系深度，有助于增强创业投资机构在网络中的影响力和凝聚力，提高创业投资机构对创业投资项目扶持的能力，缩短创业投资机构的退出期限，一定程度上缓解了创业投资机构的风险。同时，网络关系深度的强化有助于加强创业投资机构间深层次的沟通，便于创业投资机构对创业投资项目的监督，从而缓解管理层的短视行为。

2. 建立规范的网络关系信任机制，提高网络整体信誉程度

在创业投资过程中，创业投资机构为了获得其所必需的各类资源，就必须要和拥有这些资源的机构发生互动，互动范围涉及更多的是多边关系。创业投资机构可以通过正式化的互动程序建立起制度性的相互信任，一种正式和带有普遍性的信任，也可以基于人际关系而发生非正式、特殊性的信任。创业投资网络中信任关系的建立是一个动态过程，信誉程度也是累积过程。创业投资机构之间的信任动态性、传导性和累积性，可以使网络关系之间的信任能在不同时间和地点重复发生，进而使资源活动网络内部化，有利于增强创业投资网络中个体之间的合作和信任，化解成员之间的冲突，减少不确定性带来的风险。在信任建立过程中，一是要加强建立配套的信任渠道，充分发挥成员之间的信任沟通、传递，保证信任的动态调节作用，从而节省资源获取中双方信息获取、协商谈判、交易实现所需要的成本，良好的信任状况能使创业个体以最低成本、最高质量来获取资源。二是建立规范的网络关系信任系统。信任不仅影响网络内主体之间的交互作用，而且会影响网络外部所表现出的信誉程度。信誉程度是以往创业投资机构之间交往情况记录的累积，是对外界交往的通行证，它能对整个网络以及网络外的交流渠道产生重要影响，进而影响外界对整个网络的认知与态度。所以在创业投资网络中，要建立规范的诚信系统，对网络中成员的交易、诚信起规范作用，从而推动整个创业投资网络信誉程度的提高。

8.1.4 拓展创业投资网络能力

创业投资机构的网络能力表现在区域专业化、行业专业化和阶段专业化三个方面。通过第 6 章的研究发现，目前中国创业投资网络呈现出专业化的特征。从创业投资网络的行业异质性来看，创业投资机构的投资项目主要集中在信息技术、工业、可选消费、医疗保健等领域；从创业投资网络的区域异质性来看，创业投资机构的投资项目主要集中在京津、长三角、珠三角等区域；从创业投资网络的阶段异质性来看，种子期和初创期投资占比最高。创业投资机构的网络能力，影响创业投资机构在网络的位置以及网络关系，资源的获取能力。

相较于多样化投资的创业投资机构对创业投资机构的风险缓解，创业投资机构的行业、区域和投资阶段专业化使得它们专注其专业领域中建立联盟，降低对投资网络的依赖性，从而妨碍投资网络对风险缓解作用的发挥。创业投资机构一方面要发挥所属的区位优势，利用行业专业化水平；另一方面要提高专业化的异质性，加强与网络成员之间的信息交流，增强风险抵抗能力。

企业所处的发展阶段、所属行业的不同对资金和技术的需求有所差异。创业企业处于初创期时，对资金和技术的需求量都很大，发展前景很难预判，投资风险较大，但若投资成功，收益率也较其他阶段高。随着企业的发展，企业技术日趋成熟，对资金的需求逐渐高于对技术的需求，企业的战略定位也越发清晰，拥有了一定的知名度和市场占有率，投资风险相对降低，但投资收益率也下降了。当企业属于高新技术产业时，对技术的需求要高于对资金的需求，当企业属于传统行业时对资金的需求往往占主导。因此，创业投资机构应该利用投资网络，通过联合投资与投资机构之间形成优势互补和合作关系。创业投资机构在进行投资前，应该在对自身资金实力、行业特长、管理水平和风险承受能力等清晰认识的基础上，根据被投企业的运行能力、财务状况、所属行业、所处发展阶段以及结合当时的市场环境、宏观政策导向，综合评判被投企业的投资前景，对拟投资项目进行全面评估和筛选，制定出科学的投资策略，提高投资的成功率。创业投资机构应该认识到分阶段投资能分散投资风险的同时，也存在分阶段带来交易成本、投资周期和人力成本的提高等问题。

8.2 创业企业优选运用创业投资网络缓解投资风险的策略与建议

企业能否取得超额利润取决于其资源获取能力，企业占有资源的数量和质量，稀缺性、异质性程度是其竞争力的源泉。对于创业企业而言，目前中国风险投资机构与创业企业的合作偏离了创业投资的本意，变成了单纯的资金支持。创业投资机构的资源基础不仅是创业企业所需的资金，还包括如专业技能、所掌握的市场信息、管理能力等其他无形的资源，这种无形的资源对于项目的成功与否存在显著影响，也可以看作风险投资机构区别于其他金融投资机构的异质性资源。这种异质性资源在项目投资的事前和事后决策中都非常重要。

这一方面是由于投资机构自身创业投资经验的缺乏，另一方面是由于创业企业对于创业投资机构的作用和价值缺乏足够的认识。创业企业应在明确自身企业需求的前提下去辨别能为企业发展带来积极影响的创业投资机构，利用创投机构提供的资源，扩展自身的网络关系，提高创新能力和产出水平。

8.2.1 优选创业投资机构

创业企业和创业投资机构之间是一个双向选择的过程，创业企业在评估、筛选项目的时候会考虑创业企业所处的行业、发展阶段和未来前景。同样，创业企业如果项目质量好，也会受到众多创业投资机构的追捧。创业投资与一般投资存在重大的区别，创投机构除了为创新企业提供资金支持外，还会提供增值服务，这些增值服务对企业的成长与发展起着重要的作用。创业企业在筛选创业投资机构的时候，应该从以下角度重点分析。

首先，吸引位于网络中心位置的风险投资机构。创业企业应该认识到，每个创业投资机构在投资中都有自己擅长的领域，在投资的过程中积累了丰富的行业经验。投资网络的构建，提高了创业企业的信息获取能力和知识转移能力。创业企业应该根据自己未来的发展方向和定位，选择处于网络中心位置，在某领域内投资经验丰富的创投机构，充分享用创投机构带来的增值资源，在今后的发展中能得到更多的指导。研究表明，创业投资机构的网络中心性越高，投资风险越小，成功退出的概率就越大。诚然，创新能力强、发展前景广阔的创业企业越能得到位于网络中心位置创投机构的青睐。因此，创业企业也应该提高公司自身吸引力。

其次，创业投资机构的实力，尤其是资金实力。创业企业往往处于起步发展阶段，在今后的发展中很有可能需要第二轮、第三轮的融资。若创业投资机构资金实力雄厚，可以在随后的融资中继续为创业企业提供帮助，利用已经建立起来的渠道及合作信任基础降低沟通成本。

最后，创业企业应该重点考虑创业投资机构在组建联合网络时，能对自身提供多大的供应链资源。如果联合网络成员或者创业投资机构的资源中存在创业企业上下游行业关系，或者能为创业企业对接并购、重组的，则对企业的发展无疑是巨大的利好，能较快地促进企业的成长。

另外，创业企业还需要考虑投资机构的性质。不同性质的投资机构其投资特点存在较大的差异，如国内具有政府背景的创业投资机构，资金实力雄厚，可能对企业管理、创新上的帮助较为有限；而外商投资机构经验丰富，但存在本土资源劣势。

8.2.2 利用创业投资拓展自身的网络关系

创业企业要充分利用创业投资机构的网络关系，优化组织结构，提升创新能力。与创业投资机构带来的伙伴保持密切沟通，积极建立与中介机构和相关企业的关系网络。创业企业应该在创业投资机构退出联合网络之前积极向其学习知识和经验，避免创投机构退出后，网络资源配置迅速缩水，进而出现业绩大幅下滑的情况。

创业投资机构将其通过创业投资网络获取的信息和资源传递给创业企业，希望通过资源的有效利用提升创业企业的创新效率。创业企业获得资源的有效性直接受到与创业投资网络联系紧密程度的影响。提高创业企业与创业投资网络联系的紧密度，则可以借助创业投资网络与异质性较大的投资机构进行合作，以充分利用其正面优势。提升与创业投资网络之间的紧密性，不仅仅要加强与创业投资机构的合作和交流，更为重要的是要对关系进行拓展，深化合作关系，加强彼此之间的信任，确保合作关系的稳定性和持久性，加强创业投资网络的作用，进而促进资源的传递，推动创业企业创新活动的发展。

8.2.3　健全知识产权保护制度

创业企业通过资源投入最终需要将科技成果以产品的形式转化为收入，如果知识产权得不到保护，创新成果很容易被窃取，这样将增加创业企业的风险，大大降低企业创新的积极性。加强对仿制产品、知识产权窃取和侵犯的打击力度，提供相关政策的约束，保护创业企业创新的积极性。建立健全知识产权保护制度，对于自主创新的知识要保护，及时申报，不容他人侵犯。同时，要加强自主知识产权保护意识，避免知识产权被窃取或模仿。

8.2.4　注重自身建设，提高对创业投资机构的吸引力

创业企业质地的优异，决定了对创投机构的吸引力。质地优异的创业企业更能够吸引具有网络中心地位的创业投资机构，进而享受创投机构所带来的增值服务和优质资源。创业企业可以增加公司的研发投入，培育新的技术，提高产品的科技含量，加快技术升级，提高创新能力，为日后能在创业板或者科创板上市创造条件，降低退出风险，提高投资收益，以增强对投资机构的吸引力。

全美风险投资协会公布的数据显示，创业投资机构与初创企业的合作长达 10 ~ 15 年。而目前中国创业投资偏好短期投资，通过资本退出获取高额回报，然而长期持股的意愿并不高。这也造成了创业投资机构存在短期提高创业企业绩效的动机，而忽略企业的长期发展。创业投资机构的退出，会带走网络资源和相关服务。创业企业可以提高自身的创新能力或者通过激励方案，吸引创业投资机构长期投资，同时加强对网络关系的维护，促使创业投资机构的资源成为自身的资源。

8.3　政府健全完善创业投资网络环境缓解投资风险的策略与建议

8.3.1　完善法律供给体系

法律制度的完善，是吸引创投资金进入、维护创业投资行业发展的重要保证。在《公司法》和《证券法》的基础上，2014 年 8 月我国又出台了

《私募投资基金监督管理暂行办法》，2020年12月公布了《关于加强私募投资基金监管的若干规定》，在一定程度上改善了风险投资缺少法律依据的现状，但仍然存在一定的问题。首先，《私募投资基金监督管理暂行办法》和《关于加强私募投资基金监管的若干规定》制度的层级较低。其次，针对私募股权投资基金的法律缺位，例如，目前私募基金相关的法律主要针对私募证券投资资金，而缺少针对私募股权投资基金的法律，股权投资基金和证券投资基金有较大的差异性，股权投资基金的法律未必适用于私募股权投资基金。最后，各个地区尚未完全建立起创业风险投资基金的实施细则。

联合投资在风险分担、资源共享、价值增值等方面具有积极的作用，但随着联合投资网络规模的扩大和复杂度的提高，完善相关法律监管是维持其健康有序发展的重要保障。完善法律供给制度，建议在相关法律的制定和修改上，加快针对创业投资的法律出台，真正做到有法可依。优化风险投资相关的法律供给，尤其是各地方政府应该及时根据区域特点推出适合本地区区域发展和产业结构的创业投资法律细则。通过政府监管、行业自律、机构行为规范等多维度、多层面地为创业投资市场营造良好的法制环境。

8.3.2 加大税收优惠和财政支持力度

从美国研究与开发公司成立算起，其创业投资已经有75年的历史。除了个别年份，美国风险投资融资额长期保持增长态势，这与其税收优惠制度是分不开的。美国《税改法案》实施后，资本利得所得税被取消，极大地刺激了美国创业投资的活跃度，历史上资本利得所得税最高时达49%。另外，美国根据创投资金退出期限采取差异化的税率，即持股周期越长，税率就越低。积极推行地方税收抵免政策，鼓励创投机构对新兴企业进行投资。政府还成立了中小企业管理局，为创业投资提供信用担保支持，通过长期贷款、股权、债券等多种形式为创业企业提供融资支持，降低投资风险。

中国新技术创业公司作为我国的第一家创业投资公司于1985年成立，起步较晚。我国现有的税收优惠政策主要有全国投资抵扣税优惠政策和西部地区的企业所得税政策，另外有些地区出台了地区税收优惠政策。创业投资机构投资增值部分，按照所得税进行缴纳而非资本利得税收。风险投资基金根据组织形式的不同，投资收益缴纳的税率也存在较大差异。目前，我国对于创投的税收优惠政策和国外直接面向出资人和创业者的优惠政策差异显著，尤其是公司制的创业投资基金会面临双重税负的问题，降低了税收优惠的效果。学习国外的经验，我国可以通过设立政策性引导基金、税收优惠、财政支持等措施，吸引和引导更多的创业投资机构进入市场，提高对处于种子期和初创期投资的积极性，推动实体经济的发展。目前，我国还处于创业投资发展的初级阶段，政府应该根据我国的产业结构和发展方向，对创业资金进行引导。支持国有创投机构与民营资本合作，通过引导和带动，提高国有机构的市场竞争力。通过税收减免等优惠鼓励创投资金进入实体经济，并根据持股期限采取差异化的税收政策，鼓励创投资金长期投资，降低机构的投资成本，调动投资的积极性，构建良好的投资氛围。建议根据投资行业和投资阶段采用有差异的所得税优惠政策，发挥税收政策在宏观调控导向和产业结构调整上的作用。

外资机构在投资经验和管理模式上较国内机构有一定的优势，外资退出后对创投企业的稳定性影响较小，有外资机构参与的网络在信息传递方面也具有明显的优势。政府通过优惠政策吸引外资背景的创投机构进入中国市场，鼓励外资创投机构和国内的机构进行联合投资，既解决了资金不足问题，也有利于国内机构学习外资机构的投资经验。

利用税收优惠、财政支持和区位优势，加强示范基地的建设，促进创业投资生态系统的优化，发挥创新集聚试验田的示范效应。

8.3.3 建立创投征信制度

创业投资行业的高风险性，主要源于信息的不对称。这种不对称性既存在于创业投资机构之间，也存在于创业投资机构和创业企业之间，信息不对称为投资中的道德风险和逆向选择埋下了隐患。

创业投资机构在寻找合作伙伴的时候存在隐瞒自身劣势的动机，在选择时往往依据机构在业内的声誉，或者以往合作中所积累的信用为基础，然而声誉和信用缺少权威机构的认定，在信息搜寻中也增加了时间和成本。另外，依靠声誉寻找合作伙伴或者创业企业选择投资方，经验丰富、声誉高的机构容易获得更多的投资机会。然而，我国创业投资起步较晚，众多创业投资机构成立时间晚，缺乏投资经验的创投机构较多。在信息不对称的市场环境下，很容易造成声誉好的机构越做越大，而知名度低的，尤其是新成立的、缺少资源的创投机构很难获取投资机会，即强者恒强，弱者恒弱，这显然不利于我国创投行业的发展。

创业投资机构信用体系的构建，应该由权威机构牵头或者鼓励第三方征信机构，为每个创投机构设立征信档案，客观地记录其信息，构建有影响力，有制约力的创投信用评价系统。创造缺乏经验的创投机构参与联合投资的机会，减少信息搜寻成本，降低信息不对称，提高道德风险和违约的成本，从而有利于创业投资网络的健康发展。

8.3.4 强化信息交流和信息披露平台

在信息不对称的环境下，创投机构和创业企业在签约前容易发生逆向选择问题时，创业投资机构会在信息不对称下选择较差的创业企业，该创业企业在很大程度上风险高，且存在大量虚假信息，增加项目的投资风险。当创投机构和创业企业签约后又会面临道德问题，创业企业虽然选择了一个质量好的机构，但是创业企业可能没有履行自己的承诺，在筹到资金后不努力经营，形成委托代理风险，致使创业投资失败。网络组织形式的优势之一就在于能促使联结各方进行开放、自由的信息交流。

政府充当信息中介中心，通过搭建信息交流平台，有效地提高创业投资机构获取信息的能力，从而拥有更多的资源，增加联合投资的可能性。政府相关职能部门可以通过定期或不定期举办交流会，创业投资机构既可以利用平台分享投资经验，探讨未来的投资机会和方向，给边缘化的、新成立的创投机构传递投资理念和投资技巧；又有利于投资机构之间的优势互补，增加彼此间的信任度，提高联合投资的效率；还能为创业投资机构和创业企业之间搭建平台，促进双方合作意向的达成。建立合作交流网站，发布创业企业的需求信息。丰富交流的形式，多样化、多元化开展。既可以会议的形式，也可以沙龙和培训的形式进行。通过开展专业的创投知识培训，提高投资机构的理论基础和实际操作能力，及时总结和宣传发达国家、发展中国家的创业投资经验，鼓励联合投资，营造合作共赢的文化氛围，避免资本的盲目性投资。

加强"产学研"的深度融合。高校、企业、研究所之间建立合作平台，培育孵化中心和实验基地，鼓励科技成果的商业化转化。完善创新创业生态系统，通过"产学研"的协同创新，从源头上为创业投资提供具有市场竞争力的初创项目。可以效仿美国成立专门的基金会、创业研究会、创业家协会以及创业教育基金来支持创业教育。鼓励高校举办创业计划竞赛等活动，为创业投资提供素材来源。充分利用高校科研理论对实践的指导作用，单纯地依据实践经验的总结来推动创业投资业的发展，显然是低效的、高成本的。提高科研经费的投入，利用学者们的研究成果和规律总结，缩短国内创业投资业与国外的差距，提高国内创投机构的竞争力。

完善信息披露制度。信息不对称降低了缺乏投资经验的创投机构参与投资的概率，在投资的过程中引发道德风险、逆向选择等行为问题，降低联合投资的效率。充分利用现有的人工智能和大数据技术，打通中国证券投资基金业协会的"资产管理业务综合报送平台"和工商行政部门下属的国家企业信用信息公示系统等信息平台，实现资源、信息的同步更新和共享，提高信息的透明度和传递速度，为监管和信息收集提供便利。加强中国私募股权投资基金数据库的建设，目前中国私募股权投资数据库主要有投中集团的 China Venture 数据库、清科集团私募通数据库和万得资讯下属的 PEVC 数据库，但这些数据库普遍收费较高，不利于信息的传播和科研的开展。

成立全国性的创业投资行业协会，积极发挥协会的作用。行业协会作为自律性的机构，以会员的形式构建组织结构，为创业投资机构搭建平台的同时，规范行业的发展。通过协会培训和从业人员管理，提高从业人员的素质。目前，创业投资协会都是区域性的，缺少全国性的创业投资协会。

8.3.5　完善多层次资本市场结构

创投资金的退出渠道是评判一个国家或地区创业投资市场健康与否的重要指标。退出渠道的畅通，对稳定创业投资行业的发展起到了积极的作用。加强多层次资本市场的建设，为我国创业投资的发展创造了良好的退出环境。目前，创投机构主要通过 IPO 和并购重组两种方式实现对创业企业的资本退出。尽管我国已经构建了主板、创业板、科创板、"新三板"以及以区域性股权交易中心为主体的多层次资本市场结构，但也存在"新三板"流动性不足、主板、创业板和科创板容纳有限、IPO 大量排队现象。

在创业投资双向网络图谱的研究中，通过可视化图谱可以清晰地看到，2013—2015 年，随着"沪港通"的开通和"新三板"的扩张，为创业投资市场提供了新的发展机遇，联合网络出现了明显的扩张。2016—2018 年，随着"深港通"开闸，给创业投资市场注入了新的活力，创业投资的筹资、投资以及退出方面都得到了大力发展，证实了一个国家（地区）的创业投资活跃度与该国（地区）金融市场的活跃度成正比，金融市场越活跃，创业投资项目成功退出的概率就越高，越能提高对创业投资的吸引力。中国科创板的推出，为高新技术企业上市融资提供了渠道，为创业投资机构通过 IPO 退出创造了机会，但从目前科创板的规模来看（截至 2021 年 6 月 30 日，中国科创板上市公司数 301 家），科创板上市公司数较少，市场容量有限。因此，根据创业板、科创板取得的经验，进一步推进股票市场注册制改革的进程。完善我国多层次资本市场的构建，缩短上市审批时间和相关手续，为投资的多渠道退出提供保障。

第9章 研究结论与展望

本书在国内外相关理论、文献的基础上，基于社会网络理论的视角，剖析了创业投资网络动态形成与演化机制；揭示了创业投资过程中风险传导原理；从投资组合理论、交叉持股、联合投资等方面分析了创业投资的风险分散、分摊原理；从创业投资网络的内部作用机制，多角度阐释了创业投资网络演化和对风险的缓解机理。采用多案例研究方法，选取两家创业投资机构作为研究样本，通过实地调研和访谈得到两家创业投资机构的一手资料和二手资料，并通过 NVivo 软件筛选出与研究问题相关的语句并对其进行编码，根据编码结果分析网络位置、网络关系和网络能力与风险缓解之间的相互关系。以 Wind 数据库 2005—2019 年创业投资机构及其形成的创业投资网络为研究对象，借助 Ucinet、Gephi、Pajek 和 Netdraw 等软件分别从创业投资网络拓扑图演化、网络结构演化、网络位置演化、网络关系演化以及网络资源整合能力—异质性特征演化探究创业投资网络演化规律。研究揭示了创业投资网络演化同时受到国际、国内两个市场的双重影响并且越发呈现出规模扩大、密度减小、合作关系加深等结构特征。最后，分别构建了线性回归模型和生存分析模型，实证检验了三个阶段创业投资网络位置、网络关系与创业投资风险缓解的直接关系以及创业投资网络能力对网络位置、网络关系与创业投资风险缓解关系的调节作用，并依据实证分析结论，从多个维度提出了风险缓解的建议。

9.1 研究结论

1. 基于多种理论探究创投网络形成演化机制及风险缓解机理

本书基于演化博弈理论对创业投资机构是否进行联合投资进行动态分析。运用社会网络理论分析创业投资网络的形成和演化机理。运用投资组合理论和非系统风险的特性，探讨多元化投资分散风险的机理、交叉持股影响风险投资组合整体收益波动性的内在机理。通过构建创业投资网络运行机制的理论框架、阐释基于创业投资网络运行机制的风险缓解机理等。本书从理论上着重回答了以下问题：第一，创业投资网络是如何形成和演化的？第二，创业投资机构是否选择联合？联合的策略是什么？第三，创业投资网络传导和分散投资风险的机理是什么？第四，创业投资网络的整体运行机制和风险缓解机理又是怎样的？基于上述问题的理论分析，得出以下研究结论。

第一，构建和积累社会资本是创业投资机构参与创业投资网络的主要驱动力量。创业投资网络各成员之间社会资本投资的互补性越高，各成员用于构建和维护创业投资网络的积极性越高；社会资本的积累往往导致创业投资网络成员的路径依赖，从而导致过度紧密网络关系产生锚定效应。当外部环境发生改变时，路径依赖引发各种锁定效应，不仅会限制既有网络成员的转型，还会导致创业投资网络的衰退。创业投资网络结构生成的驱动因素是结构洞。创业投资网络中存在的结构洞不仅解释了该网络中信息或资源流动空缺的成因，同时也解释了创业投资网络成员积极开发不同组织间的结构洞的动力所在，即不断为其成长提供资源。

第二，创业投资网络的演化离不开网络租金的激励作用和结构洞的驱动作用。在创业投资网络不同发展阶段，通过潜在创业投资网络成员的不断识别，完成结构洞的开发，最终实现创业投资网络的动态平衡，但嵌入型社会资本关系的形成，往往使创业投资网络的成员失去创新意识和创新能力。

第三，创业投资机构在联合创业投资的过程中具有有限理性，并会根据自身对不确定环境及其他创业投资机构的策略信息来不断地调整自己的策略。按照机构的初始禀赋，将创业投资机构分为高禀赋和低禀赋两类。当创业投资机构在联合投资过程中对合作创投机构的资源和经验等知识吸收转化能力较强时，无论是高禀赋还是低禀赋的创业投资机构采取联合投资的概率都会增加；当创业投资机构的风险系数较高时，意味着选择联合投资所付出的初始成本较高，此时高、低禀赋创业投资机构倾向于选择不联合投资策略。

第四，创业投资风险传导包括创业投资机构外部传导和内部传导。创业投资机构外部传导，即创业投资网络主体间的风险传导依附于资金、信息和人员等载体。不同的风险具有不同传导路径和传导效应，创业投资应把握风险传导的本质，阻断风险的传导路径，降低风险在创业投资网络企业间的传导速度。运用马科维茨投资组合理论揭示了在创业投资机构投资的项目数量适当增加，且其投资组合中部分项目的收益率分布之间存在异质相关性时，分散投资能有效降低创业投资的风险。交叉持股能够降低创业投资组合的投资风险的两个渠道：一是增加不同项目收益率之间的相关性；二是交叉持股增加了不同创业投资项目负责人之间相互约束。交叉持有收益率负相关的创业投资项目时，不仅能熨平创业投资组合整体的收益波动性，还能有效降低整体风险；相反，若交叉持有收益率正相关的创业投资项目，不仅不能有效降低创业投资组合的整体风险，还会无意明显地加大创业投资组合整体收益的波动性。应用柯布—道格拉斯生产函数证明了联合投资一个项目或一个项目组合时，更容易在给定风险水平与结构的条件下，提高总体收益率，从而降低单位收益所承担的风险水平。

第五，创业投资网络强调创业投资机构之间的相互协作关系，在价值链上实现资源和信息的共享以及知识、技术与能力的互补过程。创业投资网络的运作过程中，其网络主体的内部作用机制包括网络结构的作用机制、网络关系的作用机制及网络治理机制等。网络主体与网络机制是创业投资网络形成的基础，也是导致不同网络形成与演化机制差异的根本原因，创业投资的风险缓解作用的发挥离不开资源获取机制、信息流动机制、学习机制、信任机制和网络治理机制的交互作用。

2. 通过案例研究揭示网络特征对创业投资风险缓解的作用机制

为了进一步分析网络特征对风险缓解是如何作用和影响的，本书采用多案例研究方法，选取两家创业投资机构作为研究样本，通过实地调研和对创业投资机构中层管理者、投资项目负责人访谈得到两家创业投资机构的一手资料，并通过 NVivo 软件筛选出与研究问题相关的语句并对其进行编码，根据编码结果分析出变量之间的相互关系，得出以下研究结论。

第一，创业投资机构的外部网络特征（网络位置和网络关系）对其风险缓解有直接影响，内部网络特征（网络能力）在其中起到调节作用。具体体现在，位于中心位置的创业投资机构可以帮助其缓解创业投资风险，通过其强大的声望和领投能力来缓解技术风险与信息不对称风险。

第二，占据结构洞位置的创业投资机构会起到桥梁的作用，可以帮助收集到更多样化的信息，进而缓解创业投资风险；创业投资机构的关系广度可以帮助其缓解创业投资风险，通过与不同性质的合作伙伴沟通交流，会对市场和环境有更全面的影响，创业投资机构能更好地应对市场风险。

第三，创业投资机构的关系深度可以帮助其缓解创业投资风险，创业投资机构获得的更高质量的信息有助于缓解其面临的决策风险和信息不对称风险。

第四，创业投资机构的网络能力可以调节网络位置和网络关系对创业投资风险的影响。

3. 基于社会网络分析揭示创业投资网络的动态演化规律

选取 2005 年 1 月 1 日至 2019 年 12 月 31 日 Wind 数据库中的联合投资项目为样本，借助 Ucinet、Gephi、Pajek 和 Netdraw 等软件分别从创业投资网络拓扑图演化、网络结构演化、网络位置演化、网络关系演化以及网络资源整合能力—异质性特征演化探究创业投资网络演化规律，得出以下研究结论。

第一，创业投资网络演化同时受到国际、国内两个市场的双重影响，网络发展变化与创业投资业的发展一脉相传。一方面，创业投资网络呈现出规模扩大、密度减小、合作关系加深等结构特征；另一方面，这种特征减缓了创业投资机构间的流动，创业投资网络更趋于稳定，创业投资网络为创业投资机构营造了良好的投资氛围。

第二，处于核心位置的创业投资机构经历了由外商为主到国有企业为主的转变，这类创投机构主要集中在京津、长三角和珠三角地区。处于中心位置和中介位置的创业投资机构，保持着较大的影响力和凝聚力，并且在很大程度上掌握着网络关系的联结和传递。总体来看，创业投资网络的差异性在增大，但网络权力并未集中，有利于创业投资领域的发展。

第三，随着创业投资领域的逐步发展，创业投资机构愈加重视联合投资，但不同创业投资机构之间的发展不平衡，创业投资网络的合作效率从高到低再到近几年逐渐提高，投资项目主要集中在信息技术、工业、可选消费、医疗保健等行业，投资项目主要集中在京津和长三角地区，在不同投资阶段均更加注重对信息技术行业的投资。

4. 实证检验创业投资网络特征演化对风险缓解的影响

本书选取 2005—2019 年 124 家创业投资机构为样本，沿用 3 年时间窗将时间范围划分为三个阶段，分别构建线性回归模型和生存分析模型进行实证检验，得出以下研究结论。

第一，三个阶段网络位置中的中心位置和中介位置基本与创业投资风险缓解呈显著正向关系，且正向影响程度随着阶段的发展逐渐减弱。主要是由于现代信息技术的不断发展导致创业投资领域的信息不对称性随着信息传播速度的加快而减弱，相对位于网络边缘的创业投资机构可能会和位于网络中心位置的创业投资机构在一定时期内获取到相同投资机会的信息，从而降低了网络位置正向影响创业投资风险的程度。同时，基于联合投资的创业投资网络在不断扩大，网络内的创业投资机构数量增多、机构之间关系变得复杂，导致创业投资机构所处的网络位置对创业投资风险缓解的积极影响在整个网络大环境下被冲淡。

第二，三个阶段网络关系中的关系广度和关系深度基本与创业投资风险缓解呈显著正向关系，且正向影响程度随着阶段的发展呈减弱趋势。主要是由于在阶段演进过程中，创业投资机构之间的联系不断增加，联系更加紧密，同时也带来创业投资机构项目选择范围的扩大，弱化了创业投资机构的网络关系对创业投资风险缓解的正向影响。

第三，三个阶段网络能力中的行业专业化/区域专业化基本显著负向调节网络位置/网络关系与创业投资风险缓解之间的关系，但阶段专业化对网络位置/网络关系与创业投资风险缓解的调节作用在三个阶段有所差异。具体而言，行业专业化程度较低的创业投资机构，在三个阶段内部因其有更广阔的投资领域及更丰富的投资行业，更容易利用良好的网络位置/网络关系缓解创业投资风险。区域专业化程度较低的创业投资机构，在三个阶段内部因其项目分布广泛，对不同区域的创业投资项目及投资环境更加了解，更容易利用良好的网络位置/网络关系缓解创业投资风险。然而，创业投资机构阶段专业化在不同发展阶段的调节作用需要结合实际情况具体分析。

9.2 研究展望

1. 创业投资风险的动态管理研究有待进一步深化

本书剖析了创业投资网络动态形成与演化机制，揭示了创业投资过程中风险传导原理，分析了创业投资网络的风险缓解机理，实证了网络特征的动态变化对创业投资风险缓解的影响。但这些理论分析是在特定环境下探讨的，而创业投资风险管理是动态的过程，会随着环境和制度的变化而变化，今后的研究有待进一步将动态的环境考虑进来，分析风险缓解和环境互动。创业投资在整个投资循环过程中，各个阶段的风险都不尽相同，创业投资网络对创业投资循环整个链条的风险影响还需要进一步探究。

2. 需要进一步丰富样本量

本书采用理论分析和实证检验相结合的研究方式，丰富了相关理论，对政策的制定具有一定的借鉴和指导意义。然而，受限于数据的可获得性，在探究网络位置、网络关系及网络能力对创业投资风险缓解的影响时，数据库能延续三个阶段的创业投资机构经过筛选只有 124 家，样本的量不大，没有进行分类研究，可能使得到的结论在一定程度上存在局限性，在后期的研究中，有待深入和完善。

3. 不同行业和区域的创业投资网络风险缓解的差异需深化研究

关于创业投资机构投资偏好研究中，依据行业、区域和阶段进行了分析，研究表明创业投资机构的投资项目主要集中在京津和长三角地区，且在不同区域均更加注重对信息技术行业的投资及种子期、初创期和扩张期的投资。然而，不同行业、不同区域的创业投资网络对风险缓解的影响是否一致，受篇幅和笔者能力的限制，在本书中并未展开研究。

附录　访谈提纲

1. 请您简要介绍一下贵公司的基本情况与企业发展历程。

2. 贵公司在行业内的影响力如何？

3. 贵公司如何选择联合投资机构？从您的角度来看，您寻找联合投资机构的标准有哪些（资金规模、投资经验、在行业中的地位、声誉等）？最看重的是什么？请举几个关键事例来说明。

4. 贵公司参与联合投资时是否存在领投机构，贵公司是否担任过领投机构？

5. 贵公司如何与联合投资机构保持沟通联系，沟通联系的频率大概多长时间，为什么？

6. 是否会与联合风投机构进行多次合作，为什么？多次合作的风投机构占联合投资机构的比例是多少？

7. 如何解决与联合投资机构合作中出现的问题，增加彼此的信任度？

8. 贵公司在选择联合投资机构时是否会考虑该风投机构行业、地域等投资偏好？

参考文献

［1］爆雷！中国上市公司投资美国企业，1.4 亿打水漂［EB/OL］.（2020 – 12 – 28）［2021 – 09 – 28］，https：//finance. sina. comcn/roll/2020 – 12 – 28/doc – iiznctke9017524. shtml.

［2］边燕杰，丘海雄. 企业的社会资本及其功效［J］. 中国社会科学，2000（2）：87 – 99.

［3］边燕杰，张文宏. 经济体制、社会网络与职业流动［J］. 中国社会科学，2001（2）：77 – 89，206.

［4］陈豪杰. 项目投资风险全过程管理探讨［J］. 财经界，2020（30）：53 – 54.

［5］陈灏康. 风险投资中的委托代理风险及其治理机制研究［J］. 科学管理研究，2006（1）：114 – 116.

［6］陈暮紫，秦玉莹，李楠. 跨区域知识流动和创新合作网络动态演化分析［J］. 科学学研究，2019，37（12）：2252 – 2264.

［7］陈晓萍，徐淑英，樊景立. 组织与管理研究的实证方法［M］. 北京：北京大学出版社，2012.

［8］陈鑫，陈德棉，叶江峰. 风险投资、空间溢出与异质创新［J］. 管理评论，2021，33（4）：102 – 112.

［9］陈学光. 网络能力、创新网络及创新绩效关系研究［D］. 杭州：浙江大学，2007.

［10］陈艳，罗正英. 分阶段投资策略对技术创新成果的影响：基于DID 模型的研究［J］. 苏州大学学报（哲学社会科学版），2018，39（1）：107 – 114.

［11］陈晔峰. 风险投资网络强度与价值溢出关系研究［J］. 科技进步与对策，2011，28（12）：9 – 11.

［12］陈运森．社会网络与企业效率：基于结构洞位置的证据［J］．会计研究，2015（1）：48－55，97．

［13］党兴华，董建卫，吴红超．风险投资机构的网络位置与成功退出：来自中国风险投资业的经验证据［J］．南开管理评论，2011，14（2）：82－91，101．

［14］党兴华，胡玉杰，王育晓．基于扎根理论的风险投资网络社群形成影响因素研究［J］．科技进步与对策，2016，33（19）：14－20．

［15］党兴华，郑登攀．模块化技术创新网络的自组织演化模型研究［J］．研究与发展管理，2009，21（4）：54－59，67．

［16］丁云龙．风险投资的整全性及其网络化运行——以硅谷为例［J］．科学学研究，2004（4）：411－418．

［17］董建卫，党兴华，陈蓉．风险投资机构的网络位置与退出期限：来自中国风险投资业的经验证据［J］．管理评论，2012，24（9）：49－56．

［18］杜江，孟佳，袁昌菊．我国风险投资空间分布与退出绩效［J］．财经科学，2019（8）：26－41．

［19］冯冰，杨敏利，王凤．阶段投资对风险投资机构投资绩效的影响：投资区域的调节作用［J］．科研管理，2016，37（2）：124－131．

［20］弗兰克·奈特．风险、不确定性和利润［M］．安佳，译．北京：商务印书馆，2010．

［21］付辉，周方召．退出不确定性与风险资本辛迪加联合投资：基于中国 IPO 暂停的准自然实验［J］．财经研究，2018，44（10）：82－97．

［22］公若昀．风投机构网络能力对绩效的影响研究［D］．西安：西安理工大学，2015．

［23］郭建杰，谢富纪．企业合作网络位置对创新绩效的影响：以 ICT 产业为例［J］．系统管理学报，2020，29（6）：1124－1135．

［24］胡刘芬，沈维涛．联合投资策略对风险投资绩效的影响研究［J］．证券市场导报，2014（11）：8－20．

［25］胡刘芬，周泽将．风险投资机构持股能够缓解企业后续融资约束吗：来自中国上市公司的经验证据？［J］．经济管理，2018，40（7）：91－109．

［26］胡刘芬，周泽将．社会网络关系对风险投资行为的影响及经济后果

研究：基于地理学视角的实证分析［J］. 外国经济与管理，2018，40（4）：110-124.

［27］颉茂华，赵圆圆，刘远洋. 网络联结、资源获取与组织学习互动影响战略绩效路径研究：基于长城汽车的纵向案例研究［J］. 科研管理，2021，42（5）：57-69.

［28］金永红，廖原，奚玉芹. 风险投资网络位置、投资专业化与企业创新［J］. 中国科技论坛，2021（2）：39-50.

［29］金永红，汪巍，奚玉芹. 中国风险投资网络结构特性及其演化［J］. 系统管理学报，2021，30（1）：40-53.

［30］李明星，苏佳璐，胡成. 产学研合作中企业网络位置与关系强度对技术创新绩效的影响［J］. 科技进步与对策，2020，37（14）：118-124.

［31］李文博，张永胜，李纪明. 集群背景下的知识网络演化研究现状评价与未来展望［J］. 外国经济与管理，2010，32（10）：10-19.

［32］李许杰. 集群企业网络动态能力与竞争优势的关系研究［D］. 杭州：杭州电子科技大学，2012.

［33］李永海. 基于相似案例分析的风险投资项目选择方法研究［J］. 管理评论，2017，29（8）：65-76.

［34］李智超，卢阳旭，锁利铭. 风险投资企业的网络结构特征对投资绩效的影响研究［J］. 软科学，2015，29（12）：5-8.

［35］立青. 风险投资不能忽视风险［N］. 证券时报，2020-12-31（A03）.

［36］林聚任. 社会网络分析：理论、方法与应用［M］. 北京：北京师范大学出版社，2009.

［37］刘承良，管明明. 基于专利转移网络视角的长三角城市群城际技术流动的时空演化［J］. 地理研究，2018，37（5）：981-994.

［38］刘凤朝，张娜，孙玉涛，等. 基于优先连接的纳米技术合作网络演化研究［J］. 管理评论，2016，28（2）：74-83.

［39］刘军. 社会网络分析导论［M］. 北京：社会科学文献出版社，2004.

［40］刘军. 整体网分析：UCINET 软件实用指南［M］. 3 版. 上海：上海人民出版社，2019.

［41］刘连鑫. 风投公司投资风险管控机制构建研究［J］. 西部财会，

2021（3）：41 - 43.

［42］刘通，曲世友，CHRISTOPHER M SCHERPEREEL. 联合风险投资策略对创业企业价值创造影响的实证研究［J］. 预测，2018，37（2）：56 - 62.

［43］刘志阳，葛倩倩. 创业投资网络测度与绩效研究综述［J］. 证券市场导报，2009（5）：9 - 14.

［44］鲁若愚，周阳，丁奕文，等. 企业创新网络：溯源、演化与研究展望［J］. 管理世界，2021（1）：217 - 233.

［45］陆羽中，田增瑞，常焙筌. 国际创业投资研究热点与趋势的可视化分析［J］. 科研管理，2020，41（4）：250 - 262.

［46］罗吉，党兴华，王育晓. 网络位置、网络能力与风险投资机构投资绩效：一个交互效应模型［J］. 管理评论，2016，28（9）：83 - 97.

［47］罗吉，党兴华. 我国风险投资机构网络社群：结构识别、动态演变与偏好特征研究［J］. 管理评论，2016，28（5）：61 - 72.

［48］罗家德，秦朗，周伶. 中国风险投资产业的圈子现象［J］. 管理学报，2014，11（4）：469 - 477.

［49］罗家德. 社会网分析讲义［M］. 2版. 北京：社会科学文献出版社，2018.

［50］罗琦，罗洪鑫. 风险资本的"价值增值"功能分析：基于网络信息披露的视角［J］. 南开管理评论，2018，21（1）：63 - 74.

［51］罗永胜，李远勤. 我国风险投资网络核心—边缘结构的动态演进［J］. 财会月刊，2017，786（2）：107 - 112.

［52］马刚. 基于战略网络视角的产业区企业竞争优势实证研究［D］. 杭州：浙江大学，2006.

［53］马童. 区域性食品企业营销渠道知识转移影响因素动态演化的多案例研究［D］. 兰州：兰州大学，2019.

［54］毛基业，张霞. 案例研究方法的规范性及现状评估：中国企业管理案例论坛（2007）综述［J］. 管理世界，2008（4）：115 - 121.

［55］庞娟，靳书默. 外部网络关系对企业双元创新的影响：基于知识视角的分析［J］. 科技管理研究，2019，39（11）：19 - 28.

［56］彭华涛，谢冰. 联合风险投资的网络特性与价值溢出机理分析［J］.

管理工程学报，2005，19（4）：45 – 47.

[57] 彭涛，黄福广，孙凌霞. 税收优惠能否激励风险投资：基于准自然实验的证据 [J]. 管理世界，2021（1）：33 – 46，87.

[58] 钱苹，张帏. 我国创业投资的回报率及其影响因素 [J]. 经济研究，2007（5）：78 – 90.

[59] 权小锋，尹洪英. 风险投资持股对股价崩盘风险的影响研究 [J]. 科研管理，2017，38（12）：89 – 98.

[60] 任胜钢. 企业网络能力结构的测评及其对企业创新绩效的影响机制研究 [J]. 南开管理评论，2010，13（1）：69 – 80.

[61] 任胜钢，舒睿. 创业者网络能力与创业机会：网络位置和网络跨度的作用机制 [J]. 南开管理评论，2014，17（1）：123 – 133.

[62] 任志安. 企业知识共享网络理论及其治理研究 [M]. 北京：中国社会科学出版社，2008.

[63] 沈凯. 创业投资风险分析 [J]. 法制与社会，2016（11）：91 – 93.

[64] 施国平，陈德棉，党兴华，等. 网络社群成员变动对风投机构投资绩效的影响 [J]. 管理学报，2019，16（10）：1486 – 1497，1551.

[65] 石琳，党兴华，韩瑾，等. 风险投资网络结构嵌入对投资绩效只有促进作用吗：来自我国风险投资业的经验证据 [J]. 科技管理研究，2016，36（17）：216 – 223.

[66] 石琳，党兴华，韩瑾. 风险投资机构网络中心性、知识专业化与投资绩效 [J]. 科技进步与对策，2016，33（14）：136 – 141.

[67] 宋砚秋，张玉洁，王瑶琪. 中国企业风险投资多元化投资策略的绩效：基于资源禀赋调节效应的实证研究 [J]. 技术经济，2018，37（10）：45 – 54.

[68] 孙德峰，范从来. 风险投资对企业创新产出的影响研究：以管理层短视为中介变量 [J]. 西南民族大学学报（人文社会科学版），2020，41（9）：100 – 111.

[69] 孙海法，刘运国，方琳. 案例研究的方法论 [J]. 科研管理，2004（2）：107 – 112.

[70] 孙淑伟，俞春玲. 社会关系网络与风险投资的退出业绩：基于效率与效益视角的双重考察 [J]. 外国经济与管理，2018，40（1）：107 – 123.

［71］孙玉涛，张一帆. 产学研合作网络演化的异质性机制：以北京为例
［J］. 科研管理，2020，41（9）：113 – 122.

［72］谈毅，郭杰，周佳平. 风险资本市场中的行动团体及其特征［J］.
中国科技论坛，2003（4）：120 – 124.

［73］覃成林，江嘉琳. 风险资本非随机空间扩散机制研究［J］. 经济与
管理评论，2021，37（2）：38 – 50.

［74］万良勇，胡璟. 网络位置、独立董事治理与公司并购：来自中国上
市公司的经验证据［J］. 南开管理评论，2014，17（2）：64 – 73.

［75］王蔷. 战略联盟内部的相互信任及其建立机制［J］. 南开管理评
论，2000（3）：13 – 17.

［76］王涛，罗仲伟. 社会网络演化与内创企业嵌入：基于动态边界二元
距离的视角［J］. 中国工业经济，2011（12）：89 – 99.

［77］王曦，党兴华，王育晓，等. 风险投资机构网络位置对投资绩效
影响的差异：专业化程度的调节作用［J］. 华东经济管理，2015，29（2）：
97 – 104.

［78］王曦，王育晓. 基于社会网络的联合风险投资伙伴选择研究［J］.
经济问题，2013（10）：24 – 29.

［79］王育晓，党兴华，王曦，等. 联合投资伙伴选择：资源"累积性"
还是"相似性"匹配？［J］. 科研管理，2015，36（8）：144 – 151.

［80］王育晓，党兴华，张晨，等. 风险投资机构知识多样化与退出绩
效：投资阶段的调节作用［J］. 财经论丛，2015（12）：32 – 40.

［81］王育晓. 网络嵌入对风险投资机构网络能力与退出绩效的调节作用
研究［J］. 软科学，2018，32（11）：29 – 33.

［82］王育晓，杨贵霞，王曦. 风险投资机构网络能力影响因素研究［J］.
商业研究，2015（7）：150 – 157.

［83］王育晓，张晨，王曦. 风险投资机构的网络能力与投资绩效：网络
位置与关系强度的交互作用［J］. 现代财经（天津财经大学学报），2018，38
（2）：91 – 101.

［84］吴卫红，赵鲲，张爱美. 企业协同创新风险对创新绩效的作用路径
研究［J］. 科研管理，2021，42（5）：124 – 132.

［85］项保华，张建东. 案例研究方法和战略管理研究［J］. 自然辩证法

通讯，2005（5）：62－66，111.

[86] 项国鹏，潘凯凌，张文满. 网络关系、创业机会识别与创业决策：基于浙江新创企业的实证研究 [J]. 科技管理研究，2018，38（22）：169－177.

[87] 谢泽中，宋砚秋，屈成，等. 分阶段投资与企业创新水平的关系研究：创业团队异质性的调节效应分析 [J]. 投资研究，2017，36（3）：96－107.

[88] 熊正德，魏唯，顾晓青. 网络位置、跨界搜索与制造企业服务创新绩效 [J]. 科学学研究，2020，38（7）：1304－1316.

[89] 徐金发，许强，王勇. 企业的网络能力剖析 [J]. 外国经济与管理，2001，23（11）：21－25.

[90] 徐梦周，蔡宁. 联合投资网络、中心性与创投机构绩效：基于IDGVC 的探索式研究 [J]. 重庆大学学报（社会科学版），2011，17（1）：54－61.

[91] 许冠南. 关系嵌入性对技术创新绩效的影响研究：基于探索型学习的中介机制 [D]. 杭州：浙江大学，2008.

[92] 杨敏利，党兴华. 风险投资机构的网络位置对 IPO 期限的影响 [J]. 中国管理科学，2014，22（7）：140－148.

[93] 杨艳萍. 创业投资的风险分析与风险控制 [M]. 长春：吉林人民出版社，2004.

[94] 杨艳萍. 风险投资中双重委托代理风险及其防范 [J]. 经济体制改革，2013（1）：110－112.

[95] 杨艳萍. 高技术风险投资的风险规律 [J]. 科学学与科学技术管理，2005（3）：78－82.

[96] 杨艳萍，郜钰格. 网络规模与2－步可达性对风险投资绩效的影响：知识属性的调节作用 [J]. 管理评论，2020，32（6）：114－126.

[97] 杨艳萍. 基于交易费用的创业投资网络形成的经济学 [J]. 企业经济，2009（1）：69－71.

[98] 杨艳萍，刘窈君. 风险投资机构网络凝聚性与投资绩效关系研究：资源属性的调节效应 [J]. 科技进步与对策，2019，36（20）：11－20.

[99] 于超，樊治平. 考虑决策者后悔规避的风险投资项目选择方法 [J].

中国管理科学, 2016, 24 (6): 29 - 37.

[100] 余婕, 董静. 风险投资引入与产业高质量发展: 知识溢出的调节与门限效应 [J]. 科技进步与对策, 2021, 38 (14): 62 - 71.

[101] 詹正华, 田洋洋, 王雷. 联合风险投资对制造业企业技术创新能力的影响 [J]. 科学决策, 2016 (10): 47 - 62.

[102] 张宝建, 胡海青, 张道宏. 企业创新网络的生成与进化: 基于社会网络理论的视角 [J]. 中国工业经济, 2011, 227 (4): 117 - 126.

[103] 张兵, 刘曼红. 风险投资在构建创业企业治理机制中的作用 [J]. 管理现代化, 2005 (2): 4 - 7.

[104] 张晨. 网络位置与网络能力的交互作用对风险投资绩效影响研究 [D]. 西安: 西安理工大学, 2015.

[105] 张根明, 郑娣. 基于创新资源配置的风险投资退出行为研究 [J]. 商业研究, 2018 (1): 36 - 45, 160.

[106] 张璐, 侯雪茹, 王科唯, 等. 跨越关系无效的壁垒: 企业网络位置动态构建机制研究 [J]. 科研管理, 2020, 41 (6): 245 - 255.

[107] 张美书, 葛世伦, 贾昱, 等. 基于 K - 核的科研合作网络凝聚性特征分析 [J]. 系统工程理论与实践, 2020, 40 (7): 1821 - 1831.

[108] 张新立, 杨德礼. 论我国风险投资的制度性缺陷 [J]. 生产力研究, 2007 (5): 42 - 44.

[109] 张学勇, 廖理. 风险投资背景与公司 IPO: 市场表现与内在机理 [J]. 经济研究, 2011, 46 (6): 118 - 132.

[110] 张娅萍, 赵峰, 张杰. 基于多分类器投票表决组合的私募股权投资风险预测度研究 [J]. 统计与信息论坛, 2018, 33 (1): 85 - 91.

[111] 赵超, 于思洋. 基于信息不对称下风险投资的动态博弈模型分析 [J]. 财会通讯, 2010 (6): 119 - 122.

[112] 周伶, 山峻, 张津. 联合投资网络位置对投资绩效的影响: 来自创业投资的实证研究 [J]. 管理评论, 2014, 26 (12): 160 - 169, 181.

[113] 周育红, 宋光辉. 中国创业投资网络的动态演进实证 [J]. 系统工程理论与实践, 2014, 34 (11): 48 - 59.

[114] 朱秀梅, 陈琛, 蔡莉. 网络能力、资源获取与新企业绩效关系实证研究 [J]. 管理科学学报, 2010, 13 (4): 44 - 56.

［115］朱振坤，金占明. 嵌入网络对新生者不利条件的影响：创业企业和风险投资网络的实证研究［J］. 清华大学学报（哲学社会科学版），2009，24（S1）：61 -72.

［116］Abell P，Nisar T M. Performance effects of venture capital firm networks［J］. *Management Decision*，2007，45（5）：923 -936.

［117］Adler P S，Kwon S W. Social capital：Prospects for a new concept［J］. *Academy of Management Review*，2002，27（1）：17 -40.

［118］Admati A R，Pfleiderer P C. Robust financial contracting and the role of venture capitalists［J］. *The Journal of Finance*，1994，49（2）：371 -402.

［119］Ahlstrom D，Bruton G D. Venture capital in emerging economics：Networks and institutional change［J］. *Entrepreneurship Theory and Practice*，2006，30（2）：299 -320.

［120］Alchian A A，Demsetz H. Production，information costs，and economic organization［J］. *The American Economic Review*，1972，62（5）：777 -795.

［121］Aldrich H，Zimmer C. Entrepreneurship through social networks［J］. *The Art and Science of Entrepreneurship*，1986（33）：3 -23.

［122］Alvarez - Hamelin J I，Dall' Asta L，Barrat A，et al. K - core decomposition：A tool for the visualization of large scale networks［J］. *Computer Science*，2005（18）：41 -50.

［123］Arals S，Walker D. Tie strength，embeddedness，and social influence：A large-scale networked experiment［J］. *Managementence*，2014，60（6）：1352 -1370.

［124］Arranz N，Arroyabe M F，Fernandez De Arroyabe J C. Network embeddedness in exploration and exploitation of joint R and D projects：A structural approach［J］. *British Journal of Management*，2020，31（2）：421 -437.

［125］Barnes J A. Class and committees in a Norwegian island parish［J］. *Human Relations*，1954（7）：39 -58.

［126］Barney J B. Firm resources and sustained competitive advantage［J］. *Journal of Management*，1991，17（1）：99 -120.

［127］Barney J B. *Gaining and Sustaining Competitive Advantage*［M］. MA：Addision Wesley Publishing Company，1997.

[128] Barney J B, Wright P M. On becoming a strategic partner: The role of human resources in gaining competitive advantage [J]. *Human Resource Management*, 1998, 37 (1): 31 –46.

[129] Belderbos R, Jacob J, Lokshin B. Corporate venture capital (CVC) investments and technological performance: Geographic diversity and the interplay with technology alliances [J]. *Working Papers of Department of Management, Strategy and Innovation, Leuven*, 2017, 33 (1): 20 –34.

[130] Bellavitis C, Filatotchev I, Souitaris V. The impact of investment networks on venture capital firm performance: A contingency framework [J]. *British Journal of Management*, 2017, 28 (1): 102 –119.

[131] Bienz C, Walz U. Venture capital exit rights [J]. *Journal of Economics and Cmanagement Strategy*, 2010, 19 (4): 1071 –1116.

[132] Boocock G, Woods M. The evaluation criteria used by venture capitalists: Evidence from a UK venture fund [J]. *International Small Business Joural*, 1997, 16 (1): 36 –57.

[133] Borgatti S P, Everett M G. Models of core/periphery structures [J]. *Social Networks*, 2000, 21 (4): 375 –395.

[134] Bottazzi L, Da Rin M, Hellmann T. The importance of trust for investment: Evidence from venture capital [J]. *The Review of Financial Studies*, 2016, 29 (9): 2283 –2318.

[135] Bott E. *Family and Social Network* [M]. London: Tavistock Publications Limited, 1957.

[136] Bourdieu P. *Distinction: A Social Critique of the Judgement of Taste* [M]. Cambridge, MA: Harvard University Press, 1984.

[137] Bouty I. Interpersonal and interaction influences on informal resource exchanges between R&D researchers across organizational boundaries [J]. *Academy of Management Journal*, 2000, 43 (1): 50 –56.

[138] Brander J A, Amit R, Antweiler W. Venture-capital syndication: improved venture selection versus the value-added hypothesis [J]. *Journal of Economics and Management Strategy*, 2002, 11 (3): 423 –452.

[139] Brass D J, Galaskiewicz J, Greve H R, Wenpin T. Taking stock of

networks and organizations: A multilevel perspective [J]. *The Academy of Management Journal*, 2004, 47 (6): 795 – 817.

[140] Breiger R L. Social mobility and social structure [J]. *Administrative Science Quarterly*, 1990, 37 (1): 386 – 391.

[141] Brown R. On social structure [J]. *The Journal of the Royal Anthropological Institute of Great Britain and Ireland*, 1940, 70 (1): 1 – 12.

[142] Brown R. The social organization of Australian tribes [J]. *Dceania*, 1930, 1 (1): 34 – 63.

[143] Bruce Kogut, Pietro Urso, Walker G. Emergent proper ties of a new financial market: American venture capital syndication, 1960—2005 [J]. *Management Science*, 2007, 7 (53): 1181 – 1198.

[144] Bubna A, Dassr, Prbhalan. Venture capital communities [J]. *Journal of Financial and Analysis*, 2020, 55 (2): 621 – 651.

[145] Burt R S. Structural holes and good ideas [J]. *American Journal of Sociology*, 2004, 110 (2): 349 – 399.

[146] Burt R S. *Structural Holes: The Social Structure of Competition* [M]. Cambridge, MA: Harvard University Press, 1992.

[147] Burt R S. The network structure of social capital [J]. *Research in Organization Behavior*, 2000 (22): 345 – 423.

[148] Bygrave, William D. Syndicated Investments by Venture Capital Firms: A network in perspective [J]. *Journal of Business Venturing*, 1987 (2): 139 – 154.

[149] Cartwright P A. Only converge: Networks and connectivity in the information economy [J]. *London Business School Review*, 2010, 13 (2): 59 – 64.

[150] Casamatta C. Experience, screening and syndication in venture capital investment [J]. *Journal of Financial Inter-mediation*, 2007, 16 (3): 368 – 398.

[151] Castilla E J. Networks of venture capital firms in silicon valley [J]. *International Journal of Technology Management*, 2003, 25 (1 – 2): 113 – 135.

[152] Chang S J. Venture capital financing, strategic alliances, and the initial public offerings of Internet startups [J]. *Journal of Business Venturing*, 2004, 19 (5): 721 – 741.

[153] Chemmanur T J, Hull T, Krishnan K. Do local and international ven-

ture capitalists play well together? A study of international venture capital investments [R]. Unpublished Working Paper, 2010.

[154] Chemmanur T J, Karthik Krishnan. *How do Venture Capitalists Create Value for Entrepreneurial Firms? A Review of the Literature* [M]. Hoboken, New Jersey: John Wiley and Sons, Inc. , 2012.

[155] Christian H. When do venture capitalists collaborate? Evidence on the driving forces of venture capital syndication [J]. *Small Business Economics*, 2010, 35 (4): 417 – 431.

[156] Coleman J S. Social capital in the creation of human capital [J]. *American Journal of Sociology*, 1988 (94): S95 – S120.

[157] Cook K S, Emerson R M. Power, equityand commitment in exchange networks [J]. *American Sociological Review*, 1978, 43 (5): 721 – 739.

[158] Cumming D J, Macintosh J G. A cross-country comparison of full and partial venture capital exits [J]. *Journal of Banking and Finance*, 2003, 27 (3): 511 – 548.

[159] Cumming D, Schmidt D, Walz U. Legality and venture capital governance around the world [J]. *Journal of Business Venturing*, 2010, 25 (1): 54 – 72.

[160] Davern M. Social networks and economic sociology: A proposed research agenda for a more complete social science [J]. *American Journal of Economics and Sociology*, 1997, 56 (3): 287 – 302.

[161] Davidsson P, Honig B. The role of social and human capital among nascent entrepreneurs [J]. *Journal of Business Venturing*, 2003 (18): 301 – 332.

[162] De Clercq D, Dimov D. Explaining venture capital firms' syndication behaviour: A longitudinal study [J]. *Venture Capital: An International Journal of Entrepreneurial Finance*, 2004, 6 (4): 243 – 256.

[163] De Clercq D, Dimov D. Internal knowledge development and external knowledge access in venture capital investment performance [J]. *Journal of Management Studies*, 2008, 45 (3): 585 – 612.

[164] De Clercq D, Sapienza H J, Zaheer A J. Firm and group influences on venture capital firms' involvement in new ventures [J]. *Journal of Management Studies*, 2008, 45 (7): 1169 – 1194.

［165］ Dimo D，Hana M. The interplay of need and opportunity in venture capital investment syndication ［J］. *Journal of Business Venturing*，2010，25（4）：331 – 348.

［166］ Dimov D，De Clercq D. Venture capital investment strategy and portfolio failure rate：A longitudinal study ［J］. *Entrepreneurship Theory and Practice*，2006，30（2）：207 – 223.

［167］ Dimov D，Shepherd D A，Sutcliffe K M. Requisite expertise，firm reputation，and status in venture capital investment allocation decisions ［J］. *Journal of Business Venturing*，2007，22（4）：481 – 502.

［168］ Dunbar C G，Foerster S R. Second time lucky? Withdrawn IPOs that return to the market ［J］. *Journal of Financial Economics*，2008，87（3）：610 – 635.

［169］ Dutton J E，Jackson S B. Categorizing strategic issues：Links to organizational action ［J］. *Academy of Management Journal*，1987，12（1）：76 – 90.

［170］ Dyer J H，Nobeoka K. Creating and managing a high-performance knowledge-sharing network：The Toyota case ［J］. *Strategic Management Journal*，2000，21（3）：345 – 367.

［171］ Dyer J H，Singh H. The relational view：Cooperative strategy and sources of inter-organizational competitive advantage ［J］. *Academy of Management Review*，1998，23（4）：660 – 679.

［172］ Eisenhardt K M. Building theories from case study research ［J］. *Academy of Management Review*，1989，14（4）：532 – 550.

［173］ Eisenhardt K M，Tabrizi B N. Accelerating adaptive processes：product innovation in the global computer industry ［J］. *Administrative Science Quarterly*，1995，44（1）：84 – 110.

［174］ Eng T Y. The effects of learning on relationship value in a business network context ［J］. *Journal of Business-to-business Marketing*，2005，12（4）：67 – 101.

［175］ Erik E Lehmann. Does venture capital syndication spur employment growth and shareholder value? Evidence from German IPO data ［J］. *Small Business Economic*，2006，26（6）：455 – 464.

［176］Fan J，Guo L，Nie J. Network capability，organizational tacit knowledge acquisition and radical innovation performance ［J］. *Science Research Management*，2014，35（1）：16 – 24.

［177］Farina，Vincenzo. Strategizing in investment banking network ［J］. *Journal of Strategy and Management*，2010，3（1）：20 – 31.

［178］Fleming L，King Iii C，Juda A I. Small worlds and regional innovation ［J］. *Organization Science*，2007，18（6）：938 – 954.

［179］Florida R L，Kenney M. Venture capital-financed innovation and technological change in the USA ［J］. *Research Policy*，1988，17（3）：119 – 137.

［180］Franke N，Gruber M D，Harhoff，et al. Venture capitalists' evaluations of start-up teams：Trade-offs，knock-out criteria，and the impact of VC experience ［J］. *Entrepreneurship Theory and Practice*，2008，32（3）：459 – 483.

［181］Freeman C. Networks of innovators：A synthesis of research issues ［J］. *Research Policy*，1991，20（5）：499 – 514.

［182］Gary D，Zur S. Entrepreneurial finance meets organizational reality：Comparing investment practices and performance of corporate and independent venture capitalists ［J］. *The Center for the Study of Rationality*，2010，31（9）：990 – 1017.

［183］Gnyawali D R，Madhavan R. Cooperative networks and competitive dynamics：A structural embeddedness perspective ［J］. *Academy of Management Review*，2001，26（3）：431 – 445.

［184］Gompers P A. Grandstanding in the venture capital industry ［J］. *Journal of Financial Economics*，1996，42（1）：133 – 156.

［185］Goyal S，Vega – Redondo F. Structural holes in social networks ［J］. *Journal of Economic Theory*，2007，137（1）：460 – 492.

［186］Granovetter M. Economic action and social structure：The problem of embeddedness ［J］. *American Journal of Sociology*，1985，91（3）：481 – 510.

［187］Granovetter M. The strength of weak ties：A network theory revisited ［J］. *Sociological Theory*，1983（1）：201 – 233.

［188］Granovetter M. The strength of weak ties ［J］. *American Journal of Sociology*，1997，78（6）：1360 – 1380.

［189］ Greve H R. Bigger and safer: The diffusion of competitive advantage ［J］. *Strategic Management Journal*, 2009, 30 (1): 1 – 23.

［190］ Greve H R. Bigger and safer: The diffusion of competitive advantage ［J］. *Strategic Management Journal of Banking and Finance*, 2011, 35 (12): 3417 – 3431.

［191］ Gulati R, Lavie D, Madhavan R R. How do networks matter? The performance effects of inter-organizational networks ［J］. *Research in Organizational Behavior*, 2011 (31): 207 – 224.

［192］ Gulati R. *Managing Network Resources: Alliances, Affiliations and Other Relational Assets* ［M］. Oxford: Oxford University Press, 2007.

［193］ Gulati R. Network location and learning: The influence of network resources and firm capabilities on alliance formation ［J］. *Strategic Management Journal*, 1999, 20 (5): 397 – 420.

［194］ Gulati R, Nohria N, Zaheer A. Strategic networks ［J］. *Strategic Management Journal*, 2000, 21 (3): 203 – 215.

［195］ Gulati R, Sytch M, Tatarynowicz A. The rise and fall of small worlds: exploring the dynamics of social structure ［J］. *Organization Science*, 2012, 23 (2): 449 – 471.

［196］ Guler I, Guillen M F. Home country networks and foreign expansion: Evidence from the venture capital industry ［J］. *Academy of Management Journal*, 2010, 53 (2): 390 – 410.

［197］ Gupta A, Sapienza H. Determinants of venture capital firms' preferences regarding the industry diversity and geographic scope of their investments ［J］. *Journal of Business Venturing*, 1992, 7 (5): 347 – 362.

［198］ Hakansson H. *Industrial Technological Development: A Network Approach* ［M］. London: Croom Helm, 1987.

［199］ Hansen M T, Nohria N, Tierney T. What's your strategy for managing knowledge ［J］. *The Knowledge Management Yearbook* 2000 – 2001, 1999, 77 (2): 106 – 116.

［200］ Hansen M T. The search-transfer problem: The role of weak ties in sharing knowledge across organization subunits ［J］. *Administrative Science Quarterly*,

1999, 44 (1): 82 –111.

[201] Hege U, Palomino F, Schwienbacher A. Venture capital performance: The disparity between Europe and the United States [J]. *Finance*, 2009, 30 (1): 7 –50.

[202] Hoang H, Antoncic B. Network-based research in entreprenurship: A critical review [J]. *Journal of Business Venturing*, 2003, 18 (2): 165 –187.

[203] Hochberg Y V, Lindsey L A, Westerfield M M. Resource accumulation through economic ties: Evidence from venture capital [J]. *Journal of Financial Economics*, 2015, 118 (2): 245 –267.

[204] Hochberg Y V, Ljungqvist A, Lu Y. Networking as a barrier to entry and the competitive supply of venture capital [J]. *The Journal of Finance*, 2010, 65 (3): 829 –859.

[205] Hochberg Y V, Ljungqvist A, Lu Y. Whom you know matters: Venture capital networks and investment performance [J]. *The Journal of Finance*, 2007, 62 (1): 251 –301.

[206] Holmstrom B. Moral hazard in teams [J]. *The Bell Journal of Economics*, 1982, 13 (2): 324 –340.

[207] Hopp C. Are firms reluctant to engage in inter-organizational exchange relationships with competitors? [J]. *Economics letters*, 2008, 100 (3): 348 – 350.

[208] Hopp C, Lukas C. Evaluation frequency and evaluator's experience: the case of venture capital investment firms and monitoring intensity in stage financing [J]. *Journal of Management and Governance*, 2014, 18 (2): 649 –674.

[209] Hopp C, Lukas C. *The Influence of Previous Relationships, Investment Experience and Structural Embeddedness on Partner Selection in Venture Capital Syndicates* [D]. Konstanz: University of Konstanz, 2007.

[210] Hopp C. The evolution of inter-organizational networks in venture capital financing [J]. *Applied Financial Economics*, 2010a, 20 (22/24): 1725 –1739.

[211] Hopp C. When do venture capitalists collaborate? Evidence on the driving forces of venture capital syndication [J]. *Small Business Economics*, 2010b, 35 (4): 417 –431.

［212］Hu L, Zhang Q. The impact of venture capital networks on investment performance—A mediation effect evaluation based on investment decision ［J］. *The Theory and Practice of Finance and Economics*, 2018, 39（5）: 44 – 50.

［213］Humphery J M, Suchard J A. Foreign VCs and venture success: Evidence from China ［J］. *Journal of Corporate Finance*, 2013, 21（2）: 16 – 35.

［214］Ibarra H. Personal networks of women and minorities in management: A conceptual frame-work ［J］. *The Academy of Management Review*, 1993, 18（1）: 56 – 87.

［215］Jack S L. The role, use and activation of strong and weak network ties: A qualitative analysis ［J］. *Journal of Management Studies*, 2005, 42（6）: 1233 – 1259.

［216］Johannisson B, Kamirez – Pasillas M. Networking for entrepreneurship: Building a topography model of human, social and cultural capital ［J］. *Babson College Entrepreneurship Research Conference*, 2001（7）: 253 – 267.

［217］Joshi K, Chandrashekar D. IPO/M and A exits by venture capital in India: Do agency risks matter? ［J］. *Asian Journal of Innovation and Policy*, 2018, 7（3）: 534 – 563.

［218］JääSkeläInen M. *Determination of Coefficients of Thermal Convection in a High-speed Electrical Machine* ［D］. Helsinki: Helsinki University of Technology, 2009.

［219］JääSkeläInen M. *Syndication in Venture Capital* ［D］. Helsinki: Helsinki University, 2009.

［220］Kaiser D G, Rainer L. The need for diversification and its impact on the syndication probability of venture capital investments ［J］. *Journal of Alternative Investments*, 2007, 10（3）: 62 – 79.

［221］Kang S. The impact of corporate venture capital involvement in syndicates ［J］. *Management Decision*, 2018, 57（1）: 131 – 151.

［222］Kimberly Zheng. *A Social Network Analysis of Corporate Venture Capital Syndication* ［D］. Wnterloo: University of Wciterloo, 2004.

［223］Lado A A, Dant R R, Tekleab A G. Trust-opportunism paradox, rationalism, and performance in inter-firm relationships: Evidence from the retail industry ［J］. *Strategic Management Journal*, 2008, 29（4）: 401 – 423.

［224］Landry R, Amara N, Lamari M. Does social capital determine innovation? To what extent? ［J］. *Technological Forecasting and Social Change*, 2002, 69 (7): 681 – 701.

［225］Larcker D F, So E C, Wang C C Y. Boardroom centrality and firm performance ［J］. *Journal of Accounting and Economics*, 2013 (2): 79 – 94.

［226］Lavie D. The competitive advantage of interconnected firms: An extension of the resource-based view ［J］. *Academy of Management Review*, 2006, 31 (3): 638 – 658.

［227］Leenders R T A, Gabby S M. *Corporate Social Capital and Liability* ［M］. Berlin: Springer Science and Business Media, 2013.

［228］Leonardi R, Nanetti R Y, Putnam R D. *Making Democracy Work: Civic Traditions in Modern Italy* ［M］. Princeton: Princeton University Press, 1994.

［229］Lerner J. The syndication of venture capital investments ［J］. *Financial Management*, 1994, 23 (3): 16 – 27.

［230］Levin D Z, Cross R. The strength of weak ties you can trust: The mediating role of trust in effective knowledge transfer ［J］. *Management Science*, 2004, 50 (11): 1477 – 1490.

［231］Lin N. Social networks and status attainment ［J］. *Annual Review of Sociology*, 1999, 25 (4): 467 – 487.

［232］Liu Y, Zhang H, Wu Y, et al. Ranking range based approach to MADM under incomplete context and its application in venture investment evaluation ［J］. *Technological and Economic Development of Economy*, 2019, 25 (5): 877 – 899.

［233］Llanes J R. Case study research in educational settings ［J］. *Journal of Educational Administration*, 2001, 39 (2): 187 – 191.

［234］Lockett A, Wright M. The syndication of venture capital investments ［J］. *Omega-the International Journal of Management Science*, 2001, 29 (5): 375 – 390.

［235］Lyu L, Wu W Hu H, et al. An evolving regional innovation network: Collaboration among industry, university, and research institution in China's first technology hub ［J］. *The Journal of Technology Transfer*, 2019, 44 (3): 659 – 680.

415

［236］Maclean M, Mitra D, Wielemaker M. Less-versus well-developed venture capital networks: The venture capital acquisition process in New Brunswick ［J］. *Journal of Small Business and Entrepreneurship*, 2010, 23 (4): 527 – 542.

［237］Makarevich A. Ties of survival: Specialization, inter-firm ties, and firm failure in the US venture capital industry ［J］. *Journal of Business Research*, 2018, 86 (1): 153 – 165.

［238］Makri M, Junkunc M, Eckhardt J. Technological diversification, cumulativeness and venture capital exit: M and A versus IPO ［J］. *Social Science Electronic Publishing*, 2007, 27 (1): 1 – 13.

［239］Manigart S, Bruining J, Lockett A. Why do European venture capital companies syndicate? ［R］. Rotterdam: Erasmus Research Institute of Management (ERIM), 2002.

［240］Manigart S, Lockett A, Meuleman M. Venture capitalists' decision to syndicate ［J］. *Entrepreneurship Theory and Practice*, 2006, 30 (2): 131 – 153.

［241］Marsden P, Lin N. *Social Structure and Network Analysis* ［M］. Los Angeles: Sage Publications, Inc. , 1982.

［242］Matusik S F, Fitza M A. Diversification in the venture capital industry: Leveraging knowledge under uncertainty ［J］. *Strategic Management Journal*, 2012, 33 (4): 407 – 426.

［243］Mcpherson M, Smith – Lovin L, Cook J M. Birds of a feather: Homophily in social networks ［J］. *Annual Review of Sociology*, 2001, 27 (1): 415 – 444.

［244］Megginson W L, Weiss K A. Venture capitalist certification in initial public offerings ［J］. *The Journal of Finance*, 1991, 46 (3): 879 – 903.

［245］Meuleman M, Wright M, Manigart S, et al. Private equity syndication: Agency costs, reputation and collaboration ［J］. *Journal of Business Finance and Accounting*, 2009, 36 (5 – 6): 616 – 644.

［246］Miloud T, Aspelund A, Cabrol M. Startup valuation by venture capitalists: An empirical study ［J］. *Venture capital*, 2012, 14 (2 – 3): 151 – 174.

［247］MöLler K K, Halinen A. Business relationships and networks: Managerial challenge of network era ［J］. *Industrial Marketing Management*, 1999, 28

(5): 413 – 427.

[248] Moran P. Structural vs relational embeddedness: Social capital and managerial performance [J]. *Strategic Management Journal*, 2005, 26 (12): 1129 – 1151.

[249] Moreno J L, Jennings H H. Statistics of social configurations [J]. *Sociometry*, 1938, 1 (3): 342 – 374.

[250] Na D. Monitoring via staging: Evidence from private investments in public equity [J]. *Journal of Banking and Finance*, 2011, 35 (12): 3417 – 3431.

[251] Nahapiet T, Ghoshal S. Social capital, intellectual capital, and the organizational advantage [J]. *Academy of Management Review*, 1998, 23 (2): 242 – 266.

[252] Nahata R. Venture capital reputation and investment performance [J]. *Journal of Financial Economics*, 2008, 90 (2): 127 – 151.

[253] Nelson R E. The strength of strong ties: Social networks and inter-group conflict in organizations [J]. *Academy of Management Journal*, 1989, 32 (2): 377 – 401.

[254] Nisar T M, Martin R, Abell P, et al. Performance effects of venture capital firm networks [J]. *Management Decision*, 2007, 45 (5): 923 – 936.

[255] Oerlemans L A G, Meeus M T H, Boekema F W M. Do networks matter for innovation? The usefulness of the economic network approach in analyzing innovation [J]. *Journal of Economic and Social Geography*, 1998, 89 (3): 298 – 309.

[256] Orenson O, Stuart T E. Syndication networks and the spatial distribution of venture capital investments [J]. *American Journal of Sociology*, 2001, 106 (6): 1546 – 1588.

[257] Owen – Smith J, Cottonness Nc, Buhr H. Network effects on organizational decision making: Blended social mechanism and IPO withdrawal [J]. *Social Networks*, 2015 (41): 1 – 17.

[258] Ozcan G B. Small business networks and local ties in Turkey [J]. *Entrepreneurship and Regional Development*, 1995, 7 (3): 265 – 284.

[259] Ozmel U, Reuer J J, Gulati R. Signals across multiple networks: How

venture capital and alliance networks affect interorganizational collaboration [J]. *Academy of Management Journal*, 2013, 56 (3): 852 – 866.

[260] Ozmel U, Robinson D T, Stuart T E. Strategic alliances, venture capital, and exit decisions in early stage high-tech firms [J]. *Journal of Financial Economics*, 2013, 107 (3): 655 – 670.

[261] Penrose E, Penrose E T. *The Theory of the Growth of the Firm* [M]. Oxford: Oxford University Press, 2009.

[262] Peteraf M A. The cornerstones of competitive advantage: A resource-based view [J]. *Strategic Management Journal*, 1993, 14 (3): 179 – 191.

[263] Petkova A, Wadhwa A X, Yao, et al. Reputation and decision making under ambiguity: A study of US venture capital firms' Investments in the emerging clean energy sector [J]. *Academy of Management Journal*, 2014, 57 (2): 422 – 448.

[264] Phelps C C. A longitudinal study of the influence of alliance network structure and composition on firm exploratory innovation [J]. *Academy of Management Journal*, 2010, 53 (4): 890 – 913.

[265] Pintado T R, De Lema D G P, Van Auken H. Venture capital in Spain by stage of development [J]. *Journal of Small Business Management*, 2007, 45 (1): 68 – 88.

[266] Plagmann C. Lutz E. Beggars or choosers? Lead venture capitalists and the impact of reputation on syndicate partner selection in international settings [J]. *Journal of Banking and Finance*, 2019 (100): 359 – 378.

[267] Platt J. "Case Study" in American methodological thought [J]. *Current Sociology*, 1992, 40 (1): 17 – 48.

[268] Plummer L A , Parker S C. Regional path breaking: The role of industry switching, industry diversity, and new knowledge in new venture exit [J]. *Entrepreneurship Theory and Practice*, 2020, 10 (1): 1 – 25.

[269] Podolny J M. Market uncertainty and the social character of economic exchange [J]. *Administrative Science Quarterly*, 1994, 39 (3): 458 – 483.

[270] Podolny J M. Networks as the pipes and prisms of the market [J]. *American Journal of Sociology*, 2001, 107 (1): 33 – 60.

[271] Polizzi S. A critical re-examination of the academic literature on venture capital networks [J]. *International Journal of Financial Services Management*, 2020, 10 (2): 156 –172.

[272] Portes A. Social capital: Its origins and applications in modern sociology [J]. *Annual Review of Sociology*, 1998, 24 (1): 1 –24.

[273] Powell W W, Koput K W, Smith – Doer L. Interorganizational collaboration and the locus of innovation: Networks of learning in biotechnology [J]. *Administrative Science Quarterly*, 1996, 41 (1): 116 –145.

[274] Priem R L, Butler J E. Is the resource-based "View" a useful perspective for strategic management research? [J]. *Academy of Management Review*, 2001 (26): 22 –40.

[275] Proksch D, Stranz W, Pinkwart A. Risk types and risk assessment in venture capital investments: A content analysis of investors' original documents [J]. *International Journal of Entrepreneurial Venturing*, 2018, 10 (5): 513 –533.

[276] Putnam R. The prosperous community: Social capital and public life [J]. *The American Prospect*, 1993, 13 (4): 35 –42.

[277] Rowley T, Behrens D, Krackhardt D. Redundant governance structures: An analysis of structural andrelational embeddedness in the steel and semiconductor industries [J]. *Strategic Management Journal*, 2000 (21): 369 –386.

[278] Rumelt R P. *Towards a Strategic Theory of the Firm* [M]//R Lamb. Competitive Strategic Management. Englewood Cliffs, NJ: Prentice – Hall, 1984: 556 –570.

[279] Salvatore Polizzi. A critical re-examination of the academic literature on venture capital networks [J]. *International Journal of Financial Services Management*, 2020, 10 (2): 156 –172.

[280] Sapienza H J, Amason A C, Manigart S. The level and nature of venture capitalist involvement in their portfolio companies: A study of three European countries [J]. *Managerial Finance*, 1994, 20 (1): 3 –17.

[281] Sapienza H J, Korsgaard M A, Goulet P K, et al. Effects of agency risks and procedural justice on board processes in venture capital-backed firms [J]. *Entrepreneur-ship and Regional Development*, 2000, 12 (4): 331 –351.

［282］ Sarin A, Das S R, Jagannathan M. The private equity discount: An empirical examination of the exit of venture backed companies ［J］. *SSRN Electronic Journal*, 2002, 1 (1): 1 – 26.

［283］ Seidman S B. Network structure and minimum degree ［J］. *Social Networks*, 1983, 5 (3): 269 – 287.

［284］ Shane S, Cable D. Network ties, reputation, and the financing of new ventures ［J］. *Management Science*, 2002, 48 (3): 364 – 381.

［285］ Shane S. Prior knowledge and the discovery of entrepreneurial opportunities ［J］. *Organization Science*, 2000, 11 (4): 448 – 469.

［286］ Shin S Y. Network advantage's effect on exit performance: Examining venture capital's inter-organizational networks ［J］. *International Entrepreneurship and Management Journal*, 2019, 15 (1): 21 – 42.

［287］ Shipilov A V. Firm scope experience, historic multimarket contact with partners, centrality, and the relationship between structural holes and performance ［J］. *Organization Science*, 2009, 20 (1): 85 – 106.

［288］ Sirmon D G, Hitt M A, Ireland R D. Managing firm resources in dynamic environments to create value: Looking inside the black box ［J］. *Academy of Management Review*, 2007, 32 (1): 273 – 292.

［289］ Smith D G. The exit structure of venture capital ［J］. *Ucla Law Review*, 2005, 53 (2): 315 – 356.

［290］ Sorenson O. Social networks and industrial geography ［J］. *Journal of Evolutionary Economics*, 2003, 13 (5): 513 – 527.

［291］ Sorenson O, Stuart T E. Bringing the context back in: Settings and the search for syndicate partners in venture capital investment networks ［J］. *Administrative Science Quarterly*, 2008, 53 (2): 266 – 294.

［292］ Sorenson O, Stuart T E. Syndication networks and the spatial distribution of venture capital investments ［J］. *American Journal of Sociology*, 2001, 106 (6): 1546 – 1588.

［293］ Susan C, Swasti G M. Investment risk allocation and the venture capital exit market: Evidence from early stage investing ［J］. *Journal of Banking and Finance December*, 2016 (73): 38 – 54.

[294] Tennert J, Lambert M, Burghof H P. Moral hazard in high-risk environments: Optimal follow-on investing in venture capital finance [J]. *Venture Capital*, 2018, 20 (4): 323 –338.

[295] Thorelli H B. Networks: Between markets and hierarchies [J]. *Strategic Management Journal*, 1986, 7 (1): 37 –51.

[296] Toomer E, Bowen K. Qualitative methods in management research [J]. *Journal of the Operational Research Society*, 1993, 44 (7): 735 –736.

[297] Tsai W. Knowledge transfer in intraorganizational networks: effects of network position and absorptive capacity on business unit innovation and performance [J]. *Academy of Management Journal*, 2001, 44 (5): 996 –1004.

[298] Tyebjee T, Bruno A. A model of venture capitalist investment activity [J]. *Management Science*, 1984, 30 (9): 1051 –1066.

[299] Tyebjee T, Bruno A. A model of venture capitalist investment activity [J]. *Management Science*, 1984, 30 (9): 1051 –1066.

[300] Tykvová T, Walz U. How important is participation of different venture capitalists in German IPOs? [J]. *Global Finance Journal*, 2007, 17 (3): 350 –378.

[301] Umit O, Jeffrey J, Reuer, et al. *Network Interdependencies: Relationships between Venture Capital and Strategic-alliances* [R]. Working Paper, 2009, 3.

[302] Uzzi B. Embeddedness in the making of financial capital: How social relations and networks benefit firms seeking financing [J]. *American Sociological Review*, 1999 (64): 481 –505.

[303] Uzzi B, Lancaster R. Relational embeddedness and learning: The case of bank loan managers and their clients [J]. *Management Science*, 2003, 19 (4): 3837 –3999.

[304] Uzzi B. Social Structure and competition in inter-firm networks: The paradox of embeddedness [J]. *Administrative Science Quarterly*, 1997 (42): 35 –67.

[305] Uzzi B, Spiro J. Collaboration and creativity: The small world problem [J]. *American Journal of Sociology*, 2005, 111 (2): 447 –504.

[306] Vertinsky I B, Jing L. National distances, international experience,

and venture capital investment performance [J]. *Journal of Business Venturing*, 2014, 29 (4): 471 –489.

[307] Verwaal E, Bruining H, Wright M, et al. Resources access needs and capabilities as mediators of the relationship between VC firm size and syndication [J]. *Small Business Economics*, 2010, 34 (3): 277 –291.

[308] Vesalainen J, Hakala H. Strategic capability architecture: The role of network capability – Science Direct [J]. *Industrial Marketing Management*, 2014, 43 (6): 938 –950.

[309] Violetta Bacon – Gerasymenko. When do organizations learn from successful experiences? The case of venture capital firms [J]. *International Small Business Journal: Researching Entrepreneurship*, 2019, 37 (5): 450 –472.

[310] Wadhwa A, Phelpsc, Kotha S. Corporate venture capital portfolio sand firm innovation [J]. *Journal of Business Venturing*, 2016, 31 (1): 95 –112.

[311] Wang H, Wuebker R J, Han S, et al. Strategic alliances by venture capital backed firms: An empirical examination [J]. *Small Business Economics*, 2012, 38 (2): 179 –196.

[312] Watson J. Modeling the relationship between networking and firm performance [J]. *Journal of Business Venturing*, 2007, 22 (6): 852 –874.

[313] Watts D J. Networks, dynamics, and the small-world phenomenon [J]. *American Journal of Sociology*, 1999, 105 (2): 493 –527.

[314] Watts D J, Strogatz S H. Collective dynamics of "small-world" networks [J]. *Nature*, 1998, 393 (6684): 440 –442.

[315] Weber C, Weber B. Exploring the antecedents of social liabilities in CVC triads – A dynamic social network perspective [J]. *Journal of Business Venturing*, 2011, 26 (2): 255 –272.

[316] Wellman B, Berkowitz S D. *Social Structures: A Network Approach* [M]. New York: Cambridge University Press, CUP Archive, 1988.

[317] Wemerfelt B. Aresource-based viewof the firm [J]. *Strategic Management Journal*, 1984, 5 (2): 171 –180.

[318] Wilson R. The theory of syndicates [J]. *Econometrica*, 1968, 36 (1): 119 –132.

［319］ Wright M, Lockett A. The structure and management of alliances: Syndication in the venture capital industry ［J］. *Journal of Management Studies*, 2003, 40 （8）: 2073 – 2102.

［320］ Xin Zhang, Ling Feng, Rongqian Zhu. Applying temporal network analysis to the venture capital market ［J］. *The European Physical Journal*, 2015 （88）: 260.

［321］ Yael V, Hochberg, Yang Lu, et al. Whom you know matters: Venture capital networks and investment performance ［J］. *Journal of Finance*, 2007, 62 （1）: 251 – 301.

［322］ Yang S, Li Y, Wang X. Cohesiveness or competitiveness: Venture capital syndication networks and firms' performance in China ［J］. *Journal of Business Research*, 2018, 91: 295 – 303.

［323］ Yin R K. *Case Study Research: Design and Methods* ［M］. Thousand Oaks, Californina: Sage, 2009.

［324］ Yu, Ljungqvist A, Lu Y. Whom you know matters: Venture capital networks and investment performance ［J］. *Journal of Finance*, 2007, 62 （1）: 251 – 301.

［325］ Zhang J, Jing H, Wu R, et al. Reconciling the dilemma of knowledge sharing: A network pluralism framework of firms' R and D alliance network and innovation performance ［J］. *Journal of Management*, 2019, 45 （7）: 2635 – 2665.

［326］ Zheng Y, Xia J. Resource dependence and network relations: A test of venture capital investment termination in China ［J］. *Journal of Management Studies*, 2018, 55 （2）: 295 – 319.

［327］ Zukin, Sharon, Paul Dimaggio. *The Structures of Capital: The Social Organization of the Economy* ［M］. New York: Cambridge University Press, 1990.

图书在版编目（CIP）数据

基于社会网络演化的创业投资风险缓解：实证分析
与多维策略/杨艳萍著 . —北京：经济科学出版社，
2022. 8

ISBN 978 - 7 - 5218 - 3929 - 6

Ⅰ. ①基…　Ⅱ. ①杨…　Ⅲ. ①创业投资 - 研究 - 中国
- 2005 - 2019　Ⅳ. ①F832. 48

中国版本图书馆 CIP 数据核字（2022）第 148259 号

责任编辑：刘　丽
责任校对：靳玉环
责任印制：范　艳

基于社会网络演化的创业投资风险缓解：实证分析与多维策略

杨艳萍　著

经济科学出版社出版、发行　新华书店经销

社址：北京市海淀区阜成路甲 28 号　邮编：100142

总编部电话：010 - 88191217　发行部电话：010 - 88191522

网址：www. esp. com. cn

电子邮箱：esp@ esp. com. cn

天猫网店：经济科学出版社旗舰店

网址：http：//jjkxcbs. tmall. com

北京季蜂印刷有限公司印装

710 × 1000　16 开　27. 25 印张　450000 字

2022 年 8 月第 1 版　2022 年 8 月第 1 次印刷

ISBN 978 - 7 - 5218 - 3929 - 6　定价：118. 00 元